高职高专"十二五"规划教材

旅游心理学

第二版

孙庆群　主编

张伟娟　田敏娜　张秀军　副主编

于卫东　主审

化学工业出版社

·北京·

内 容 提 要

旅游心理学是一门针对旅游者和旅游业的特点，运用心理学等学科的基础理论、结合现代旅游的实践，研究旅游者心理活动和旅游行为规律的科学。

本书介绍了旅游心理学研究的对象、方法和意义，阐明了旅游心理学与普通心理学、社会心理学、管理心理学等相关理论之间的关系，系统讲解了旅游者知觉、旅游动机、旅游者态度、旅游者人格、旅游者的情绪和情感、旅游审美心理、饭店服务心理、旅游服务心理、旅游企业的人际关系及领导者心理、旅游企业员工的心理保健等方面的知识。本书每章均有学习目标、开篇案例、本章小结、实训练习及思考题等，以激发学生自主学习的积极性。这是一本系统性和实用性较强的教科书。

本书可作为高职高专院校旅游类专业的教材，也可作为企业营销人员提高素质和培训的参考用书。

图书在版编目（CIP）数据

旅游心理学/孙庆群主编. —2 版. —北京：化学工业出版社，2013.7（2023.2 重印）

高职高专"十二五"规划教材

ISBN 978-7-122-17672-1

Ⅰ.①旅…　Ⅱ.①孙…　Ⅲ.①旅游心理学　Ⅳ.①F590

中国版本图书馆 CIP 数据核字（2013）第 134194 号

责任编辑：蔡洪伟　于　卉　张双进　　　　　文字编辑：李　曦
责任校对：宋　夏　　　　　　　　　　　　　装帧设计：王晓宇

出版发行：化学工业出版社（北京市东城区青年湖南街 13 号　邮政编码 100011）
印　　装：北京科印技术咨询服务有限公司数码印刷分部
710mm×1000mm　1/16　印张 17¾　字数 359 千字
2023 年 2 月北京第 2 版第 2 次印刷

购书咨询：010-64518888　　　　　　　　　　售后服务：010-64518899
网　　址：http://www.cip.com.cn
凡购买本书，如有缺损质量问题，本社销售中心负责调换。

定　　价：48.00 元

第二版前言 FOREWORD

改革开放以来，我国的科技水平和社会经济结构已经发展到了一个全新的阶段。随着人们经济收入及生活水平的大幅度提高和休闲时间的增多，旅游将日益成为现代社会主要的生活方式和社会经济活动，旅游大众化的时代已经到来，旅游业也以其强劲的发展势头成为经济产业中最具活力的"朝阳产业"。同时也已成为拉动经济发展的支柱产业或先导产业。旅游业的发展对提升我国的整体投资环境，加快对外开放步伐，带动各相关产业的发展，以及拉动内需、增加创汇、扩大就业、调整产业结构、加强区域间经济联系与合作和提高生活质量等方面均发挥了积极的作用，有力地促进了中国经济的繁荣与社会发展，增进了中国与世界各国人民之间的友好往来和相互了解。

旅游业的健康快速发展需要用科学的旅游理论做指导。"旅游心理学"就是一门针对旅游者和旅游业的特点，运用心理学等学科的基础理论，结合现代旅游的实践，研究旅游者心理活动和旅游行为规律的一门新兴学科。自改革开放以来，我国学术界才开始关注旅游心理学这门学科，多年来陆续出版了不少学科教材或专著，并发表了一些高水平的研究论文，为"旅游心理学"的持续发展奠定了基础。近年来，我国的各级各类高校（尤其是高职高专院校）陆续将旅游心理学确定为旅游类专业的必修课。为了适应旅游事业和旅游教育快速发展形势的需要，我们组织编写了这本教材，并于 2007 年 7 月首版与广大读者见面。首版《旅游心理学》教材经过五年的教学实践检验，得到了广大读者的好评。随着社会经济的发展和旅游形势的不断变化，旅游信息需要及时更新，旅游经营理念更应与时俱进。为了适应新的形势并使旅游理论及时跟上时代的步伐，我们组织了对原教材的修订工作。修订后的教材在保持原有优点和风格的基础上，对部分章节进行了修改，并增加了一些新信息和新案例，以使教材更加适应新时期人才培养的需要和增强教材的可读性。

本教材主要面向旅游类专业高职高专层次的学生，同时也可作为旅游行业工作人员培训和自学的参考书。教材的内容本着注重"实用为主和够用为度"的原则，每章均列有"学习目标"、"本章小结"、"实训练习"和"思考题"等，整本书共编入了近百个案例小资料，以使得教材更加生动和贴近旅游实际，从而增强教材的可读性和提高学生的学习兴趣。

本教材由孙庆群担任主编，张伟娟、田敏娜和张秀军担任副主编，于卫东教授担任主审。本教材共分为十二章，其中第一章、第二章、第四章和第十二章由孙庆群编写；第三章、第六章由张伟娟编写；第五章、第八章由张秀军编写；第七章由吴会东编写；第九章、第十章由田敏娜编写；第十一章由白然编写。全书由孙庆群设计总体框架并负责统稿。另外，孙庆群还对第五章、第六章和第九章的内容作了部分修改和补充。

在本书的编写过程中，作者将多年来教学中积累的资料融入教材，并参考了大量的文献资料和实际案例，借此机会一并对编写过程中曾经给予过我们指导和帮助的同仁以及所有参考文献的作者深表谢意！由于作者水平所限，书中不妥之处仍在所难免，恳请广大读者批评指正。

编　者
2013 年 6 月

目录 CONTENTS

第一章
旅游心理学概述 .... Page 1

第一节　旅游心理学研究的对象和内容 | 2
一、旅游心理学研究的对象 | 2
二、旅游心理学研究的内容 | 5
第二节　旅游心理学的研究方法 | 6
一、旅游心理学的研究原则 | 6
二、旅游心理学研究的主要方法 | 8
第三节　研究旅游心理学的意义 | 11
一、有助于更好地解释旅游行为 | 11
二、有助于旅游事业的发展和旅游服务质量的
　　提高 | 12
三、有助于提高旅游企业的经营和管理水平 | 12
四、有助于科学合理地开发旅游资源和安排旅游
　　设施 | 13
五、有助于旅游市场的细分 | 14
六、有助于旅游市场的预测 | 15
七、有助于为旅游者提供更加丰富的旅游体验 | 16
本章小结 | 18
实训练习 | 18
思考题 | 18

第二章
旅游心理学相关理论 .... Page 19

第一节　普通心理学 | 21
一、什么是心理学 | 21
二、心理学的发展 | 21
三、普通心理学 | 25
第二节　社会心理学 | 29
一、什么是社会心理学 | 29
二、社会心理学的研究内容 | 30
第三节　管理心理学 | 33
一、个体心理 | 35
二、群体心理 | 40
本章小结 | 44

实训练习 44

思考题 44

3 第三章
旅游者知觉 Page 45

第一节 旅游知觉概述 46

一、旅游知觉的特性 47

二、影响旅游知觉的因素 52

三、旅游知觉的种类 56

第二节 旅游中的社会知觉 62

一、对人的知觉 62

二、人际知觉 66

三、自我知觉 66

第三节 旅游者对旅游条件的知觉 68

一、对旅游点的知觉 68

二、对旅游距离的知觉 69

三、对旅游交通的知觉 70

第四节 旅游者的风险知觉 71

一、风险知觉的种类 71

二、风险知觉产生的原因 73

三、消除风险的方法 74

本章小结 74

实训练习 75

思考题 75

4 第四章
旅游动机 Page 76

第一节 动机概述 77

一、动机的概念 77

二、动机的分类 78

第二节 旅游者的旅游动机 80

一、旅游动机及其原因分析 80

二、影响旅游动机产生的客观因素 88

三、旅游动机的分类 89

第三节 旅游动机的激发 93

目录 CONTENTS

一、努力开发有特色的旅游产品 … 93

二、加强旅游企业管理，提高旅游服务质量 … 95

三、加强旅游宣传，为旅游者提供信息 … 95

本章小结 … 96

实训练习 … 97

思考题 … 97

5 第五章
旅游者的态度
Page
98

第一节　态度概述 … 99

一、态度的定义 … 99

二、态度的属性 … 100

三、态度的结构 … 101

四、态度的形成 … 102

第二节　旅游者的态度与旅游行为 … 103

一、旅游者的态度与行为定义 … 103

二、旅游态度与旅游决策 … 104

三、旅游偏好的形成 … 104

第三节　旅游者态度的转变 … 105

一、态度转变的定义 … 106

二、态度转变的理论模型 … 106

三、影响旅游者态度转变的因素 … 109

四、改变旅游者态度的原因 … 111

五、改变旅游者态度的方法 … 112

本章小结 … 117

实训练习 … 117

思考题 … 117

6 第六章
旅游者人格
Page
118

第一节　人格概述 … 119

一、人格定义 … 119

二、人格的形成 … 121

三、人格的结构   121

第二节　人格理论   126

一、特质论   127

二、精神分析人格理论   130

第三节　旅游者的人格特征与旅游行为   131

一、旅游者的人格特征   132

二、旅游者的行为类型与人格特征   132

三、旅游者的人格结构   135

四、旅游者的人格结构与旅游行为   136

本章小结   137

实训练习   137

思考题   138

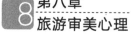

7 第七章
旅游者的情绪和情感

Page 139

第一节　情绪、情感概述   140

一、情绪、情感的概念   140

二、情绪与情感的关系   140

三、情绪的两极性   141

四、情绪的外部表现——表情   142

五、情绪、情感的分类   143

六、情绪的理论   148

第二节　旅游者的情绪、情感   149

一、旅游者情绪、情感的特征   149

二、影响旅游者情绪、情感的因素   150

三、情绪、情感对旅游者行为的影响   153

四、旅游者消极情绪的调节方法   153

本章小结   157

实训练习   157

思考题   157

8 第八章
旅游审美心理

Page 158

第一节　旅游审美心理概述   159

一、旅游审美心理学 159
二、旅游审美心理的特点 159
三、审美心理学建设的回顾 160
四、现代审美心理学的流派 162
第二节 旅游审美心理要素 165
一、审美感知 165
二、审美联想和审美想象 167
三、审美情感 169
四、审美理解 172
第三节 旅游审美态度 174
一、审美态度 174
二、审美距离说 175
三、导游员如何引导游客的审美历程 178
本章小结 178
实训练习 179
思考题 179

第一节 饭店服务人员的基本心理要求 180
一、客人的一般心理分析 181
二、饭店服务人员的职业意识 184
三、饭店服务人员的心理素质 186
第二节 前厅服务心理 187
一、客人对前厅接待的心理需求 187
二、前厅服务心理策略 189
第三节 客房服务心理 190
一、客人对客房服务的心理需求 190
二、客房服务心理策略 191
第四节 餐厅服务心理 192
一、旅游者对餐厅服务的心理需求 192
二、餐厅服务心理策略 193
第五节 旅游商品服务心理 195
一、游客购物心理需求 195
二、旅游商品服务的心理策略 196
本章小结 198

实训练习   198
思考题   198

第一节　导游在旅游活动中的作用   200
一、导游服务是旅游服务质量的标志   200
二、导游是旅游地的宣传者   201
三、导游是游客行程的"总导演"   201
四、导游是国家利益的维护者   201
第二节　旅游者的游览心理需求   202
一、刚到异地旅游者的心理需求   202
二、行程中旅游者的心理需求   203
三、将要离开旅游地旅游者的心理需求   205
第三节　导游应具备的基本素质   206
一、广泛的兴趣爱好   206
二、开朗、乐观的性格   206
三、敏锐的感知力和观察力   207
四、良好的语言表达能力   208
五、坚强的意志   209
六、灵活机动，有一定的预见能力   209
第四节　导游服务心理策略   209
一、树立良好的第一印象   210
二、运用眼神的魅力，进行微笑服务   211
三、灵活组织导游活动   211
四、提供超常服务   213
第五节　客人投诉心理   214
一、引起旅游者投诉的原因   214
二、旅游者投诉的心理分析   215
三、处理旅游者投诉的原则   215
本章小结   217
实训练习   217
思考题   217

目录 CONTENTS

11 第十一章
旅游企业的人际关系及领导者心理

Page
218

第一节　旅游企业的人际关系	219
一、人际关系概述	219
二、人际风格的分类及特征	220
三、影响人际关系的因素	222
四、旅游工作中人际交往的特征	228
五、旅游企业良好人际关系的建立	229
第二节　旅游企业领导者的心理	229
一、旅游企业领导者的心理品质	229
二、旅游企业领导者的影响力	231
第三节　旅游企业领导者的领导风格	232
一、旅游企业领导风格的类型	232
二、确定领导风格的理论依据	234
第四节　旅游企业领导者的领导艺术	235
一、旅游企业领导艺术的基本内容	235
二、旅游企业领导艺术的影响因素	237
三、提高领导艺术的途径	238
本章小结	239
实训练习	239
思考题	240

12 第十二章
旅游企业员工的心理保健

Page
241

第一节　心理健康概述	242
一、心理健康的概念	242
二、心理保健的意义	244
第二节　旅游企业员工的心理障碍	247
一、常见情绪问题所造成的心理困扰	248
二、人际交往方面的困扰	250
三、情绪与交往方面的困扰	254
四、社会适应方面造成的困扰	256
第三节　心理保健方法	258
一、心理防御机制	259

二、员工心理保健的科学方法   265

本章小结   268

实训练习   269

思考题   269

参考文献   Page

270

目录 CONTENTS

第一章
旅游心理学概述

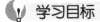 学习目标

- 熟悉旅游心理学的研究对象和内容。
- 初步掌握旅游心理学的研究模式和方法。
- 明确旅游心理学的研究意义。

【开篇案例】

费解的门票

在美国，发生过这样一个故事，某年的8月初，一对夫妇约上三位朋友一行五人去亚特兰大旅游。当他们到达石头山公园时，发现门票标价是6美元，乘坐园内的缆车、火车等许多游乐设施还要另外买票。

大家都认为缆车通到山顶，视野绝佳，胜过其他游乐设施，于是决定坐缆车。当他们去售票窗口想买5张缆车票时，售票小姐亲切地告诉他们，缆车票每张16美元，但只能用于坐缆车一项，如果花7.5美元买一张Pass，可以玩遍园内所有的景点。

16美元只能玩一项，7.5美元却可以玩所有的游乐设施？一定是售票小姐说错了或者是把两项的价格说反了？他们这样猜测着。

当其中一位朋友正要请售票小姐重新说一遍时，反应较快的另一位朋友向他使了个眼色，示意他不要再问，同时告诉售票小姐要5张Pass。

买好票后大家窃喜。向他使眼色的那位朋友说："如果再问，售票小姐发现说错了，我们就买不成了。"虽然大家曾想到，明知售票小姐卖错了票而不明示有点不合适，但过了一会儿他们还是忘掉了内疚。

大家玩遍了所有的项目，花的时间比预计的多出了很多。原定到市内的中餐馆吃晚餐，结果也改在了园内的餐饮部。亚特兰大城天气闷热潮湿，他们不停地买饮料喝，园内又有很多工艺品店，大家几乎在每家都流连了许久，每个人都塞满了大包小包。

他们一直沉浸在占了很大便宜的喜悦之中，但因天色已晚，必须返回市区住

宿。离开公园前，为了求证票价，他们又特意来到售票处仔细查看窗口旁的价目表，令大家费解的是，票价表上的确写着：缆车票价16美元，Pass7.5美元，售票小姐并没有卖错票呀！

去停车场的路上，大家还一直为这事儿纳闷，谁都说不出所以然来，直到上车时大家把大包小包放到车里感觉空间有点紧张时才恍然大悟。本来他们打算在公园里坐完缆车后回到亚特兰大城吃晚饭，并在市区逛街购物，这样，公园只能从他们身上赚到16美元的缆车费。但有了这张Pass，他们便改在公园吃饭、喝饮料、购物，平均每人消费70～80美元。在Pass和缆车费之间虽然有8.5美元的差额，但他们却在餐馆和礼品店里获得了10倍于此的营业额，用多获的利润去弥补两张票的差额绝对绰绰有余。

大家想一想，Pass的价钱本就是7.5美元，公园经营者故意在旁边加上缆车16美元的价格，使游客自以为占了便宜都购买Pass，这和把一件物品的标价加倍后再半价出售又有什么两样呢？真正聪明的不是买主，而是卖方。

启示：

从事经营活动必须研究消费者的心理，上述故事就是抓住了游客想占便宜的心理，并且设法延长游客在经营区逗留的时间。只要客户肯付出时间，经营者就有机会捞回成本，甚至可以大赚一笔。

（资料改编自：田戈 . 改变世界的100个营销故事 . 北京：朝华出版社，2004.）

旅游心理学是随着旅游事业的快速发展而出现的一门新兴学科，它是一门针对旅游者和旅游业的特点，运用心理学等学科的基础理论，结合现代旅游的实践，研究旅游者心理活动和旅游行为规律的科学。随着经济建设的快速发展，旅游在当今世界已经成为一种普遍的，具有重要的社会、经济、文化等价值的社会现象，旅游心理学也越来越受到旅游行业相关人员的重视，人们对该学科的研究也日益深入，并越来越成为人们经营旅游企业实践的指导理论。

第一节　旅游心理学研究的对象和内容

旅游心理学是旅游学与心理学相互交叉又相互渗透的边缘学科，也算是心理学家族的一位新成员，它是把心理学的相关研究成果和有关原理及研究方法运用到分析、了解旅游这一现象而产生的新兴应用学科，是心理学的研究成果与一般原理在旅游领域的应用与发展。旅游心理学主要研究旅游过程和组织中的个体行为、群体行为和领导行为，目的在于提高旅游企业员工的职业素质，增加旅游企业的经济效益。旅游心理学最初产生于发达国家，传到中国只有二十几年的时间。虽然近些年也有了一些研究成果，但其积累仍不够丰厚，所以说旅游心理学在中国仍不是一个很成熟的学科。

一、旅游心理学研究的对象

旅游心理学主要研究旅游消费心理、旅游服务心理和旅游企业员工心理。这三方面内容构成了旅游心理学的主体。作为旅游专业的学生和旅游从业人员学习旅游心理学，主要是研究旅游者的旅游心理与旅游行为的发生、发展及其变化规律。旅游这一现象本身是一种复杂的社会、经济、文化和心理现象的综合，通常旅游心理现象不能单独存在，而是与旅游的其他方面交织在一起的，所以研究旅游心理学既复杂又有一定的难度。

1. 旅游消费心理

人们的旅游消费行为是在其消费心理支配下发生的，因此，了解旅游者消费心理的发生、发展及变化规律是非常必要的。传统的心理学已经为此提供了较为成熟的研究模式。美国心理学家勒温（Kurt Lewin）提出，任何行为或其他心理事件既取决于个体的状态，也取决于环境，虽然个体和环境的相对重要性在不同个案中有所不同，但他认为个体的行为或其他心理事件是个体与环境的函数，这可以用以下这个数学公式来表达。

$$B = F(P, E)$$

式中，B 表示行为（behavior）；P 表示个体（person）；E 表示环境（environment）；F 为函数（function）。

勒温通过上面的行为公式说明，人的行为受两大因素的影响，一个是旅游者个体的情况，另一个是旅游者所处的环境，人的行为就是其个体情况和所处环境的函数。旅游者个体的情况，就是他的生理因素、心理因素以及经济状况。在研究旅游行为的规律时，可以把对旅游者个人心理因素的探讨作为最有价值的切入点，每个人的心理都具有与他人不同的特点，因而形成相互之间在心理因素上的差别。由于这种差别的影响，使得人们在面对相同的旅游条件时可能会产生不同的反应：有的产生旅游行为，有的不产生旅游行为；有的产生这样的旅游行为，有的产生那样的旅游行为。另外，环境也是影响人的行为的另一个重要因素，人的行为取决于人的个体和外部环境两者力量的对比和相互作用。所以，一方面要探讨旅游者的个体因素（即生理因素、心理因素和经济状况）对旅游行为的影响，另一方面还要探讨旅游者所处的外部环境对旅游行为的影响。

前面所讲的生理因素是指旅游者个体的性别、年龄、身高、体重、身体健康状况等具体因素；心理因素是指旅游者个体的心理现象；经济状况是指旅游者个体的经济收入水平，即与周围其他人的经济收入和当时的旅游消费价格作比较的相对水平。上述三者都是旅游行为的重要影响因素，同时对旅游行为发挥作用。例如，探险旅游就和旅游者的诸多身心条件有关，身体健康状况、兴趣、态度、需要、动机、意志、能力、价值观等，都会对探险旅游产生这样或那样的制约作用。上述公式中的环境包括物理环境、社会环境和心理环境。物理环境是指旅游者所在地点的实际环境，如所在的公园，公园所在的城市，城市所在的国家。社会环境是指旅游者与其他人的关系，个人的地位、人格、职业、事业心、梦想、渴望等。心理环境是指旅游者头脑中的环境，亦即旅游者对物理环境和社会环境的主观反映，它直接对旅游行为发挥影响作用，而物理环境和社会环境属间接因素，必须通过心理环境才能发挥作用。旅游者个体的经济状况对旅游行为的影响主要是看他手中有没有富余的资金用来进行旅游消费和他对当时旅游消费价格高低的评价以及承受能力，从而决定其是否乐意实施此次旅游行为。因此，在旅游行为研究中，一方面要准确把握旅游者所处的可能影响旅游行为的客观环境；另一方面应该更加重视旅游者本人对这些客观环境因素的认识、理解和评价。

研究旅游心理学，就是要探讨旅游者的旅游消费心理，探讨旅游行为产生的规律，探讨旅游者的旅游知觉、旅游动机、旅游态度、旅游者的人格、旅游者的情感以及旅游审美心理等，了解心理因素对旅游行为的产生、选择和旅游心理效果的影响。对于旅游经营者而言，只有了解旅游者的心理规律，才能正确理解并预测旅游者的行为，从而为影响和引导旅游者的行为打下基础。《孙子兵法》曰：“知己知彼，百战不殆”。在旅游业竞争激烈的今天，运用旅游心理学理论研究工作对象的心理是非常有价值的。

2. 旅游服务心理

旅游业之所以能在当今世界上存在和发展，一个重要的理由就是旅游业有“接待”这一特点。旅游就是旅游者花费一定的时间、金钱和精力获得一段特殊的个人经历。从心理学角度解释，旅游服务实质上就是旅游服务人员通过与旅游者打交道，以帮助旅游者构造其美好经历的过程。实际上使游客有好的经历、好的体验、好的感受并不是一件容易的事，它需要迎合旅游者的心理，满足旅游者的需要。只有在认真了解旅游者心理的基础上有的放矢地去进行旅游服务，才是有理性的，才能收到较好的服务效果。

3. 旅游企业员工心理

旅游心理学的研究对象包括旅游企业员工的心理，应根据本行业的需要和特殊性，把管理心理学和其他与旅游行业相关的心理学内容有选择地运用于旅游经营中来，为旅游企业的管理提供理论指导。

旅游企业经营的成败取决于它的管理和服务。由于旅游业的特殊性，旅游产品包括两大类：有形产品和无形产品。无形产品的生产过程就是旅游企业的员工与游客打交道的过程，这类产品的质量有很大的不确定性，监控也非常困难，在很大程度上依赖于员工的素质和自觉性。当今企业常说的一句话叫做：“顾客是上帝”，但在旅游服务业，要想使员工真正做到把游客当成上帝，永远尊重游客，把游客的需要放在第一位，却不是很容易的。为此有人提出了“员工第一”的管理思想，用句最时髦的话就是“人性化管理”或者叫“以人为本”。也就是首先要把员工放在第一位，尊重员工、善待员工，充分调动员工的工作积极性，科学地使用员工，使员工愉快地、主动地、创造性地做好服务工作，从而才能达到使游客变成“上帝”的组织目标。因此，作为管理者必须首先了解员工的心理，做到知己知彼、有的放矢，这是企业管理成败的关键。

善待员工和回报奇迹

2007年岁末，上海浦东新区电台播发了一则上海浦东发展（集团）有限公司旗下的城建实业公司总经理杨荣良善待员工的新闻故事。听者无不为之感动。原先面临破产，靠借款发工资的城建公司，由于杨荣良善待关心下属员工，工友们齐心协力，公司很快走出了困境，年产值过亿元。

在城建实业公司杨荣良总经理看来，要搞好一个企业光靠严格的措施和规章制度来"管人"和"压人"不行，还必须为员工创造家的温馨和家的吸引力，善待和关心自己的员工。他深深懂得：员工的健康是企业的财富。该公司明文规定，45岁以上的员工和全体女员工每年安排一次高档次的体检，其他员工每两年享受一次类似的福利；他还帮助每位员工参加大病医保，如遇生病开销超过200元部分便可获得80％的报销。此举受到了员工发自内心的拥护。在杨荣良心里，员工之事无小事，职工子女升学、就业杨总亲自过问，并想方设法筹集资金设立了奖学基金，8年内奖励员工子女300多人次，共计15万多元。他想办法解决青年单职工的住宿问题，筹建宿舍，聘服务人员照顾他们的生活，配备生活设施和健身器材等。就连员工的早餐、晚餐，杨总都关心到家。

正是由于杨荣良体贴和善待员工，才换来了企业员工极大的工作热情和无限的创造力，由此，使得企业得到了快速发展。这正是：善待员工，回报奇迹！

（资料改编自：侯轩.善待员工好.浦发，2008年第2期，2008.2.28）

总之，旅游心理学是应社会发展和旅游学科发展的需要而产生和发展起来的。旅游心理学既关注旅游者心理和旅游行为的规律，也关注影响旅游行为的心理因素，探讨旅游者心理与旅游行为的关系，同时还关注旅游企业员工的心理，探讨如何遵循这些规律来搞好旅游服务和旅游管理工作。因此，旅游心理学既是心理学的一个新的分支，又是旅游学科体系中一门重要的应用学科。旅游心理学的研究成果，必将为完善和发展心理学和旅游学的学科体系，为丰富它们的知识宝库做出重要贡献。同时，也能够为旅游从业者作好实际的旅游开发、经营、管理、宣传和服务等工作，提供有益的指导和帮助。

二、旅游心理学研究的内容

旅游活动是一种集地理现象、商业行为、社会行为和人生经历于一身的综合性活动。旅游心理学的任务就是对这一复杂活动中的各种现象进行研究和剖析。旅游心理学的研究内容应包括以下几个方面。

1. 研究旅游者心理

研究旅游者心理就是具体研究旅游知觉、旅游动机、旅游者人格、旅游者态度、旅游者情绪和情感、旅游审美心理等。

2. 研究旅游服务心理

研究旅游服务心理就是具体研究导游员与风景区的服务心理、酒店服务心理、旅游交通服务心理、旅游商品服务心理等。

3. 研究旅游企业员工心理

研究旅游企业员工心理就是具体研究旅游企业中的人际关系、旅游企业的领导心理、旅游企业员工的心理保健等。

第二节　旅游心理学的研究方法

旅游心理学既然是心理学的一个新的应用学科，它既具有社会属性，也具有自然属性，所以，其研究方法也应和其他心理学的研究一样，必须坚持科学的原则，以辩证唯物主义和历史唯物主义为指导，遵循客观规律，运用科学的方法。研究旅游心理学主要借鉴心理学中已经成熟的研究方法，同时还借鉴社会学的知识和研究方法，根据旅游心理学的学科特点有选择、有变化地使用。这些先行学科的发展为旅游心理学的研究创造了先天的优势，而其后天的优势则是强大的社会需要。

一、旅游心理学的研究原则

旅游心理学研究旅游者的心理现象和旅游行为，目的在于科学地揭示旅游心理和旅游行为发生、发展及其变化的规律。因此，旅游心理学研究必须遵循以下五项基本原则。

1. 客观性原则

客观性原则就是实事求是的原则，就是对任何心理现象都必须按照它的本来面目去加以考察，必须在人的实际生活和活动中进行研究，这是因为心理现象是人脑对外部事物的反映。客观性原则是一切科学研究活动都必须遵循的根本原则，旅游心理学的研究也要遵循。根据客观性原则，在设计旅游心理学研究方法时，应该注意以下几个问题。

第一，要确定一定的外部活动，针对这样的外部活动来研究旅游者的心理现象。例如，研究旅游者的旅游偏好，就要根据研究的需要选定课题（如在经济条件和时间允许的情况下选择哪些地方去旅游），作为确定旅游偏好的某种指标，通过旅游者完成这些课题的活动来考察和研究旅游者的旅游偏好。

第二，控制外部条件。心理现象要受到外部条件的制约，研究旅游心理学必须要确定心理现象与外部条件的关系：即一定的心理现象依存于什么样的外部条件，一定外部条件的变化会引起什么样的心理现象的变化。控制和改变一定的外部条件，可以确定外部条件与所要研究的心理现象的关系。

第三，确定观察心理现象的生理指标。对心理现象的生理指标方面的研究，标志着从对心理现象的描述到本质的说明。心理现象与生理的变化存在着一定的关系，在许多心理现象的研究中，都要说明心理现象和生理的发生与变化的相互因果关系。要求在研究某种旅游心理现象时，有时要记录、观察生理的变化，使旅游心理现象的研究建立在客观、科学的基础上。

第四，要对研究中所获得的各种材料或数据进行全面的分析，尤其对那些矛盾的材料要引起特别的注意，力求对矛盾的材料做出明确的解释或者做进一步的补充研究。

2. 发展性原则

世界上的任何事物，都处在永恒的运动和不断地变化之中，作为人脑对客观事物的反映的心理现象，以及与此相关的各种行为，也不可能一成不变，一定会随着客观刺激物的发展变化而变化。因为，作为人的心理的物质基础——人脑，是历史发展的产物，因此，要求心理学研究者必须遵循发展性原则来研究心理现象和行为的发生、发展及其变化规律。在旅游心理学的研究中，遵循发展性原则，是指要把旅游心理和旅游行为看成是一个动态的发展与变化的过程。例如，研究某一个或某一类旅游者的旅游动机，不仅要描述旅游动机的现状和探索它们的影响因素，而且还要研究那些旅游动机的过去，弄清它们的来龙去脉。只有这样，才能发现旅游动机发生、发展及其变化的规律，并预测出它们未来的发展趋势。

3. 联系性原则

辩证唯物主义者认为：世界是由物质组成的，物质是运动的，运动着的各物质之间是相互联系、相互影响和相互制约的。人的心理现象的产生、发展和变化与自然环境、社会环境的各种因素也是相联系的，是受自然和社会各种因素相互作用的影响和制约的。具体地说，在旅游消费活动中，旅游者的心理现象的产生，要受到环境气氛、服务手段、主体状况等外部因素和内部因素的影响和制约。因此，研究旅游心理学不仅要考虑引起心理现象的原因和条件，还应考虑影响和制约心理现象的各个因素的相互作用。如旅游产品、旅游价格、商品品名、商品商标、接待服务、旅游宣传广告等的心理影响。旅游管理和服务人员一定要把上述各种因素联系起来一起考虑，要遵循联系性原则。

4. 实践性原则

旅游心理学具有较强的实践性。必须坚持理论联系实际的原则，把旅游管理的一系列策略、技巧和方法付诸实践，在实践中得到检验，发现新问题，掌握其规律。旅游市场竞争的现实告诉人们，研究和了解旅游消费者的心理及其发展变化规律，对于增加旅游企业的竞争能力，在竞争中获胜，有特别重要的意义。随着旅游事业的快速发展，旅游心理学将会有更加广阔的发展前景，它的理论、策略、方法也将越来越得到人们的重视并被运用到旅游实践中去。旅游心理学既是实践经验的总结，同时又有待于进一步在实践中检验和不断地探索、研究、补充和完善，使旅游心理学理论向深度和广度拓展。

5. 综合性原则

综合性原则是从以下三个方面体现出来的：第一，要综合分析和研究旅游者在旅游活动中的不同心理特点和个性特征。旅游活动中所产生的心理现象，通常都是以单个人的心理和行为反映出来，并形成其独特的个人心理品质。对此，旅游经营和管理人员一方面要综合找出此类心理现象形成的消费者群。另一方面要通过此类个体心理现象的多次反映找出某些具有规律性的特点。第二，要综合分析和研究影响和制约旅游活动心理现象的内部和外部因素。因为这些内、外部因素是相互联系和相互影响的，所以，研究旅游心理学决不能把内、外部因素割裂开来。第三，要综合其他相关学科的研究成果，将其借鉴和吸收到本学科的内容体系中来。

二、旅游心理学研究的主要方法

研究方法是人们为实现某种研究活动预期目标所必须采用的手段。旅游心理学作为心理学的一个分支，其研究方法往往兼有自然科学和社会科学的特点。旅游心理学的理论基础是应用心理学，因此在借鉴应用心理学的基础上，提出旅游心理学的四种研究方法。

1. 观察法

观察法就是指在旅游活动中的自然情况下，有计划、有目的、有系统地通过对旅游消费者的外部表现（如动作姿势、面部表情、言语和行为习惯等）的观察，去了解和分析其心理活动规律的一种方法。运用观察法，要求在观察过程中要敏锐捕捉各种现象，准确、详细地记录下来，及时予以整理和分析，以利于科学结论的产生。观察法应在自然条件下进行，研究者不应去控制或改变有关条件。这种方法的好处在于：调查人员与被调查人员不发生直接接触，被调查者的活动是在不受外部因素的影响下被观察到的，因而取得的资料能更准确地反映实际情况。另外观察法简便易行，可以涉及相当广泛的内容。其不足之处是：调查者仅能通过被调查者的外部表现，去判断被调查者的心理活动，由于没有对顾客心理活动的产生有意识的施加任何影响，有些现象只能等待它自然出现，不能在必要时对某一特定的对象反复观察，对观察所得的材料难以区别哪些是偶然的，哪些是规律性的。因而难以深入、全面地了解其心理活动的过程，掌握其心理活动的必然性。此外观察法对研究者要求较高，表面看起来观察法很简单，但实际运用起来难度却很大，只有经过严格训练的人才能有效地使用观察法。

2. 实验法

实验法是指有目的地通过严格控制或创设一定的条件，人为的引起或改变被试者某种心理现象产生，以获得第一手心理调查资料而对它进行分析研究的方法。因为实验法能够给出实验的状态条件，并能有规律地去变化它们和能够提出有关影响相互关系的证明，因此它比观察法优点多一些。实验法的采用，是心理学发展史上的一个转折点，是心理学研究方法的一次革命，它不仅极大地推动了心理学成为一门独立的学科，而且有力地促进了现代心理学的飞速发展。1879年冯特（W. Wundt）在德国莱比锡大学创立的第一个心理实验室，是实验法的源头。当然，实验法也有不足之处，其主要表现在于：实验之前要求制订出精确的实验计划和方案，因而比较费时间。另外，这类方法还必须由专门受过训练的专业人员去运用，须配备专门的仪器，要求的条件较高。实验法在具体运用时还分为实验室实验法和现场实验法两种形式。

（1）实验室实验法　它是在专门的实验室内借助于各种特设的仪器来进行的。在设备完善的实验室里研究心理现象，从呈现刺激到记录被试者的反应、数据的计算和统计处理，都采用计算机、录音、录像等现代化手段，实行自动控制。因而对心理现象的产生原因、大脑生理变化以及被试者行为表现的记录和分析都是比较精确的。用实验室实验法来研究旅游现象难度较大，一般很少使用。

（2）现场实验法　现场实验又被称为自然实验，它是在旅游活动即旅游管理或服务工作的实际情况下，由研究者有目的地创造一些条件或变更某些条件，有时会给被实验者的心理以一定的刺激或诱导的条件下去研究被试者心理活动的一种方法。例如：在餐饮服务中，可以来用现场实验法研究餐厅服务人员的服务方式对旅游者就餐行为的影响，解决服务工作的实际问题，提高餐饮服务的效率与质量。在旅游区管理中，旅游从业者经常会遇到像"十·一"黄金周那样的情况，旅游者人数陡然上升，营业收入大幅度增加，但是，旅游者的满意感直线下滑。此时此刻，管理者就必须要找到一个旅游接待人数与旅游者满意感之间的最佳结合点，才能既保持较好的营业收入，又让绝大多数旅游者感到比较满意。实施现场实验，就能帮助管理者找到这个最佳结合点。这种方法在很大程度上可以推断因果关系，而且其研究结果接近实际的社会生活情况，推广应用起来也比较容易。此方法既可以用于研究旅游者一些简单的心理活动，又可用于研究比较复杂的心理活动。这种实验法具有主动性，应用范围也比较广泛，在实际运用中，经常被用于测试消费者对于价格变动、商品包装变动、零售商店调整店内商品的陈设和柜台的分布等变动后发生的心理反应等。

3. 测量法

测量法是指根据一定的法则，使用特定的仪器或标准化的测验量表对具有某一属性的对象给出可以比较的数值而采取的方法。测量时所使用的工具称为测验。例如，要想知道某人的智能水平，一般使用智力测验作为测量工具，测出该人的智力商数，然后将所得数值与一般人的智商作比较，从而判断出这个人智力水平的高低。这种方法常被用于对旅游业工作人员的心理测试，用以研究旅游企业员工的心理事实与服务行为的关系。测量法在研究旅游企业员工心理方面用途比较大。

4. 调查法

调查法是指在对旅游活动的研究中，当某些心理现象不能通过直接观察或实验室取得可靠信息时，而通过调查人员采用多种形式和手段与被调查对象直接接触，从而搜集被试者的各种有关资料，间接地了解被研究对象心理活动的研究方法。调查方法在具体运用时，可根据调查者与被调查者相距的空间远近、联系的难易程度而采用访谈调查、电话调查和问卷调查等不同的方式。

（1）访谈调查法　它是指调查者与被调查者直接见面谈话，询问有关问题，了解和确定被调查者的某些心理特点的方式。运用谈话法了解被调查者的情况，要事先确定谈话的目的、拟定谈话的内容纲要。交谈时可以根据心理调查的目的和要求，采取单个交谈或集体座谈。访谈调查的特点是灵活性强，能够根据被调查者的具体情况，进行深入的询问，从而获取较多的资料。访谈调查还可以使调查者能够随时观察到被调查者的心理反应，进而有助于判断被调查者的真实想法和所回答问题的准确程度。访谈调查法也有它的不足，由于被调查者的语言表达能力有较大的差异，被调查者的心理特点的结论是凭其口头回答做出的，有的被调查者表达能力不强，其调查结果有时可能不太可靠，在一定程度上会削弱其客观性。

（2）电话调查法　它是指调查者借助于电话向被调查者进行询问，以了解被调查者心理反应的一种方式。当今社会，我国城镇居民的电话早已普及，随身携带的手机也已基本达到人手一部，因此，调查者借助于打电话的方式去掌握第一手资料既有助于节省调查时间，也能节省调查的费用。电话调查的不足在于当以电话簿为基础进行随机抽样时，存在着被调查对象不全面的缺点，对那些没有联系方式的对象的心理反应就反映不出来。另外，有时电话调查不容易得到对方的真诚合作。

（3）问卷调查法　它是指将要调查的所有内容设计成书面答题的形式，通过不同的方式交给被调查对象供其选择回答，然后再将调查结果进行统计、分析和整理，从中找出有规律性的、可靠的数据资料，从而研究被调查对象心理现象的一种调查方法。此方法要求被调查者回答问题思路要清晰，表达要正确，实事求是。问卷调查法的优点是可以同时进行大规模的调查；缺点是问卷回收率低。由于有些问卷的回答者不一定认真对待该调查问卷，所以对所回收的问卷答案难以判断其真伪。过去使用问卷调查法主要分为现场问卷、入户问卷和邮寄问卷等几种类型。随着网络技术的迅猛发展，通过网络的方式进行通信交流已变得非常便捷，因此使用电子邮箱进行问卷调查也就显示出了极大的优势。由于人们工作地点的变化和其他多方面的原因，人们的固定电话和手机号码会经常变更，这样会给通信带来不便，而人们使用的电子邮箱一般不会随意改变，甚至常常会伴随终生，所以，使用电子邮箱做问卷调查容易联络，且不受双方距离远近的限制，非常方便。如果问卷方法设计得巧妙（可以专门设计成一个问卷软件系统，会大大提高答卷者的答题积极性和真实性），回收率会很高且较为真实。

心理学的研究方法还有很多，比如个案法、经验总结法、模拟法等。这些方法各有其优缺点。由于旅游心理现象的特殊性和复杂性，进行研究时应根据研究对象的特点和具体任务的差别选择某一种或某几种方法。

第三节　研究旅游心理学的意义

研究旅游心理学对于旅游学科的建设和发展以及旅游业的繁荣都有着十分重要的意义。作为旅游学科建设与完善的需要，必须对旅游心理学进行深入的研究，才能解答有关旅游方面的一些问题。比如人们外出旅游的真正目的和动机到底是什么？心理学和社会学能够提供一个更令人满意的答案。研究旅游心理学不仅能回答理论问题，更重要的价值在于它具有多方面的实用意义。

一、有助于更好地解释旅游行为

旅游行为是一种复杂的消费行为，我国旅游出版社出版的《旅游概论》一书给旅游下的定义是：旅游是在一定的社会经济条件下产生的一种社会经济现象，是人们以游览为主要目的的非定居者的旅行和暂时居留引起的一切现象和关系的总和。而世界旅游组织（World Tourism Organization，WTO）1997 年给"旅游行为"做的具有国际权威的定义描述则是："人们离开平时的环境，为休闲、公务或其他目的而到外地旅行或逗留连续时间在一年以内的活动。"定义中明确了三个要点，第一，即人们外出的目的是休闲、公务或其他，如探亲、访友、商务、会议、考察、访问、医疗、宗教/朝圣、运动与健康等；第二，就空间而言从常驻环境去到外地其他地方旅行；第三，就时间而言在目的地逗留的时间不超过一年。这一定义已被大多数国家的官方统计所采用。

现代意义上的旅游行为产生于 19 世纪 40 年代的英国，经过大约 100 年的发展以后，旅游行为开始日益普遍化、大众化和国际化。与此相应，旅游行为也充分彰显出了它的经济意义、社会意义、文化意义和政治意义等属性，并引起了人们的广泛关注，旅游行为也成了诸多人文社会学科共同研究的对象，人们纷纷使用自己的理论和方法去研究和解释旅游行为。例如，每年出版的《中国旅游年鉴》中披露的统计资料，如入境旅游人数、国内旅游人数、出境旅游人数、旅游者的人均消费水平、旅游外汇收入和货币回笼、旅游的目的、旅游者的地域分布、旅游企业数量、国家和地方的旅游法规与政策等，就是最具代表性的研究结果。但是，由于缺乏旅游心理学的介入，研究者刻意回避了一个非常重要且人们普遍关心的问题，那就是旅游行为的主观原因到底是什么？所以，没有真正全面系统地解释旅游行为。

旅游业的实践和经济学、社会学、人类学、人口学、统计学等学科对旅游行为研究的结果都没有对旅游者在旅游过程中的一些选择做出解释，如旅游为什么选择杭州，而不选择苏州？为什么乘坐火车，而不乘坐汽车？为什么要跟旅行社组织的旅游团一起旅游，而不独自出行？如果旅游从业者不了解甚至不知道如何去了解旅游者的旅游决策，做好旅游服务只能是一句空话。旅游心理学就是研究旅游者旅游行为的主观原因，解释旅游者的选择原因。通过对旅游心理学的研究就会知道，旅游者之所以做出了不同的选择，是因为不同旅游者的不同的心理特征（如需要、动机、态度、兴趣、人格特征）发挥作用的结果。经济学等学科只能研究旅游行为的可能性，而旅游心理学则能研究旅游行为的必然性。按照旅游心理学的理论去研究旅游行为，就能够获得更加全面系统的科学解释。

二、有助于旅游事业的发展和旅游服务质量的提高

作为旅游从业人员，必须充分了解旅游对象的服务需求，才能做好旅游服务工作。旅游者的需要一般分为生理方面的需要（如食、宿、行、购等）和心理方面的需要（如兴趣爱好、情绪情感以及更深层次上的人性需要等）两个方面。前者更具实物性，操作起来容易把握，而后者把握起来可能困难更多一些，只有使得所提供的旅游产品和旅游服务能够更好地满足旅游者的心理需要，才能更有效地推动旅游业的发展，这也是旅游业赖以生存和发展的生命线，所以，要求旅游从业者必须具备相应的旅游心理学知识。

近年来，我国的旅游事业在硬件方面发展很快，已经接近甚至赶上了世界发达国家水平。但是在软件方面，尤其在旅游服务方面与旅游先进国家相比还有较大的差距，已经严重影响了我国旅游事业的发展。改革开放以来，我国的现代化建设发展迅猛，旅游业的发展更具有领先性，它是我国各行业中最早与国际接轨的领域，但是由于我国国民素质参差不齐，在知识、文化和思想观念方面落后于发达国家，体现在旅游从业人员方面就是总体素质较差，他们不但要为国际旅游者和国内部分高素质的旅游者进行国际标准的服务，而且还要为国内素质较低的旅游者服务，这对于综合素质本来就不很高的旅游从业人员来说就更困难了。尤其要与国际接轨，在对旅游从业人员进行服务技能、服务意识和服务理念的灌输和培养上，其任务就显得更加艰巨，旅游业不但要提高旅游从业者的业务素质，而且还要提高他们的综合素质，这就给旅游业增加了一些额外的工作任务。在此情况下，引进和学习旅游科学知识就显得尤为重要，旅游心理学和其他旅游学科一同肩负着这个重任。因此，旅游心理学对于发展我国旅游事业、提高服务质量有着极其重要的价值。

在掌握和运用旅游心理学知识的时候，不但要着眼于知识的具体运用，以达到知己知彼、有的放矢，了解旅游者的心理，预测旅游者的行为发展，有目的地引导其行为，最终获得好的经济效益，而且还要培养大旅游的概念。不能仅仅把旅游心理学知识当做获取眼前利益的一种招数，更应把它看做是旅游业整体格局的一部分。旅游心理学的运用是为大旅游服务的，着眼点应放在帮助旅游者构建其美好经历上，真正实现"旅游促进生活质量的提高"的目标（世界旅游组织1980年的口号），这才是旅游心理学的最大意义之所在。只有旅游业对社会有价值，急人们之所需，为人类造福，社会才可能回报旅游业，旅游业才能因此得到更大的发展。

三、有助于提高旅游企业的经营和管理水平

进入21世纪以来，我国的旅游事业飞速发展，旅游企业之间的竞争显得日

趋激烈。这种竞争是全面的，不仅体现在技术上和环境上的竞争，更重要的是在经营方针和策略上的竞争。在竞争中，每一个旅游企业都有被淘汰的可能。在这种机遇与挑战并存的时代，要想在竞争中取胜，就要把注意力放在旅游市场的变化和发展趋势上，学会对旅游市场进行科学的预测和决策，这就要求旅游管理人员加强对旅游科学知识的学习和研究，努力提高自己的经营管理水平。旅游心理学的研究可以帮助旅游管理人员运用心理学知识去分析旅游者的心理规律，了解其需要和变化，有针对性地开展旅游宣传吸引游客，并依据对旅游者心理变化的特点和趋势，分析并及时地调整经营方针和策略，在了解旅游者心理趋势的基础上进行科学的预测和决策。旅游业的竞争实际就是瓜分市场的竞争，是争夺旅游者的竞争，旅游心理学能在这场竞争中为旅游管理人员提供有效的帮助。

旅游心理学有助于提高旅游企业的管理水平，是因为对企业管理的内容可以分为四大块：即人、财、物以及市场。所有的工作都需要具体的人去做，对人的管理是各项管理中的重中之重，是具有统率性的。

资料2

善用人才，方能赢得天下

历史上西汉建国之初汉高祖刘邦在与群臣探讨成功的原因时总结说：运筹帷幄之中、决胜千里之外，我不如张良；筹措粮饷、募集兵员，我不如萧何；领百万雄兵、战必胜而攻必克，我不如韩信，但为什么我做了皇帝得了天下？原因是我"善用将"。通俗解释就是刘邦善于管理和领导这些有才能的人，从而他才得了天下。

由资料2可以得到一个启示：事业的成功取决于对人的管理，只要具备了管理和领导人的能力，一切事情将迎刃而解。

（根据西汉·司马迁《史记·高祖本纪》中相应故事改编）

旅游心理学为旅游企业管理人员的管理提供了必要的知识支持。旅游心理学对旅游企业员工心理进行深入的研究和分析，可以帮助管理者了解员工的心理状态和心理特征，了解企业内部的人际关系状况，有针对性地做好员工的思想工作，调动其工作积极性，对改善企业的经营管理，实现组织目标具有十分重要的意义。

四、有助于科学合理地开发旅游资源和安排旅游设施

旅游设施和旅游资源是旅游业生存和发展的基础，没有旅游资源和完备的旅游设施，旅游业就很难得到发展。要把潜在的旅游资源变为现实的旅游产品，其前提就是必须让广大旅游者接受，说具体一点就是首先要考虑旅游者的需要、心理特点以及旅游者的兴趣爱好、知觉特点、审美习惯等，这些都需要依据旅游心理学的知识做理论依托，如果不懂得旅游心理学的理论知识，就很难了解和满足

旅游者的真正需求，也就不可能制订出切合实际的旅游资源开发、利用方案并开发出旅游者喜欢的旅游产品。没有旅游者喜欢的旅游产品和旅游者的光顾，一切都将成为空谈。

在旅游设施和旅游资源的开发利用方面，一定要考虑旅游者的心理活动规律，现代化程度越高，就越要充分考虑旅游者的心理特点，论证它的科学性和实用性。只有充分注重旅游者的心理因素，使旅游者在旅游活动中得到最大满足，才算得上是成功的旅游产品。越是在其硬件建设上很现代化的旅游交通设施，就越是要全面地考虑旅游者的安全、快速和舒适的心理需要，现代化的旅游交通设施是根据旅游者的心理需要而改进和发展的。现代饭店需要为旅游者创造方便、舒适、恬静的生活环境，在设施安排上更应充分考虑旅游者的生理需要、心理需要特点，以求得吸引更多的旅游者。旅游娱乐设施的设计和建设也需要以旅游心理学知识为理论支持，以达到事半功倍的效果，避免人力、物力的浪费和旅游资源的破坏，使得设施和资源发挥出应有的社会效益和经济效益。根据现代人生活和工作的特点，有些人喜欢亲自参与带有刺激性、冒险性的娱乐项目，所以，有的旅游经营者就开发设计了相应的旅游娱乐项目，从而达到吸引旅游者的目的。

五、有助于旅游市场的细分

旅游市场的定义可以有多种解释，狭义来讲，旅游市场是指旅游需求，即旅游客源市场；广义来讲，它是指在旅游产品的交换过程中所反映的各种经济关系的总和。在本教材中提到的旅游市场一般是指旅游客源市场。旅游市场细分指的是根据旅游者的地理、心理、行为、购买力等因素，将整体旅游市场按照一定标准划分成若干个分市场，以确定目标市场的过程。

进行市场细分的目的是要选择最适合的目标市场。细分市场的标准很多，最流行的包括九个方面的消费者特征：①地理因素，包括气候、地形、行政区、城市、农村、自然资源、江河湖海、交通运输、人口密度等。②人口因素，包括年龄、性别、收入水平、职业、民族等。③心理因素，包括旅游者的消费需要、动机、性格、学习、态度、兴趣、偏好、感知觉等。④消费心态因素，包括旅游者的生活方式、购买动机、品牌偏好、追求的消费档次等。⑤社会文化因素，包括周围的文化环境氛围、个人的文化程度、宗教信仰等。⑥使用情况因素，包括购买旅游产品的频率、对旅游产品的了解程度、产品品牌忠诚度、使用数量、使用时间、使用频率、产品品牌、产品质量、产品效益等。⑦使用情景因素，包括旅游者对旅游时间、旅游目标、旅游目的地和旅游方式等的选择。⑧利益因素，包括商品价格、社会认可度、耐用度、经济价值、其他附加利益等。⑨混合因素，包括几种混合在一起同时起作用的因素和其他未考虑到的因素等。在九个市场细分的因素中，与心理学研究关系较为密切的是心理因素、消费心态因素、使用情况因素和使用情景因素。实践证明，研究和考虑这些心理因素和行为因素，有助于旅游管理者对旅游市场进行有效的细分。

旅游偏好调查

2000年，李某使用问卷法对深圳某公司的锦绣中华、中华民俗村、世界之窗和欢乐谷四大主题公园的市场情况进行了抽样调查，并主要从心理和行为维度分析了华侨城的旅游市场结构，细分了华侨城的旅游市场。在旅游偏爱方面，65%以上的旅游者偏爱景区的表演，45%的旅游者偏爱休闲娱乐项目，53%的旅游者偏爱刺激性项目与体育运动项目，61%的旅游者偏爱自然风光，39%的旅游者倾向于人文古迹。在旅游动机方面，持有休闲放松和增长见识动机的旅游者几乎各占一半，约60%的旅游者的旅游动机是与孩子一起游玩、共享天伦之乐。在出游方式上，26%的旅游者是团队旅游者，63%的旅游者希望与家人、朋友一起旅游（不包括参加团队的旅游者）。四大主题公园中，中华民俗村和世界之窗的知名度最高，并且是旅游者选择倾向性高、出游率和重游率都比较高的旅游目的地。

（资料改编自：李舟. 深圳华侨城2000年游客调查分析研究. 旅游学刊，2001，(1)：51～53）

通过资料3可以得出结论，如果以心理因素、消费心态因素、使用情况因素和使用情景因素作为细分旅游市场的基础，就必须学习和研究旅游心理学，参考旅游心理学对旅游者的心理和行为规律的研究成果去细分旅游市场。

六、有助于旅游市场的预测

从2001年12月中国加入WTO以来，我国的旅游业已经进入了世界范围的旅游竞争圈，所有的旅游企业都面临着来自世界范围的日趋激烈的同业竞争，机遇和挑战是前所未有的。因此，对中国旅游业来说，要在竞争激烈和复杂多变的旅游市场中获得有利地位，就要时刻关注旅游市场供需的变化，对旅游市场进行科学的预测。旅游市场预测是指在旅游市场调查基础上，系统地分析和研究旅游市场的历史与现状，提出对未来旅游市场的性质、规模和结构的假设。预测旅游市场的最终目的是为了制定出高水平的政策法规，做出英明的经营管理决策，用领先的理念、健康的环境、优质的产品、知名的品牌来吸引国内外游客，保持源源不断的旅游客源。学习旅游心理学就是为了通过对旅游者的心理和行为规律的研究，帮助旅游从业者科学地预测旅游者的心理、行为发展与变化趋势，从而有针对性地进行旅游产品的生产与销售活动，满足旅游者的需要。

中国入境旅游市场调查

自 2009 年 12 月份西方传统节日圣诞节过后，2010 年 1 月入境外国游客数量大幅增长，从而带热了入境旅游市场。1 月旅游外汇收入较 2008 年同期水平实现较快增长，旅游外汇增幅自 2009 年第四季度以来，目前延续正增长态势。国家旅游局网站的统计数字显示：2010 年 1 月累计入境旅游人数增长 3.53%，累计过夜旅游人数增长 9.86%，累计旅游外汇收入实现同比增长 18.79%。随着国家将旅游业提升至保增长、扩内需、调结构的重要战略性产业，积极推出政策加快发展旅游业，目前旅游市场正值快速发展时期。具体数据显示是：2010 年 1 月份，全国入境旅游人数为 1069.71 万人次，同比增长 3.53%，比 2009 年同期入境旅游人数增加 36.52 万人次，较 2009 年同期增幅扩大 7.95 个百分点；2010 年 1 月份，入境过夜旅游人数为 431.13 万人次，同比增长 9.86%，比 2009 年同期入境过夜人数增加 38.69 万人次，较上年同期增幅扩大 20.68 个百分点；2010 年 1 月份全国实现旅游（外汇）收入达 33.85 亿美元，同比增长 18.79%，比 2009 年同期外汇收入增加 6.16 亿美元。由上述数据可以看出中国入境旅游市场的强劲趋势。

由资料 4 可以看出，当前和未来一段时间内，观光度假、商务活动、探亲访友和参加会议等，将是入境旅游者的主要旅游目的，因此，旅游资源开发和旅游促销应围绕这些领域进行。旅游业应继续强化观光类旅游产品的地位，抓住美食产品，重视以民俗风情和文化艺术为吸引物的参与性强的休闲娱乐类产品，积极拓展购物旅游，开发相应旅游项目。要加强具有地方特色的旅游纪念品和工艺品、食品和茶叶、服装和丝绸、瓷器和陶器、中成药和保健品、文物复制品和字画等旅游商品的开发和生产。当然，如果要全面地预测旅游市场，仅仅依据旅游者的心理因素是不行的，必须结合其他因素进行综合预测，才能实现预期的目的。

七、有助于为旅游者提供更加丰富的旅游体验

在现代，绝大多数旅游者更注重旅游过程中所得到的无形体验。这种无形体验与旅游产品的特征有关，旅游产品的特征是：在时间上它不能储存，在空间上也不能转移，所有权不能转让，生产与消费同步进行，其使用价值是满足旅游者审美与愉悦的需要等。因而旅游者根本无法把旅游产品从生产和消费的现场带走，即旅游者只能获得体验，无法获得有形的实物。当代旅游消费文化的特征使旅游者宁愿获得体验而不去获得有形实物。在日常生活和旅游活动中，现代旅游者不断地以虚拟、仿真的方式构建世界，消解了现实世界与表象之间的差别。真

实的实在转化为各种影像，时间碎化成了一系列永恒的当下片段。这就使旅游者难以领会现实世界的完整意义，促使他们更加热情地投身于那些具有直接性、强烈感受性、超负荷感觉的感官体验和情感体验之中，以把握每一个时间片段。这就是旅游者更注重旅游过程中无形体验的原因。

体验是使每个人以个性化的方式参与其中的事件，是当一个人的情绪、体力、智力甚至精神达到某一特定水平时，在其意识中产生的难忘的感觉。现代旅游者所要获得的终极目标就是旅游体验。例如，当父母带着孩子去迪斯尼乐园时，并不是为了看迪斯尼乐园这件事本身，而是为了全家去共同体验这样一种特殊的经历。一批又一批的旅游者来到漓江旅游观光，他们谁也没有把漓江带走，而带走的是对漓江的一种特殊体验和对这种体验的长久的记忆。旅游从业者应该做的就是要有意识地以旅游资源为大舞台，以旅游产品为道具，大家（旅游从业者和旅游者）一块粉墨登场，同台演出，使旅游过程变成情节丰富的戏剧或狂欢，从而使旅游者产生更加丰富和难以忘怀的旅游体验。

资料 5

迪斯尼乐园

1955 年，富于想象力和创造精神的美国动画片先驱华特·迪斯尼在美国加利福尼亚州创办了第一座现代化的游乐园，取名迪斯尼乐园（Disney-land，正式全名为 Disneyland Park）。这不仅是第一个迪斯尼乐园，同时也是世界上第一个现代意义上的主题公园。迪斯尼乐园将米老鼠等卡通人物重现于距洛杉矶 35 公里、占地 64.7 公顷的主题公园中。在有着真人大小卡通形象的乐园中可以驾驶未来车、搭乘密西西比的船尾舳车、嬉游于中世纪的城堡，或在美国大街上漫步。到今天，除了加利福尼亚州洛杉矶迪斯尼乐园外，还建造了美国奥兰多迪斯尼乐园、巴黎迪斯尼乐园等主题公园。

迪斯尼乐园把严肃的教育内容寓于娱乐形式之中，丰富而有趣，进入其中会使人童心复萌，游兴大发，正因其具有如此奇特的梦幻之魅力，所以每年都要吸引来世界各地的数以千万计的游客，由此也创造出了巨额的经济效益。

旅游业的实践已经证明，为旅游者提供更加丰富体验的主要方法是为旅游者的体验设定主题，这正是迪斯尼在世界范围获得成功的有说服力的经验。旅游心理学的任务就是研究旅游者的心理和行为，将旅游者按消费特征归并成不同的群体，然后去研究每个群体可能会感兴趣的体验主题，直到找到多数旅游者渴望的一系列的体验主题，以此来指导旅游从业者去开发旅游资源，创设体验情境，设法使每个旅游者都能获得自己想要获得的旅游体验。美国一些学者们的研究为主题的来源做出了回答，马克·高特迪内（Mark Gottdiener）在《美国主题》一书中提出了十类人们渴望体验的主题，包括地位和身份、热带天堂、荒芜西部、古典文明、乡愁、阿拉伯狂想、都市情调、堡垒建筑与警戒、现代主义与进步、无法展现的展现（如越战军人纪念墙）。伯恩德·施密特和亚历克斯·西蒙森（Bernd Schmitt & Alex Simonson）在《市场营销美学》一书中则提出了九类人们渴望体验的主题，包括历史、宗教、时尚、政治、心理学、哲学、实体世界、大众文化、艺术。中国有句成语，叫做"他山之石，可以攻玉"，上述学者们提出的主题虽然源于大洋彼岸，但是却有普遍的指导意义，中国旅游从业者也可以借鉴过来为我所用。

本章小结

旅游心理学是心理学的一门分支学科，它是把心理学的相关研究成果和有关原理及研究方法运用到分析、了解旅游这一现象上来而产生的新兴应用学科。通过本章的讲解，使学习者基本了解了旅游者的旅游消费心理、旅游服务心理以及旅游企业员工的心理，熟悉了旅游心理学的研究方法、原则及研究旅游心理学的意义。从而为提高旅游服务质量、提高旅游企业的经营管理水平、科学合理地开发旅游资源和安排旅游设施、科学地进行旅游市场的细分和预测等奠定有效的基础。

 实训练习

1. 要求：设计一份问卷调查表，到人群中做一次真实的问卷调查（发放问卷不少于 100 份），回收后进行统计、分析，写成调查报告。
2. 假设的已知条件：再过几天就是"五·一"或"十·一"黄金周。
3. 调查对象：机关的工作人员、学校的师生、厂矿的工人或街上的行人等。
4. 调查目的：预测黄金周旅游市场。即调查一下被试者在黄金周是否准备去旅游？去何地旅游？是随旅行社组织的旅游团一起去，还是独自出行？是乘飞机，还是乘火车或汽车？为什么要做出这样的选择？等等。

思考题

1. 什么是旅游心理学？
2. 简述旅游心理学的形成和发展。
3. 旅游心理学的研究对象是什么？
4. 评述旅游心理学的主要研究方法。
5. 旅游心理学的具体研究内容有哪些？
6. 旅游心理学的基本研究原则有哪些？
7. 结合实际谈谈研究旅游心理学的重要意义？

第二章
旅游心理学
相关理论

学习目标

- 了解心理学、普通心理学的基本概念及研究内容。
- 了解社会心理学的基本理论及研究内容。
- 了解管理心理学的基本理论及研究内容。
- 熟悉相关理论，为学习旅游心理学打好理论基础。

【开篇案例】

名 画 被 毁

有一位印度人手里拿着三幅均出自一位名画家之手的名画，这三幅画恰好被一位美国画商看中，这位美国画商心想："这三幅画可都是珍品，太有收藏价值了，假如把它们买下来，收藏若干年后肯定会大幅度增值，到那时我就能发一笔大财。"他打定主意，无论如何也要买下这三幅画。

于是，美国画商问那位印度人："先生，我想买你手中的画，你看要多少钱一幅？"

印度人反问道："你是买三幅，还是只买一幅呢？"

"买三幅多少钱？只买一幅又多少钱？"美国人试探着问。他的如意算盘是先和印度人谈定一幅画的价格，然后再说三幅都要，多买优惠肯定能占便宜。

印度人只是在表情上略显难色，但并没有直接回答他的问题，可美国人却有点沉不住气，他说："你开个价，一幅要多少钱？"

卖画的印度人是一位地地道道的商业精，他非常清楚自己这画的价值，而且他还看出了这位美国人喜欢收藏古董名画，他一旦看中，是不会轻易放弃的，价格多高他也会买下的，并且他从美国人的眼神中判断，这个美国人已经看上了自己的画，心中就有底儿了。

印度人仍装作漫不经心地样子回答说："先生，如果你真心诚意要买，每幅你就给250美元吧！这够便宜的了！"

美国画商也并不是商场上的庸者，他抓住多买少算的规则，一美元也不想多出，于是，两个人讨价还价，谈判一下子陷入了僵局。周围也聚集了很多看热闹的围观者。

那位印度人灵机一动，计上心来，装作大怒的样子，起身离开了谈判桌，拿起一幅画就往外走，二话不说就把画烧了。围观的人群一片哗然，那位美国人更是大为吃惊，他从来没有遇到过这样的对手，对烧掉的那幅画又惋惜又心痛。于是小心翼翼地问印度人剩下的两幅画卖多少钱，想不到烧掉一幅画后，印度人要价的口气更强硬了："两幅画少于800美元不卖！"

美国画商觉得太亏了，少了一幅画，反而还要多卖钱，哪有这种道理。于是，强忍着怨气拒绝，目的是为了少花点钱。

想不到，那位印度人不理他这一套，怒气冲冲地又拿出一幅画烧了。这次，美国画商更是大惊失色，只好乞求印度人不要把最后一幅画烧掉，因为自己太爱这幅画了。接着又问这最后一幅画多少钱。

想不到印度人张口还是800美元。这一回美国画商有点儿急了，问："一幅画怎么能比三幅画的价钱还高呢？你这不是存心戏弄人吗？"

这位印度人回答：这三幅画均出自于知名画家之手，而且已经绝版了，本来有三幅的时候，相对价值应该小一点儿。如今只剩下一幅了，已经变成了绝版，它已经大大超过了三幅画都在时候的价值。因此，现在我告诉你，这幅画800美元我也不卖，如果你想买，最低得出价1000美元。

听完后，美国画商一脸的苦相，没办法，最后只能以1000美元成交。

启示：

有时候一的价值是大于三的，物以稀为贵吗；然而，把三变为一最关键的是要有印度人那种"毁画"的勇气。

（资料改编自：田戈．改变世界的100个营销故事．北京：朝华出版社，2004．）

旅游心理学是一门由心理学分离出来的应用性较强的新兴学科，它的基础理论涉及心理学、社会心理学、社会学、经济学等多个学科的理论。这些学科的理论虽不是旅游心理学理论"本身"，但是旅游心理学理论的构筑必须以这些学科的理论为基础。它的研究方法与心理学类似。心理学研究人的一般心理规律，旅游心理学则是研究人在旅游活动中的心理规律。与旅游心理学有直接关系的心理学学科有普通心理学、社会心理学、管理心理学等，旅游心理学就是借用这些学科的研究成果，并将其应用于旅游领域而产生的。社会学把社会作为整体，研究社会现象及其变化规律。旅游心理学的研究内容如社会角色、社会生活方式、社会组织以及社会管理等，可以帮助理解旅游活动中各种错综复杂的社会现象，以及这些现象给人的旅游行为、管理行为带来的心理影响。旅游在某种意义上可以说是社会经济发展的产物，经济学的研究可以帮助懂得旅游的重要性，并能指出旅游市场的规模。对旅游企业来说，还可以运用经济学的原理来科学合理地使用有限的旅游资源，一方面满足旅游者的各种需要和欲望，另一方面为企业获得最佳经济效益。除此之外，如管理学、消费行为学、服务学等学科对构筑旅游心理学都具有重要的贡献。

第一节　普通心理学

一、什么是心理学

一个正常的人，不管是在清醒状态，还是处于睡梦之中，不管是从事社会实践，还是自发的本能活动，都会产生这样或那样的心理现象，而且正是在心理活动的调节下，人们的各种活动才能得以正常地进行，并达到预期的目的。

何为"心"？即思想、情感。心理学中的心习惯上指思想器官和思想情感等，是人的灵魂。何为"理"？即条理、准则、规律。何为"心理"？即人的头脑反映客观现实的过程，泛指人的思想、情感等内心活动，即关于人的思想、情感活动的规律。何为"心理学"？心理学就是研究人的心理现象及其规律的科学。心理现象就是指人的感觉、知觉、记忆、思维、想象、情感、意志、能力、性格、气质等。心理现象又是自然界最纷繁复杂和奇特多变的现象，自古以来，人类为了认识它的本质，发现它的规律，经历了一个漫长而又曲折的过程。

"心理学"（psychology）一词，最早是古希腊语中的"灵魂"（psyche）和"学问"（logos）两个词构成的，意思是"灵魂之学"。"灵魂"是指人的精神或心理活动，人类很早就试图对它做出解释和说明，这些解释和说明形成了最初的心理学思想，以后，古希腊哲学家对人的灵魂问题进行了比较系统的研究，认为人的行为是由灵魂支配的，灵魂有它自己的活动规律。随着实践活动的深入和科学的发展，人们发现"灵魂说"对心理现象的解释是不完整和不准确的，总是想对心理现象的本质做出科学的说明。19世纪以后，由于物理、化学和生物学的发展，许多学者开始应用实验的方法来研究人心理活动的特点和规律，使人类对心理现象的认识上升到了一个新的阶段。经过心理学家们的共同努力，人们对心理现象的研究积累了大量的资料和理论依据，使心理学的研究逐步成为一门内容丰富、体系完整的学科。今天，心理学的许多理论，不仅能够指导人们正确地进行生活、工作和学习，而且成为教育人、培养人、管理人、使用人以及进行人才选拔的科学依据，心理学这门古老而又年轻的科学已经显示出其强大的力量。

由于心理学的研究和发展既离不开现代生理学和生物学，也离不开辩证唯物主义哲学和其他社会科学。因此，心理学是一门自然科学和社会科学交叉的边缘学科。

二、心理学的发展

1. 从哲学的心理学到科学的心理学

心理学历史悠久，源远流长，自从有了人类，就有了心理现象，早在生产力不发达的远古时代，人类就把注意力投向了自身，开始描述和研究人的心理现象。但是作为一门科学，心理学的诞生却仅有一百多年的历史。古希腊几代著名哲学家苏格拉底（公元前469年～前399年）、柏拉图（公元前427年～前347年）、亚里士多德（公元前384年～前322年）等对人类的本性、本能、心灵、感觉、意识等问题已经作为哲学上的主要观念去讨论。但是，他们讨论这些问题时都只凭主观的设想，没有建立客观的研究方法和系统的理论。因此，在那一段漫长的历史时期内实际上并没有形成科学的心理学，只能称之为哲学的心理学。

19世纪以来，自然科学得到更迅速的发展，特别是生物学、生理学等学科的发展积累了大量关于人体的知识。1825年，德国哲学心理学家赫尔巴特（1776～1841年）《作为科学的心理学》的巨作问世，第一次庄严宣布心理学是科学。1876年英国心理学家培因（1818～1903年）创办了世界上第一份心理学杂志《心理》，为发表心理学研究的成果，提供了一个专门场所。德国感官生理学家韦伯（1795～1878年）首先确立了感觉的差别阈限定律。自然科学的突飞猛进，启发了人们的思维，刺激人们寻找研究心理学的新方法，有许多勇于探索的学者，开始了他们的实验工作。德国生理学家、哲学家冯特受到前人的启发，在吸收前人成果的基础上，于1879年在莱比锡大学建立了世界上第一个心理学实验室，并在他的主持下用实验的手段开展了对感觉、知觉、情感和联想等系统的研究。至此，心理学便真正脱离了哲学而成为一门独立的实验科学。冯特坚持用观察、实验以及数理统计等自然科学的方法去揭示心理过程的规律，因而取得了丰硕的研究成果，并培养了一批来自世界各地的学生。冯特是科学心理学的奠基人，也是心理学史上第一位专业心理学家。

随着科学技术的发展和社会实践活动的需要，心理学也不断改进和完善原有的研究方法和技术，使基础理论的研究得到进一步深入，应用性研究更是蓬勃发展。据统计，现代心理学已经有20多个学术派别、100多个分支，形成了庞大的心理科学体系。今天，心理学的许多研究成果，不仅应用于教育、医疗、工程技术、航空航天等领域，而且还渗透到仿生学、人类学、控制论、人工智能、系统工程等许多尖端学科领域，愈来愈显示出科学心理学的价值和强大的生命力。

2. 现代心理学的几大学派

现代心理学虽历史不长，但流派却很多，其中最有代表性的是西方现代心理学中的弗洛伊德创立的精神分析心理学、华生创立的行为主义心理学和以马斯洛为代表的人本主义心理学等几大流派。

（1）精神分析心理学　奥地利心理学家西格蒙德·弗洛伊德（Sigmund Freud，1856～1939年）也是奥地利精神病学家，他是从心理治疗"起家"的，也是心理治疗中的"心理分析"学派的创始人。他认为心理上的病态是人的本能冲动被压抑的结果，当一个人觉得自己的冲动严重地违背了"做人的原则"时，他就会压抑这些冲动。压抑的结果是：虽然再也意识不到这些冲动，并且已经可以心安理得地相信自己"没有"这些冲动，但这些冲动依然存在于意识不到的内心深处。弗洛伊德认为，这种"冲动"与"对冲动的压抑"之间的冲突，就是导致心理失常的病因。他认为运用宣泄的方法让病人将压抑在内心的积郁毫无保留地倾诉出来，病情就可获得好转，研究者可以将病人倾诉出的信息作为分析和治疗的根据。这就是他创造的精神分析法。后来，他陆续出版了早期的一系列著作，其中包括《梦的解析》、《日常生活的心理病理学》、《一个歇斯底里病例》、《性学三论》等，这些著作标志着心理分析体系的正式诞生。从此以后，他把精神分析心理学从对病人的研究扩大为对一般正常人的研究。

弗洛伊德认为，推动人们去做各种各样事情的"原动力"是那些人与动物所共有的本能欲望的冲动，其中特别重要的是"性冲动"和"攻击的冲动"。在弗洛伊德看来，按照人的本性来说，人总想不择手段地为所欲为，但社会不允许人这样做。弗洛伊德并不主张"放纵"，相反，他认为对人的本能加以控制是完全必要的。如果人类放纵自己，必将自取灭亡。但是如果一味地压抑人的本能冲动不仅会使人生活得不痛快，而且会使人生病。他认为可取的办法既不是放纵，也不是压抑，而是"升华"。"升华"就是把原本用于做坏事的心理能量用来做好事。

（2）行为主义心理学　行为主义心理学于20世纪初产生于美国。它以坚决否定传统心理学的姿态登上心理学的舞台，似乎使人感到它在清除心理学的神秘性，改变着心理学的空气，因而立刻迷惑了美国的大批青年心理学者，并在西方心理学界引起了广泛而深刻的影响。美国心理学家华生是行为主义心理学的创始人。

资料6

约翰·布鲁德斯·华生简介

华生（John Broadus Waston，1878～1958年）诞生在美国南卡罗来纳州一个名叫格林维尔的小镇。他16岁进入福尔曼大学学习宗教，后来认识了摩尔教授，选学了摩尔开设的大量的《心理学》课程。1899年，年仅21岁的华生获得硕士学位。1900年，华生进入芝加哥大学攻读博士，1903年完成了博士论文，成为芝加哥最年轻的博士。之后，华生在芝加哥大学做了心理学助教。1905年他开设了动物心理学课程，并做了大量动物行为的实验研究，表现出对动物行为研究的偏爱。此时华生已开始思考用行为来代替意识的必要性及合理性，萌生了他的行为主义思想。当年12月，华生便主编了《心理学评论》。1908年华生在耶鲁大学的演讲中首次提出了行为主义的观点。1910年他在题为《动物行为的新科学》的论文中指出：动物行为的研究方法应是观察和实验。1911年华生领导的研究群体成果迭出，华生的声誉日渐升高。后来华生又在哥伦比亚大学做了系列讲座，获得了巨大成功。这一系列的讲座中包括1913年发表在《心理学评论》上的《行为主义者心目中的心理学》论文，正式宣告了行为主义心理学的诞生，标志着行为主义革命的开始。1914年他的心理学专著《行为：比较心理学导论》出版，它标志着华生由研究动物心理学向研究人类心理学的真正转变，说明华生已迈入了研究现实生活的心理学新领域。1915年，年仅37岁的华生被推举为美国心理学会主席。

华生将心理学列入自然科学一个纯粹客观的实验分支。他把人和动物的行为作为研究对象。他从人和动物的行为中所找到的基本因素是刺激和反应，并且断言：“我们能够将我们的一切心理学问题及其问题的解决，归纳于刺激和反应的规范之中。”刺激—反应公式成为华生心理学的基本公式。

在一批“新行为主义”心理学家中，最著名的是创立“强化学说”的美国心理学家斯金纳。斯金纳用他的“斯金纳箱”做了大量的动物实验。他认为，通过动物实验也能揭示人的行为规律，因为人的行为和动物的行为基本上服从于同样的规律。斯金纳认为，最重要的问题不在于各种各样的行为是由什么样的刺激引起的，而在于已经出现的行为为什么有的能够巩固下来，有的却没有巩固下来，没有形成习惯。他用大量的实验证明，已经表现出来的行为会因为得到奖励而增加它重复出现的可能性，换句话说就是给予奖励能够“强化”已经出现的行为。

（3）人本主义心理学　亚伯拉罕·马斯洛（Abraham Maslow，1908～1970年）是美国当代著名的人格心理学家和管理心理学家，也是人本主义心理学的主要创始人之一。

资料 7

美国心理学家——亚伯拉罕·马斯洛

亚伯拉罕·马斯洛于 1926 年进入美国康乃尔大学，三年后转至威斯康星大学攻读心理学，并于 1934 年获得博士学位。他早期曾是一名热心的行为主义者，后来用行为主义的方法教育他自己的孩子未获成功，转而抛弃了行为主义理论。马斯洛在批判地吸收他人观点的过程中逐渐形成了他自己的人本主义心理学思想体系。20 世纪 50 年代末，马斯洛与哈佛大学的索罗金共同召集了“关于人类价值的新知识讨论会”。在这次专题讨论会以后，他又与弗洛姆、罗杰斯等心理学家共同发起并于 1962 年成立了“人本主义心理学会”。1967 年被选为美国心理学会主席。当时，他们所确定的人本主义心理学的基本原则之一是“心理学应该关心人的尊严和人的提高”。他的主要著作有《动机与人格》、《存在心理学探索》、《科学心理学》和《人性能达到的境界》。马斯洛等人本主义心理学家认为，对于人来说，最本质也是最可贵的东西，不是人与动物所共有的那些“本能”，而是那些动物所没有的，只有人才有的“潜能”。1954 年，马斯洛所著的《动机与人格》一书问世。他在书中提出了现在已经为大家所熟悉的、以自我实现需要为最高层次需要的“需要层次理论”。所谓“自我实现”，就是通过发挥人的潜能来实现人的价值。

马斯洛所说的人所特有的潜能，如爱的潜能、创造的潜能，都是“善的”，而不像弗洛伊德所说的本能那样是“恶的”。但是人的这些潜能与人的动物本能相比要软弱得多，它们只有在良好的环境条件下，才能由“潜在的可能性”变为

"现实"，在恶劣的环境中，是很容易被摧残的。马斯洛认为，理想的社会就是能使人的潜能得到充分实现的社会。

马斯洛的动机理论是他对心理学、组织行为学和其他人文社会科学影响最大的理论之一，几乎所有的管理学的教科书都要在不同的程度上提到他的动机理论。马斯洛的动机理论是从对人类的需要了解出发的，在传统的心理学中通常认为动机是以生理驱动为出发点。马斯洛认为驱动力只说明了需要的一个方面的特征——体内平衡的失调，这是以体内的某种缺失现象来解释需要。现实人类生活表明，需要还有另一方面的特征——一种需要一旦满足，就不再有支配人的动机的力量了，这将会有新的力量出现。马斯洛就是在此基础上发展了他的需要层次理论。

马斯洛认为人的需要是有不同的层次的，主要可以分成五个层次，由下而上的层次依次为：生理的需要、安全的需要、归属的需要、尊重的需要和自我实现的需要。在这所有的需要中生理需要是最基础的，是一切需要的出发点。按照马斯洛的解释如果一个人的基本的生理需要得到了满足，通常会从这个需要的支配中解脱出来，从而产生新的需要，受这种新的需要所支配，低层次的需要是高层次需要的基础，一般来说高层次的需要是在低层次的需要满足之后才能产生的，但它们之间又是相互联系的。

自我实现是人本主义心理学的基本理论的核心。马斯洛认为自我实现是一个人力求变成他能变成的样子。具体地说有两个方面的含义：一个就是完满人性的实现，指作为人类共同的潜能的自我实现，包括人的友爱、合作、求知、审美和创造等特性的实现。一个是个人潜能或特使的实现，指作为个体差异的个人潜能的自我实现。

三、普通心理学

普通心理学是研究心理学基本原理和心理现象的一般规律的心理学，是所有心理学分支的最基础和一般的学科，也是心理学专业学生入门的第一门专业课程。普通心理学是研究一般正常人的心理现象及其结构、特点与基本规律的一门科学。它的具体研究内容包括心理动力、心理过程、心理状态和心理特征四个方面。

1. 心理动力

心理动力系统决定着个体对现实世界的认知态度和对活动对象的选择与取向。心理动力系统包括动机、需要、兴趣和世界观等心理成分。

人所从事的所有活动，无论简单或复杂，都是由动机支配的。这种动机就是指引起、推动并维持个体活动，并使之朝着一定目标和方向努力的内在驱动力。在这种驱动力的作用下，产生行为并使之指向一定的目标，动机还能不断地调节行为过程中的强度、持续时间和方向，使之最终达到预定的目标。

动机的内在心理基础是需要，需要是个体缺乏某种东西的一种主观状态，它是客观需求的反映，这种客观需求既包括生理需求，也包括社会需求。兴趣以需要为基础，它表现为人们对某件事物、某项活动的选择性态度和积极的情绪反应，是需要的体现。世界观则对人的需要进行调节和控制，并由此确定个体对客观世界的总体看法与基本态度。

2. 心理过程

人的心理是一种由人脑对客观现实反映的动态的活动过程，就其性质与功能的不同，它包括认知过程、情绪情感过程和意志过程。

认知过程是人接受、储存、加工和理解各种信息即个体获取知识和运用知识的过程，即人脑对客观事物的现象和本质的反映过程。它包括：感觉、知觉、记忆、思维、想象和语言等。

人的认知过程是从感觉开始的。看到的颜色、听到的声音、嗅到的气味、尝到的滋味、触摸到的物体等，这些都是人脑对当前客观事物个别属性的反映，称之为感觉和知觉。感觉是对直接作用于感觉器官的客观事物的个别属性的反映，知觉是对直接作用于感觉器官的客观事物的整体属性的反映。这是一种最简单的心理现象。当然，对人来说，单纯的感觉几乎是很少的。因为客观环境中的许多事物总是由许多属性综合而成的一个整体。当你在知道这个事物某一个属性的同时，往往也就知道了这个事物的整体，如我们看到一种颜色的时候，也就知道它是什么物体的颜色；听到一种声音时，也就知道是什么物体发出的声音。从而也就知道了这个事物的意义，这时的心理活动就是知觉了。日常生活中，正是由于感觉和知觉很难分开，因此我们称之为感知觉。人在活动中不仅感知当前的事物，并且要记住它，有时还需要我们把它再认出来，或是需要我们把过去经历过的有关事物回忆出来，这就是记忆。记忆是比感知觉更为复杂、更为高级的认识过程。若要认识事物的特点和意义，就必须利用感知的材料和已有的知识进行分析、思考，深入理解事物的本质，掌握事物的规律，这就是思维。感觉、知觉、记忆、思维和语言等都是为了弄清客观事物，是对客观事物的认知活动。

人在认识客观世界的时候，不仅要依靠感知觉、记忆来反映事物的属性、特征及其联系，还会对事物产生一定的态度，比如对某种事物感到满意、喜爱或者厌恶、恐惧等，这些现象叫情绪。情绪是对客观事物是否满足自己的需要而表示出来的态度体验，符合个体需要就会产生积极情绪；反之就会产生消极情绪。

人认识客观事物过程，是通过感知觉、记忆得到感性认识，认识到事物的外部特征，然后再把感性认识提高到理性认识，认识到事物内在的本质特征。这需要人利用已有的感知和记忆的信息和材料，进行分析、综合、概括等，抽取出事物的本质特征和内在规律性联系，这就是人所特有的思维活动，人类的一切科学发明创造都是通过人脑积极的思维活动而实现的。

人不仅能够感受和认识客观事物，还要对它进行处理和改造，从而创造出一种新的形象。这种新的形象产生的过程即是想象。通过处理和改造客观事物而创造出的新的想象为其提出一个目标，并制订计划，然后执行和调整计划、克服各种困难，最后达成目标，这就是意志过程。

上述所讲的认知活动、情感、意志等心理活动都属于心理过程。在旅游活动中，个体的认知、情感和意志活动并不是孤立的，这些活动都是紧密联系和相互作用的。研究心理过程的产生和活动规律以及它们之间的相互关系，是普通心理学研究内容的一部分。

3. 心理状态

心理状态是指人在某一段时间里表现出来的相对稳定的心理活动状态。它既不像心理过程那样变动不羁，也不像心理特征那样稳定持久。例如，在感知活动时可能会出现聚精会神或漫不经心的状态，在思维活动中可能会出现灵感或刻板状态；在情绪活动时可能会产生某种心境、激情或应激的状态；在意志活动时可能会出现犹豫或果敢的状态等等。心理状态犹如心理活动的背景，心理状态的不同，可能使心理活动表现出很大的差异性。事实上，人的心理活动总是在睡眠、觉醒或注意三种状态下展开的，这些不同的心理状态体现着主体的心理激活程度和脑功能的活动水平。

在睡眠状态下，脑功能处于抑制状态，心理激活程度极低，人意识不到自己的心理活动。例如，人在做梦时并没有意识到自己在梦境当中，即便是醒来后能够记住梦的内容那也只能是无意记忆。因为人无法监控在睡眠状态下的心理活动，只有从睡眠转入觉醒后，人才开始能够意识到自己的活动，并能有意识地调节自己的行为。觉醒状态存在不同的性质和水平，如振奋状态使人的心理活动积极有效，疲惫状态则相反。注意状态是一种比较紧张积极的心理状态，是意识活动的基本状态，它使人的心理活动指向和集中在一定的对象上，并使人对注意的事物进行清晰的反应。

资料 8

我自信，我成功

1900 年 7 月，在浩渺无边的大西洋上，海风怒吼，巨浪滔天，暴风雨中，一叶小舟一会儿冲上浪尖，一会儿跌入波谷，恶劣的天气和狂风巨浪似乎要将它撕个粉碎。驾驶这叶小舟的这位金发碧眼的年轻人是一位德国的医学博士，名叫林德曼。大海无情，曾经吞噬过无数鲜活的生命。为什么他要孤身一人进行这危险的航行？为什么还要选择这样恶劣的天气？

林德曼在德国从事的是精神病学研究，出于对这份职业的执著，他正在以自己的生命为代价，进行着一项亘古未有的心理学实验。

林德曼博士在医疗实践中发现，许多人之所以成为精神病患者，主要是因为他们感情脆弱，缺乏坚强的意志，心理承受能力差，经受不住失败和困难的考验，关键时刻失去了对自己的信心。有些看上去体格非常健壮的人，后来却因为承受不住心理的压力而精神崩溃。林德曼认为：一个人保持身心健康的关键，是要永远自信！

当时，德国举国上下正在掀起一场独身横渡大西洋的探险热潮，全国先后有100多位勇士驾舟横渡大西洋，但结果均遭失败，无一生还。消息传来，舆论界一片哗然，认为这项活动纯属冒险，它超过了人体承受能力的极限，是极其残酷的"自杀"行为。

林德曼却不这么认为。经过对这些勇士遇难情况的认真分析，他认为这些遇难的人首先不是从肉体上败下阵来的，而主要是死于精神上的崩溃，死于恐怖和绝望。

林德曼的观点遭到了舆论的质疑：探险勇士难道还不够自信？为了验证自己的观点，林德曼不顾亲人和朋友的坚决反对，决定亲自作一次横渡大西洋的试验。

在航行中，林德曼遇到了许多难以想象的困难。在漫漫的航程中，孤独、寂寞、疾病，体力的消耗，精力的消耗，都在消蚀着他的意志。特别是在航行最后的18天中，遇上了强大的季风，小船的杆折断了，船舷被海浪打裂了，船舱进水了。林德曼必须把舵把紧紧地捆在腰上，腾出手来拼命地往外舀船舱里的水。

在和滔天巨浪搏斗的整整三天三夜中，他没有吃一粒米，没有合一下眼。那场面真是惊心动魄，九死一生。多少次他感到坚持不住了，感到自己不行了，有时眼前甚至出现了幻觉，准备放弃了，但每当这个时候，他就狠狠地掐自己的胳膊，直到感觉到疼痛，然后激励自己："林德曼，你不是懦夫，你不会葬身大海，你一定会成功的！再坚持一天，就是胜利的彼岸。"

"我一定会成功！"林德曼的心中反复地呼喊着这几个字。生的希望支持着林德曼，最后他终于成功了。

"100多人都失败了，我为什么能成功呢？"他说，"我一直自信自己一定能成功。即使在最困难的时候，我也以此自励！这个信念已经和我身体的每一个细胞融为一体。"

启示：

林德曼的故事告诉我们，不论在什么样的困境中，唯一能拯救你的是你自己，你自己当时的心理状态——信心；唯一能打垮你的也是你自己当时的心理状态——灰心。

（资料来源：王耀廷．改变生活的68个心理学经典故事．长沙：湖南人民出版社，2009.）

4. 心理特征

心理特征是指人在认知、情绪和意志活动中形成的那些稳固而经常出现的意识特性。认识、情感、意志人皆有之，它们是人类心理的共性。但是其表现特点、发展水平和方向却因人而异。所谓"人心不同，各如其面"，正如人们的容貌各不相同一样，每个人的心理风貌也各具特色。这种心理发展中的个别差异，就是心理学中所要研究的个性心理特征。心理特征主要包括能力、气质和性格。

(1) 能力　能力是与一个人能否顺利完成某种活动相联系的一种个性心理特征，它体现着个体活动效率的潜在可能性与现实性。人与人之间的能力是有差异的，例如，从事某些工作时，有人善于概括，有人善于分析；有人记忆力强，有人记忆力差；有人抽象思维能力强，有人形象思维能力强；有人思维灵活敏捷，有人思维呆板迟钝。这些都反映出不同的人其能力是不同的。

(2) 气质　气质是指表现在人的心理活动和行为的动态特征。即心理过程和行为发生的加速度与强度的特点、稳定性的特点、指向性的特点等。例如，在人的日常活动和交往中，有的人精力充沛、动作敏捷；有的人无精打采、动作迟缓；有的人活泼急躁，有的人沉静稳重；有的情绪稳定而内向，有的情绪容易波动而外向。有人豪爽、有人沉静、有人急速、有人迟稳，有人喜怒形之于色，有人情绪不易外露，这就是日常所说的"脾气"、"秉性"。这些差异就属于气质方面的特征。

(3) 性格　性格是人对现实的稳固的态度和习惯化的行为方式，也是一个人社会行为方面的心理特征和基本精神面貌的具体体现。它表现于对工作、学习、劳动、社会、集体、他人等问题上的态度和行为特征。在现实生活中，有人勤奋，有人懒惰；有人自私自利，有人大公无私；有人积极进取，有人被动退缩；有人坚毅果敢，有人优柔寡断；有人比较温柔，有人比较粗暴；有人谦虚谨慎，有人骄傲自大；有人坚强，有人怯弱等，这些即是性格方面的差异。正是由于人有这些不同的心理特征，才会有所谓的千人千面。

这里之所以把个性心理分为心理动力、心理过程、心理状态和心理特征四个方面，主要是为了研究的方便，当然它们各自都具有一定的独立性，但对于初学者而言，更重要的是要知道它们彼此之间是密切相关和相互作用的，而不能把它们看成是各自孤立的。

第二节　社会心理学

旅游心理学作为心理学的一个分支学科，它与社会心理学有着密切的联系，社会心理学知识是旅游心理学的一个重要知识来源。旅游心理学的主要研究对象是旅游者和旅游企业的工作人员，这二者都是社会中的人，其行为的发生和变化都离不开他们生活的社会环境因素的影响。所以要研究旅游心理学就必须了解社会心理学。

一、什么是社会心理学

关于社会心理学的定义国内外学者众说纷纭，观点不一。社会心理学家周晓虹认为："社会心理学是一门研究与社会有关的人类社会行为的心理学问题的现代社会科学。它是研究人的形形色色的社会行为或文化行为的发生、发展、变化过程及其变化规律的科学。"它是在社会学、心理学和文化人类学等母体学科的基础上形成的一门带有边缘性质的独立学科，它既有极其深厚的理论渊源，又有十分广泛的应用价值。从以上定义可以知道，社会心理学的研究对象是人的社会行为，那么人的社会行为具有哪些特征呢？

社会心理学家认为，人的社会行为主要有以下三个特征。

首先，人的社会行为是这个人在接受各种社会刺激后所做出的反应，同时社会行为又可以成为对他人的社会刺激。这种既是自身的反应又是对他人刺激的现象是社会行为的特有现象，这就构成了一个连续的社会互动关系。

其次，社会行为既包括人的内在心理现象，也包括外在的行为表现。其概念包含内在行为和外显行为两个方面。内在行为是外显行为的基础和潜在状态，也可以说是外显行为的准备阶段。

再次，社会行为的主体既有个体，也包括由这些个体所组成的群体，它具有个体和群体两重性。具体一点说就是，社会心理学所研究的社会行为有三类：一是个体受他人或社会影响而产生的行为，如社会认知、归因和动机等；二是既由个体所体现同时又为群体中的其他成员所共有的行为，如模仿、从众以及社会态度等；三是由各种群体所表现的行为，如合作、竞争、社会运动等。

二、社会心理学的研究内容

社会心理学研究的内容主要包括以下几方面。

1. 社会化

每个人降生到人间后，就面临着物质环境和社会环境。个体社会化指的是个体在社会环境影响下认识和掌握社会事物、社会标准的过程，通过这个过程，个体得以独立地参加社会生活。从社会心理学角度来看待，社会化问题所关心的是如何由一个自然人变成社会人，以及在这个过程中为什么个体形成了独特的人格特征。

社会化的基本途径是社会教化和个体内化。社会教化即广义的教育。家庭、学校、社会团体、大众传播媒介以及法庭、监狱和劳动教养所等是完成广义教育的组织。这些组织的成员则是社会教化的执行者。社会教化有两种途径：一是系统的、正规的教育，如学校教育等；二是非系统的、非正规的教育，如社会风俗、群体亚文化和传媒等对人起着潜移默化的影响。个体内化是指个体通过学习，接受社会教化，将社会目标、价值观、规范和行为方式等转化为自身稳定的人格特质和行为反应模式的过程。社会化的内容主要有政治社会化、道德社会化以及性别角色的社会化等。个体社会化有如下几个特点。

（1）长期性　首先，因为人不同于动物，初生儿吸取食物以维持营养，披衣盖被以维持体温，总之，在生存生长方面，有个特别长的生活依赖期。其次，初生儿面临的社会环境极端复杂，他逐渐长大起来，要掌握的社会事务和道理很多。总之人不同于动物，有一个特别长的学习时期，所以个体实现社会化是个特别长的过程。

（2）发展性　个体从不认识和不掌握社会事务、社会标准到认识和掌握它们，是个发展过程：首先，这种发展是随个体身体的发育、年龄、智力和经验的增长而发展的。所以个体社会化的发展过程是与个体生理、心理的成熟发展过程相适应的。不到一定年龄阶段，不能认识和掌握复杂的社会生活的要点和准则。其次，个体社会化应该理解为一个贯穿个体一生自始至终的过程，所谓"活到老，学到老"就是这个过程的写照。

2. 社会认知

社会认知是指对他人的表情、性格、人与人关系及其人的行为原因的认知，而不是对物和对事的认知。社会认知的结果影响着人的社会行为。社会认知包括感知、判断、推测和评价等社会心理活动。对人的知觉、印象、判断以及对人的外显行为原因的推测和判断，是社会认知活动发生和进行时所经历的几个主要过程。

社会认知的途径，主要是通过对他人面部表情、身段表情和言语表情即人的言谈举止、神情仪表以及行为习惯等方面的观察和了解，通过与人相处或长期共同工作和生活来认识自己与他人的关系以及他人与他人的关系，了解他人的性格来达到对社会的认知。这就是中国常说的一句老话："路遥知马力，日久见人心"。社会认知的内容主要包括社会知觉、社会行为的归因等。社会知觉又称对人的知觉或人际知觉，它是整个社会认知的第一步。它是关于他人和自己所具有的各种属性和特征的整体性的知觉，在此基础上人们形成社会印象和社会判断，并进一步对他人行为做出归因。在社会认知形成的过程中，由于主体、客体以及环境等因素的相互作用，社会认知往往会出现偏差，这类偏差是有规律可循的。我们称这类偏差为社会知觉误区，它们大致包括第一印象、晕轮效应、心理定势和刻板印象。关于这些方面的内容，将在本书后面再作详细介绍。

社会归因指的是根据前期所获得的资料对他人的行为进行分析，从而推断其原因的过程。社会归因的结果直接影响到认知主体的社会行为，所以了解社会归因的规律有助于认识和预测他人的社会行为。

3. 社会动机

社会动机又称精神性动机，是人的社会属性所引起的、经学习而获得的，它与人体的经验和社会文化等因素密切相关。社会动机是人的社会行为的驱动力，它的研究范围包括需要、动机、本能等方面。

4. 社会沟通

狭义的沟通是指以符号、记号为媒介所实现的社会行为的交互作用，即人们在互动过程中通过某种途径或方式将一定的信息传递给另一个接受信息的人；而广义的沟通则是人类的整个社会互动过程，在这个过程中，人们不仅交换观念、思想、知识、兴趣、情绪等信息，而且还交换相互作用的个体的全部社会行动。沟通是人类社会交往的基本过程，也是一切社会赖以形成的基础。

社会行为是个体或群体对他人或社会所给予的社会刺激的反应，而这个反应反过来又能够成为他人的社会行为的刺激。从沟通的角度说，刺激就是来自人或环境的信息作用。而人的社会行为的发生发展本身就是一种广义的信息沟通过程。因此，著名文化人类学家爱德华·萨丕尔辉会十分肯定地说："……每一种文化形式和每一社会行为的表现都或明或暗地涉及沟通。"

社会沟通主要有语言沟通和非语言沟通两种方式。语言是人类社会中客观存在的现象，是社会上约定俗成的符号系统，语言不仅是人类传播信息的最有效、最便捷的媒介，而且也因此成为语言使用者与他人共享文化经验及个人经验的工具。语言具有两种基本功能：一是思维功能；二是沟通功能。它是沟通不同个体之间的交流的桥梁，是不同的个体心理活动彼此发生影响的最有效的工具。语言沟通是社会沟通的主要方式。一方面，语言的存在使同代人的社会交往、隔代人的文化传承成为可能；另一方面，语言本身又是伴随着人类社会的形成而产生的，它是构成人类丰富多彩的文化的重要成分。非语言沟通是社会沟通的另一种重要方式，实际上在人类的沟通中互动双方所获得的信息大部分是来自非语言的行为。一位专门研究非语言沟通的学者艾伯特·梅热比的一项社会心理学研究成果认为：相互理解＝语调（38％）＋友情（55％）＋语言（7％）。非语言行为一般分为三类：无声的动姿、静姿，有声的辅助语言和类语言。无声的动姿包括目光、手势、体态、面部表情和触摸，静姿是指静止的体态以及人际交往的空间距离。人际交往时的空间距离是表达自己的情感和信息的一种常用手段，尽管交往时的空间距离是无意形成的，但却反映了一个人同他人已有的或希望形成的关系。通常人们进行沟通时，双方的空间由远及近分为四圈：公众区（2米以上），社会区（1～2米），个人区（0.3～1米），亲昵区（0.08～0.3米，即8～30厘米）。辅助语言包括声音的音调、音量、节奏、变音转调、停顿、沉默等，类语言指的是那些虽有声但无固定意义的声音，如呻吟、叹息、叫喊等。

5. 社会态度

社会态度是社会心理学的基本内容之一，这方面的探讨比较多，早期有的社会心理学家把社会心理学定义为研究社会态度的科学。社会心理学对社会态度有不同的理解，美国社会心理学家 L. L. 瑟斯顿和 C. E. 奥斯古德将态度视为评价或情感性反应；F. 奥尔波特把态度看作为心理的神经的准备状态；认知论者将态度看作是由认知的、情感的、行为的三种成分构成的一个整体，是对态度对象的理解、情感和行为的相互关联的比较持续的、某一个人内部的系统。社会态度的重要性在于：人的社会化过程的最终结果包含在个体的态度之中。

态度是指个人对某一对象所持有的评价与行为倾向。态度的对象是多方面的，其中有人、事件、物、团体、制度以及代表具体事物的观念等。

社会态度有以下特点：①内隐性。态度本身是无法直接测定的，必须从个人的行为或与行为有关的语言行为表现中间接推断出来，测定态度需要一定的中间变量。②方向性。态度总是具有赞成或反对的方向特点，并具有程度的差异，有时反映出态度的极端性，有时则反映出态度的中性。③统一性。构成态度的认识、情感和行为倾向三种成分彼此协调，是一个统一的整体。④复杂性。在一定条件下，个体并不是经常表现出与内心态度相一致的外部行为。⑤稳定性。在一定时期内态度保持着相对稳定的倾向。

人们对一个对象会做出正面或反面的评价，如赞成或反对、肯定或否定等，同时还会表现出某种倾向性，这种倾向性就是心理活动的准备状态。一个人的态度会直接影响到他的行为取向。旅游心理学之所以要研究态度问题，就在于旅游者的心理倾向性会直接影响旅游者的旅游行为，如旅游目的地和入住饭店的选择等，都要受到旅游者态度的影响。

6. 人际关系

社会心理学的研究对象是社会中的人，自然研究社会心理学就必然要研究人际关系问题。人际关系是人们在进行物质交往和精神交往过程中发生、发展和建立起来的人与人之间的关系，或者说是人与人之间心理上的关系。人际关系反映了个人或群体寻求满足其社会需要的心理状态，因此，人际关系的变化和发展决定于双方社会需要满足的程度。

人际关系的形成包含三个方面的心理因素：认知、情感和行为，其中情感因素起主导作用，制约着人际关系的亲疏、深浅和稳定程度。人际关系一般可分为积极关系、消极关系、中性关系。不同类型的关系伴随着不同的情感体验。如积极的关系使当事双方在发生交往时会产生愉快的体验，而消极关系会使双方感到痛苦。由于人际关系在旅游企业管理中占有重要地位，本书将专辟章节予以阐述。

总之，通过上述对社会心理学的简单介绍，使我们对社会心理学与旅游心理学之间的关系有了初步了解，这将对旅游心理学的学习产生一定的帮助作用。

第三节 管理心理学

管理心理学是心理学的一个分支学科，它起源于 20 世纪 20 年代而成熟于 20 世纪 50 年代。管理心理学诞生的标志是 1924 年至 1932 年在美国芝加哥西方电器公司的霍桑工厂进行的霍桑试验。

资料9

霍 桑 实 验

霍桑实验是心理学史上最出名的事件之一。这一系列在美国芝加哥西部电器公司所属的霍桑工厂进行的心理学研究是由哈佛大学的心理学教授梅奥主持。

霍桑工厂是一个制造电话交换机的工厂，具有较完善的娱乐设施、医疗制度和养老金制度，但工人们仍愤愤不平，生产成绩很不理想。为找出原因，美国国家研究委员会组织研究小组开展实验研究。霍桑实验共分四阶段。

第一阶段是照明实验（1924.11～1927.4）。通过提高工作环境的照明度来验证生产效率的变化。可是经过两年多实验发现，照明度的改变对生产效率并无影响。以梅奥教授为首的一批哈佛大学心理学工作者将实验工作接管下来，继续进行。

第二阶段是福利实验（1927.4～1929.6）。实验目的是想查明福利待遇的变换与生产效率的关系。但经过两年多的实验发现，不管福利待遇如何改变（包括工资支付办法的改变、优惠措施的增减、休息时间的增减等），都不影响产量的持续上升。

第三阶段是访谈实验。研究者在工厂中开始了访谈计划（与工人谈心，多听少说，详细记录工人的不满和意见）。访谈计划持续了两年多，工人的产量大幅提高。

第四阶段是群体实验。梅奥等人选择了14名男工人在单独的房间里从事绕线、焊接和检验工作。对这个班组实行特殊的工人计件工资制度。实验者原来设想，实行这套奖励办法会使工人更加努力工作，以便得到更多的报酬。但观察的结果发现，这个班组为了维护他们群体的利益，自发地形成了一些规范。他们约定，谁也不能干得太多，突出自己；谁也不能干得太少，影响全组的产量，并且约法三章，不准向管理当局告密，如有人违反这些规定，轻则挖苦谩骂，重则拳打脚踢。进一步调查发现，工人们之所以维持中等水平的产量，是担心产量提高，管理当局会改变现行奖励制度，或裁减人员，使部分工人失业，或者会使干得慢的伙伴受到惩罚。这一试验表明，为了维护班组内部的团结，可以放弃物质利益的引诱。由此提出"非正式群体"的概念，认为这种群体有自己的特殊的行为规范，对人的行为起着调节和控制作用。同时，加强了内部的协作关系。

第五阶段是态度实验。他们对两万多人次进行态度调查，规定实验者必须耐心倾听工人的意见、牢骚，并作详细记录，不作反驳和训斥，而且对工人的情况要深表同情。结果产量大幅度提高。因为谈话内容缓解了工人与管理者之间的矛盾冲突，形成了良好的人际关系。

霍桑试验的结论

（1）工人是社会人，不是经济人，即工人除了物质需要外，还有社会心理方面的需求，因此不能忽视社会和心理因素对工人工作积极性的影响，认为金钱不是刺激工人积极性的唯一动力。

（2）企业中存在非正式的组织。企业成员在共同工作的过程中，相互间必然产生共同的感情、态度和倾向、形成共同的行为准则和惯例，非正式组织独特的感情、规范和倾向，左右着成员的行为。非正式组织不仅存在而且与正式组织相互依存，对生产率有重大影响。

（3）生产率主要取决于工人的工作态度以及他和周围人的关系。梅奥认为提高生产率的主要途径是提高工人的满足度，即工人对社会因素、人际关系的满足程度。如果满足度高，工作的积极性、主动性和协作精神就高，生产率就高。

霍桑试验提出了"人际关系学说"，该学说使管理心理学正式走上管理学的舞台，"人际关系学说"同时也成为管理心理学核心理论之一。

管理心理学的研究对象是企业中人的心理规律，目的在于调动人的工作积极性，以达到最大的工作绩效。管理心理学研究的内容是企业中具体的社会、心理现象，包括个体心理、群体心理、组织心理和领导心理四个方面。

一、个体心理

个体心理是指以个体心理为研究对象，以调动个体积极性为目的的研究。能否充分开发人力资源，最大限度地调动员工的工作积极性是现代企事业生存、发展、成功的关键。人是构成生产力诸要素中最根本、最活跃、最革命的因素。人的积极性、智慧、创造力是企事业活动的力量源泉，它是一个具有巨大潜力的变量。要充分开发人力资源，就要掌握不同个体的心理特点及其活动规律。为此，管理心理学把个体心理作为主要的研究内容。

任何组织或单位都是由众多的个体所组成。这些个体不仅能力、特长各异，而且气质、性格、需要、兴趣等千差万别。一个管理者如何驾驭这些不同心理特征的个体去实现同一个目标，如何将每个人安排在能级匹配的岗位上，使人适其事、事得其人、人尽其才，这就要分析人的差异、分析各种职务的差异，应用个性心理差异的知识，合理地进行人员的选择、培训与考核、奖励。有关调动个体的积极性、智慧、创造力的理论称为激励理论。

激励指的是持续激发人的动机的心理过程，或者说是运用各种有效手段激发人的热情，启动人的积极性、主动性，发挥人的创造精神和潜能，使其行为朝向组织所期望的目标而努力的过程。激励理论有三类，它们是：内容型理论、行为改造型理论和过程型理论。

（一）内容型理论

这是激励问题的基础理论，它主要研究激励的原因与起激励作用的因素。其理论有马斯洛的需要层次理论，奥德弗的生存、交往、发展理论，麦克利兰的成就需要理论和赫茨伯格的双因素理论。马斯洛的需要层次理论将在第四章作专门介绍，这里不再详述。下面着重介绍其他理论。

1. 奥德弗的生存、交往、发展理论

奥德弗认为人的需要有三种，它们是生存的需要、相互交往的需要和发展的需要。

（1）生存需要 它包括生理需要、物质需要和安全需要，其中有多种形式的生理的、物质的和精神的欲望，如饥、渴、睡眠和有稳定工作等。在组织环境中它们表现为工资、福利、住房以及工作环境的保护等其他物质条件。这种需要类似马斯洛需要层次论中的生理需要和部分安全需要。

（2）交往需要 它包括社交需要、人际关系的和谐和相互尊重的需要。指的是个体在组织中通过与他人间的情感交流和相互关怀来满足自己的某些需求。这

种需要大体上与马斯洛需要层次论中部分安全需要、社会需要以及部分自尊需要相类似。

(3) 发展需要　它也叫做成长的需要，这是一种要求得到提高和发展的内在欲望，即个人努力创造的或个人在工作中成长的所有需要。这与马斯洛需要层次论中部分尊重需要及整个自我实现需要相对应。成长需要的满足，产生于个人所从事的工作，他不仅需要发挥他的才能，而且还需要培养新的才能。奥德弗理论还认为各个层次的需要满足得越少，则这种需要就越为人们所渴望。较低层次的需要越是能够得到较多的满足，对较高层次的需要就越是渴望。如果较低层次的需要一再受到挫折而得不到满足，人们就会重新追求较低层次需要的满足。

2. 麦克利兰的成就需要理论

麦克利兰主要研究当人的生理需要基本得到满足后，人还有哪些需要。麦克利兰认为人还有三种需要、权力需要、友谊需要和成就需要。

(1) 权力需要　权力可以分为个人权力和社会权力。权力需要是企业管理成功的基本要素之一。具有较高权力欲望的人，往往对向他人施加影响和控制表现出极大的兴趣。这种人总想寻求领导者的地位，常常表现出喜欢争辩、健谈、直率和头脑冷静的特点，也喜欢教训别人并乐于演讲。个人权力在不同阶段的表现有所不同，有一个发展过程。一般的变化是：依赖他人——相信自己——控制他人。

(2) 友谊需要　具有友谊需要的人，通常从人与人之间的社会交往中得到满足，喜欢有一种融洽的人际关系。那些负有全局责任的人，往往把友谊看得比权力更为重要。

(3) 成就需要　这是一个人完成自己所设置的目标的需要。具有成就需要的人，把具有挑战性的成就看作人生最大的乐趣，能够引发人的快感，增强人的奋斗精神。把做好工作达到目标，视为最优者的愿望。他们干什么都不甘落后，希望超过别人。

麦克利兰认为，不同的人对这三种需要的排列顺序不同，个人行为主要决定于其中被环境激活的那些需要。具有较高成就需要的人事业心强，比较实际，敢冒风险，把个人成就看得比金钱还重要。具有高成就需要的人对企业和国家有着重要的作用，而通过教育和培训可以提高人的成就需要。

3. 赫茨伯格的双因素理论

传统观念认为，满意的对立面是不满意。而赫兹伯格则认为这是一种不确切的表述。他提出的一个重要的新观点：满意的对立面是没有满意，而非"不满意"，不满意的对立面是没有不满意，而非"满意"。他认为，满意与不满意是一种质的差别，而不是量的差异。赫茨伯格把那些使员工感到非常满意的因素称为激励因素，把那些使员工感到非常不满意的因素称为保健因素。缺少保健因素，员工会感到不满意，有了保健因素，员工也并不会感到满意而由此产生激励作用，而是没有不满意；当有了激励因素，员工会有激励作用和满足感而感到满意，若没有激励因素时，员工也不会产生太大的不满足感，而是没有满意。不是所有的需要得到满足都能激励起人们的积极性，而是只有那些被称之为激励因素的需要得到满足后，才会极大地调动人们的积极性。不具备保健因素时将会引起许多不满意，但是具备保健因素时并不一定会调动人们强烈的积极性。而不具备激励因素时并不会引起很大的不满。

按照赫茨伯格的理论，管理者如果想要能持久而以高效地激励员工，就必须改进员工的工作内容，使员工能从中感受到某种成就、责任和成长发展。同时，管理者还必须经常给员工表扬和赏识，使他们感到自己受人重视和尊重。管理者还应该为员工设计出具有内在兴趣的工作任务，实行工作丰富化。

"双因素"理论同时告诫管理者不应该忽视保健因素。应该指出，在具体应用时不可将激励因素和保健因素作绝对化的理解。因为激励因素也有保健作用，保健因素同样也含有一定的激励作用。对于某些人而言，被赫茨伯格列为保健因素的东西可能正是他们的激励因素。

（二）行为改造型理论

行为改造型理论重点研究如何改造和转化人的行为，以达到变被动为主动、变消极为积极。行为改造型理论主要包括强化论、归因论、挫折论三种理论。

1. 强化论

强化是指增强某种刺激与因这种刺激而引起的某种反应之间的联系。强化论认为，行为的结果对行为本身有强化作用，是行为的主要驱动因素。强化论并不考虑人的内心状态，只关注行为的结果，认为人是在学习、了解行为与结果之间的关系。由于行为的结果的确对行为有着强大的控制作用，在应用于企业员工具体行为管理上是有效的。但强化论不考虑人的内在心理因素，是片面的。在运用强化理论时，要注意如下几个原则：①奖励与惩罚相结合的原则；②以奖为主、以罚为辅的原则；③及时而正确强化的原则；④奖人所需、形式多变的原则。

2. 归因论

归因论是说明和推论人们活动的因果关系的分析理论。人们用这种理论来解释、预测和控制他们的环境，以及随这种环境而出现的行为。因此有人把归因论叫做认知理论，即通过改变人的自我感觉、自我认识来达到改变人的行为的理论。

归因可以解释为：人们对他人或自己的所作所为进行分析，指出行为的性质或推断发生这种行为的原因的过程。换言之，归因就是把他人或自己的行为的动机加以解释和推测。不同的归因会影响人们的工作态度和积极性，进而影响到行为和工作绩效。对过去成功或失败的归因，会影响将来的期望和努力程度。一般情况下，人们做出的归因限于四类，即努力程度、能力大小、任务难度和运气机会。这四种因素可以按内因和外因、稳定性、可控性三个纬度来划分。成功和失败的不同归因会影响人们当时的心理感受和对以后的期望以及今后的努力程度。

归因论所研究的问题有下列几个方面：①关于人心理发生的因果关系，包括内因和外因；②社会推论问题，即根据行为及其结果对行为者的心理素质或个性差异做出合理的推论；③期望与预测，即从一定的过去行为和结果预计在某种情况下会产生什么行为。

3. 挫折论

挫折是指个体从事有目的活动，在环境中遇到一定的障碍或干扰，使其需要和动机不能得到满足时的情绪状态。这种情绪反应一般都具有客观性和两重性的特点。

（1）挫折的客观性　挫折是人的需要和动机在得不到满足的情况下产生的。由于人的需要不仅多种多样，而且随着社会的发展不断变化和升级，所以，需要的满足常受到诸多条件的限制。如政治的、经济的、道德的、生理的条件等等。条件的限制，使人在进行有目的活动时，常常受到阻碍，使人的需要不能完全如愿以偿。这是一种社会现象，是不以人的主观意志为转移的客观存在。

（2）挫折的两重性　挫折能给人带来两重效应：①消极对抗的效应。挫折能使人产生失望、痛苦、焦虑的情绪体验，由此而一蹶不振，失去对生活的希望；或是引起粗暴的对抗行为，导致矛盾激化。②积极的效应。挫折也能给人带来好的影响，它能给人以启迪和教益，使人吸取教训，变得更加聪明，还能锻炼人的思想和意志，使人更加成熟和坚强。挫折的两重性在一定条件下可以相互转化。一般前者更为普遍，而且挫折后的表现有一定的规律性。一个人在日常生活和工作中遇到挫折在所难免，关键是采取什么样的态度，通常人们为了降低或减轻挫折所带来的痛苦，采取了一些心理防卫方式。这些方式有：压抑、合理化、补偿、投射、反向和升华。在企业管理中，员工遭遇挫折也是很正常的，作为一名管理者，当员工遇到挫折时如何去帮助解决，使之不朝着破坏性的方向发展，是一项重大的责任。

（三）过程型理论

过程型理论主要是说明行为是怎样产生的，又怎样向一定的方向发展，如何使这种行为保持下去，以及怎样解释这种行为发生的整个过程。

1. 期望理论

期望理论是通过考察人们的努力行为与其所获得的最终奖酬之间的因果关系来说明激励过程，并通过选择合适的行为达到最终的奖酬目标的理论。这一理论是由美国心理学家弗鲁姆（Vroom，V. H.）于1964年在《工作与激励》一书中最先提出来的。理论认为，当人们有需要同时又有达到目标的可能时，其积极性才会高。激励作用的大小，是由个人对某种激励因素实现的期望值和目标对本人效价的大小这两个方面的预期因素决定的。激励水平取决于期望值和效价的乘积。

$$激励＝期望值×效价$$

激励是指动机的强烈程度与被激发的工作动机的大小，即为达到高绩效而做出的努力程度。期望值是指人们对自己的行为能否导致所要达到的工作绩效和目标的主观概率，即主观上估计达到目标并得到奖励的可能性。效价是指人们对某一目标（奖酬）满足个人需要的价值，即人们在主观上认为奖酬价值的大小。同一个目标，在不同人的心目中，目标价值不一定相同。效价和期望值的不同结合，决定着不同的激励力量。工作结果可分为两部分，即工作绩效和由工作绩效带来的奖酬。这个结果越好，越能提高激励水平。

2. 公平理论

公平理论是美国心理学家亚当斯提出来的，这个理论主要研究奖酬分配（如工资报酬）的合理性、公平性对员工工作积极性的影响。他在《奖酬不公平时对工作质量的影响》等著作中提出了公平理论。他提出的公平关系公式为

$$\frac{个人产出}{个人投入} = \frac{比较对象的产出}{比较对象的投入}$$

亚当斯认为，人们工作的动机，不仅受其所得报酬的绝对值的影响，而且要受到报酬相对值的影响。这里的相对值是指：当一个人对某项工作付出的劳动和由此所得到的奖酬与他人所付出的劳动和所得到的奖酬进行比较，或者把自己当前付出的劳动和所得报酬与自己过去付出的劳动和所得到的奖酬相比较时，如果比值相等就会感到公平。如果不相等，尤其自己的产出和投入之比小于他人的产出和投入之比时，就会感到不公平。感到公平时就会使人心情舒畅，产生积极性并继续努力工作；若感到不公平，就会苦恼和不安，并带来各种消极作用，甚至失去努力工作的积极性。

资料 10

都给一个金币

有个农场主家的葡萄熟透了，如果今天不把葡萄全部摘完的话，葡萄就会烂掉，而他自己又不可能在一天内把葡萄全部摘完。于是他就在市场上找了一群人，对他们说，"如果你们能在今天能帮我把葡萄全部摘完的话，我就每人给你们一个金币。"这群人听后非常高兴，就跟这个农场主来到葡萄园里摘葡萄。

当到中午的时候，农场主发现葡萄很多，这些人不可能在一天内把葡萄全部摘完，于是他又到市场上找了一群人，对他们说，"如果你们能在今天能帮我把葡萄全部摘完的话，我就每人给你们一个金币。"这群人听后也非常高兴地跟这个农场主来到葡萄园里摘葡萄。

当到下午 3 点钟左右的时候，这个农场主发现这些人虽然非常卖力地摘葡萄，但他们还是不可能在一天内把葡萄全部摘完。于是他又到市场上找了一群人，对他们说："如果你们能在今天能帮我把葡萄全部摘完的话，我就每人给你们一个金币。"这群人听后也非常高兴地跟这个农场主来到葡

萄园里摘葡萄。

　　当日落西山的时候，葡萄终于全部摘完了。农场主把最后一批人叫过来，给了他们每人一个金币，于是这群人非常高兴地走了。他又把第二次招来的人叫过来，每人给了他们一个金币，这群人表现得有些不高兴，虽然发了几句牢骚，但还是拿着金币走了。当他把第一次招来的人叫过来，给了他们每人一个金币的时候，这些人就很不高兴了。他们说："为什么我们干的活比后来的这些人多，给的钱怎么都是一个金币呢？"

　　当你听完这个故事时，你可能会问：为什么双方都履约的协议，结果却事与愿违。问题出在哪里呢？责任人又是谁呢？相当多的人第一直觉都会说——不公平。如果您是当时在场的第一批工人的话，您认为这件事公平吗？

　　结论：这个故事有力地证实了亚当斯提出的公平理论对员工工作积极性的影响。

　　公平理论表明，一个人所获得奖酬的绝对值与他的积极性高低并无直接必然的联系，真正影响人的工作积极性的是他所获奖酬的相对值。也就是说，一个人的工作热情，并非只受"自己得到什么"的影响，而往往要受到"别人得到什么"的影响。

　　属于过程型理论的还有波特尔和劳勒的激励过程模式和罗伯特·豪斯提出的综合激励模式。前者把努力、绩效、能力、环境、奖酬和满足等变量都纳入激励模式之中，详细说明这些因素对积极性的影响。后者则试图把几类激励理论综合起来，同时把内在激励和外在激励也归纳进来，更全面地探讨了各种因素对积极性的影响。

二、群体心理

　　管理心理学在界定群体概念时，使用了三个标准：①各成员相互依赖，在心理上彼此意识到对方的存在；②各成员之间在行为上具有相互之间的作用和影响；③各成员均有"我们同属于一个群体"的感受。一个现实的人，总是要生活在一定的社会环境中，依从于经济和政治地位、种族或民族、社区、年龄、性别、职业、血缘、兴趣、信仰等诸多方面因素的影响，总要与别的人形成一定的社会关系，参加一定的群体生活。而且，一个人通常不只属于一个群体，一般可能同时是若干个群体的成员。社会群体生活是人们的基本生活方式，这样，人们在社会生活中的群体心理，也就成为心理学研究的组成部分。组成群体的要素有三个：活动、相互作用和感情。群体的作用大致有四个方面：完成任务、信息沟通、融洽人际关系和满足成员的心理需要。

　　群体心理的研究主要集中在群体内聚力、群体规范和压力、正式群体和非正式群体等方面。

1. 群体内聚力

群体内聚力是指群体对每一个成员的吸引力及共同参与群体目标的程度和群体成员之间的相互依存和协调。也就是指群体内部的团结状况，是一个群体的内部向心力。内聚力与效率之间的关系与群体的态度与群体形式目标，或群体所属的组织的形式目标之间相一致的程度有关。内聚力对于群体行为和群体效能的发挥起着重要的作用。内聚力强的群体能够顺利完成组织交给的任务；内聚力弱的群体则完成群体任务的能力较差。

内聚力＋群体与组织目标的一致性＝生产率

影响群体内聚力的因素主要有以下几个方面。

（1）群体领导成员的构成和领导方式　若群体领导成员能够被大多数成员所接受并受到大家的欢迎，则群体内聚力就强，反之，则群体内聚力就差。"民主"型领导方式的群体比"专制"、"放任"型领导方式下的群体更友爱互助，思想活跃，内聚力更高。

（2）群体的成就和荣誉　一个群体所取得的成就高，社会对该群体的评价就越高，这就使成员产生成就感、自豪感和荣誉感。成员自觉维护群体荣誉，形成团结意识，从而增强了群体内聚力。反之，则群体内聚力就弱。

（3）员工参与管理的程度　实践表明，员工有参与管理的机会，领导尊重下属，经常听取员工的意见和建议，有利于提高群体内聚力。

（4）群体外部力量的威胁　当群体面临来自外部力量的强烈竞争或威胁，群体的生存和发展出现危险时，其成员就会紧密地团结合在一起，以抵抗外力，提高群体的内聚力。如一个民族遇到外敌入侵，有面临当亡国奴的危险时，其民众的爱国主义精神和民族凝聚力会明显增强。

（5）群体的规模和成员的稳定性　一般来说，规模小的群体比规模大的群体更容易产生内聚力。群体成员相对稳定，有助于形成内聚力。

2. 群体规范和压力

群体规范是指一种为群体成员共同接受并共同遵守的行为准则。它对群体成员的行为起着制约作用。群体规范的形成除了群体明确的要求之外，主要来自于模仿、暗示等心理现象。群体规范会形成群体压力，并对成员的心理和行为产生巨大的影响作用。这种影响具体表现在以下两个方面。

（1）从众　所谓从众，就是在群体的影响和压力下，个体放弃自己的意见而采取与大多数人相一致的行为，即通常所说的"随大流"。比如，生活中随大流，人云亦云，随声附和；顺应风俗、习惯和传统等，所谓"入乡随俗"。

资料 11

"曾参杀人"

古时候有个故事，叫"曾参杀人"。说的是孔子的弟子曾参一直是个品行端正的人。可是有一次，有一个和他同名的人杀了人，被抓住了。在以讹传讹下，有人搞错了，以为是孔子的弟子曾参杀了人，就告诉他的母亲。曾参的母亲非常了解自己的儿子，当然不相信儿子曾参会杀人。可是接下来又有两个人跑来告诉她说：你儿子杀人了，就使她开始相信了，于是怕被株连，赶紧跳墙逃跑。

结论：众人有时也会犯错，从众不一定都是正确的，需要我们提防。

从众，是日常生活和工作中常见的社会心理现象，这种现象的出现与群体压力有关。从众行为一般有两种表现形式：一种是行为和思想上都从众；另一种是迫于群体压力而表现出行为上从众，但内心仍然坚持自己的观点。产生从众现象的原因有两方面：就群体而言，相互认知程度高、内聚力强的群体容易产生从众现象；就个体向言，智能低、自信心差、情绪不稳定的人，容易产生从众行为。

实际上，从众心理既有其积极作用，也有其消极作用。从积极的一面看，有时从众行为在特定范围内，可使群体一致，从而协调群体成员的言行。在政治生活中，少数人要服从多数人，可保证集体行为的一致。强大的社会道德舆论，可使社会上的人们群起效仿先进人物的思想言行，形成良好的社会风气。在经济生活中，商品经销者可利用广告、宣传、模特，掀起潮流，以吸引消费者。在日常工作生活中，组织制定的工作、劳动、行为规范以及群体遵守纪律的行动，可纠正个别人的自由散漫行为，保证组织正常的工作、劳动、生活秩序。但是从消极的一面看，从众心理有时也会给我们误导，使我们人云亦云，失去主见。因为别人说的和做的，也不一定总是对的，就像前面故事中的"曾参杀人"的以讹传讹。还有人利用从众心理来操纵别人。比如有的骗子借从众心理骗人，他们玩所谓"三张牌"，让人押宝，猜红桃 A 在哪里，可押 50 元、100 元、200 元。此时，人总有三五个人抢着参与，而不明真相的人不知道他们是"托儿"，被从众效应激化，也参加押宝，当然，结局肯定要输——因为最初参加的三五人同庄家全是一伙的。另外，一味地随大流，也容易让我们失去个性，不容易使我们在人群中突出自己，引起注意。

（2）激励和助长 群体压力有的是有形的，有的是无形的。激励和助长便是在无形的压力下产生的一种心理现象。管理心理学研究表明，个人在单独情况下的作业与在群体中的作业效率不尽相同。一般情况下，群体对个人的作业起促进作用，称为"群体助长作用"。简单劳动常会出现这种现象。此外，在群体状况下，人们的行为和决策会出现极端性转移现象。就是说，在群体影响下所做出的行为和决策比个体单独做出的行为和决策更容易走极端。例如有一位心理学家做过如下实验，检测三种条件下人们骑自行车的速度，结果发现竞赛条件下骑车最快，有伴随者次之，无伴随者最慢。可见，他人的存在提高了竞赛者的成绩。这就是群体助长作用。对于复杂劳动有时会出现相反的情况，群体压力会降低其工作效率，这称为"群体干扰作用"。如对正在学习并需要进行一系列复杂的判断推理的思维活动的学生来说，其他人在场会起干扰作用。比如学生考试时，有多人监考就会造成被考者心理紧张，而影响答题效率。

团体工作效率高于个体工作效率

心理学家特里普利特（M. Triplett, 1897）研究发现，别人在场或群体性的活动会明显促进人们的行为效率。他让被试在三种情境下，骑自行车完成 25 公里路程。第一种是单独骑行计时，结果表明，单独计时情境下，平均时速为 24 英里（1 英里＝1.61 公里）；有人跑步陪同，平均时速为 31 英里；而与其他骑车人同时骑行，平均时速为 32.5 英里。受到这个启发，特里普利特又做了一个实验，要求儿童绕钓鱼线，越快越好。结果发现，大家一起绕的儿童比单独绕的儿童速度更快。在实验室条件下，让被试完成计数和跳跃等工作，也发现了同样的群体助长现象。

这种现象在生活中是司空见惯的。比如，教室里只有一个人自习时，你的学习效率可能并不是很高。尽管此时教室很明亮，很宽敞，也很安静，但你却常常会分心，想想这个，做做那个。如果此时，有两三个同学（可能还是陌生人），来到了你所在的教室，并随便找了个座位和你一起自习时，你立刻就会聚精会神起来，开始积极地演算起数学题或认真学习起英文单词了。

结论：团体工作效率高于个体工作效率，我们把这种现象称之为群体助长效应。

3. 正式群体和非正式群体

根据组织中群体构成的原则和方式，可以把群体分为正式群体和非正式群体两种形式。所谓正式群体是为了完成组织任务而产生的，一般由组织正式明文规定，群体成员有固定的编制、明确的职责权限和确定的组织地位。如工厂的车间、班组、科室等；非正式群体一般是由于某种相同的利益、观点、社会背景或习惯等原因，在人们的交往中自发结成的，它的特点是具有强烈的感情色彩，其群众领袖是自然产生的，一般也有一定的相互关系结构和行为规范。例如工厂里的"书画协会"，大学里的"同乡会"。另外还有一些具有反社会倾向的流氓团伙等也属于非正式群体。非正式群体具有双重功能：对正式群体的功能和对非正式群体成员的功能。

（1）非正式群体对正式群体的功能　非正式群体对正式群体有两种功能。当两种群体的目标一致时，非正式群体对完成正式群体的组织目标具有促进作用，当两者的目标发生矛盾时，非正式群体则会妨碍正式群体组织目标的实现。

（2）非正式群体对其成员的功能　非正式群体对其成员的功能主要表现在满足成员心理需要上。①使成员得到安全感，②满足成员的亲和需要；③满足成员的尊重需要；④有助于成员获得力量感。

管理心理学还研究组织心理和领导者心理，这里只介绍上述与旅游心理学关系较密切的心理学理论，其他心理学理论本书将不予介绍。

本章小结

旅游心理学是一门由心理学分离出来的应用性较强的新兴学科，它的基础理论涉及心理学、社会心理学、管理心理学、社会学、经济学等多个学科的理论。这些学科的理论虽不是旅游心理学理论"本身"，但是旅游心理学理论的构筑必须以这些学科的理论为基础。因为只有借助于这些学科的研究成果，才能很好地理解人们为什么要旅游？在旅游活动中为什么会有这样、那样的选择和不同表现？通过本章的学习，使大家对心理学、普通心理学、社会心理学、管理心理学等理论有了基本的了解，帮助大家明确了这些心理学理论与旅游心理学的关系，同时还为学习旅游心理学的后续章节打下了一定的理论基础。

 实训练习

思维是极其复杂的心理现象，是人脑对事物的本质和规律的反映。思维不只是简单地接受信息、贮存信息，更重要的是对信息进行加工，超越所给信息的界限，解决各种各样的课题。下面出一道考核思维能力的训练题。看你能否解决这个问题。

九点连线
思维题

指导语：下面有九个点，左图所示。不管你从何处开始，必须一笔，画四条能穿过每一个点子的直线，不许停顿，也不得倒退，将九个点子连起来。画出后，记下所用的时间，并立刻写下解决问题的全过程。所用时间：___分___秒。

 思考题

1. 旅游心理学涉及的相关学科有哪些？它们之间存在什么样的关系？
2. 普通心理学的具体研究内容是什么？
3. 什么是社会心理学？其研究内容是什么？
4. 管理心理学的研究内容是什么？何谓个体心理？何谓群体心理？
5. 什么是非正式群体？非正式群体有哪些功能？

第三章
旅游者知觉

💡 **学习目标**

- 了解旅游知觉的特性及影响因素。
- 熟悉社会知觉中对人的知觉、人际知觉和自我知觉。
- 熟悉旅游者对旅游条件（旅游点、旅游交通、旅游距离）的知觉。
- 明确旅游者的风险（功能、资金、社会、心理、身体、时间）知觉。

【开篇案例】

把鞋卖给赤脚的人

有A、B两个生产鞋的公司，为了寻找更多的市场，两个公司均往世界各地派了很多销售人员。这些销售人员不辞辛苦，千方百计地搜集人们对鞋的市场需求信息，不断地把这些信息反馈给公司。

有一天，A公司听说在赤道附近有一个岛，岛上住着许多居民。A公司想在该岛上开拓鞋的市场，于是便派了销售人员到岛上了解情况。很快，B公司也了解到了这一信息，他们唯恐A公司独占市场，也赶紧派销售人员到了那里。

两个公司的销售人员几乎同时登上海岛，他们发现海岛相当封闭，岛上的人与大陆没有来往，祖祖辈辈靠打鱼为生；他们还发现岛上的人衣着简朴，几乎全是赤脚，只有那些在礁石上采拾海蛎子的人为了避免礁石硌脚，才在脚上绑上海草。

两个公司的销售人员一登上海岛，立即引起了当地人的注意。他们注视着陌生的来客，议论纷纷，最让岛上人感到惊奇的就是客人脚上穿的鞋子。岛上人不知道鞋子为何物，便把它叫做脚套。他们从心里感到纳闷：把一个"脚套"套在脚上，不难受吗？

A公司销售人员看到这种状况，心里凉了半截，他想，这里的人没有穿鞋的习惯，怎么可能建立鞋市场？向不穿鞋的人销售鞋，不等于向盲人销售画册，向聋子销售收音机吗？他二话没说，立即乘船离开了海岛，返回了公司。他在写给公司的报告上说："那里没有人穿鞋，根本不可能建立起鞋市场。"

与 A 公司销售人员的态度相反，B 公司销售人员看到这种状况心花怒放，他觉得这里是极好的市场，因为没有人穿过鞋，所以鞋的销售潜力一定很大。他留在岛上，与岛上人交上了朋友。

B 公司销售人员在岛上住了很多天，他走家串户，向岛上人宣传穿鞋的好处，并亲自做示范，努力改变岛上人赤脚的习惯。同时，他还把带去的样品鞋送给了部分居民。这些居民穿上鞋后感到松软舒适，走在路上他们再也不用担心扎脚了。这些首次穿上了鞋的人还向同伴们宣传穿鞋的好处。

B 公司这位有心的销售人员了解到，岛上居民由于长年不穿鞋的缘故，与普通人的脚有一些区别，同时还了解到他们生产和生活的习惯与特点，然后向公司写了一份详细的报告。公司根据这些报告，制作了一大批适合岛上人穿的鞋，这些鞋很快便销售一空。不久，公司又制作了第二批、第三批……B 公司终于在岛上建立了鞋市场，获得了很大的经济效益。

同样面对赤脚的岛民，A 公司销售人员认为没有市场，B 公司销售人员认为有大市场，两种不同的观点表明了两人在思维方式上的差异。如果简单地看问题，的确会得出第一种结论，但后一位销售人员有发展的眼光，他能从"不穿鞋"的现实中看到潜在的"穿鞋"市场，并懂得"不穿鞋"可以转化为"爱穿鞋"。为此他努力了，并获得了成功。

启示：

面对同一种市场，不同的人会产生不同的知觉，进而会推测出不同的市场前景，这需要敏锐的洞察力和独特的思维方式。

（资料改编自：田戈．改变世界的 100 个营销故事．北京：朝华出版社，2004．）

中国有句俗话说："在家千日好，出门一日难。"然而，看当今世界，每年都有数以亿计的人离开家到世界各地去旅游，他们跋涉千里，四处奔波，表面上看既辛苦又花钱，但却其乐无穷。他们出外旅游的原因到底是什么呢？要想回答这个问题，就必须了解旅游者的知觉。旅游者的知觉是影响旅游者行为的重要心理因素。实践表明，旅游者的旅游决策、对旅游景点的印象、具体的旅游活动以及旅游需要得到满足与否的评价等，都与旅游者的知觉心理特点有密切的关系。只有了解旅游知觉的特点以及影响旅游知觉的主、客观因素，才能全面地了解旅游心理规律与旅游的价值，才能全面地认识旅游活动规律，为更好地开展旅游工作提供依据，从而更卓有成效地发展我国的旅游事业。

第一节　旅游知觉概述

旅游者的旅游过程就是对旅游目的地的社会环境、自然和人文景观等的认识与审美过程。旅游者的认识与审美是从感觉和知觉开始的。感觉就是人脑对直接作用于感觉器官的刺激物的个别属性的反应。人们通过感觉，可以反映刺激物的各种不同属性，如颜色、气味、光滑度、冷暖等。通过感觉，也可以使人们能够反映自己体内所发生的变化，如身体的运动和位置，各种器官的工作状况等等。而知觉是客观事物直接作用于人的感觉器官，人脑对客观事物整体的反映。例如，有一个事物，我们通过视觉器官感到它具有圆圆的形状、红红的颜色；通过嗅觉器官感到它特有的芳香气味；通过手的触摸感到它硬中带软，同时还触摸到了它的大小和轻重；通过口腔品尝到它的酸甜味道，于是，我们把这个事物反映成苹果。这就是对苹果整体的知觉。因此，知觉必须以各种形式的感觉为前提，没有感觉，就谈不上知觉。感觉到的事物的属性越丰富，越多样，知觉就越完整。从这个意义上讲，知觉是在感觉的基础上产生的。往往是由某种感觉迅速地转变为相应的知觉。由于它们的密切联系，往往把二者合称为"感知"。

那么，什么是旅游知觉呢？所谓旅游知觉是指直接作用于旅游者感觉器官的旅游刺激情境的整体属性在人脑中的反应。例如，当到达某一旅游地时，不仅看到各种颜色，听到各种声音，闻到各种气味，而且认识到这是山川，那是湖泊。也就是说，在人们的头脑里产生了山川、湖泊的整体形象。

一、旅游知觉的特性

旅游知觉的特性主要有以下几方面。

1. 对象和背景

作用于旅游者感官的客观事物是丰富多彩、千变万化的。但旅游者不可能对所有的客观事物都能清楚地感知到并做出反映，总是有选择地以少数事物作为知觉的对象，对它们知觉得格外清晰，对周围的其他事物则知觉得比较模糊，这些模糊的事物就成了背景。对象和背景的分化是知觉的最简单、最原始的形式。旅游者对对象和背景的知觉是不同的，对象似乎在背景的前面，轮廓分明、结构完整；背景只是在对象的后面起衬托作用。

对象和背景的关系不是一成不变的，而是依据一定的主、客观条件经常相互转换。比如，当游客在听导游员讲解时，导游员的讲话就是游客知觉的对象，而周围的其他声音则成为背景。如果此时某一游客听到周围其他人正在讨论他很感兴趣的一个话题，他就会把注意力转移到他所感兴趣的话题上去。那么，这一感兴趣的话题就成了这位游客知觉的对象，而导游员的讲解就变成了背景。

知觉对象和背景的关系也可以用一些双关图来说明。在知觉这种图形时，对象和背景可以迅速地转换，对象能变成背景，背景也能变成对象，如图 3.1所示。

具有以下特征的对象，容易引起旅游知觉。

（1）对象和背景的差别　一般来讲，对象和背景的差别越大，对象就越容易从背景中突出出来。在颜色、形状、亮度等强烈对比的情况下，对象更为醒目。如白纸黑字、绿叶红花，由于对比强烈而使对象容易分化出来。反之，如果差别较小，就难以区分。比如白纸上写黄字，黑布上绣紫花等，就不太好区分开来。

（2）具有较强特性的对象　跌宕如飞、喷珠溅玉、轰鸣如雷的瀑布，雄伟的峰峦，碧波惊涛的江海，公园中沁人心脾的花香，森林中呼啸的风涛，城市中奇

(a) 花瓶与人像　　　　　(b) 箭头与小人　　　　　(c) 树枝与人头

图 3.1　对象与背景的关系

特的建筑等，由于其特性对人有较强的作用，因而容易引起人们的知觉。

（3）反复出现的对象　同样的对象如果反复出现，容易被知觉并留下较深的印象。旅游广告、旅游宣传材料被人们多次看到，或者经常听到人们谈论某地旅游的情况，由于信息反复出现，多次作用，会使人们产生较深刻的知觉印象。

（4）运动变化的对象　比如，夜晚忽亮忽灭的霓虹灯，游山时仰首和俯视，在山路上走动的人流，导游员手中摇动着的旗子，水面上开动着的船只，经常增加的活动内容和活动方式的旅游地，比其他静止不变的事物容易引起人们的知觉。

（5）对象的组合　对象各部分的组合也影响着对对象各部分的辨认。组合包括两种：接近组合和相似组合。接近组合是指两个或两个以上对象如果彼此间比较接近，容易被看成为一个整体。无论是空间的接近还是时间的接近，都倾向于组成一个对象。图 3.2 所示，虽然 8 条直线空间距离不同，但不会把它们看成是截然分离的 8 个单位，而是把距离上接近的两条看作一组。因此，8 条线分别被看做 ab、cd、ef、gh 共 4 个单位。再如，北戴河、山海关、秦皇岛由于距离接近的缘故，被视为一个旅游区，北京、承德和北戴河，无锡和苏州，济南、泰山和曲阜，广州、深圳和珠海，均由于空间距离上的接近，旅游者往往把它们知觉为一条旅游线。在旅游活动中，对通过个别购票而坐上旅游汽车的旅客，容易把坐在一起的旅客看做是结伴旅游的熟人或朋友。另外，性质相同或相似的事物也容易被人组合在一起，成为知觉对象，如青岛和大连都被认为是海滨避暑胜地，五台山、普陀山、峨眉山、九华山，虽在地理上遥隔千里，但人们把它们知觉为相似的佛教圣地。

图 3.2　接近组合

（6）新奇独特的事物　世界称奇的万里长城、秦兵马俑，具有浓郁东方情调的风土人情，独特的中国文化传统，手工艺技术，烹调技术，中华医术和武术等，均引起人们分外注目。

总之，在旅游活动中，人们总是抱有一定的目的和按照某种需要，主动地、有意识地选择部分旅游地或旅游景点作为知觉对象，或是无意识地被某一旅游景点所吸引。古人云："仁者乐山，智者乐水。"山水并存，乐山或乐水，取决于人们的知觉选择；不同类型的旅游者，由于旅游需要与旅游目的可能不同，在旅游活动中所选择的知觉对象也就有所不同。有人对奇山异水感兴趣，有人则注意人文古迹；有人优选安全系数大的旅游项目，有人则喜欢冒险性强的旅游项目。历史考古型的旅游者与商务型的旅游者参观同一个旅游区的目的和侧重面不同，则游后的印象就可能大不相同。

2. 旅游知觉的理解性

旅游者的知觉并不是像照相机那样被动地把旅游刺激物的全部细节详细而精确地反映出来。相反，旅游者的知觉是一个非常主动的过程，旅游者往往根据以往的知识经验来理解它们，对感知的旅游刺激物进行加工处理，归入一定的对象类别中，并形成一定的概念。旅游知觉的这种特性叫做旅游知觉的理解性。

理解在旅游知觉中起着重要的作用。首先，理解使旅游者的知觉更为深刻。在知觉一个事物的时候，旅游者以前掌握的有关知识和经验越丰富，对该事物的知觉就越富有内容，认识也就越深刻。比如，对某名胜古迹的古老建筑，一个有经验的考古专家要比一般人对这些建筑有更深刻的认识。其次，理解使知觉更为精确。例如，一个三岁的小孩也能熟练背诵唐诗，但却不懂诗的含义，而一位水平较高的文人，不仅能熟练吟其诗句，而且还能准确解释出每首诗的深刻含义和作者创作的历史背景，这就是二者的不同。再例如，人们读书看报时，对于简单而又熟悉的内容，常常可以做到"一目十行"。

旅游知觉的理解性受到很多因素的影响。一是言语的指导作用。在知觉对象不太明显时，言语指导有助于对知觉对象的理解。在旅游中，言语指导是导游工作的一项重要内容。如游览浙江的瑶林仙境时，对那些千姿百态的钟乳石，旅游者可能会眼花缭乱，但通过导游的介绍，各种充满神话色彩的形象就会显得栩栩如生。再例如，游客发现中国许多景点中的亭子的顶部是圆形的，而下面是方形的；北京天坛的主体建筑是圆形的，而围墙却是方形的；这些现象曾引起西方游客的争论，有的说是为了几何图形的变换，有的说是为了美观好看，此时导游在讲解时短短一句话就能画龙点睛，使他们得出正确结论：那是中国古代"天圆地方"学说在中国建筑中的体现与运用。这样，旅游者不仅理解了，而且对中国传统文化和古代中国人的思维有了初步的认识。二是实践活动的任务，人的活动任务不同，对同一对象的理解就不同，产生的知觉效果也不同。三是情绪状态。同样一种事物，情绪状态不同，人们对它的理解也就不同。例如，当人们心情愉快地开始一天的生活时，在这一天中好像看什么事物都感觉舒心；相反，如果带着郁闷的心情去看事物，总感到看什么都不顺眼。

3. 旅游知觉的整体性

旅游知觉的对象是由旅游刺激物的部分特征或属性组成的，但旅游者并不是把它感知为个别的孤立的部分，而总是把它知觉为一个统一的旅游刺激情境。甚至当旅游刺激物的个别属性或个别部分直接作用于旅游者的时候，也会产生这一旅游刺激物的整体印象。

知觉的整体性依赖于客体的特点。当客体在空间、时间上接近时就容易被人们知觉为一个整体；客体的颜色、强度、大小和形状等物理属性相似时容易被知觉组合成一个整体；当客体具有连续、闭合和共同运动方向等特点，或有较大组合的趋势时，容易知觉为一个整体。图3.3（a）中的两条空间接近的直线被知觉为一个整体；图3.3（b）中的直线排列与图3.3（a）相同，由于闭合因素，就被知觉为三个矩形和一条直线；图3.3（c）中各段直线和曲线由于连续的因素，被看成彼此重要的两条连续线段。

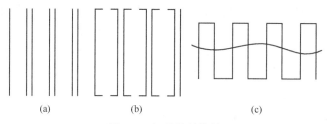

(a)   (b)   (c)

图3.3　知觉的整体性

旅游知觉之所以具有整体性，一方面是因为旅游刺激物的各个部分和它的各种属性总是作为一个整体对旅游者发生作用；另一方面，人的旅游知觉在把刺激物的几个部分综合为一个整体知觉的过程中，过去的知识经验常常能提供补充信息。例如，旅游者到某个城市的某些旅游景点游览。如果这些景点景色优美，景观独特，清洁卫生。服务人员彬彬有礼，尽管旅游者对这个城市的其他方面了解甚少，也会形成对这个城市良好的印象。这犹如远处走来的熟人，虽然看不清他的面孔，但可以凭借身体外形、走路姿势和其他线索辨认出来。

4. 旅游知觉的恒常性

当旅游知觉的条件在一定范围内发生改变时，旅游知觉的映像仍然保持相对不变，这就是旅游知觉的恒常性。

在视知觉中，知觉的恒常性表现得特别明显。对象的大小、形状、亮度、颜色等映像与客观刺激的关系并不完全服从物理学的规律。在亮度和颜色知觉中，物体固有的亮度和颜色倾向于保持不变。比如，无论是在强光下还是在黑暗处，人们总是把煤看成黑色，把雪看成白色，把国旗看成红色。实际上，强光下煤的反射亮度远远大于暗光下雪的反射亮度。从图3.4所示的三种情况即能清楚地解释知觉的恒常性。

知觉的恒常性受到很多因素的影响，其中过去的旅游经验和知识起主要作用。即使外部旅游刺激情境发生变化，人们仍能把旅游过程中的所见所闻与自身

(a) 大小的恒常性　　　(b) 颜色的恒常性　　　(c) 形状的恒常性

图 3.4　知觉的恒常性

经验所保持的印象结合起来而获得近似于实际的旅游知觉形象。另外，人的知觉的恒常性不是天生的，而是后天学来的。

资料 13

原始部落人的知觉

在非洲的刚果某地，有一族土著人住在原始丛林中，他们一直在四五百米的小圈子内生活，其视力没有超出过再比这更远的范围。当他们被带出那片森林后，竟把远处的牛说成是虫子，更不相信远处那么"小"的船能装上那么多的真正的人。

启示：

这个案例说明知觉恒常性的形成是经验的结果。当现实距离超过了这些土著人的通常经验的范围后，他们就没有正常人在这个距离上所具有的知觉恒常性。相信如果他们走出森林，在以后的生活中能够经常接触这方面的事物，就会逐渐建立起这种知觉能力。

资料 14

海顿夫妇的晚餐

海顿夫妇是从美国来的游客，这天晚上，他们在意大利"水城"威尼斯一家饭店的餐厅用餐。餐厅内环境优美，宾客满堂，侍者们手持托盘，穿梭在餐桌之间。当海顿夫妇进入餐厅后，领位小姐把他们带到一个靠窗的餐桌前，看着窗外的夜景，他们顿感心旷神怡。

侍者适时地出现在他们面前，恭敬地递上菜单，并面带微笑静候他们点菜。海顿先生接过菜单仔细看了一遍后，仍不知选什么菜。他笑着摇了摇头，请侍者为他点菜："请你为我们点一些好一点的风味菜。我们很喜欢吃海鲜。"

侍者似乎没有听清楚，但还是听懂了"海鲜"的意思。他用蹩脚的英语对海顿先生讲："先生，我们这里有很多海鲜菜，价钱不同，很难说哪些合乎您的口味，还是请您从菜单里选择吧。"海顿先生听后有些失望，只得凭印象点了几样海鲜和"红烩小牛肉"。

　　当侍者递上酒单请客人点酒水时，海顿先生又请他帮忙推荐一下，并告诉他，想要开胃酒和白兰地。侍者这下高兴起来，忙向他们推荐了许多意大利的本地酒。海顿先生问，有没有其他国家的酒。侍者告诉他，这家饭店的意大利酒是非常著名的，不品尝一下是很可惜的。海顿先生在侍者的极力推荐下，要了两种意大利的酒。

　　由于不会点菜、点酒，海顿先生只好凭着感觉来品尝端上桌来的食品，不过味道还是相当不错的。海顿先生开玩笑地对夫人说："我点的意大利菜到底还是强于比萨饼和通心面吧？"

　　当侍者把账单交给海顿先生时，客人不觉吃了一惊，餐费竟高达300多美元，其中酒水就占了200美元。海顿先生不满意地问："这里的酒水怎么这样贵？白兰地的价格比法国的干邑还高许多呢！"

　　侍者听懂后说："我们的酒酿造的时间长，非常著名。"

　　"那你也要在推荐时讲清楚酒的年代、历史和价格啊！要知道如此的话，还不如要一些法国的白兰地呢。"海顿先生很不高兴，付过账后和夫人悻悻而去。侍者忽略了海顿夫妇的哪些知觉特征？

　　启示：

　　知觉特征主要有知觉的选择性、知觉的理解性、知觉的恒常性和知觉的整体性。该案例中，侍者忽略了海顿夫妇知觉的选择性和理解性。(1) 对知觉选择性的忽略。客人在对知觉对象进行选择时不仅会受来自对象的客观因素的影响，还会受自身主观因素的影响。此案例中侍者在推荐酒水时忽略了客人本身的需要与动机。仅从自身多卖好的酒水考虑，做出了不合理的推荐，从而导致最后客人的不满。(2) 对知觉理解性的忽略。在一个陌生的旅游环境中，海顿夫妇对该餐厅的菜肴、风味都不熟悉，毫无经验可言，而且刺激物（菜品）的特征又不够明显，此时就需要侍者的语言引导来补充海顿夫妇知觉的内容，使他们对菜肴的知觉理解趋于完善。此案例中，当海顿夫妇请侍者推荐时，侍者却推却了。

二、影响旅游知觉的因素

　　旅游者的游览过程，从某种程度上来看，就是对各种旅游环境的感知、审美过程。那些对旅游者产生刺激的各种旅游刺激物，如果没有自己独特的形象、一定的强度和突出的属性，就不会引起游客的反应。总的看来。影响旅游知觉的因素主要包括客观因素和主观因素两个方面。

美国记者的祈文

下面是美国记者布切沃德的一篇祈文。

天父，瞧瞧我们——您谦卑、顺从的旅游奴仆，我们已命定要在这个世界上游览、拍照、寄明信片、买纪念品，穿着一身易干的衬衣四处奔走。

主啊，恳求您，务必使我们的飞机不要被劫持，行李不要丢失，超重的行李别让人发觉。给我们神旨，教会我们选择饭店。在那里，我们的预定受到尊重，房间已经清扫完毕，水龙头里流出的是热乎乎的水（如果这一切是可能的话）。

我们祈求，我们房间的电话线畅通，接线员能讲一口我们的语言，没有从我们孩子那边寄来饥饿邮件，因为这或许会迫使我们取消余程。

引导我们，亲爱的主，上那些廉价物美的餐馆去，那儿有鲜美可口的食物、和睦友好的侍者，酒费已包括在膳食中了。

给我们以聪明，当我们用看不懂的外币付小费时，不出差错，宽恕我们因为无知而付得不足，因害怕而多付。让当地人仅因我们的为人爱我们，而不因我们能为他们的财产增添点什么。

给我们力量去参加博物馆、庙宇、宫殿、城堡等在导游册上列出的"必去之处"。若有可能，午餐后让我们略去一个历史遗址，稍睡一会，怜悯怜悯我们，我们的身体太虚弱了。

当旅程结束，我们返回我们的亲友处，并给自己一特惠，让人们来观看我们的家庭电影，聆听我们的奇闻异事，这样，我们作为旅游者的生活也就没有白白过去。主啊，我们以某某的名字向您祈求。阿门！

（1）旅游企业要重视旅游者在旅游活动中的哪些感知觉？

（2）怎样理解"当旅程结束，我们返回我们的亲友处，并给自己一特惠，让人们来观看我们的家庭电影，聆听我们的奇闻异事，这样，我们作为旅游者的生活也就没有白白过去。"这句话的意思？

启示：（1）从这篇美国记者的祈文中，我们知道，旅游企业要提供让旅游者满意的服务必须要重视旅游者各个方面的感知觉。首先是安全，必须让游客有安全感，对企业产生信任感。其次是清洁卫生，从视觉、嗅觉、肤觉三方面着手，让客人觉得放心。再次是价格，以及提供的产品或服务质量，让客人觉得经济实惠的同时，从味觉、嗅觉和视觉方面让客人满意，并留下深刻的印象。最后，也是贯穿整个旅游活动过程所必需的，应该让客人觉得受欢迎、受尊重，得到心理上的满足。

（2）旅游从某种意义上来说对旅游者是一种社会地位、经济实力和价值观的体现。旅游者希望和亲戚朋友一起分享自己的旅游经历，一方面是对自己的社会地位、经济实力的展现；另一方面是炫耀自己的广阔见闻。从而满足自己的"虚荣心"。如果不能将这段旅游经历和人分享，未能得到他人的肯定、赞扬和羡慕，旅游者旅游的根本目的就没达到，从而觉得这段旅游生活是白过了。

1. 客观因素

在旅游活动中，具有以下特性的对象，容易引起旅游者的知觉。

（1）具有较强特性的对象　在旅游时，被旅游者清晰感知到的东西就是旅游知觉的对象，而被旅游者模糊感知到的东西就成为该对象的背景。当游客游览时，实际出现在游客眼前的对象很多，但只有一部分对象被游客清晰地感知，被感知到的对象好像从其他事物中突出出来，出现在"前面"，而其他事物则悄然隐去，隐去的事物就成为背景。例如城市中奇特的建筑，山谷中飘忽的云海，群山中挺拔入云的峰峦，一望无际的蓝天碧水等。由于其特性对人有较强的作用，因而都是旅游者的知觉对象，都容易引起人们的知觉。有时有些导游员很会利用这个道理，通过讲解把游客想要看到的事物从众多事物中突出出来，收到意想不到的效果。

（2）重复出现的对象　重复次数越多就越容易被知觉。人们多次看到旅游广告、旅游宣传材料，或者经常听到某旅游地的情况，由于信息反复出现，多次作用，会使人们产生较为深刻的知觉印象。

（3）运动变化的对象　在相对静止的背景上，运动变化着的旅游刺激物容易成为旅游知觉的对象。如倾泻的瀑布或涓涓细流，跳动的鸟儿或奔驰的游艇，闪烁的霓虹灯或正在跳舞的人群等，都容易成为知觉的对象。

（4）新奇独特的对象　黄色沙海中的绿树，万绿丛中的一朵红花，平原上高耸的山海，世界称奇的万里长城、秦兵马俑等，都能引起人们的格外注意，很容易成为旅游者知觉的对象。在一群穿着普通服装的人中，有一个穿着奇装异服的人很容易被知觉。所以登山运动员一定要穿有色衣服而不能穿白衣服，以免掉队以后难以被找到；导游员带团时最好穿较鲜艳的衣服，为的是容易被团友辨认出来，以便随时跟随。还有，如果旅游刺激物是旅游者以前闻所未闻，见所未见的，较容易引起旅游者的新奇感，这样的旅游刺激物往往被他们首先知觉到，如云南特有的少数民族民俗风情和自然景观。

（5）他人的提示　他人的提示是人们能够迅速区分出旅游知觉对象的重要条件。这一点在旅游过程中体现得最为充分，有导游员讲解的旅游者往往比没有导游员的旅游者对旅游景点的知觉更加鲜明和完整。

2. 主观因素

知觉不仅受客观因素的影响，也受知觉者自身的主观因素的影响。这些主观因素是指知觉者的心理因素。旅游者是具有不同心理特征的个体，感知相同的景观时，他们各自的知觉过程和知觉印象是有区别的。影响知觉的主观因素主要有以下几个方面。

（1）旅游者的兴趣　旅游者的兴趣不同常常决定着旅游知觉选择上的差异。一般的情况是旅游者最感兴趣的事物往往成为被知觉的对象。比如，对文史知识感兴趣的旅游者，就会把帝王、古都、历史文物、楹联书法选择为知觉对象；喜欢大自然的旅游者，往往对高山、大海、流泉、飞瀑、翠树、蓝天等特别感兴趣；喜欢猎奇的旅游者则乐于探险活动并对奇风异俗感兴趣。女性旅游者喜欢知觉物品价格和各种时装；商务旅游者对商品信息或投资合作项目表现出比常人浓厚的兴趣。

（2）旅游者的需要与动机　人们的需要和动机不同也在很大程度上决定着人们的知觉选择。一般地，那些能够满足旅游者的某些需要并符合其动机的事物，就容易被纳入知觉世界，成为旅游者知觉的焦点。相反，那些不能满足旅游者需要和动机的对象很容易被忽略。比如，当人们想外出旅游时，有关旅游价格和线路安排的信息就成为主要的知觉对象。对于比较富裕、喜欢显示自己社会地位的旅游者，他们对那些能象征社会地位的目的地、旅游方式和游览项目就会特别关注，对住宿是否舒适、方便，服务是否周到等也考虑得较多，而对于一般的学生旅游者对住宿的需求则更多地考虑是否经济、实惠。

（3）旅游者的个性　个性是指人们身上存在的经常的、稳定的、能够表现一个人行为特点的心理倾向，它包含一个人的立场、观点、理想、信念和心理活动的特征等。个性对主体的知觉也具有很大影响。比如，不同气质类型的人，知觉的广度和深度就不一样。多血质的人知觉速度快、范围广，但不细致；黏液质的人知觉速度慢、范围较窄，但比较深入细致。此外，有调查表明，胆大自信的旅游者对登山、划船、漂流等旅游活动比较喜欢，对乘飞机旅游也十分积极主动，而胆小谨慎的人对安全问题十分重视，比较喜欢参与危险性较少的、静观的活动，旅游中乐于乘坐火车。

（4）旅游者的情绪　情绪是人对那些与自己的需要有关的事物和情境的一种特殊的反应，情绪对旅游者的旅游知觉效果具有强烈影响。比如，当旅游者处于积极愉悦的情绪状态时，每样东西看上去都是美好的，他们就会积极主动地参与各项活动，并兴高采烈地去感知周围的景物。当旅游者处于消极情绪心情不佳时，就会对周围的事物毫无兴趣。因此，一名优秀的导游员应当努力调动旅游者的积极情绪，使旅游者的情绪经常处于最佳状态，使他们乘兴而来，满意而归。

资料 16

情绪有涨有落，　行为大有不同

　　赵先生问小梁等人："你们有没有想过情绪对客人行为的影响呢？"小陈说："前几天我带团去游湖，从杭州香格里拉饭店出发，绕湖一周，到了苏堤的一端，大家又说又笑又拍照，非常开心。这时候有位客人突发奇想说："咱们沿着苏堤走回酒店去吧？'我连忙说："路太远，那要走一个多小时啊，连午饭都要耽误了！'可是客人的情绪非常高，都说没有关系。就这样，全团老老少少一路说笑，一直走回杭州香格里拉饭店。"

赵先生说："小陈说的这些，都是客人的情绪起了很好的作用。有没有起不好作用的呢？"小梁说："有啊！有一天，我带团去游湖，天气非常不好，阴沉沉的，还有大雾，船到了'柳浪闻莺'，才看到一点点山的影子，客人情绪极低。游湖以后是丝绸表演，本来这是客人早就盼望的节目，可是上了岸，谁都不想去看了。我怎么劝说都没有用，客人的情绪就是提不起来，最后只好回酒店。"

启示：

情绪通过影响人的认知过程而影响人们的行为。情绪的高涨和低落，会有可能使人们对周围事物的认识出现片面和失真。情绪高涨时，会使人增强行为的主动性和冒险性；情绪低落时，会使人的行为变得被动和迟缓。导游员要根据旅游者的情绪状态来调控旅游行为，更应通过积极调动旅游者的情绪来调动其旅游的积极性。

（资料改编自：阎纲.导游实操多维心理分析案例100.广州：广东旅游出版社，2003.）

（5）旅游者的知识与经验　旅游者在以往的生活、工作、学习实践活动中获得的知识、技能、经验反映沉淀在人们的头脑中，形成一种凝固的印象，这就是知识和经验。旅游者在旅游审美活动中，如果没有对旅游景点的知识和经验，观察就可能是表面的、笼统的、简单的。但实际上以往的知识、经验、印象随时都在影响着旅游者的审美判断。如，某一城市或某一旅游景点与其他城市或景点相比较如何？所住旅馆属于何种等级？服务质量如何？所付费用与实际价值是否相当等，旅游者都喜欢用自己的经验去观察和分析。另外，当导游员作了适当的讲解后，旅游者就可能观察得更全面、更深刻。这是由于吸收了别人的经验，从而增加了自己的知觉，使旅游者对旅游点有了更多的理解。

三、旅游知觉的种类

旅游知觉的种类主要有以下几种。

1. 空间知觉

空间知觉（space perception）是人脑对物体的形状、大小、远近、方位等空间特性的知觉。

（1）形状知觉　物体无论是二维平面的，还是三维立体的，都有一定的形状。物体形状特性在人们头脑中的反映就是形状知觉。形状知觉主要靠视觉、触觉和动觉的协同活动而形成。对物体形状知觉时，外界物体在视网膜上投影，在眼部肌肉作用下，沿物体轮廓运动所产生的动觉刺激，以及颈部肌肉运动所产生的动觉刺激，就形成了知觉物体形状的信号。用手触摸物体时，手沿着物体边界运动所产生的触摸觉，这种动觉刺激也传到大脑，大脑皮层对这些信号进行分析综合，由于人在生活经验中，把从不同角度获得的物体的映像，同触摸觉、视觉、运动觉建立了牢固的联系，对该物体的知觉则保持了相对的稳定性（即形状恒常性），人们就形成物体的形状知觉。

（2）大小知觉　大小知觉是头脑对物体的长度、面积、体积在量方面变化的反映。它是靠视觉、触摸觉和动觉的协同活动实现的，其中视知觉起主导作用。外界物体的大小我们用眼睛一看就一目了然，这是因为有许多因素成为我们大小知觉的线索，凭借这些线索可以判断对象的大小。首先是物体本身的大小；其次可见物体与观察者间的距离远近也是大小知觉的一个重要线索；再次客体周围的各种熟悉物体提示着客体的距离及其实际大小。大小知觉是在视觉、触摸觉和肌肉运动觉共同参与下实现的。感知一个对象的大小，一方面取决于这个对象投射在视网膜上视像的大小，大的对象相应地在视网膜上得到较大的视像；小的对象相应地得到较小的视像。另一方面取决于对象的距离，对象远时视像变小；对象近时视像变大。视像的大小与对象的距离成反比。根据视角变化原理，一个近距离的小物体有时比一个远距离的大物体在视网膜上的视像还要大。这时只根据视像是无法知觉它们的实际大小的。然而，在通常情况下，人们仍能较正确地感知不同距离的对象的实际大小，即把近距离小的对象知觉为小的，而把远距离大的对象知觉为大的，尽管前者投射在视网膜上的视像要比后者的大。同样，人们在10米远处看一个人与在50米远处看同一个人，也不会感觉到他的实际大小有什么变化，虽然在前一种情况下对象投射在视网膜上的视像要比后一种情况下大5倍。这种现象称为大小知觉恒常性。距离知觉是与大小知觉有着紧密联系的。人们感知物体的大小时，要把距离知觉和大小知觉两者相互配合起来，从而保证物体大小知觉的正确性。

（3）距离知觉　距离知觉是对物体的远近等空间特性的知觉，也叫"深度知觉"或"立体知觉"。距离知觉的产生有三种不同的情况：第一是物体与观察者之间的距离。第二是两个物体间的距离。第三是同一物体前后部分的相对距离或凹面与凸面的距离（即深浅）。它依赖于多种外部条件和内部条件。一般认为，判断物体距离远近的线索，有对象的重叠，线条透视，空气透视，明暗和阴影，物体表面的梯度结构，运动视差，水晶体的调节，双眼视差，等等。多数情况下，这些线索是同时起作用的。但是由于知觉的具体条件不同，它所依据的线索也不尽相同。

①对象的重叠。如果观察的对象之间有重叠，那么就容易辨别出远近，如果某物体部分的掩盖另一物体，人对未被遮挡物体知觉为近些，部分被遮挡物体知觉为远些。当人们眺望远处时，就是通过重叠来判断远近的，被遮挡的物体比未被遮挡的物体距离远些。

②空气透视。由于空气中尘埃、烟气等的影响，使空气的透明度不同。远处的物体空气透明度小，看起来不容易分辨细节，模糊不清；而近处物体空气透

明度大，则看起来很清晰，细节分明，因此，空气透视可作为判断距离的标志。

③ 明暗和阴影。由于光线的照射会产生明暗的差别或造成阴影，明亮的物体显得近些，灰暗或阴影中的物体知觉为远些。

④ 线条透视。同样大小的物体，近处的物体视角大些，在视网膜上形成的投影也大，因而知觉为近，被知觉为较大的物体。反之，远处的物体视角小，在视网膜上形成的投影也小些，因而知觉为远，被知觉为较小的物体。

⑤ 运动视差。运动着的物体，由于距离我们的远近不同，引起的视角变化也不同，从而表现为运动速度的差异。距离近的物体视角变化大，觉得速度快；距离远的物体视角变化小，显得运动速度慢。比如，一位汽车司机在正常情况下能够准确地判断一棵树或其他车辆与自己这辆正在行进中的车之间的距离。汽车司机的这种能力就是心理学上所说的运动视差。司机通过调整两眼的活动，来决定自己的位置是否离某一物体太近而出现危险。这种判断来自人眼的两个不同活动，一个是快速运动，使人一瞥之下，就能够快速决定自己的方向；另一个是慢速运动，使司机有能力瞄准目标和追踪活动的物体。美国的专家们已经发现酒精对人眼的这两种运动都发生了影响，人眼在高速调整中发生眼球水平震颤，使人对距离的敏感程度发生偏差，因而极易出现车祸，这就是酒后驾车容易出车祸的主要原因。

（4）方位知觉　方位知觉包括东西、南北、上下、左右、前后。方位知觉是人们对自身或客体在空间的方向和位置关系的知觉。为了适应生活，人们经常需要对环境及主客体在空间的位置进行定向。人对外界事物的方位知觉必须有其他条件作为参考。东西南北是以太阳升落的位置、地球磁场和北极星作为定向依据的；前、后、左、右的方向是以外界事物与观察者自身所处关系（面背朝向）来确定的。上、下两个方向，既以自身为标准，要以天地的位置作为参考。离开了客观的参考标志是无法辨认方位的。在正常情况下，人主要靠视听进行方向定位，即根据对象在网膜上投像的位置，感知它在上、下、左、右的方向，触觉、动觉、平衡觉起补充作用。用眼睛观察客观的事物，用耳朵辨别声音的方向，用触觉、动觉、前庭觉去感知自己身体与客体之间的空间关系，甚至嗅觉在方位的确定上也起着辅助的作用。许多分析器的协同配合、相互补充，提高了其空间定向的能力。

2. 时间知觉

时间知觉（time perception）是对客观现象的延续性和顺序性的反映，即对事物运动过程的先后和长短的知觉。时间知觉的信息，既来自于外部（客观标志），也来自内部。自古以来，人们经常利用自然界的周期现象衡量时间。一天的时间是以太阳的升落为标准的，日出为晨，日落为暮。月亮的盈亏代表了一个月，经历了四季变化就是一年。后来人们发明了计时工具，制定了日历，使人们对时间的知觉更为准确。在没有计时工具的情况下，人们仍然要借助太阳、月亮、星辰的变化去估计时间。如果失去了客观标志，对时间的估计就可能发生错误，例如，在阴雨天看不到太阳，难以判断中午的时间。此外，人们可以依据生理过程的节律性活动（内部信息）来估计时间。人的许多生理活动是节律性的运动，如呼吸，心跳、消化等。当活动的节律性与客观事物之间形成一定的联系之后，它就可以用来感知时间的长短。对时间估计的主观性同人的年龄有关。成年人精确估计时间的能力与训练和培养有关，如某些职业会培养出这种能力，许多教师不用手表可以精确地掌握上课的四十五分钟时间，厨师能够很好地掌握蒸、煮等操作的时间。

时间知觉也是人对客观世界的主观映像，它也必然受到主观和客观因素的影响。影响人对时间估计的因素主要有：①活动的内容。在一定的时间内，做愿意做的事情时，就感觉时间过得很快，如果做不感兴趣的事情，就觉得时间过得很慢。②情绪和态度。在心情愉快欢乐的时候，就觉得时间过得快；在郁闷、烦恼和厌倦的时候，就觉得时间过得较慢。期待着愉快的事情到来时，觉得来得慢，时间长；而预测到不愉快的事情，却觉得时间太短，来得太快。③时间标尺的利用。会不会利用时间标尺直接影响着时间估计的准确度。例如，用数数、数脉搏作为时间标尺，时间估计的准确性就提高。特别是在长时距估计中，准确性提高更为明显。反之，不会利用时间标尺，时间估计的误差就大。

作为旅游工作者了解旅游者在旅行游览过程中的时间知觉的特点是非常重要的，为此应该注意以下几个问题。

第一，旅宜速，即旅途中要求快速。"旅宜速"是旅游者共有的心理需求，旅游者一般都希望以最快的速度到达目的地，能尽量缩短时空距离，把有限的闲暇时间更多地用于游览活动，而不愿把时间浪费在旅途之中。因为旅途这段时间常常感觉枯燥、乏味，而且容易引起身心疲惫，因而被认为是没有意义的。为了降低旅游者的这种不良感觉，旅游应量力优先选择速度快的飞机、汽车、高速列车等交通工具。另外，旅游组织者最好能在旅途中安排一些有趣的活动，导游员可以提供一些游客感兴趣的讲解或穿插一些小故事，以调节气氛，解除疲劳。

第二，游宜慢，即游览时尽量将速度放慢一些，切忌"走马观花"。因为人们外出旅游的真正目的就是为了游览风景名胜、历史古迹等，即所谓的"饱足眼福"。游览的内容越丰富，越具有魅力，就越能使人们暂时忘却时间的流逝，达到"乐而忘返"的境界。

第三，提供各种交通工具要准时。旅游者对所要搭乘交通工具的要求一是安全，二是准时。在保证安全的前提下，希望交通工具一定要准时。因为外出旅游往往是按既定的计划进行，何时何地启程，换乘何种交通工具，何时到达目的地，何时返回等等，都是事先安排或预定好了的。如果旅游交通不准时，提前或推后，都必须打乱旅游计划，影响整个旅游活动的进程。旅游者就会因此而产生烦躁感，甚至会产生强烈的不满情绪，如飞机不能准时起飞或临时取消航班、车船误点等，很容易造成乘客不满，引起纠纷、投诉，直接影响信誉。因此，旅游交通一定要保证正点到达，并注意做好误点、改点、晚点等异常情况的应变准备。

3. 运动知觉

运动知觉（也称移动知觉，motion perception）是对物体的空间位移和移动速度的知觉，它是多种感觉器官的协同活动的结果。运动知觉与人类的日常生活和工作有密切关系。正确估计物体运动的速度，是生产操作、交通航行、体育运动及军事射击等的重要条件。运动知觉包括对物体真正运动的知觉和似动。真正运动，即物体按特定速度或加速度从一处向另一处作连续的位移。由此引起的知觉就是对"真正运动的知觉"。"似动"指在一定的时间和空间条件下，人们把静止的物体看成运动的。

运动知觉依赖于许多主观和客观条件，这些条件如下。

（1）物体运动的速度　运动的速度过于缓慢或过于快速，都不能引起人们的直接觉察。例如，钟表上时针的移动，速度太慢，人们看不出它在走动；光的速度又太快，人们也觉察不到。

（2）运动物体与观察者的距离　以同样速度移动着的物体，如果离观察者近，看起来速度就快；如果离观察者较远，看起来移动很慢，有时甚至看不出它在运动。

（3）运动知觉的参考标志　运动是相对的，在没有更多的参照标志的条件下，两个物体其中一个在运动，人可能把它们当中任何一个看成是运动的。例如，云和月亮有相对运动时，人们可以看作月亮在云后移动，也可以看作云在月亮前移动。在日常生活中，人们经常会遇到这种相对运动现象的发生，因为对象都是在更大范围的静止环境中运动的，周围所有静止的物体都可以作为参考标志。

（4）观察者自身的静止或运动状态　观察者自身也往往是运动知觉的参考系。因此，其物体是运动的或是静止的以及对这种状态的自我意识，都是运动知觉的重要条件。例如，在一列火车上观看邻近另一列火车的开动，往往分不清是哪个火车在开动。这时只有以月台等固定景物作参考，或凭借自身是否感觉到颠簸或加速来分辨是哪一列火车在运动。

4. 错觉

错觉（illusion）是人们观察物体时，由于物体受到形、光、色的干扰，加上人们的生理、心理原因而误认物象，会产生与实际不符的判断性的视觉误差。在一定的条件下，人在感知事物的时候，会产生各种错觉现象，这些错觉现象包括以下几种。

（1）几何图形错觉　几何图形错觉是视错觉的一种。这种错觉的种类很多，下面仅举几例。

① 垂直水平错觉。垂直线与水平线长度相等，但多数人把垂直线看得比等长的水平线要长，如图3.5(a)所示。另外，矮胖的人穿竖条花纹的服装显得苗条，瘦高的人穿横条花纹的服装显着更丰满富态，也是垂直水平错觉造成的。

② 缪勒-莱依尔错觉。两条线是等长的，由于附加在两端的箭头向外或向内

的不同，箭头向外的线段似乎比箭头向内的线段短些，如图3.5(b)所示。

③ 线条的影响。平行线受到交叉线条的影响，仿佛改变了方向，显得不平行了。如图3.5(c)所示。

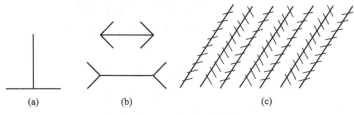

(a)　　　　(b)　　　　　　　(c)

图3.5　几何图形错觉

（2）形重错觉　同样重量的铁和棉花，当人们用手拎时，总会觉得铁比棉花重。

（3）大小错觉　初升或将落时的太阳和月亮，看起来好像总比它们在头顶上时要大些。这种错觉的产生是因为初升或将落时的太阳和月亮是同树木、房屋相比较的，而头顶上的太阳是同辽阔的天空来比较的。

（4）方位错觉　在海上飞行时，由于水天连成一片，失去了自然环境的视觉参考标志，飞行员很容易产生"倒飞视觉"。虽然飞机实际上是倒飞的，而感觉上却是正飞的。这时飞行员要靠仪表来判定飞机的状态，否则，会造成倒飞入海的事故。

（5）运动错觉　第一次乘火车长途旅行，下车后一段时间内，如果躺在床上还觉得房间似火车车厢一样地在运动。如图3.6所示，实际（a）、（b）图片都是静止的，但我们看上去好像在动，（a）图好像在左右动，（b）图好像在转动。心理学家说，图片与心理承受能力有关，你的承受能力越强，图片运动得就越慢。再如，人们在桥上俯视桥下的流水，久而久之就好像身体和桥在摇动。再比如在高速公路上用120公里的时速驾车，会觉得车速很慢。而在普通公路上用100公里的时速驾车则会感到一种风驰电掣的感觉。这就是因为人们的视觉受到了在同一条公路的其他车辆车速所影响。

（6）颜色的错觉　有时颜色也会使人产生错觉，比如，法国国旗上的红：白：蓝三色的面积比例为35∶33∶37，人们却感觉三种颜色面积相等；再比如胖人穿黑色的服装显得稍瘦，瘦人穿白色的服装显着稍胖。这是因为白色给人以扩张的感觉，而蓝色和黑色有收缩的感觉，这就是颜色的视错觉。

在旅游资源开发和建设中也常常利用错觉，以增加旅游的审美效果。特别是中国的园林艺术，常常利用人的错觉，起着渲染风光、突出景致的作用。比如，园林中的高山、流水，都是通过缩短视觉距离的办法，将旅游者的视线限制在很近的距离之内，使其没有后退的余地，眼前只有假山、流水，没有其他参照物，这样，山就显得高了，水就显得长了。现在的许多现代化游乐设施也常常利用人的错觉组织丰富有趣的娱乐项目，给游客带来惊心动魄的感觉。

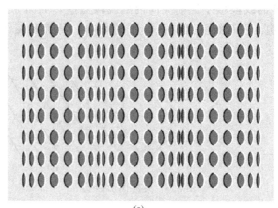

(a)

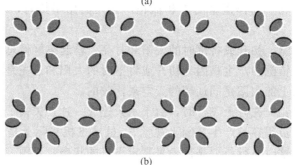

(b)

图 3.6　运动错觉示意图

第二节　旅游中的社会知觉

社会知觉就是对人的知觉，它是影响人际关系的建立和活动效果的重要因素。旅游活动中的社会知觉主要包括对人的知觉、人际知觉和自我知觉。它对了解旅游者的旅游动机、情感、意图、推测他们的旅游行为有着重要的意义。

一、对人的知觉

对人的知觉主要是指对别人的外表、言语、动机、性格等的知觉。对人的正确知觉，是建立正常的人际关系的依据，是有效地开展活动的首要条件。旅游者对旅游工作者能够正确地知觉，可以产生依赖感，有利于得到对方更好的帮助，建立更好的合作关系。旅游工作者正确地知觉旅游者的需求、动机、性格，可以更好地开展服务工作，适应不同旅游者的特点，提高服务效果。

1. 对人知觉的主要内容

人际交往中对人的知觉包括很多方面，其中主要方面如下。

（1）对他人表情的知觉　表情是个体情绪状态的外显行为，也是体现个体身心状态的一种客观指标，同时更是向他人传达信息的一种工具。

人的面部表情包含着十分丰富的内容。比如，人生气时会拉长了脸，肌肉下沉；人高兴时会"喜笑颜开"，肌肉松弛。在人们的交往中，眼睛是会说话的"神灵"，要想达到最佳的交际效果，还要学会巧妙地使用目光。例如，要给对方一种亲切感，就应让眼睛闪现热情而诚恳的光芒；要给对方一种稳重感，就应送出平静而诚挚的目光。自然得体的眼神是语言表达的得力助手。

（2）对他人性格的知觉　性格是一个人对待现实的稳定的态度和与之相应的习惯化了的行为方式，是人的心理差异的重要方面，是个性的核心。当人们对一个人的性格有了深刻的了解之后，就可以预测这个人在一定的情境中将会做什么和怎样做。比如，知道某人热心、讲义气，助人为乐，那么就可以预测在紧急情况下他会挺身而出、见义勇为，相反，知道另一个人自私、冷漠，那么也可以预测在紧急情况下他会退避三舍，甚至逃之夭夭。

（3）角色知觉　角色指人在社会上所处的地位、从事的职业、承担的责任以及与此有关的一套行为模式。如导游员、游客、商人、教师等。

人们把对个体在社会上所扮演角色的认知与判断叫角色知觉。角色知觉包括对自我角色的知觉和他人角色的知觉，这里主要应了解的是后一种。他人角色的知觉是根据社会已有的标准对自身以外社会成员角色的认知，它主要包括两个方面：一是根据某人的行为判定他的职业，如教师、学生、艺术家等；二是对有关角色行为的社会标准的认识，如对教师这一角色，认为他的行为标准应该是谈吐文雅、学识渊博、仪表端庄等。在旅游活动中，对角色的认知在判断人们的行为，搞好旅游服务工作、顺利完成旅游日程等方面有着重要的意义。

对角色的知觉一般从以下几个方面着眼。

① 感情或情绪。如认为一个政府官员应该是情绪稳定，讲话慎重，喜怒不形于色。

② 目的与动机。如导游员以热忱服务为宗旨，教师以教书育人为目的。

③ 对社会的贡献。如工人为国家多制造产品，农民为国家多打粮食。

④ 在社会上的地位。如教师是人类灵魂的工程师，导游员是游客之友。

每个人在社会上都扮演着各种角色，如经理、父亲、丈夫等。同样一个人，在不同的场合其角色也是不同的，面对社会你是一位公民，在学生面前你可能是老师，在领导跟前你又是下属，面对妻子你是丈夫，在子女面前你是父亲，在父母跟前你又是儿子，到商店购物你是顾客，到旅游景点游览你又变成了旅游者等。每种角色都有一定的行为标准，每个人都应当正确地知觉这些标准，并根据自己扮演的不同角色实现角色行为的转变，以与环境相适应。

2. 影响对人知觉的心理因素

对人的知觉依赖于多种因素，如认知主体、认知客体以及环境等。从认知主体心理方面看，存在一些社会知觉误区，它们的存在容易给社会认知带来偏差。社会知觉误区主要有以下几个。

（1）第一印象　第一印象是在首次接触时所留下的印象。第一次进入一个新环境，第一次和某个人接触，第一次到某商场购物，第一次到某宾馆住宿等，由于彼此双方首次接触，总有一种新鲜感，与人交往时都很注意对方的外表、语言、动作、气质等。因此，第一印象的产生，主要是感知对方的容貌、表情等外在的东西。

在人际交往中，第一印象起着十分重要的作用，并常常成为以后是否继续交往的依据。无论是招聘面谈，还是客我交往或是初到一个新的环境，给人留下的第一印象往往会成为以后的基本印象。虽然人们都知道仅靠第一印象来判断人常常会出现偏差，可实际上每个人都不可避免地受第一印象的影响。有这样一个例子，向两组大学生分别出示同一个人的照片，出示之前对甲组说，这是一个德高望重的学者；而对乙组说，这是一个屡教不改的惯犯。然后，让两组大学生分别从这个人的外貌说明其性格特征。结果，出现了截然不同的两种评价。甲组的评价是：深沉的目光，显示思想的深邃和智慧；高高的额头，表明在科学探索的道路上无坚不摧的坚强意志。乙组的评价是：深陷的眼窝，藏着邪恶与狡诈；高耸的额头，隐含着死不悔改的顽强抵赖之心。从这里可以看出，在得到别人的第一印象时，会伴随产生一定的态度，从而影响进一步的知觉。日常生活中人们也常有这种体验，当看一个人觉得顺眼时，以后越看越顺眼，而看一个人觉得不顺眼时，以后怎么看也觉得不顺眼。

游客的不断变换是旅游接待工作的一个显著特点，在与客人的短暂接触中，双方都来不及进行更多的了解，无法达到"路遥知马力，日久见人心"的境地。因此，对旅游工作者来说，给游客留下良好的第一印象是非常重要的。

（2）晕轮效应　晕轮效应是指由于对象的某一方面的特征掩盖了其他特征而推及对象的总体特征，从而对对象产生美化或丑化的现象。这个就像月晕一样，由于光环的虚幻印象，使人看不清对方的真实面目。

晕轮效应是一种以点盖面、以偏概全的主观心理臆测，其错误在于：第一，它容易抓住事物的个别特征，习惯以个别推及一般，就像盲人摸象一样，以点代面；第二，它把并无内在联系的一些个性或外貌特征联系在一起，断言有这种特征必然会有另一种特征；第三，它说好就全都肯定，说坏就全部否定，这是一种受主观偏见支配的绝对化倾向。

在日常生活中，晕轮效应往往在悄悄地影响着人们对别人的认知和评价。比如有的老年人对青年人的个别缺点，或衣着打扮、生活习惯看不顺眼，就认为他们一定没出息；有的青年人由于倾慕朋友的某一可爱之处，就会把他看得处处可爱，真所谓"一俊遮百丑"。晕轮效应表现在对人的评价方面就是"晕轮心理"。

在人际交往中，晕轮现象既有美化对象的作用，也有丑化对象的作用。比如，有的商品由于其包装很精美，价格也偏高，但人们往往会因为包装好也认为该商品的质量也会好，会和偏高的价格相一致。又如，某明星演员演技高，表演效果好，人们就会认为该明星演员的一切都是美好的，即使有缺点，也不去计较。同样，晕轮效应也能使人的知觉产生另外一种极端丑化对象的现象。比如，人们常因某人的一点缺点而把他看得一无是处。这种晕轮效应一旦泛化，会产生很大的消极作用。客人第一次到某饭店就餐时，如果碰到了一个态度傲慢的服务员，他就会认为这个饭店整体的服务都不好。有的外国人第一次到中国旅游，碰巧遇上了交通事故，他就会认为在中国旅游很不安全。因此，从旅游业角度讲，为了使旅游者产生好的印象，在提供旅游产品和旅游服务时，一定要防止由于晕轮效应使旅游者把某些劣质产品和劣质服务扩大到企业的整个产品和服务中去。当然，最重要的是一定要提供优质产品和服务，使人们同样通过晕轮效应把企业的整个产品和服务视为优质的。

总之，晕轮效应是人际交往中对人的心理影响很大的认知障碍，在交往中要尽量地避免和克服晕轮效应的副作用。

（3）心理定势　心理定势是指人在认识特定对象时心理上的准备状态。也就是说，它在对人产生认知之前，就已经将对方的某些特征先入为主地存在于自己的意识中，使知觉者在认识他人时不由自主地处于一种有准备的心理状态。我国古代"智子疑邻"的典故，就是典型的心理定势。

心理定势的产生，首先和知觉的理解性有关。在知觉当前事物时，人们总是根据以往的经验来理解它，并为随后要知觉的对象做好准备。另外，它的成因还和自己的感情期待有关。比如，当看到"金木水火……"四个字时，虽然第五个字还未出现，你心中已期待着肯定会看到"土"字，这是一种期待性的自然反映。在日常生活中，如果觉得某人是个好人，一旦发生了一件好事，就会把这件事和这个人联系起来；同样，如果不喜欢某人，觉得他是个坏人，那么一旦出现一件不好的事，就又会把这个人和这件事联系起来，有些公安人员办案经常用这种逻辑推理方式来判断嫌疑分子。

（4）刻板印象　刻板印象指的是社会上部分人根据以往的知识经验，凭借有限的信息，对某类事物或人物所持的共同的、笼统的、固定的看法和印象。这种印象不是一种个体现象，而是一种群体现象。例如，人们一般认为青年人有热情、敢创新、易冒进，老年人深沉稳重但倾向于保守；日本人争强好胜、注重礼仪，美国人喜新奇重实利、随便自由等。旅游者如果在一个饭店集团的某家饭店受到冷遇，他可能会断定这个集团旗下的所有饭店的服务质量都非常低劣。

刻板印象一方面有助于人们对众多的人的特征概括了解，因为每一类人都会有一些共同特征，运用这些共同特征去观察每一类人中的个别人，有时确实是知觉别人的一条有效途径。但是，另一方面，刻板印象具有明显的局限性，能使对人的知觉产生偏差。因为每类人中的每个人的具体情况是不尽相同的，而且，每类人的情况也会随着社会条件的变化而变化。因此，在旅游工作中，知觉来自不同国家和地区的游客时，除了了解他们的共同特征之外，还应当注意不受刻板印象的影响，进行具体的观察和了解，并且注意纠正错误和过时的观念，因为世界上的物质都是运动的，运动着的物质是变化的，所以，不能总用老眼光去看问题。

只有一试，才可能成功

古代有一位国王，他把几个儿子带到一座巨大的石门前，对他们说："谁能推开这扇门，谁就继承王位。"王子们望着巨大的石门，都摇摇头放弃了。只有最小的王子走过去，用力一推，门就开了。

启示：有的时候，打破心理定势其实并不难，只要你动手做就行了。

二、人际知觉

人际知觉就是对人与人之间相互关系的知觉，包括自己与他人关系和他人与他人关系的知觉。

任何一个人都与他人发生联系，形成人与人之间的不同关系，表现为接纳、拒绝、喜欢、讨厌等各种亲疏远近的状态。对这种关系的正确知觉是顺利进行人际交往的依据。人际沟通的方式多种多样，有上级和下级机关的纵向沟通，也有同事及各平行部门之间的横向沟通；有仅由一方加以表达、另一方单纯接收的单项沟通，也有互通信息的双向沟通。一个人在社会生活中判断人与人之间的相互关系时，不仅要了解对方行为的动机，人格的特点，人际反应特质以及血型类型，同时还要了解对方与其他社会成员之间的关系。这是由于在一个社会群体中，甲乙双方的相互关系，绝不仅仅受甲乙双方特点的影响，而且还受到"第三者"或更多人的影响。正常的人际知觉产生于相互交往，这就涉及人际沟通即交流思想与感情。旅游工作者一方面要尽快了解旅游团体的人际关系状况，另一方面也要洞悉旅游工作者自己与游客之间的人际关系状况，以便搞好旅游接待工作。

人和人之间在情感上的亲疏和远近的关系是有差别的，存在着不同的层次。比如，同一团体中的人，有的只是点头之交，有的来往密切、非常友好，也有的势不两立、互相敌对，这就是人与人之间心理上的距离和关系上的区别。心理上的距离越近，说明人们越相互吸引；心理上的距离越疏远，则反映双方越缺乏吸引力。

事实上，一个社会成员在社会交往中，不管他的想法如何，他的行为必定会受到其他成员的影响。因此，一个人必须建立正确的人际知觉关系，才能更好地认识自己，才能在处理人与人之间相互关系上做到得心应手，进而提高工作效率、促进人际间相互了解和友谊、爱情的建立。人际知觉是社会知觉中的一个重要方面。

三、自我知觉

自我知觉是指一个人通过对自己行为的观察而对自己心理状态的认识，它是个性社会化的结果。换句话说，自我知觉是内化于个人身上的社会观念。自我知觉决定了自我行为的基本形态及生活的态度。旅游工作者具有正确的自我知觉，可以促进其工作责任心和职业道德感的形成从而与旅游者建立良好的人际关系。人不仅在知觉别人时要通过其外部特征来认识其内在的心理状态，同样也要认识自己的行为动机、意图等。

心理学家认为自我有两个层面：一是个体内部意识的自我，这是主体追求目标的自我，也是理想的自我。另一个是呈现于外部世界的自我，是与他人相对的，社会化的自我。尤其呈现为外部世界的自我在人际关系中具有重要作用。自我知觉是自我意识的重要组成部分，随着个人自我意识的发展，自我知觉经历着三个不同的发展阶段。

1. 生理的自我阶段

这一阶段主要表现为对自己身体、衣着等方面的关注，家庭和父母对他的态度以及对自己所有物的判断，从而表现为自豪或自卑的自我感情。

2. 社会的自我阶段

其自我知觉、自我评价主要表现在个体对自己在社会上的名誉、地位、社会中其他人对自己的态度以及自己对周围人的态度等方面的判断和评价，以及对自己所拥有的财产的评价，从而表现出自尊或自卑的自我体验。

3. 心理的自我阶段

处于这一阶段时，个体主要表现为对自己的智慧、能力、道德水平等方面的判断和评价，从而表现出自我优越感等自我体验。

随着自我意识的发展，在社会化进程的影响下，个体的自我知觉水平一般遵循着生理的自我——社会的自我——心理的自我这一进程发展的。当然，在社会生活和旅游活动中，由于每个人的社会化程度的不同以及各种主观和客观因素的影响，每个人的自我知觉、自我评价的内容、标准和结果是各不相同的。比如，有人过分注重自己的身材容貌和物质欲望，从而往往产生自我满足感和不满足感；有人则偏重于社会地位和名誉等方面的追求，可能会产生自卑感或自我优越感；也有人在自我评价的基础上，追求高尚的情操、自我实现的需要等。实际上一个人往往不是只有一个"自我"，而是有三个"自我"。这三个"自我"是"儿童自我"、"家长自我"和"成人自我"。"儿童自我"不善于思考，喜欢跟着感觉走，具有感情用事的特点。"家长自我"具有照章办事、因循守旧、自以为是的特点。"成人自我"是一个能够面对现实、独立思考，明智而成熟的自我。在旅游活动中，无论旅游者或旅游工作者，或多或少都要与他人打交道，当时所表现出来的自我状态不同，其行为后果也大不相同。人们希望"成人自我"起主导作用，使得行为明智、合情合理，这也是三个自我中比较客观、正确的自我。

有了正确的自我知觉，才知道怎样去做，能够做到哪些，并对自己的行为不断地进行自我调节，这对每个人来说都是非常重要的。否则，就会造成行为上的盲目性。比如，如果由于期望过高而采取不适当的行为，或者不能正确判断自己的行为而不能进行自我调节，这不仅会造成与社会环境的不协调，而且还会给自身带来不良的心理后果。旅游者如果缺乏正确的自我知觉，就会选择自己不能胜任、无法适应的旅游活动，或者在旅游中提出不适当的要求，一旦达不到自己的目的，就可能产生消极心理。如果旅游工作者缺乏正确的自我知觉，就不能正确知觉旅游活动中主客双方的关系，把自己摆在不适当的位置，就不能很好地规范自己的行为。所以，旅游工作者正确的自我知觉对旅游接待工作是十分重要的。

第三节　旅游者对旅游条件的知觉

旅游者的旅游活动是由吃、住、行、游、购等行为组成的，与这些行为有关的事物就是基本的旅游条件。实践证明，旅游者对旅游条件的知觉印象，对具体的旅游决策、旅游行为以及对旅游服务的评价等都有显著的影响。

一、对旅游点的知觉

旅游点是指旅游者期望到达并能够实现特定旅游需要的地区或旅游景点。人们决定要去旅游时，首先要选择能够最大限度地满足自己需要和兴趣的旅游点。在旅游过程中，旅游者对旅游区的知觉印象取决于下面几个方面：首先，它必须能够为旅游者提供观光游览的对象，具备独特性和观赏性。其次，必须具备与观光游览相配套且安全、方便、舒适的旅游设施（因为旅游设施是旅游者完成旅游活动不可或缺的基本条件，如雅鲁藏布江大峡谷是世界第一的大峡谷，旅游资源质量非常高，但是，由于缺乏必要的旅游设施，难以开展旅游活动，留给旅游者的印象是偏、险、远，可望而不可即）。另外，旅游服务必须礼貌、周到、诚实、公平。最后，旅游点的规模可大可小，大到一个国家，小到一个公园，都可以称为一个旅游区。在实际的旅游行为中，不论是国内旅游，还是国际旅游，可供旅游者选择的旅游区数量众多。旅游者到底选择哪一个或哪几个旅游区作为旅游目的地，很大程度上取决于他们进行旅游决策时所依据的旅游信息，以及他们对这些旅游信息的理解。在日常生活中虽然大多数人，都能得到关于某旅游点的一些信息，但由于内容少，留存在自己记忆中的就少，仅靠这种被动知觉是远远不够的。因此，人们一旦决定出去旅游，就会首先收集各种信息资料进行分析、评价和判断，选定具体的旅游目的地。当然，由于需要、兴趣的不同，人们会注目于不同的旅游目的地，从而选定不同的旅游目标。比如，如果人们为了通过旅游满足休息、娱乐和健康的需要，就会注意收集风景优美、气候适宜的旅游点的信息；为了增长知识、开阔眼界，就会对名胜古迹或具有现代发展水平的旅游地格外青睐。

20世纪80年代改革开放初期，通过对海外十多个国家的游客进行调查发现，海外游客对我国的旅游景观等印象很好：众多的文物古迹、美丽的自然风光、精美的手工艺品、风味独特的美味佳肴等，但对我国的旅游设施及服务的质量印象却是比较差的。这种知觉印象基本上反映了我国当时旅游业的客观事实。

因此，当时到我国旅游的海外游客的人次很少，旅游的满意度也比较低。到 20 世纪 90 年代末，调查了十几个国家的来华游客发现，90％以上的游客对宾馆、导游和餐饮的设施与服务印象良好，表示满意；70％以上的游客认为中国旅游的价格合适或偏低。与改革开放初期相比，对旅游业总体评价已经有了明显的进步，但是仍有约三分之一的游客对交通条件和景点厕所意见较大，这也是不容忽视的问题。进入 21 世纪，随着改革开放的不断深入和人们对旅游接待认识的提高，我国所有旅游景点的硬件以及管理和服务等方面的质量都有了较大幅度的改进，自然进境的客人也在逐年增多。

二、对旅游距离的知觉

在人们选择旅游点的同时，还要考虑从居住地到旅游地的距离，旅游者在知觉距离时，使用的标准有两种，即时间和空间。用时间计算常常说乘坐什么交通工具，要走多少小时；用空间计算常常说这里到那里有多少公里。在实际的旅游决策和旅游行为中，不论旅游者用什么标准知觉距离，也不论其知觉的结果正确与否，最终都会对他们的旅游决策与旅游行为产生影响。旅游者的距离知觉对旅游行为的作用，主要表现在两个方面。

1. 阻止作用

所有的旅游者都知道，旅游行为是一种需要付出代价的消费行为，距离越远，要付出的金钱、时间、体力等代价就越大。这些代价往往使旅游者望而生畏。只有旅游者意识到从旅游行为中得到的益处大于所要付出的代价时，他们才会做出有关旅游的决策，并进而把决策付诸实际行动。这些和距离成正比的代价，被称为旅游行为的阻力，它抑制人们的旅游动机，阻止旅游行为的发生。使用距离阻止作用原理，可以在一定程度上解释旅游区的客源地与距离成反比的现象，即距离旅游区越近的地区，旅游者越多；距离旅游区越远的地区，旅游者越少。所以，在一般情况下，如果受到时间、金钱、身体状况等条件的限制，人们就不会选择远距离的旅游点。从这个意义上可以理解，为什么出国旅游的人要比在国内旅游的人少，近距离的游客比远距离的游客多。

2. 激励作用

从另一个方面来看，人们出去旅游的动机之一，是寻求新奇和刺激。远距离的目的地，有一种特殊的吸引力，能使人产生一种神秘感。由于人类从来就有探索未知世界的强烈意识与愿望，这就使神秘和陌生反而构成了那些距离遥远的旅游区的独特吸引力。此外，从心理学的角度看，人们在感知对象时，拉开的距离增加了信息的不确定性，给人以更广阔的想象的空间，因而产生一种"距离美"。这种因神秘、陌生和美等因素构成的吸引力，常常会超过距离阻力的阻止作用，而把旅游者吸引到距离遥远的地方去旅游。所以，有的人宁愿舍近求远，到陌生、遥远的地方去旅游。从这个意义上说，距离对人们的旅游又会产生激励作用。

总之，距离对人的旅游行为既有阻止作用，又有激励作用。但是，哪种作用更大，则取决于很多因素。这些因素除了旅游者自身的时间、金钱、身体、兴趣以外，还和旅游景点的开发、建设、宣传等因素有关。所以，作为旅游从业者，为了吸引游客，首先必须为旅游市场提供高质量的旅游产品和服务，抓住邻近地区的客源，同时吸引远距离的旅游者，从而占领源源不断的客源市场。其次必须对旅游宣传予以高度重视，破除"酒香不怕巷子深"的落后观念，利用一切可以利用的时间、地点、媒介，向旅游者传送有关旅游产品和服务的信息，塑造良好的旅游形象，介绍具体的旅游产品和服务的质量与价格，引导旅游者的旅游决策。双管齐下，必然会使旅游者对距离知觉的激励作用最大化、阻止作用最小化，强化以旅游区为核心的旅游产品和服务的吸引力。

三、对旅游交通的知觉

人们外出旅游，必须借助于各种交通工具。随着社会的进步和交通事业发展，可供人们选择的交通工具越来越多，主要有飞机、火车、轮船、汽车、缆车等。

由于生活节奏的加快以及人们经济水平的提高，特别是远距离出外旅游很多人选择飞机。对经常乘飞机的游客来说，他们一般看重信誉好、服务优的航空公司以及机身宽敞、比较舒适的喷气式客机，而对服务和信誉不太好的航空公司或载客量小、不太舒服的小型客机则很少光顾。对初次乘飞机的游客而言，他们更多的是关心安全问题，对机型则关注较少。因此，他们比较注意搜集有关的航空公司的事故记录、飞机的新旧程度以及飞行员的技术水平等信息。此外，人们也比较重视飞机上乘务员的服务态度，热情、友好、周到、礼貌的服务，会使人产生亲切感，并留下美好的印象，是人们重点选择的对象。因此，世界各个航空公司都非常重视乘务人员的服务态度与服务质量，并把服务作为提高市场竞争力的关键因素。

如果时间允许的话，许多旅游者喜欢乘坐火车旅游。虽然火车的速度比飞机要慢，但它有飞机所不具备的优点：一是火车车次多，乘车方便（旅游者希望发车及抵达时间符合自己的旅游计划，不打乱既定的旅游日程安排，又能够最大限度地利用时间观光娱乐与购物。例如，现在有一些全程卧铺的旅游列车，把火车变成了交通工具和旅馆的混合物，深受旅游者的喜爱，旅游者可晚上在车上休息、娱乐，白天则在预定的旅游景区景点观光游览）。二是开车时间好，特别是专门的旅游列车，往往是夕发朝至，朝发午至，午发暮归，有利于观光游览。三是舒适度高，旅游者希望火车车型新，设备好，车体外观和车内装饰高雅漂亮，干净清洁，服务热情周到。火车内有软卧、硬卧车厢，即使硬座车厢内也可以来回走动，这一点对老年人和小孩子来说尤为重要。此外，行车时间有利于休息、娱乐和社交等。四是可以浏览沿途风光，即便不能下车驻足观赏，也在一定程度上大饱了眼福。

上下山的时候，为了避免过度的体力消耗或者为了消遣享受，人们也常常乘坐空中缆车。人们对缆车的要求主要是安全，同时还要舒适。另外，当人们在海上和江河上旅游时，也常常乘游船。当然，选择什么样的游船因人而异，人们选择游船时，一般把游船的舒适度、安全度、娱乐性、游船能到达港口城市的多少以及港口城市游览景点的多少等作为主要考虑的因素。

总之，旅游知觉的产生，不仅取决于旅游景点的功能，还取决于人们希望在旅游的过程中能够得到些什么，这是一个有选择的知觉过程。因此，建设旅游点和创造旅游条件，应该建立在了解人们的动机、需要和兴趣等心理因素的基础上，并且根据产生知觉的规律，采取有效的形式传递旅游信息，从而有效地影响人们的知觉选择。

第四节　旅游者的风险知觉

在知觉研究中，一个比较有代表性的理论就是减少风险理论。在现实的消费生活中，由于对行为后果无法做出确定的判断，而存在人们在购买决策之前的主观体验中的风险即为风险知觉。在旅游活动中，旅游者会经常遇到各种风险。因此，他们必须采取各种措施，来消除或减少所遇到的风险。

一、风险知觉的种类

实践证明，任何旅游决策都包含着风险和不可知因素。这些风险和不可知因素常常会带来预料不到的后果，令人很不愉快。旅游者经常遇到的风险有以下几种。

1. 功能风险

功能风险是指产品的功能不能达到期望效果的风险。功能风险涉及旅游产品的质量和服务优劣问题，在一般情况下，当购买的旅游产品和享受的各种服务不能像预期那样令人满意时，就存在着功能风险。例如，飞机出了故障而不能在预定的时间起飞或不能在预定的目的地降落；出租车半路抛锚；房间里空调失灵；宾馆突然停水、停电等。

资料 18

宾馆突然停电　退房要付半价

2010 年 7 月的一个晚上，一位来自宁波的张女士致电芜湖新闻热线，反映她住宿的火车站附近的天马宾馆突然停电，可自始至终未见宾馆负责人现身，也没有任何工作人员表示道歉，包括自己在内的 30 多名旅客全部挤在漆黑的大厅里。

事发当日晚上 21 点多，记者赶到火车站附近的天马宾馆时，那里刚刚来电，不过旅客们依然待在大厅不愿回房间。"晚上 18 点左右停电，我们就在大厅里等着来电，对方既不愿全额退款，也不将我们转给其他酒店。"

张女士情绪非常激动地说。据介绍，很多旅客都是下午入住宾馆的，甚至有的旅客刚住下来才十几分钟。"我们要求要么全额退款，趁早找另外的宾馆入住，要么宾馆应该想办法把旅客都转到其他酒店。"张女士认为，这么多旅客拖家带口地在漆黑的大厅内等候3小时，是宾馆服务的严重失责。到了晚上20点，服务员表示旅客退房可以，但需交纳当天的半价房费，这让大家不可接受。因此，虽然来电了，但许多人都不愿回房间。

记者随后致电了宾馆的沈经理，他表示有关部门停电前并未出通知，宾馆也丝毫没有准备，而且那一片全部停电。原计划如果到晚上22点还没来电的话，宾馆就会全额给旅客退款，可晚上21点多电就来了。至于给旅客带来的不便，他也表示很抱歉，愿意第二天上班时给大家一个说法。对于沈经理的说辞，张女士觉得不满意，但因为很多旅客带着小孩实在很困，他们表示今天上午在宾馆不出门专门等着经理给说法。

2. 资金风险

资金风险是指消费时的资金付出与所购商品（或服务）的价值是否相符，或者说消费后感觉是否物有所值。比如，住这样的宾馆是否值得花这么多的钱；花费双倍的车票钱乘坐旅游列车，是否一定像人们期望的那样比乘坐普通列车要好得多。

3. 社会风险

社会风险是指购买某种旅游产品或享受某种旅游服务是否会降低旅游者的自身形象，或者说是否会招致别人看不起的风险。比如，购买名牌旅游产品或住高级饭店的旅游者很可能是因为名牌产品或高级饭店具有较高的社会价值。

4. 心理风险

心理风险是指旅游产品或服务能否增强个人的幸福感，是否会挫伤消费者心理自尊心，或者反过来说，能否引起个人的不满意或失望的情绪。人们出去旅游的主要原因之一，是提高自我价值，放松自己。所以，对旅游者来说，旅游活动中提供的产品或服务能否最大限度地满足他们的心理需求，是十分重要的。

5. 身体风险

身体风险是指旅游者所购买的产品或服务能否危急旅游者的人身安全或损害旅游者的身体健康。旅游者在整个旅游活动中常常会注意到是否存在这种风险。比如，就餐的食品是否卫生；乘坐的飞机会不会出事；某个旅游景点的设施是否安全牢固等。

6. 时间风险

时间风险是指能否在计划时间内完成旅游活动的风险。按照计划时间完成预定的旅游活动是旅游过程中必须考虑的一个重要因素和旅游活动组织得是否成功的重要衡量标准之一。如果出现在计划时间内未完成旅游活动，或者全部活动完成了而时间却超出了这两种情况，不但会引起旅游者的不满，甚至会引发纠纷，给旅行社造成名誉上或者经济上的损失。时间上的保证无论对旅游者，还是对旅行社都是非常重要的。

二、风险知觉产生的原因

如前所述，旅游者在购买旅游产品时，常常会遇到风险问题。但是，旅游者对风险的知觉各不相同，这取决于很多因素。首先，在同一情况下旅游者个人的特点（如文化层次、智力水平、经济状况）的不同，不同的人会知觉到不同的风险水平。此外，高风险知觉者喜欢把他们对产品和服务的选择局限在一个很小的范围内，这种人为了避开风险，宁愿放弃一些好的选择。而低风险知觉者则倾向于在大范围内进行选择，宁肯冒险做出较差的选择。所以，旅游者的个人特点影响到他们的风险知觉。其次，旅游者的风险知觉还取决于他们购买的旅游产品或服务的种类。比如，旅游者远距离旅游要比近距离旅游知觉到的风险高些；购买高档的旅游纪念品要比购买街头小贩出售的小纪念品知觉到的风险大些。

对旅游风险的知觉，会影响人们的旅游决策。这里需要指出的是，旅游者知觉到的风险并不等于实际存在的风险。实际风险再大，如果旅游者觉察不到，也不会影响他们的旅游决策。

人们经常在下列情况下感知到风险。

1. 旅游目标不明确

有的人已经打算去旅游，但是到哪儿去旅游，乘坐什么样的交通工具，是随团去还是单独行动等，很难做出决定。在这种情况下，旅游者已经感知到风险的存在了。

2. 缺乏旅游经验

一个从来没有外出旅游过的人，面对众多的选择常常会感到不知如何是好。比如，如果选择去海边度假，那么是去大连还是去青岛呢？如果去购物，是去北京还是去上海呢？因此，自身经验的缺乏，也常使人们感知到风险。

3. 旅游信息不充分

缺少信息或相互矛盾的信息来源也能使旅游者知觉到风险。比如，对某一旅游景点的收费、住宿、交通、安全等情况一无所知，旅游者在决策时就会犹豫不决。另外，对于同一旅游景点，不同的人做出不同的评价甚至互相矛盾的评价，会使将要出去旅游的人感到无所适从，因而不可避免地知觉到风险。

4. 相关群体的影响

每个人在社会中生活，都有与自己交往较为密切的相关群体，其言行必然要受到同学、同事、朋友、家人等相关群体的影响。个体的行为一旦与相关群体中的其他成员的行为不一致时，便会感到来自相关群体的压力。这种压力常会影响到旅游者的决策。比如，相关群体的人们都在国内旅游，而自己想要到国外去旅游，有可能会遭到相关群体的议论。

三、消除风险的方法

既然旅游者在决策过程中会知觉到各种风险，为了保证旅游活动更好地进行，旅游者会千方百计地采取措施来消除风险。常见的消除风险的方法如下。

1. 广泛搜集相关信息

旅游者做出决策之前要搜集大量的相关信息，搜集到的信息越多，选择决策方案的自信心就越强，风险也就降得越低。有关专家的调查报告表明，知觉到高风险或中等程度风险的旅游者比知觉到低风险水平的人寻求信息的时间多1～1.5倍。换句话说，知觉到高风险水平的人比知觉到低风险水平的人更喜欢接受他人的劝告或广告信息。如果人们感到所要购买的旅游产品或服务有很大的功能风险时，他们就会去寻找产品性能方面的信息，通过宣传材料等获取与性能有关的事实信息来减少或消除风险。

2. 进行认真的比较衡量

在旅游决策中，旅游者往往要根据自己的选择标准对各种备选方案进行认真的比较衡量。旅游者知觉到的风险越大，比较衡量所下的工夫就越大，花费的时间也越多；旅游者知觉到的风险越小，比较衡量所花费的精力和时间就越少。

3. 寻求高价位的消费

在日常消费中，许多人都相信"一分钱，一分货"这个道理。在旅游活动中也是一样。由于旅游者缺乏对旅游商品和服务的实际了解，旅游者便倾向于用价格高低来衡量产品质量的好坏和服务的优劣。比如住宾馆，一般人们总是认为每天300元的住宿条件会远远好于每天100元的住宿条件。因此，对于大部分旅游者来说，价格便代表了质量，价格高，质量就好；价格低，质量准差。当旅游者对某些旅游产品或服务知觉的风险较高时，可能会采用高价位消费的方法来消除风险。

4. 购买名牌旅游产品

为了节省时间和精力，减除知觉风险的一种普通策略就是购买名牌旅游产品或享受优质服务。旅游者购买了旅游产品或享受到某种服务后，如果他感到满意，他就不仅可以产生重复购买的行为，而且可能把这种满意感传给他人。这样就可能建立对商标的信赖。一旦旅游者依赖或忠实于声誉高的或满意的商标时，他们知觉到的风险就大大减小。在现实生活中，人们就是依据对商标的声誉和对名牌产品的认可来做出购买决策的，而不轻易购买自己不熟悉的或从没听说过的产品，以便回避风险。了解这一点，对旅游工作者来说是十分重要的。只有向旅游者提供优质的产品或服务，才能提高企业竞争力，稳住现有的客人，并吸引更多的新客人。

本章小结

知觉是人脑对直接作用于人的感觉器官的客观事物的整体反映，而旅游者知觉则是指直接作用于旅游者感觉器官的旅游刺激情境的整体属性在人脑中的反映。通过本章的学习，使学习者了解了旅游者知觉的特性、影响旅游者知觉的因素和旅游知觉的种类，弄清了旅游者在旅游中的社会知觉（包括对人的知觉、人际知觉和自我知觉等），帮大家认清了旅游者对旅游条件的知觉（包括对旅游点和旅游距离的知觉），同时还使大家明确了旅游者的风险知觉，了解了消除风险的方法，从而能够在做出旅游选择时有效地避开风险。

 实训练习

选择一个内容合适的旅游景点宣传广告片在电视机上播放，然后发给学生一份事先设计好的测试知觉的问卷调查表，考核一下不同的学生观看电视广告片后各自的知觉如何。（设计问卷中可列出的参考项目有：片中宣传的是哪个旅游景点？你对该景点的初步感觉如何？旅游消费的价位如何？假如你要去该景点旅游往返需要几天时间？该广告的代言人是谁？如果你的月收入在 2000 元左右，而且不久就是黄金周，你是否会选择去该景点旅游等。）

思考题

1. 什么是感觉？什么是知觉？
2. 什么是旅游知觉？影响旅游知觉的因素有哪些？
3. 旅游知觉的种类主要有哪些？
4. 影响对人知觉的心理因素有哪些？
5. 何谓晕轮效应？何谓心理定势？
6. 什么是自我知觉？自我知觉要经历哪几个发展阶段？
7. 简述旅游者对旅游条件的知觉及其作用。
8. 简述旅游者对旅游距离的知觉及其作用。
9. 旅游者常常在哪些情况下感知到风险？如何减除这些风险？
10. 简述消除知觉风险的方法。

第四章
旅游动机

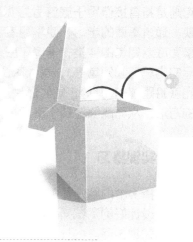

学习目标

- 了解旅游动机的概念及其产生的原因。
- 熟悉需要理论及需要的各种特征。
- 了解中外学者对旅游动机的分类方法。
- 明确如何激发旅游者的旅游动机。

【开篇案例】

折 扣 生 财

开商店赚钱的方法有千万种，其中最常见的一种经营方法就是薄利多销，并不断推出折扣新招数。

日本某旅游城市的一家旅游用品商店创造的打折妙法，真是让人叫绝。

这家旅游用品商店经营数千种商品，为了扩大销量，他们首先定出打折的购买数量界限，无论你购买本店的哪种旅游商品，都可按下列标准打折购买：仅购买一件价钱不打折扣，购2～5件打九折，6～10件打八折，11～20件打七折，21～50件打六折，51～100件打五折，100～200件打四折，201～500件打三折，501～1000件打二折，1000件以上打一折。

无论何方来的游客只要选定自己喜欢的任何旅游商品，都可按所购数量享受到相应的折扣优惠。结果，很多种商品都销量剧增（包括一些较为贵重的商品），尤其是那些适合买回去作为礼品馈赠亲朋好友且价格又不太贵的商品，很多游客像是抢购一样一买就是几十件甚至上百件，更令人惊奇的是在抢购人群中也出现了不少本地的非旅游者，很多人为了多打折而购买的数量较多，所以，有些商品出现了一抢而空的局面。

这种打折方法的妙处就在于能有效地扣住顾客的购买心理。任何人都希望用二折、甚至一折的价钱把要买的东西买到手，但又怕下手晚了买不到，所以就出现了蜂拥而至的抢购场面。

对于商家而言，这种折扣销售的办法比任何"清仓大甩卖"的做法都要漂

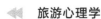

亮、成功得多。

虽然消费者的喜好和品位是经常变化的，没有一定的路数和准则，但有一点可以确定：打折，顾客就可以少花钱，这是谁都能接受的简单道理。实际上，那些能付出几百元甚至上千元购买他所喜欢的商品的游客，经济能力必定有一定水准，对他们而言，折扣下来的虽只是区区小数，但有折扣总比没有好，少花一点钱总是好事。这也是任何掏腰包的消费者都会有的想法，所以，折扣、平价这些销售手段，即使对消费能力较强的顾客来说，也仍然具有吸引力。

启示：

旅游商品的营销也是一门心理学，其中最重要的购买心理就是想用便宜的价格买到想要的东西，然而，"便宜的价格"和"想要的东西"这二者之间存在着一种互相制衡的张力，经营者所要做的，就是利用并扩大这种张力，最终的结果是折扣生财。

（资料改编自：田戈．改变世界的 100 个营销故事．北京：朝华出版社，2004．）

研究旅游者的心理和行为，首先就要搞清楚人们参加旅游活动的原因，即人们为什么要外出旅游，为什么选择不同的旅游方式和旅游地，应当具备怎样的条件才能满足旅游者的需求等，这些最基本也是最重要的问题其实就是旅游者的行为动机问题。旅游动机是影响旅游者行为及其心理效果的重要心理因素，是推动旅游者参与旅游活动的原动力。不了解旅游动机便无从理解旅游者的行为，更谈不上对旅游者行为的预测和引导。

第一节　动机概述

人的一切行为都是受动机支配的，动机可以驱使人追求某一对象，从事某种活动；动机也可以驱使人避开某一对象或停止某一活动。动机是人行为的直接的内在原因。

一、动机的概念

动机是指引起和推动个体从事某种活动，并使活动达到一定目的的心理过程或内部动力，是激励人们行动的主观因素。人们无论从事任何活动，都有从事这一活动的主观愿望，愿望总是指向能够满足需要的某种事物或行动，这种愿望就是需要的体现形式。当人有了某种愿望后，又具有满足这种愿望的客观条件，就产生了人的活动动机，并导致人们为满足某种需要的实际行动。动机是人们行为的内驱力，认识、了解人的活动动机具有重要意义。人们的活动动机具有内隐性，难以直接察知，但是动机又往往通过人们的活动表现出来，通过对人的行为表现进行分析和研究，就可以发现隐藏于人们行为之后的动机，从而认识人们行为、活动的原因。

动机具有以下三种功能。

1. 激活功能

激活功能是指动机能够促使人产生某种行动。例如，大学生到高校求学，是由他的学习知识的动机激发出来的。旅游者在各种旅游动机的直接驱动下产生了外出观光旅游的行动。

2. 指向功能

指向功能指的是在动机的作用下，人的行为总是指向某一目标。例如，在学习动机的支配下，大学生会到图书馆去看书，到书店去买书。旅游者在旅游动机的指引下会成群结队地奔向旅游目的地。

3. 维持和调整功能

当动机激发个体的某种活动后，这种活动能否坚持下去，同样要受动机的调节和支配。当这种活动遇到困难时，动机能够促使人们去努力克服困难，将这种活动继续维持下去。

动机是在需要的基础上产生的，某种需要会演化为哪种动机受到环境因素的影响。无论是物质的需要还是精神的需要，只要它以意向、愿望或理想的方式指向一定的对象，并激起人的希望时就可构成行为的动机。

动机虽然以需要为基础，但只有需要，并不一定能产生动机。产生动机至少应该具备两个条件：一是要有需要，二是要具有满足需要的相应对象。当需要处于萌芽状态，客观上又没有满足需要的对象时，这种需要只能表现为一种意愿或意向。只有当需要迫切到一定的程度，客观上又具有满足这种需要的对象时，需要才可能转化为动机。

二、动机的分类

根据不同的标准，可以把动机分为以下几种类型。

1. 按动机的性质划分

（1）生理性动机　生理性动机来源于人体得以生存和繁衍下去的最基本的生理需要，如对空气、水、食物、休息、睡眠、性爱等的需要，由这些需要引发的动机来源于人体内部某些生理状况的先天驱动力，并不是后天学习和强加的。

（2）心理性动机（也称社会性动机）　心理性动机来源于人们对社会环境所带来的需要，如对安全和舒适的需要、文化娱乐的需要、交往的需要、成就的需要、被人尊重的需要等，由这些需要驱使的行为动机，来自外部社会，一般通过外界学习而获得。

2. 按照动机影响范围、持续作用时间分

（1）近景性动机　所谓近景性动机是指与近期目标相联系的一类动机。例如，学生在确定选修课程时，有的只是考虑能否容易取得学分，他们的择课动机便属于近景性动机。

（2）远景性动机　所谓远景性动机是指动机行为与长远目标相联系的一类动机。例如，学生在确定选修课程时，有的是考虑完善知识结构，是为今后走上社会、踏上工作岗位打下素质基础的需要，这种择课动机便属于远景性动机。

3. 按照动机的正确性和社会价值分

（1）高尚动机　高尚动机是指符合社会道德规范的动机。

资料 19

激发他人的"高尚"动机

　　一位妇女抱着小孩上火车，车上位子已经坐满，而这位妇女旁边，一位男青年却躺着睡觉，占了两个人的位子。孩子哭闹着要座位，并指着要那个男青年让座，而男青年却假装没听见。这时，小孩的妈妈说话了："这位叔叔太累了，等他睡一会儿，就会让给你的！"

　　几分钟后，男青年起来客气地让了座。

　　这位妇女之所以能成功，妙就妙在她顺势制宜，对那位男青年采取了尊重礼让的方法，给他设计了一个"高尚"的角色：他是一个善良的人，只是由于过度劳累而无法施善行。趋善心理使小伙子无法拒绝扮演这个善良的角色。

（2）低级动机　低级高尚动机是指违背社会道德规范的动机。

4. 按照对动机内容的意识程度不同分

（1）意识动机　行为者知道促使自己行为活动的原因，以及能够满足其需要的目标的动机。

（2）潜意识动机　个体虽然有行为活动，但不知道行为产生的原因的动机。

资料 20

潜意识的巨大威力

　　摩菲博士有一位住在澳大利亚的亲戚罹患了老年性肺结核，且病情严重，眼看自己已经快没有治愈的希望了，所以要他的儿子回家来处理后事。

　　他的儿子对潜意识和信仰的关系，有深刻的认识，所以他对父亲说：爸爸！我在偶然的机会遇到一位身上常常发生奇迹的修士。这位修士带着一片真正十字架的碎片，我硬要他把这个碎片给我，而我也捐了500美金给他。听说只要碰到这个十字架的碎片，就像触碰到耶稣的身体一般，会发生奇迹。

　　他的儿子把话说完后，就把十字架的碎片交给他的父亲。他的父亲对儿子的孝心大为感动，紧握十字架祈祷一番后就睡着了。第二天当他醒来的时候，觉得身体好多了，经过医生的检查，也发现他的肺结核转为阴性。事实上，这个儿子交给父亲的，并不是真正的十字架碎片，只是从路旁捡来的小木片而已。

---

5. 按照动机的起因不同分

（1）外在动机　是指影响或控制个体行为的外在因素或力量。不是在活动中满足，而是又获得另外的奖赏。

（2）内在动机　个体因对活动或工作过程感到满足而加强其继续这项活动或工作的内在动机。

6. 按照动机对象的性质分

（1）物质性动机　物质性动机是指与追求社会物质生活条件相联系的动机。如追求具有较好的衣食住行等物质生活条件、追求学习的较好的物质环境和学习工具等。

（2）精神性动机　精神性动机是指与追求社会精神需要相联系的动机。主要包括认识和学习动机、交往动机、归属动机、赞誉性动机、成就动机等。

7. 按照动机在行为中的作用划分

（1）主导性动机　在引起复杂活动的各种不同动机中，有的动机强烈而稳定，在活动中起主导和支配作用，这种动机属于主导性动机。

（2）辅助性动机　有的动机在活动中则起辅助作用，只是对主导性动机的一种补充，这种动机属于辅助性动机。

第二节　旅游者的旅游动机

旅游动机是指直接引发、维持个体的旅游行为并将行为导向旅游目标的心理驱动力。那么这种心理驱动力是什么呢？回答了这个问题，也就解决了人们去旅游的真正的直接原因。

一、旅游动机及其原因分析

1. 旅游动机与需要、行为之间的关系

人们为什么要旅游呢？究其根本的原因，产生旅游行为的直接心理动因是人的旅游动机，旅游动机是一般动机的引申，它是直接促使人们进行旅游活动的各种内部动因或动力。它的产生和人类其他动机一样，都根源于人的需要，并满足人的需要。需要和动机、动机和行为之间的关系如图 4.1 所示。

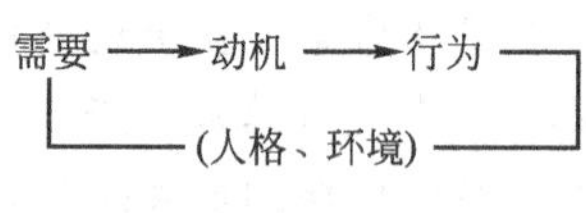

图 4.1　需要、动机和行为之间的关系

需要产生动机，动机产生行为，整个过程受到行为主体的人格因素和外在环境的影响。由于人的需要具有多样性、主动性、复杂性的特点，由此决定了人们的旅游动机也是有其复杂性和多样性的特点。在人们从事旅游活动的过程中，旅游动机总是形形色色、错综复杂、千差万别的，反映着不同的人们的愿望、兴趣

和需要，驱动着旅游者进行和完成旅游活动，实现其旅游活动的特定目标。

在现实生活中，从旅游动机的产生到实际的旅游行为的发生是一个复杂的心理过程。在这个过程中，当人们有了旅游的需要，还必须具备相应的客观条件，否则这种需要也只能停留在愿望上，不会产生旅游动机，更不会产生旅游行动，这种愿望也就没有效果。另外，在旅游活动中，一种需要满足了，还会产生新的需要，只要主客观条件具备，还会产生新的动机，直至旅游活动过程结束。

2. 旅游需要分析

如前所述，动机是在需要的基础上产生的，因此，要研究旅游者的动机，就必须研究旅游者的需要，通过对旅游需要的研究更深刻地理解旅游动机。

（1）需要的一般概念　需要是个体缺乏某种东西时产生的一种主观状态，或者说是个体对一定事物的需求和追求。需要是客观需求的反映，这种客观需求既包括人体内的生理需求，也包括外部的、社会的需求。它们在演化为心理现象之后，表现为需要。人的生存和发展必须依赖一定的条件，当条件不足时就会导致生理上或心理上的匮乏状态，就会出现不平衡。当这种不平衡达到一定程度时，就必须进行调节，这时个体就感到需要的存在，进而产生恢复平衡的要求。首先的要求是生理平衡。人体内必须不断补充一定的物质和能量才能生存，如食物、水、热量等。其次是心理平衡的需要。人的生理失调主要在于有机体内部的刺激，而心理失调主要取决于有机体外部的刺激，这种外部刺激既有物质的，又有精神的。当心理失去平衡时，个体就产生心理上的需求，如有爱的需要、求知的需要、审美的需要、受尊重的需要等等。

需要是人类活动的基本动力，它激发人们朝一定方向努力，并指向某种具体对象，以求得自身的满足。人们原有的需要满足之后，还会有新的需要出现，周而复始，呈现出动态的发展过程，体现了人类永不满足、勇于进取、奋发前进、创造美好未来的精神状态。

（2）需要的特征　概括起来，人的需要具有以下几方面的特征。

① 内容与对象的复杂性。人的任何需要都指向一定的对象。人类需要的对象既指物质性的东西，也指精神性的内容；既指向社会生活与社会活动，也指向活动的结果；既表现为想要追求某一事物或开始进行某一活动的意念，也表现为想要避开某一事物或停止某一活动的意念。与动物相比较，人需要的内容与对象要丰富得多，复杂得多。

② 与个体的生存发展息息相关。需要是个体生存与发展的必要条件，个体生存发展的不同阶段，有不同的优势需要和需要特点。从人的心理发展的动力（心理内部矛盾是新需要与原有心理发展水平的矛盾）来看，需要是人生存发展的重要原因。

③ 具有共同性与个别差异。最基本的生理需要、精神需要和社会活动需要是人类不可缺少的，这就是人类共同性的需要。同时，由于个体内部生理心理状态以及外部环境条件的不同，其需要也有明显个别差异和优势现象。

④ 具有社会历史制约性。人的需要总是随着历史的发展而发展，总是随着

社会生产力的发展而发展，总是随着满足某种需要对象范围的改变和满足方式的改变而发展的。由于生产力低下，物质文化等相对贫乏，早期社会，人类的需要较为简单，主要追求的是生理和安全的需要。后来，随着历史的发展，社会的进步，生产力的提高，物质生活的丰富，才产生了更复杂的物质需要，才产生文化与精神的需要。

（3）需要层次理论　很多心理学家一直在研究人类的需要，同时也产生了很多有关需要的不同理论。其中社会影响较大的是马斯洛的需要层次论。

美国心理学家马斯洛在1943年提出了"需要层次论"。这一理论半个多世纪以来一直流行甚广，是心理学家试图解释需要规律的主要理论。

马斯洛把人类行为的动力从理论上和原则上进行了系统的整理，提出了人类动机最著名的理论之一：需要的层次论。马斯洛认为人类各种各样的需要可以分为五个层次：生理需要、安全需要、社交的需要、尊重的需要、自我实现的需要。按照人类各种不同需要发生的先后次序分为五个等级，如图4.2所示。

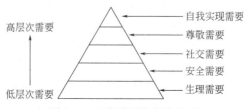

图4.2　人类需要的层次关系

在马斯洛看来，人的需要层次是一个由低到高的发展过程，只有当低层次的需要满足之后，高一层次的需要才会产生。在五个层次的需要中，生理性层次需要比较容易满足，层次越高，满足程度就逐渐降低，而对人类的行为影响也就越大。但任何一种需要并不因为下一个高层次需要的出现而消失，只不过是高层次需要产生之后，低层次需要对行为的影响变小而已。各层次的需要呈相互依赖与重叠的关系，如图4.3。

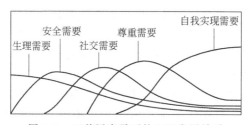

图4.3　五种层次需要的心理发展关系

马斯洛的需要层次论对研究人类的行为需要和动机具有重要而普遍的意义。比如在旅游领域内，虽然还不能用需要层次论解释所有旅游行为的动因，但它确实能为人们认识旅游动机起到重要的理论指导作用。

① 生理的需要。这是人类为了维持和延续生命，保持人体生理平衡所必需的最原始的，也是最低限度的基本需要，包括对水、空气、睡眠、休息、防暑、

避寒、排泄以及衣、食、住、行、性爱和其他生理机能等方面的需要，它是推动人们行动的最强大的动力。马斯洛认为人的生理需要是最重要的，只要这一需要还没有得到满足，他就会无视其他需要或把其他需要暂放一边。用这一观点就可以解释人们为什么夏天要到海边或山里去避暑，人们为什么越来越对农业旅游感兴趣，紧张生产线上的工人或工作繁忙的企业管理人员为什么要到异国他乡暂时改变一下环境。这是人体内部某些生理状态的需要所表现出来的行为。

② 安全的需要。这是人们希望保护自己的肉体和精神不受威胁，保证安全和安定的欲求的需要。当一个人的生理需要得到基本满足以后，就想满足安全的需要。要求获得生命和财产安全，如防御自然灾害和野兽的侵袭；防备被人盗窃、掠夺、伤害；免受战乱、社会解体、失业的危害；要求避免职业病的侵袭，摆脱瘟疫和各种病痛，以及伤残人、老年人希望得到依靠；希望解除严酷监督的威胁，要求避免意外事件的发生等。马斯洛认为整个有机体是一个追求安全的机制，人的感觉和智能器官都是寻求安全的工具。人们的这些需要在旅游活动中处处可以表现出来。比如，人们遇到危险的刺激会迅速本能地躲开，乘坐交通工具既希望准时又要求安全，在一些特殊的旅游项目上还希望有人身保险等。

对于外出旅游者而言，安全的需要主要表现在对生命安全、财产安全和心理安全感的需要方面。他们希望旅途中不发生车、船意外，不生病、不被抢劫、不被偷盗，安全地完成整个旅程。他们还希望得到心理上的安全感，希望所到国家不发生政局动乱，没有战争，社会秩序良好。有的国家自然景观、人文景观等资源十分丰富，但长期处于政府动荡之中，因而失去了大量的海外游客，所以，安全需要是影响人们旅游行为的最重要因素之一。

③ 社交的需要。马斯洛所讲的社交需要有两层含义。一个是爱的需要，即人都希望伙伴之间、同事之间的关系融洽或保持友爱，希望得到异性之间纯真的爱情，人人都希望爱别人，也渴望接受别人的爱。如朋友之间的互相帮助、互助倾慕、亲密交往，或男女之间的坚贞相爱、满意结合等。另一层含义是归属的需要，指的是人都希望有一种归属感，希望得到某一群体的承认和容纳、重视以及相互之间的关心和照顾。社交需要比生理需要更细致，它和一个人的生理特性、经历、教育、宗教信仰都有关系。

旅游者的社会交往需要具有多样性特点，人们外出旅游总希望同知心朋友相邀同游，或在旅途中结识新朋友；有的需要与当地人交流思想感情，了解不同文化习俗；有的通过探亲访友，共叙友谊；有的是为了寻根问祖。旅游有助于人与人之间的交往和了解，达到感情的融会，以获得新环境中人与人交往的新的情感满足。进行任何一种旅游活动，都要接触新的人际环境并发生新的人际交往。因此，旅游是人们结识新朋友、联络老朋友的最有效的活动之一。无论因上述哪种原因而进行的旅游，都是满足社交需要的具体表现。

④ 尊重的需要。当人们的社交需要基本得到满足之后，还希望自己能够得到别人的尊重，有满意的地位，有应得的人身权利、名誉和威望，要求个人能力、品德和成就等得到社会或他人较高的评价等。马斯洛认为，尊重的需要得到

满足，能使人对自己充满信心，对社会满腔热情。但尊重的需要一旦受到挫折，就会使人产生自卑感、软弱感、无能感，会使人失去生活的基本信心。

受尊重的需要还同个体感到自己对这个世界有用的感觉有关，也与有关事物如衣服、汽车、教育、旅游和接待重要人物等能否增进自我形象有关。一个有经常外出旅游经历，并对不同国家、地区有了大量感性或理性知识的人，常常为周围的人所羡慕和崇敬，因而有助于满足个人受尊重的需要。他们到某个旅游目的地可能有多种动机，但其中的一个动机可能是为了满足尚未得到满足的受人尊重的需要的驱使。

⑤ 自我实现的需要。自我实现的需要是指实现个人的理想、抱负，发挥个人的能力至极限的需要，包括希望发挥自己的潜在能力和创造能力，取得一定的成就，实现自己的理想和抱负，达到个人的精神满足等。或者说，人必须干称职的工作，是什么样的角色就应该干什么样的事。运动员必须从事体育运动，音乐家必须演奏音乐，画家必须绘画，诗人必须写诗，这样才会使他们得到最大的满足。马斯洛还指出："为满足自我实现的需要所采取的途径是因人而异的。有人希望成为一位理想的母亲，有人可以表现在体育上，还有人表现在绘画或发明创造上……"。有抱负的营业员希望自己将来成为能够管理企业的经理；有创造精神的工人希望自己对某种工具进行改革；爱好唱歌的人希望自己将来成为歌唱家；打球爱好者希望自己将来能成为球星。简而言之，自我实现的需要是指最大限度地发挥一个人的潜能的需要。

旅游是极富有象征性的活动，有的人出去旅游就是用体现自我价值来满足自我实现的愿望。当然人们参加旅游活动，并不都是由于自我实现的需要，但随着社会的发展和人们对生活质量的关注，对自我实现的要求会越来越高。

（4）单一性需要和复杂性需要　人们的需要是一个复杂的现象，心理学家们经过多年的争论和探讨，其研究结果表明，人们力求在生活的所有领域既希望保持心理的单一性，又追求复杂多样性。其实，这种争论过程以及争论的结果都能帮助大家从另外一个角度来理解人们旅游的基本原因。

① 单一性需要。需要的单一性又称需要的一致性，是指人们总是期望在生活中保持平衡、和谐、相同，希望日常生活稳定，不动荡，力求避免冲突，还希望在生活中的一切都有规律性和可预见性。如果生活中出现了任何不一致性或非单一性的事物，人就会产生心理紧张。此时，人们便会期望寻求可预见性和单一性的事物来减轻这种不一致所造成的心理紧张和不安。

按照单一性理论，人们学会了在生活中加倍小心地避免可能出现的不一致或非单一性。在旅游中，人们希望行、游、住、食、购、娱各个环节都有可预见性和稳定性，不希望出现意外或变故。所以旅游者往往希望参加由信誉可靠的旅行社组织的旅游团，走传统的旅游路线，游览著名的旅游景区或景点（如北京故宫、杭州西湖、广西桂林、安徽黄山），选择那些知名度高并能提供标准化服务的宾馆饭店，到国家定点旅游购物场所购物，参加自己熟悉的或传统的娱乐活动。

总之，单一性理论认为人们期望在出现某一件事情的过程中，不要再遇到意料之外的事情。心理学家弗洛伊德认为，人们行为的基本目的是减少由非单一性所造成的那种心理紧张。如果人们面临着非单一性的威胁，他们就会设法防止这种威胁成为事实。如果他们不幸真的遇到了某种预想不到的事情，就会很不舒服。经历了这种感受之后，他们以后就更加谨慎，防止再出现此类非单一性。例如，如果某位旅游者在外出旅游时找不到合适的饭店可以入住，买不到返程汽车、轮船、飞机票，旅游者以后再外出旅游时，就有可能将上述事情都委托给旅行社办理，也有的人可能从此就再也不外出旅游了。

② 复杂性需要。与单一性理论相反，复杂性理论的本质是人们追求和向往新奇、出乎意料、变化和不可预见的事物等。人们之所以追求复杂性需要，是因为人们的生活是复杂多样的，过于单一刻板的生活使人们感到厌倦、乏味，甚至使人在心理上感到紧张和不安，而这些复杂性东西的本身就能够给人们带来满足。

根据复杂性理论，在旅游环境中，旅游者将游览以前从未去过的地点，他们甚至会舍近求远而驱车去光顾一个偏僻的饭店，也不去人们所熟知的跟前的连锁饭店。而且，他可能宁可光顾独立经营的旅馆，也不去住提供标准化设施和服务的名牌宾馆。这种旅游者总希望要与他在家所习惯的和以前所经历的有所不同。因此，在生活中人们既追求需要的单一性，又渴望需要的复杂性，希望自己的生活丰富多彩，期望通过生活中的复杂事物给自己带来心理上的更多满足和愉悦，提高生活质量，通过不同的需要达到不同的旅游目的。

③ 单一性和复杂性的平衡。上述的单一性需要和复杂性需要这两种概念都能解释在旅游环境中所出现的许多现象。虽然这两种理论看起来前后矛盾，但两者又存在很大的互补性，如果把二者结合起来，就可以帮助人们进一步理解人们旅游的动机和行为。

适应性良好的人们在自己的生活中需要单一性和复杂性两者的结合。单一性的需要在一定程度上要用复杂性来平衡；复杂性的需要在一定程度上也要用单一性来平衡。人们都需要这种平衡，只不过平衡点不同而已，有的可能偏向于单一性，有的可能偏向于复杂性。如果偏离了平衡点，人们就会产生心理紧张和不安。如果每天都从事非常单调一致的工作（如装配线上的工人），人们就会感到枯燥、乏味，渴求用复杂性工作来调节，如果每天都在相当不可预见的、多样复杂的环境中工作（如航空人员及探险人员等），随时都准备处理不可预见的全新问题，人们就会有恐慌感，从而导致心理紧张，此时就希望用单一性来保持需要的平衡。

人们的生活和工作在一定程度上有时候需要单一性和复杂性相互补充以求得平衡。例如，当一个人天天与有条不紊的单一性常规工作打交道时就有可能变得厌倦，一旦这种厌倦达到一定程度时，他就需要用新奇和变化来平衡。显然旅游为寻求摆脱厌倦的人们提供了一种较为理想的刺激，它使人们得以变换环境、改变生活节奏，使生活丰富多彩。从这个意义上说，旅游对有的人来说是对现实生活的一种逃避。相反，如果一个人长期生活在复杂性环境中，他就需要一定程度的单一性来平衡。比如对有些人来说，即使在旅游度假期间，他所寻求的也只是休息和放松。因此，对他来说，只在湖滨或海边晒晒太阳、看看风景或听听音乐就足够了。

总之，心理学研究认为，人们在生活中总是力求使单一性和复杂性保持最佳的平衡状态，使心理维持在一个可以承受的紧张程度。单一性过多，会使人产生厌倦。复杂性太多，又会使人过分紧张以至于恐惧，具体关系如图4.4所示。

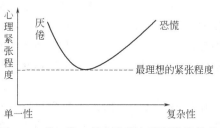

图 4.4 单一性、复杂性和心理紧张的关系

（5）好奇心　人类的所有行为的终极目的都是追求幸福快乐，幸福快乐是人类生存的目的。即使与追求快乐相反的一些行为，如延迟满足、暂时付出、苦行甚至牺牲，其最终所追求的目标也都是为了获得幸福快乐，当然有的只是对幸福快乐的理解和追求的方式不同而已。旅游就是在社会、经济条件达到一定条件时大多数人为获得幸福快乐而做出的选择。这种对获得幸福快乐方式的选择不分种族、阶级和文化背景，有着高度的一致性。造成这种一致性的原因是人的本性。人为什么旅游？其中一个深层的原因是为了满足人类的好奇心。

探奇求知需要是人类的天性。人类在自身的生存和发展过程中，为了改造世界，需要探索和认识外界事物。生活在社会中的每一个人都对自身以外的新奇的事物感兴趣，都有认识、了解它们的欲望。未被认识的自然现象和社会现象成为人们认识、研究的对象，越是神奇的事物和现象，越具有吸引力，人们越想揭示它的秘密。了解未被认识的世界、丰富自己的知识，增强改造自然和社会的能力，这是人类社会在长期发展过程中形成的特性之一。现代旅游业的发展，为人们拓宽了认识世界的新天地，使人们能超越以往的时空，去发现新的事物，获取新的知识，好奇心就成为人们满足自己探奇求知需要的重要方式之一。

人类有一种基本的心理性内在驱动力——好奇、探索、操弄，这种驱动力并不以生理上的需要为基础，也不是经过学习而获得的，纯粹是由个体生活环境中的刺激而引发的、先天的内在驱动力。它是人类心灵正常发展的原动力之一，是维护心理健康的一个条件，同时它也是旅游的一个根本性动因，它在某种程度上可以解释"人们为什么旅游"。因为内在驱动力会给人带来紧张，它迫使人们必须以某种方式、方法来应付这些紧张。这些紧张以及人们如何在旅游中消除这些紧张，可以用来解释许多旅游现象。

　　人类保存了这种生存本能，它表现在人身上就是"好奇、探索、操弄"，就是好奇心。从好奇心的发生角度来看，说它是生物现象也不为过。人类需要好奇心的滋养。心理学研究表明，幼儿心理的正常发展，其好奇心的主动满足是必不可少的条件。对成年人的研究发现，如果对其施以长时间单调刺激会出现心智能力下降，甚至出现心理失调。可见满足其好奇心对人类而言是非常重要的。那么怎样才能满足好奇心呢？好奇心一般需要外在刺激的引发，不像生理性动机有规律性地自发表现出来。异地的未知性所具有的神秘感就具有"新奇性"和"复杂性"，对旅游者构成了永恒的吸引力，几千年来一直强烈地诱惑着人们外出旅游。与此相对的是，为什么在旅游名胜区居住的人对身边的美景并不感兴趣，甚至会感觉到没什么好看的，反而奇怪的为什么又有那么多的外地人来此旅游？其中主要的原因就在于这些景观对当地居民缺乏"新奇性"和"复杂性"，而绝不是他们看不出来，或者不知道其美丽。由于天天见、日日接触，因熟视而变得无睹。他们"身在福中不知福"的原因是："不识庐山真面目，只缘身在此山中"、"与恶人居，如入鲍鱼之肆，久而不闻其臭；处芝兰之室，久而不闻其香"。人类感知觉器官有一个特点：对有差别的、变化的刺激感知敏锐，而对单调的、持续不变的刺激感觉会越来越迟钝，也就是感知心理学上说的"适应"。缺乏"新奇性"和"复杂性"就是缺乏吸引力。桂林长大的人也要出来游山玩水，而不会居胜地而不游天下，他们出来旅游就是要寻找新奇和复杂。正所谓"凡人羡仙境，仙人慕凡尘"，其道理就在于此。

　　人们的好奇心可以通过旅游的方式表现出来。当然，要满足这种好奇心就需要克服困难，需要赴异地旅游，甚至远行探险，总之，人为什么要旅游——为了满足好奇心、探索欲，它的满足能给人带来深层的快乐，它是维护、健全和发展人类心灵所必需的。好奇心是人类旅游的一个重要原因。

二、影响旅游动机产生的客观因素

影响旅游动机产生的客观因素很多，人类的基本需要以及好奇心等是产生旅游行为的内在动力，也可以说是主观条件，但以旅游者需求方面来看，一个人仅有旅游需要还不能真正成为现实的旅游者，只有具备了一定的客观条件，并能满足人们的旅游需求时，才能产生旅游动机。产生旅游需求和动机的条件主要是两方面：一方面是指旅游目的地方面的吸引力和接待能力，另一方面是指旅游必需的经济条件、时间条件和社会条件，即旅游客体方面的条件和旅游者主体方面的条件。

1. 经济条件

经济条件是一切需要产生的基础。因为旅游是一种消费行为，当然需要有一定的经济基础，有支付各种费用的能力。当一个人的经济收入仅能够维持其基本生活需要时，那么他就不会有更多的财力去支付旅游的开销，也就不能产生外出旅游的动机；旅游活动发展的历史证明，国际性大众旅游的兴起是与世界各国，特别是与欧美各国国民收入水平的提高分不开的。经济越发达，国民收入越高的国家和地区，旅游业也就越发达，外出旅游的人数也就越多，反之就越少。有关统计资料表明，当一个国家或地区国民生产总值达到 800～1000 美元时，国民将普遍产生国内旅游动机；达到 4000～10000 美元时，将产生国际旅游动机；超过 10000 美元时，将产生洲际旅游动机。

收入水平不仅影响一个家庭的经济条件，还影响人们的消费水平和旅游者的旅游消费构成，影响旅游者对旅游目的地和旅行方式的选择等。因此，反映一个国家经济发展水平的家庭收入水平是影响旅游需求和旅游动机产生的最重要的经济因素。

2. 时间条件

时间条件指人们拥有的余暇时间，即在日常工作、学习、生活及其他必需时间之外，可以自由支配从事消遣娱乐或自己乐于从事任何其他事情的时间。旅游需要占用一定的时间，如果一个人不能摆脱公务和家务劳动，没有可自由支配的余暇时间和属于自己休养的假期，就不可能外出旅游。所以，必要的余暇是实现旅游活动的重要的条件。随着我国社会经济、科技的发展，人们日益从繁重的工作和家庭事务中解放出来，使得人们的余暇时间变得越来越多。每周的双休日，每年的几个黄金周和一些单位实行"旅游假"或"带薪假期"制度，为人们提供了必要的旅游时间条件。这些都使人们有条件产生旅游动机，更为旅游业提供了广阔的市场前景。因此，近些年来外出旅游的人数也越来越多了。

黄金周——拉动内需的举措

黄金周是国家利用较为集中的节假日（时间一般为一周左右）来鼓励大众出行、旅游、消费的一种方式，它可以拉动内需，增加消费，既丰富了人们的日常生活需要，又促进了社会经济的发展。

"十一"国庆节期间，按照国家规定会每节一周的假期！因为正是百花齐放的好时候，所以大部分的人会在劳累一段时间后选择出外旅游，在国家提倡发展旅游业的形式下，就形成了"黄金周旅游"形式。人们在黄金周不仅舒服了自己的心智，还在一定程度上促进了经济发展。

3. 社会条件

社会条件主要指一个国家或地区的政治、经济、文化状况以及社会风气等因素，它构成了个人生活的社会环境和背景，对人们的各种社会行为均具有强烈的限制和影响作用。旅游作为现代人的一种生活方式，不可能脱离开社会背景而单独存在，旅游动机的产生也必然要受到许多社会因素的影响和制约。在一个旅游风气浓郁的社会环境中，人们外出旅游的动机将会十分强烈。首先，一个国家的旅游发达程度同这个环境或地区的经济水平成正比。只有当整个国家或地区的经济发达时，才有足够的实力改善和建设旅游设施、开发旅游资源、促进交通运输业的发展，从而提高旅游综合吸引力和接待能力，激发人们旅游的兴趣和愿望。其次，团体或社会压力也能影响人们的旅游动机。比如单位集体组织的旅游活动，或是奖励旅游行为等，对个体参加旅游活动都有一定的吸引力，使人们不自觉地产生旅游愿望，进而产生旅游行为。最后，社会风气也能影响人们的旅游动机。同事、朋友、邻居的旅游行为及其旅游经历往往能够相互感染，或者形成相互攀比心理，使人们产生同样的外出旅游的冲动，形成一种效仿旅游的行为。

4. 其他条件

产生旅游动机的条件还涉及旅游者自身的一些因素。如人们的年龄、兴趣、价值观念、教育程度、身体状况、家庭生活条件等。这些因素对旅游动机的产生均有十分重要的影响。

三、旅游动机的分类

人们外出旅游的动机常常是多种多样的，一方面是因为人们的需要是复杂多样的，另一方面也因为旅游本身就是一种复杂的象征性行为，是一项综合性的社会活动。因此，对旅游动机的分类就可以从不同的角度来进行。

1. 国外学者对旅游动机的分类

这里主要介绍日本、美国、澳大利亚等国家的学者对旅游动机的分类。

（1）日本学者的分类　　《日本的旅游事业》一书，介绍了日本的田中喜一先生和今井省吾先生对旅游动机的分类。

① 田中喜一先生对旅游动机分类如下。a. 心理动机。包括思乡心、交友心和信仰心等。b. 精神动机。包括知识的需要、见闻的需要和欢乐的需要等。c. 身体动机。包括治疗的需要、修养的需要和运动的需要等。d. 经济动机。包括购物的需要和商业的需要等。

② 今井省吾先生对现代旅游动机的分类如下。a. 消除紧张的动机。希望变换气氛、从繁杂中解脱出来和接触自然。b. 充实和发展自我的成就动机。包括对未来的向往，了解外部未知的世界，增长知识。c. 社会存在的动机。包括朋友之间的友好往来，家庭团聚等。

（2）美国学者的分类

① 美国学者罗伯特. W. 麦金托什（Robert W. Mclntosh）提出，基本旅游动机可分为以下四种类型。a. 生理因素诱发的动机：是以通过身体活动来消除内心的紧张和不安为目的的动机。包括休息、运动、消遣、娱乐、治疗等活动。这一动机的特点是通过身体的活动来消除紧张与疲劳。b. 文化因素诱发的动机：获得有关其他的愿望，包括它们的文化动机。诸如了解和欣赏异国的知识、异地异族文化、艺术、风俗、习惯、音乐、舞蹈、绘画、语言和宗教等。这一动机的特点是表现出一种求知的愿望。c. 人际关系因素诱发的动机：是为了逃避现实、消除苦闷和更换环境以调节心理的动机。诸如异地结识新朋友，探亲访友、摆脱日常烦琐的工作、家庭事务或邻居等，建立新的友谊的愿望。d. 地位和声望因素诱发的动机：是以想要受人承认、引人注意、受人赏识和扩大好的声望，以提高自身知名度，满足其自尊心为主要目的的动机。诸如外出交流、考察、会议、访问或从事个人感兴趣的活动等。

② 美国学者利奥德. E. 哈德曼（Lioyd E. Hudman）把旅游动机分为以下八种。a. 健康的动机：使身心得到调剂和保养。b. 好奇的动机：对文化、政治、社会风貌和自然景色等的观赏或考察。c. 体育的动机：一种是亲自参与的，包括狩猎、球类活动、集体比赛、滑雪等；另一种只是观看的，包括田径赛、各种球赛和赛马等。d. 寻找乐趣的动机：游玩、文艺、娱乐、度蜜月、赌博等。e. 精神寄托和宗教信仰的动机：朝圣、宗教集会、参观宗教圣地以及欣赏戏剧和音乐等。f. 专业或商业的动机：科学探险和集会、公务或商务旅行、教育活动等。g. 探亲访友的动机：寻根、回国以及家庭联系等。h. 自我尊重的动机：受邀请或寻访名胜。

③ 美国学者约翰. A. 托马斯（John A. Thomas）在《是什么促使人们旅游》一文中提出了驱使人们进行旅游的十八种重要的旅游动机。这些动机列于表4.1中。

表 4.1　十八种重要的旅游动机

教育和文化方面	休息和娱乐方面	种族传统方面	其他方面
看看其他国家的人民是怎样生活、工作和娱乐的； 看看独特的风景名胜； 更好地理解新闻报道； 参与特殊活动相事件	摆脱日常单调的生活； 去好好玩一下； 去获得某种与异性接触的浪漫经历	去瞻仰自己祖先的故土； 去访问自己的家庭或朋友曾去过的地方	天气； 健康； 运动； 经济； 冒险； 胜人一等的本领； 顺应时尚； 研究历史； 了解世界的愿望

（3）澳大利亚旅游学家波乃克（P. Berneker）把旅游动机分为以下六种。

① 修养动机。包括休闲、娱乐、游憩以及异地疗养等动机。

② 文化动机。修学旅行、参观、参加宗教仪式等。

③ 体育动机。包括观摩比赛、参加运动会等。

④ 社会动机。蜜月旅行、亲友旅行等。

⑤ 政治动机。包括政治性庆典活动的观瞻。

⑥ 经济动机。包括参加订货会、展销会等。

2. 国内学者对旅游动机的分类

上述几种国外学者对旅游动机的分类，从一定程度上对旅游动机的类型进行了概括，对研究人们的旅游行为有着重要的参考意义。但由于人们需要的复杂多样性，以及不同国家、民族、社会阶层、职业、宗教信仰、风俗习惯等方面存在的差异，必然使人们的旅游动机呈现出多样性。本书仅就国内最常见的对旅游动机的分类介绍如下。

（1）健康、娱乐的动机　这种动机是由人们通过暂时变换工作和家庭环境，调节生活节律的需要而产生的，是满足人们身心健康需要的动机。出于这种动机进行的旅游活动，国际上称之为娱乐性或消遣性旅行。现代社会生活节奏加快，紧张、单调、枯燥、重复、喧闹的都市生活，不仅造成身体的疲劳，而且造成心理的压力，产生压抑感。为了解除身体的疲劳、精神的疲惫和心理上的压力，人们产生了外出旅游的动机。通过到风景优美的森林、自然公园、名山大川、海滩、湖泊去享受大自然洁净、清新的空气，以消除身心的疲劳；通过参加各种体育活动，游戏、娱乐活动，艺术欣赏活动和疗养活动，满足人们休息娱乐的需要。这种动机的特点是，它要求旅游活动的内容要轻松愉快、能够愉悦身心，过于紧张激烈的活动和带有探险性质的活动不适宜这种动机。比较而言，在动机体系中，健康动机占优势地位的人，大多为生活优裕的中老年。

具有健康、娱乐动机的旅游者，在旅游目的地和旅游活动的项目上，主要是选择那些能够调节人们身心活动节律，增进身心健康、使人全身心投入的活动。如轻松愉快的参观游览、不太强的体育健身活动、各种休养治疗活动以及令人开怀的文化娱乐活动等。各种自然风光、历史古迹、公园、海滨、温泉疗养区以及有较好的艺术活动传统的地区，常常是具有健康、娱乐动机的旅游者选择的对象。

（2）好奇探索的动机　好奇和探索是人类基本的心理性内在驱动力。不少人出外旅游是为了追求"时髦"、"独特"、"新颖"的心理感受，他们喜欢标新立异，迫切希望认识新异事物，这类旅游者大多数是青年人和经济状况较好的人，其旅游行为方式具有强烈的灵活性和自主性。这种动机比较强烈的人，由于他们追求奇特的需求，即使旅游活动具有某种程度的冒险性，一般也不会成为他们旅游的障碍，甚至冒险性会成为增强这种动机的因素。因此，好奇探索的旅游动机的特点主要是要求旅游对象和旅游活动具有新鲜性、知识性和一定程度的探险性。

（3）审美的动机　出自审美的动机是指旅游者为满足自己的审美需要而外出旅游。这是一种高层次的精神方面的需求。

审美包括求名和求美两个方面。求名者希望通过旅游活动提高其知名度和社会地位，注重"炫耀"和"扬名"，这类旅游者社会地位一般较高，经济条件也较好。求美者以追求旅游的美学价值，并从旅游中增长知识和提高审美能力，满足个体自我完善的需要为主要目的，渴望通过旅游来达到欢欣愉悦、心情舒畅的目的。从某种程度上说，旅游是一次综合性的审美活动，它集自然美、社会美、艺术美于一体，集文物、古迹、建筑、雕刻、绘画、书法、音乐、舞蹈、美食……于一炉，能极大地满足人们的审美需求。这类旅游者多数是文艺、体育、教育等知识界人士。

具有上述动机的旅游者，他们的旅游活动多指向名气较大，一般经济收入阶层可望而不可即的高消费旅游目标和奇异美丽的自然界的事物、现象，指向那些使人们能够接触旅游地居民的活动，以及参观博物馆、展览馆、名胜古迹和参加各种专题旅游活动等。

（4）社会交往的动机　人们为了探亲访友、摆脱日常工作、家庭事务、寻根问祖、结识新朋友，满足个体对爱和归属的需要而进行的旅游，有时也是为了体现个人取得的成功与成就感，可以通过旅游获得独立感、自信心和自我舒适感，这些都是社会交往动机的体现。个人、团体乃至政府间的访问，人员间进行的公事往来、文化技术交流活动，也都包括这种动机的成分。进行任何一种旅游活动，都要接触新的人际环境、发生人际交往并且要依靠这种新的人际交往来实现旅游活动。这种动机常常表现出对熟悉的东西的一种厌倦和反感，也表现出逃避现实和免除压力的一种愿望。因此，具有社会交往动机的旅游者，其特点是要求旅游中的人际关系友好、亲切、热情并得到关心。

（5）宗教信仰的动机　人们为了宗教信仰，参与宗教活动，从事宗教考察、观礼等而外出旅游。出自宗教信仰的动机主要是为了满足自己的精神需要，寻求精神上的寄托。

宗教信仰是一种古老的社会现象，是人类精神生活的重要组成部分。自古以来，宗教朝圣与人的一种深层次的愿望相契合，无论是东西方，在远古时期宗教朝圣就已十分频繁，人们一直恪守这样的一个基本信念，去神居住并施行奇异影响的地方，可以得到神的帮助和恩惠。这是一种极其复杂的心理，与人的精神生活密切相关。目前，世界上信仰宗教的人仍然还很多。许多宗教信徒到异地参与宗教活动，或在特定时间、特定地点举行宗教庆典活动。许多地方宗教庆典已成为民族传统节日，这些活动都会吸引大批游客。

（6）商务动机　商务动机是指人们为了各种商务活动或公务而外出旅游。比如有些人为了购买商品专程或绕道去某地旅游。另外，参加学术考察、交流，到异地洽谈业务、出差、经商等都属于出于商务的动机。还有各种专业团体、政府间的事务交往以及交易会、商务洽谈会等参与的旅游活动也都属于此类动机。商务旅游活动的特点是：市场规模逐年增大；利润丰厚，通常活动消费是公费支付，自费比例较小；活动计划性强、旅游收入稳定。近年来，商务旅游是发展最快的旅游项目之一，从其规模和发展看，已成为世界旅游市场的重要组成部分，而且仍有巨大的发展潜力。

以上所列的旅游动机只是最基本的主导性旅游动机，还有一些非基本的旅游动机，如购物动机、美食动机、名望动机等，本书就不在此作进一步的探讨。必须指出的是，尽管人们旅游行为出于多种多样的原因，但每一个旅游者出外旅游往往并不是只具有一种旅游动机，而是以某种旅游动机为主，兼有其他旅游动机。

第三节　旅游动机的激发

动机的产生受主观和客观两方面因素的影响，即以需要为基础的愿望和一定的诱因。诱因是指能激发人们行为并能满足某种需要的外部客观条件和刺激物。实际上，激发旅游动机就是要通过调动人们旅游的积极性，刺激人们的旅游兴趣和旅游热情，以促使潜在的旅游者变成现实的旅游者。因此，旅游企业只有从努力开发有特色的旅游产品、提高服务质量，并积极有效地做好旅游宣传等方面入手，才能吸引更多的旅游者。

一、努力开发有特色的旅游产品

什么是旅游产品？大家众说纷纭。这里所说的旅游产品，是指旅游从业者在特定的时空范围内，通过开发自然旅游资源或人文旅游资源而形成的向旅游者提供的旅游吸引物与服务的总和（包含吃、住、行、游、娱、购等六大要素），其中最核心的形式就是"游"，即旅游景区。人们外出旅游的目的之一就是要通过游览名胜古迹、了解风土人情等有特色的旅游资源来满足其身心需要。只有当旅游产品具有某些特征或特色且符合旅游需要时，才能产生旅游吸引力，从而激发旅游动机。因此，在旅游资源的开发和建设上，就要显示出与众不同的独特风格，以别具一格的形象去吸引旅游者。旅游业的实践证明，提高旅游产品吸引力的基本途径包括以下几个方面。

1. 在旅游资源的开发上要以自然为本

为满足旅游者的求真求实的心理，要尽可能地保持旅游资源的原始风貌。对旅游设施、旅游景点的任何过分的修饰甚至全面毁旧翻新都是不足取的。

2. 要突出旅游资源的个性

独到的特色、鲜明的个性特征，是旅游资源的吸引力、生命力所在。因此，在开发和建设旅游资源的过程中，要尽力突出它的个性，并强化它、渲染它，以增加它的魅力。旅游产品所依托的旅游资源必须具备独特性。这就要求做到"人无我有，人有我优"。例如，万里长城、故宫、秦兵马俑、布达拉宫、武夷山、普陀山、欢乐谷、苏州园林、九寨沟等，它们都以自己独一无二的形态，原始的古朴美，构成了经久不衰的旅游吸引力，这就是旅游资源的特色和个性。

3. 要突出民族特点并不断进行旅游产品的文化创新

越是民族的就越是世界的。因此，保持某些旅游景观的传统格调，突出民族性，挖掘地方特色，有助于提高旅游资源的吸引力。另外，还要进行文化创新，因为缺乏文化创新的旅游产品很快就会失去生命力，被旅游市场淘汰。在文化创新过程中，旅游从业者应主要抓住两种文化做文章。其一是同质文化，是指那些国际通行的标准化旅游设施及旅游商业化运作的方式等，它们在世界任何国家和地区都应该具备相同或相似的功能。其二是异质文化，是指旅游景区所在地的地方文化、民族文化，它对于旅游者来说是异质文化。文化创新，就是要在保持高水平的同质文化基础上，弘扬地方文化、民族文化。

4. 必须提高旅游产品的可进入性

按照美国夏威夷大学旅游管理学院荣誉院长朱卓仁先生的观点，可进入性是构成以旅游景区为核心的旅游产品的重要因素之一。要想提高旅游产品的吸引力，就必须高度关注它的可进入性。旅游业的实践也已经证明，即使是一项如敦煌石窟那样的人文古迹或像九寨沟那样珍稀的自然风光，如果它位于与世隔绝、人迹罕至的穷荒绝塞，那么对旅游者来说，无异于可望而不可即的空中楼阁，缺乏能够身临其境的现实性，对旅游从业者来说，也不具备把它推向旅游市场、供旅游者进行消费的可能性。因此，旅游从业者必须努力借助现代科技，不断改善旅游区外的大交通和旅游区内的小交通，以安全、方便、舒适、快捷的旅游交通系统提高旅游产品的可进入性。

此外，从旅游者的角度来看，任何以旅游区为核心的旅游产品必须做到五个"可"字，才能具有较大的吸引力。一是可进入，这是对旅游区的内外交通条件提出的要求。二是可停留，旅游者进来之后，必须能够散得开、住得下。三是可欣赏，这是对自然景观和人文景观的要求，景观景点应该让旅游者赏心悦目。四是可享受，旅游不是花钱买罪受，而是要更好地享受生活。旅游者不仅要看到，还要看得满意，不仅要吃饱，还要吃好。五是可回味，旅游者回到家中，回想起旅游产品还是兴致勃勃。他们不仅凭借照片、旅游纪念品等享受旅游之乐，还会向亲朋好友讲述自己的旅游体验。

二、加强旅游企业管理，提高旅游服务质量

1. 通过提高服务质量满足旅游者的需要

提高旅游企业管理人员和服务人员的管理及服务水平，为客人提供尽善尽美的服务，这是激发旅游动机的重要前提。因此，旅游企业在旅游产品的设计、旅游线路的安排上要合理、新颖；导游人员的语言水平要高、外语要好，导游技巧要使用得当；宾馆饭店服务人员的服务要热情、周到、标准、娴熟等。

2. 通过加强硬件投入满足旅游者的需要

旅游设施的数量、规模、档次要充分满足旅游者的需要，保证旅游者进得来、住得下、玩得开、走得动、出得去。而且还要注意旅游设施应能满足不同客人的需要，因为游客是多种多样的，他们有可能分别是不同阶层、不同收入水平、不同心理类型的人等。

三、加强旅游宣传，为旅游者提供信息

在现代信息社会，旅游者旅游动机的激发，很大程度上有赖于旅游宣传的力度，所谓"好酒也怕巷子深"。通过旅游宣传，可以帮助旅游者认识到旅游的价值，或改变他们的旅游态度，使他们消除顾虑。

旅游宣传可以通过宣传媒介来进行，因此，旅游企业要和各种传播媒体搞好关系。通过它们的宣传，可以树立一个国家、一个地区甚至一个企业的良好形象。旅游宣传也可以由旅游企业自己通过各种旅游广告或促销活动来进行。旅游广告是向旅游者传播旅游产品信息的宣传手段，它主要是为了突出旅游企业形象，树立企业声誉，争取客源，介绍新的旅游线路和服务项目等。旅游企业可以通过广播、电视、报刊、新闻发布会、展览会等对新开发的旅游景点、新开辟的旅游线路、新建立的旅游设施、新的旅游节目和内容以及旅游常识等进行长期连续的宣传、推广，以激发众多潜在旅游者的旅游兴趣。为了达到更好的宣传效果，旅游宣传要注意以下几个方面。

1. 旅游宣传要有较强的针对性

旅游宣传的目的在于唤起人们的旅游愿望，吸引人们来旅游。旅游宣传是以旅游对象为客观基础的，旅游宣传一定要针对旅游对象的特点进行宣传，将旅游对象"独"、"奇"、"绝"、"异"、"古"、"名"的能力展示于公众面前，从而对潜在旅游者产生强烈的诱惑力。

2. 旅游宣传要有较强的综合性

旅游业是一个综合性行业，旅游者要完成一次旅游，吃、住、行、游、购、娱等都要涉及。旅游者的心理需要也具有较强的综合性，尽管人们的旅游需要不同，但在主导性旅游需要上也包含有其他需要。所以，要注重旅游宣传的综

合性。

3. 旅游宣传要具有较强的形象性

旅游对象具有形象性特征，所以旅游宣传要以形象的手段，来克服旅游产品的不可移动性和不能事先直接感知样品的缺点，采用现代化的电视、电影、录像、图片等传播工具，生动、形象地把旅游产品展现出来。如 20 世纪 80 年代我国在澳大利亚举办了中国旅游图片展览，展出了二百多张精美的彩色图片，长城、兵马俑、桂林山水、云南石林……丰富多彩的名胜古迹、绚丽多姿的自然风光，浓郁东方情调的风土人情，使参观者惊叹不已。

4. 旅游宣传要富有较强的情绪感染力

人们的情绪是相互影响的，一个人的情绪可以影响周围其他人的情绪，这是情绪的感染作用。一个人受到别人积极情绪的影响，往往会产生相同性质的情绪，从而对别人从事的活动产生积极的态度。在旅游宣传中，要善于运用情绪的感染作用，充分利用广大旅游者的积极作用，通过优质的服务，使旅游者获得生理和心理上的满足。

5. 旅游宣传要具有真实可靠性

旅游宣传提供的信息和内容必须是真实的，才能被人们所接受。对旅游景点的特色、宾馆的档次、服务的质量、产品的优点等，都应如实的宣传。对客人的许诺必须真实，且能够兑现。

总之，旅游宣传是激发旅游者旅游动机的重要手段，是联系旅游者与旅游对象的中介。要使旅游宣传能够激发旅游动机，就必须充分认识、掌握旅游者动机产生的主客观因素，了解旅游者不同层次的旅游需要和促成旅游动机产生的最基本的客观因素，在抓住人们旅游需要的前提下，充分宣传旅游对象的特点和优势，促成旅游动机的产生。

在搞好旅游宣传的同时，更要注重改善旅游管理，改善服务态度，提高服务质量，增加旅游地吸引力和接待能力。这是激发旅游动机的根本，在此基础上的宣传才是最有效的。

本章小结

动机是支配旅游行为的最终驱动力。然而，人们为什么要旅游？对这个问题通常的回答往往都显得很肤浅。它们往往没有涉及人们旅游的较深刻的心理原因。旅游者自己所说的旅游动机，可能只是他内在需要的反映，真正的需要也可能他自己都尚未意识到，或者根本不愿意被一语道破。通过对本章的讲解与学习，帮助学习者熟悉了动机理论和需要层次理论，搞清了影响旅游动机产生的客观因素，了解到了中外学者对旅游动机的不同分类方法，明确了旅游动机的激发措施，从而为如何调动旅游者的旅游积极性，变潜在的旅游者为现实的旅游者提供了理论基础。

🔖 实训练习

设计一问卷，测试一下当被试者具备一些前提条件时，是否会产生去某地旅游的旅游动机？

假设的前提条件可以是：①刚刚涨工资，又面临黄金周；②刚好到旅游景点附近的城市（如江苏苏州或广西桂林）去开会，自己具备相应的经济条件，但会议却没安排旅游；③临近长假，正好旅行社宣传人员来单位进行旅游促销活动。还可以假设其他一些前提条件等。

❓ 思考题

1. 什么是动机？它有哪些功能？

2. 什么是旅游动机？旅游动机的产生需要什么条件？

3. 什么是需要？需要有哪些特征？

4. 马斯洛的需要层次理论包括哪几个方面的需要？不同层次的需要其相互之间的关系如何？

5. 如何理解旅游需要的单一性与复杂性的平衡？

6. 影响旅游动机的主观因素是什么？

7. 影响旅游动机的客观因素是什么？

8. 旅游动机主要划分为哪几种类型？

9. 国内学者与国外学者对旅游动机的分类方法有何异同？

10. 怎样才能激发人们的旅游动机？结合实际谈谈你的看法。

第五章
旅游者的态度

学习目标

- 了解并记忆态度、态度属性、态度的心理结构和态度形成的过程。
- 理解旅游态度、旅游偏好、旅游决策与旅游行为的关系。
- 理解具体态度对实际行动的影响。
- 理解态度改变的基本原理，掌握并运用改变态度的方法和技巧。

【开篇案例】

一位游客的自述

　　2005 年 10 月，我们一行 25 人去张家界旅游。10 月 3 日来到张家界，团队游完几处景点后准备回住处，车开到某处停下，导游说旅行社要求在行程中安排这个购物点，大家进去看看，中意就买，不中意就不买。我们下车后来到一个大厅，厅前的门卫礼貌地迎接我们，进店后发现是一个珠宝玉器行。服务小姐客气大方，我本人是个较为心细的人，发现服务生和服务小姐虽然礼貌、热情，但总感觉有点儿不自然，没太多想就与大家一起观看商品。看了前厅后，有一个主管模样的小姐把我们领进了旁边的一个会客厅说："大家坐一坐，喝点水，我给大家介绍一下珠宝的鉴定方法。"她饶有兴致地问我们从哪里来的，游览了什么地方，并介绍了珠宝的鉴定方法。正讲着，有人敲门进来了，是一个穿着体面且很有风度的中年男子。他说："王小姐，请帮我拿一下那个文件。"另一个小姐就拿给他一样东西，接过来他就准备出去，那位"主管"说道："老总，这些游客可都是您的老乡呢！"那个男子做出很吃惊的样子："是吗？你们是？"我们就说是哪里的人，接着就聊了起来，他说的确与我们是老乡，谈话中还具体说到我们所在市的街道、医院、学校，还有一些当地民俗等。说得都很对。他说他来自台湾（地区），父亲是我们家乡人，新中国成立前随蒋介石去了台湾，他是在台湾出生和长大的，父亲很久没回家乡了，他偶尔回家乡看看，那里有个远亲的姑姑。他说他在大陆做了投资，张家界的缆车就是他投资的，问大家乘坐了没有，并热情地说如果还没有他带大家免费乘坐，还要请大家吃晚饭，他这是刚从新加坡飞过来开董事会，过两天要走，非常客气。在他介绍的同时，我无意识地打量了一番他，虽然服装猛一看似乎符合身份，但脚上的一双鞋极为不相称，有些灰土与褶皱。接着他说带大家看看自己经营的玉器珠宝，我们一行人从这个屋出来，掀过一道帘子，进入了一个较为封闭的展厅。那个帘子很扎眼，兰花底上有几处油腻，和柜台较为素雅的玉器不相衬，和礼貌的小姐以及门卫等也不太协调。我给爱人使了个眼色暗示他不要买，并小心嘱咐临近的人，发现那几个小伙子眼神很凶地看着我，我马上就拉着爱人出来了。后来听人讲进了那个珠宝厅他还说："老乡，出门在外旅游，千万不要买东西，太贵。你们来看我经营的玉器珠宝，标价这么高，其实本钱很低，如果你们有看中的，给夫人、母亲带一块，都是老乡，给本钱就行，但不可多买，好不容易见到一次这么亲的老乡，不容易呀，以底价卖给大家就算为家乡人做贡献了。"他还教大家怎样识别玉器珠宝，那种场合，那种气氛，大家都很愉快。出来后才知道团队中的其他人都买了不少：如10 元（标价220）的玉几块，30 元（标价880）的玉几块，还有300 元的钻戒（标价5800），500 的手镯（标价22000）等等，一行人共买了大约有上万元的东西。大家上车后很高兴，以为占了不少便宜。后来游到下一个景点时，发现同样的东西比这儿还便宜，这时大家才知道上了当。我暗中长长吸了口气，心想："当时我就觉得哪里不大对劲儿，多亏自己没有买。"

启示：

不要轻易相信所谓的"校友"、"老乡"，更不要抱有"天上掉馅饼"的心理，而被"对老乡优惠或大打折扣"的套近乎之辞所迷惑。要学会用自己的眼睛去看，用自己的耳朵去听，用自己的头脑去思考。

在旅游的过程中，旅游者的态度非常容易受周围环境、氛围等因素的影响，从而发生改变，这种改变将直接影响人们对旅游的选择和旅游活动的效果。因此，了解旅游态度的特性，了解改变旅游态度的方法，将有助于旅游活动的开展，促进旅游业的发展。

第一节　态度概述

一、态度的定义

态度是个体对人、物、事所持有的评价和反应倾向。态度是社会心理学研究的中心课题之一。态度是一种看不见的内部结构，是一个人真实看法与观点的自然表达，与切身利益和评价标准相关，不同于具体行为，但使具体行为染上方向性色彩。了解态度，通常是通过个体外显反应加以推导，这些外显反应显示出对态度对象的积极的或消极的评价。

对态度的类型划分可以有多种形式。美国的 D. 卡茨和 E. A. 斯托特兰德（1959 年）认为，态度可分为情感联系态度、智能态度、动作定向态度、平衡态度和自我防御态度五种类型。　次情感反应在类似情境中可以成为比较稳定的态度，就是情感联系的类型。例如，一位游客因为迟到受到严厉的斥责，可能形成对导游概括化的不愉快的态度。如果一个人的态度具有充分的认知成分，就称为智能态度。动作定向的态度是对客体满足需要的自然反应，认知成分是很少的。平衡态度是在寻求目标过程中获得的，是在满足需要中得到强化的。游客是选贵而质优的旅游纪念品还是选便宜而质劣的旅游纪念品，最终权衡取得心理平衡而定中档次的。自我防御态度是由内部矛盾引起的代替反应。例如一位游客违规进行拍照，虽然承认拍照，但却歪曲事实，硬说是根本没看到警示牌。态度的对象是多种多样的，有多少人、事、物就有多少种态度，但反应倾向只有三个维度：或左或右或中立。在这三个维度上有不同的程度，倾向有大有小，有多有少：积极肯定的态度、中立态度和消极否定的态度。积极肯定的态度是指对态度对象的赞成和支持，喜欢和接受以及准备给予关爱和帮助的倾向。中立态度是指对态度对象有认知而没有明确的好坏评价，具有不确定的反应倾向。消极否定的态度是指对态度对象的否定和反对，讨厌和拒绝以及准备给以远离或攻击的倾向。认清态度有助于理解实际的心理。

二、态度的属性

属性是指事物本身所属的性质，与事物不可分割的状态品质。态度具有如下属性。

1. 对象性与复杂性

对象性是指态度所指向的人、事或物。没有感知的具体对象就没有被感知，没有感知就没有评价也就没有态度。所以态度必须指向某一特定对象，如对"奥运"的态度；对导游处理扒手的态度；对出租车司机文明待客行为的态度等。复杂性是指形成态度的对象具有多重属性和与其相关属性，不同属性在形成某特定态度中所起的作用各不相同，这种特性叫态度的复杂性。对象性与复杂性不可分割。如对黄山旅游的态度就必然有形成这一态度的多种信息，即在游览黄山时所接触的人、经历的事，接触的物给旅游者所带来的感知。这些关于黄山的各种信息就支持黄山旅游态度的形成。

2. 反应性与内隐性

态度是一种心理现象。它既不同于感知、记忆、思维、想象、注意，也不同于情绪情感和意志，但确实是一种反应。把态度的这种对于人、事、物的有针对性的变化叫反应，有针对性的变化性叫反应性。这种反应是内隐的，它存在并起作用但有些却不一定被当事人自己知晓，即使有些态度当事人知道却不愿意让别人知道。要了解态度可以通过自省分析或外显行为进行大概的推测，反应与内隐是不可分离的，所以也是反应的内隐性。比如总会有一些游客要购买旅游小纪念品，大体可推测他对旅游纪念品是持积极肯定的态度。小纪念品给他心理带来了变化，这种变化却看不见。

3. 方向性与强度

态度具有方向性，因为态度代表反应的倾向。倾向就必然有向哪一方面倾，是肯定、否定还是中立这就是方向性。对态度对象在某一方向倾斜的大小程度叫态度的强度。态度强度有五分程度和七分程度说。

五分程度倾斜包括强烈赞同、赞同、中性、不赞同、强烈不赞同。七分程度倾斜包括强烈赞同、中等赞同、轻微赞同、中性、轻微不赞同、中等不赞同、强烈不赞同。比如游客对导游临时改变旅游线路持轻微不赞同态度，虽然大家都跟着导游走，但有几个人在小声嘟囔，方向是不赞同但程度比较小。方向与强度不可分，有方向就必然有倾斜的程度，某一程度就必然是某种方向倾斜的程度。

4. 稳定性与可变性

态度的稳定性是指对态度对象的反应倾向具有相对稳定的特性。态度在层次上有两种：一是对客体的态度，二是对情境的态度。对客体的态度是指对态度对象的普遍认识与心理倾向，在问卷调查中表达的态度是对客体的态度，对客体的态度具有相对稳定性。如对于爬山的问卷调查中，游客甲填写喜欢，现实中他经常爬山，过了几个月或几年他还是喜欢爬山；游客乙填写不喜欢，在现实生活中自己从不爬山，过了几个月或几年他还是不喜欢爬山。对情境的态度，是指具体行为中的反映倾向，与具体情境紧密相连，是对具体情境的现实态度，它具有可变性。如上面提到的甲、乙两位游客来到承德，看到棒槌山，两人决定一起爬，乙对爬棒槌山的态度就是由棒槌山的具体情境而引发的情境态度。对山是这样，对水，对花、草等其他旅游景物也会这样，这些都是情境态度。所以客体态度是基础，情境态度是关键，行为倾向与情境态度关系紧密。稳定性与可变性的另一层含义与其他事物所具有的辩证的关系一样，无论客体态度还是情境态度，都具有相对稳定性和绝对可变性。

综上所述，任何一种态度都是对某一对象（具有多种属性和相关属性）相对稳定（普遍客体态度的稳定与情境态度的可变性）的反应（内隐的心理变化）倾向（或左或右或中立，程度有大有小）。

三、态度的结构

从心理学角度来分析，态度主要由以下三种成分构成。

1. 认知成分

认知成分是指对人或事的认识、理解和评价，也就是平时所说的印象。认知因素是构成态度的基础。比如，某游客认为桂林山水是优美的，三亚的亚龙湾是我国最好的通年型海滨旅游度假区，这些都是旅游者对旅游对象的认识和看法，是旅游态度的认知成分。

2. 情感成分

情感成分是指对人对事的情感判断。这种判断有好与不好两种，诸如喜欢与厌恶、亲近与疏远等。情感因素是构成态度的核心，在态度中起着调节作用。比如，喜欢山水风光，喜欢有刺激性的旅游活动，都属于情感成分。

3. 意向成分

意向成分是指肯定或否定的反应倾向，它是外显的，制约着人们对某一事物的行为方向。意向因素构成了态度的准备状态。比如，有人想去四川旅游，有人希望乘飞机旅游。"想去"，"希望"都表示人们实际行动前的行为倾向，这就是态度的意向成分。

态度的三种成分是不可分割的有机整体。三种成分分为两种状态，一种是三种成分一致，三者越一致，态度在一定方向倾斜的程度就越深，与态度一致的行为就越有可能发生。如对秦皇岛黄金海岸的认知是蓝天碧海、细沙暖阳，情感成分是非常喜欢，倾斜程度很深，意向是准备去那里旅游。另一种状态是态度的三种成分不一致，主要体现在认知、意向与情感成分中，态度的情感成分是一个方向，态度的认知、意向成分中的理智是另一个方向，两者的矛盾就会使态度发生犹豫，即心理准备状态不确定，或者在确定时有阻力、有矛盾，即体现为情感和理智的斗争。在日常生活中态度的情感和意向成分时常不一致，如不喜欢甲但却准备推举他为领导，喜欢乙但却觉得乙不适合当领导而不支持他，这都是态度的情感和理智不一致的体现。

四、态度的形成

态度的对象是多种多样的人、事和物。对此的稳定的反应倾向不是生来就有的，是在成长过程中习得的。社会中人与人、人与事、人与物之间的作用，在不断地积累从而形成某种态度，也在不断积累从而改变某种态度而成为另一种态度。在某一态度形成与转变时，是一个动态的量的累积和转化过程。社会心理学家凯尔曼（H. C. Kelman）（1961 年）把社会存在分为：个人、群体、组织、社会团体、集体。在态度形成过程中，把人对社会影响从而形成有关态度的反应区分为三种：顺从、认同和内化。

1. 顺从

顺从是公开表示接受某种态度，但实际并未真正接受。顺从在外显行为方面与他人相一致，而在认知和情感上与他人并不一致。在这种情况下，个人态度受外部奖励与惩罚的影响，因为顺从可以得到奖励，不顺从则受到惩罚。这种态度的形成主要受外在压力的影响，如果外在情况发生变化，态度也会随之变化。年幼时的态度常与最亲近的人（如父母）或最有权威的人（如老师、领导）或群体相一致。

2. 认同

认同是由于喜欢某人或某群体而自愿接受他们的态度，这虽然还不是自己的态度但已很接近自己的态度。在思想、情感和意向上自愿接受他人影响，比顺从深入一层。外在压力的影响对认同不起主要作用，认同所模仿的对象是具体的，认同的榜样可以是抽象的。

3. 内化

内化是指把他人态度完全融化吸收，使之成为自己内在结构的一部分。在思想观点上与他人的思想观点一致，将自己所认同的思想和自己原有的观点、信念融为一体，构成一个完整的价值体系。对人对事的态度，在形成过程中其速度有时快有时慢。有的人刚一接触某观点，就觉得与自己观点一致，很快内化为自己的态度，有的人对某一观点或看法只是接受一部分，另一部分碍于权威只得顺从，经过一段时间的消化和吸收，转化成认同，最后内化为自己观点。人的态度在形成与转化过程中，是属于不断变化过程中的吸收和排斥。

资料 23

态度决定成败

三个工人在砌一面墙。有一个好管闲事的人过来问："你们在干什么？"

第一个工人爱理不理地说："没看见吗？我在砌墙。"

第二个工人抬头看了一眼好管闲事的人，说："我们在盖一幢楼房。"

第三个工人真诚而又自信地说："我们在建一座城市。"

十年后，第一个人在另一个工地上砌墙；第二个人坐在办公室中画图纸，他成了工程师；第三个人成了一家房地产公司的总裁，是前两个人的老板。

温馨提示：态度决定高度，仅仅十年的时间，三个人的命运就发生了截然不同的变化，是什么原因导致这样的结果？是态度！

一个人有什么样的心态，就会有什么样的追求和目标。具有积极、乐观心态的人，其人生目标必然高远；有了高远的目标，必然会为之努力，有努力必有回报。第一个工人总在抱怨生活的不公，心情是郁闷的，想的都是一些令自己不愉快的事，回答别人的问题时都是满肚子怨气。第二个工人要比第一个工人心态好，尽管也是在砌墙，但他却把这堵墙当做一栋楼房来建，心里想的是如何将楼房建设得更好。第三个工人心态最好，工作那么辛苦，他还那么自信那么专注。人最可贵的就是"认真"二字，第三个工人把砌墙这样的小事当做一项伟大的事业来看待，十年后成为老板也就不足为奇了。

第二节　旅游者的态度与旅游行为

一、旅游者的态度与行为定义

旅游者的态度是指参与旅游活动的散客或团队在旅游活动中对所接触的旅游工作者、所面对的事情和消费的物品的相对稳定的反应倾向。旅游者的行为是指旅游者在旅游活动中吃、住、行、游、购、娱所表现的行动。如语言交流、游览与购买行为等过程中的言谈举止、行动坐卧。在旅游活动中，旅游者的旅游决策，一方面受到旅游者的需要、动机以及社会环境等多种客观因素的影响，另一方面也取决于他们的旅游态度。

二、旅游态度与旅游决策

旅游者在购买旅游产品时，通常都要面临选择与决策。旅游决策就是通过对自己的主观需要和客观条件衡量，提出并解决某个具体的旅游问题的方案或者计划，并决定执行的过程。旅游决策是旅游者复杂的心理过程，一般需要经历一系列的心理步骤。旅游决策首先从旅游态度的形成开始。当一个人的旅游态度形成之后，就会促使旅游者产生旅游偏好或意图，这种偏好或意图在各种社会因素的影响下，最终导致某种旅游决策和旅游行为。图 5.1 所示是态度和旅游决策的关系。

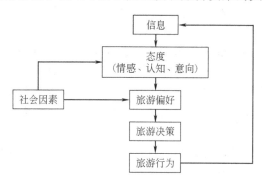

图 5.1　态度和旅游决策的关系

三、旅游偏好的形成

1. 旅游偏好的定义

旅游偏好就是人们趋向于某一旅游目标的心理倾向。旅游偏好是建立在旅游者极端肯定的态度基础上的，很难被直接观察到，必须通过旅游者的行为，才能间接地推断偏好是否存在和其强烈程度。旅游偏好可能表现为对特定产品的优先选择，即在相同条件下，旅游者会优先选择他们偏爱的产品；也可能表现为对特定旅游产品的选择频率。

2. 旅游偏好的影响因素

心理学研究表明，态度的强度与态度的复杂性对偏好的形成具有重要影响。

（1）旅游态度的强度　态度的强度就是指个体对态度对象的肯定或否定的程度。一般来说，态度强度越大就越稳定，改变起来就越困难。旅游者态度的强度与态度对象的突出属性及旅游者的需要相关。旅游者希望通过旅游活动来满足自己的旅游需要，而旅游需要能否得到充分的满足，则取决于那些成为态度对象的旅游产品的性质。一般而言，某一旅游态度的对象属性越突出、越独特，旅游者就越会认为他们有可能满足自己的旅游需要，形成的态度强度就越高，进而倾向性就越大，旅游偏好就越明显。因此，旅游工作者在进行旅游产品宣传时，一定要注意产品的独特性、差异性，以引起具有旅游偏好的人的注意。如巴黎的浪漫、纽约的自由、悉尼的前卫等，都博得了旅游者的偏爱，占据稳定的旅游客源市场。

（2）旅游态度的复杂性　态度的复杂性是指人们所掌握的对象信息的多少，所反映的是对对象的认知程度。通常旅游者对态度对象所掌握的信息越多、越复杂，所形成的态度就越复杂，就越容易导致旅游偏好的形成。如，旅游者获得了日本北海道温泉度假旅游的详细信息，这些信息展现了该旅游产品的独特魅力：独特的日式温泉洗浴文化；入住风格独特的日本旅馆；品尝自成体系的日本料理；购买只有当地才有的"白色恋人"巧克力；欣赏原住民的"熊舞"和传统的艺妓表演。这样旅游者会对该产品形成比较复杂的肯定态度。一般来说，复杂的态度比简单的态度更难改变。要改变旅游者对北海道温泉度假旅游的肯定态度，必须改变整个态度中的许多成分。

同样态度形成的因素越复杂，越不容易改变。例如，一个客人对某旅馆的否定态度如果只依据一个事实，那么只要证明这个事实是纯偶然因素造成，客人的态度就容易改变过来。而如果态度是建立在很多事实的基础上的，那么要改变态度就比较难。

3. 旅游偏好的形成

在旅游态度的形成过程中，旅游者一般都会首先权衡和评价某个旅游对象对自己的收获的大小，经过分析和比较，如果认为各种收获可以满足自身的旅游需要，他就会对该旅游对象产生偏好。图 5.2 所示为旅游偏好的形成过程。

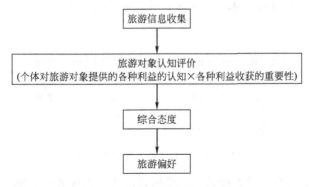

图 5.2　旅游偏好的形成过程

图 5.2 表明旅游者在进行旅游决策时，往往会考虑旅游对象能使他获得哪些受益，即评估该产品所提供的旅游体验能够满足他旅游需要的程度。如果旅游者对某项旅游产品所提供的各项旅游收益的能力和每项收益对自己的相对重要性的评估结果都好，那么他就会形成对该旅游产品的综合肯定态度，从而导致他对该旅游产品的相对偏好。

第三节　旅游者态度的转变

态度是对人、事、物的心理反应倾向。人们的态度决定着行为的发展方向，不良的态度对行为产生不好的作用，因此转变态度是改变行为的前提。在日常的工作中，人们经常面临改变别人看法、态度的事情或被别人改变态度的事情，如中学生早恋态度的转变，淡视交通规则的司机的态度的转变，甚至家庭中也常有意见不一致，最后统一意见时态度的转变。旅游者对旅游活动中的人、事、物的心理倾向不正确或者不符合旅游工作者希望，这时，旅游工作者所做的努力，使旅游者态度倾向于所希望的方向或程度改变就是旅游者态度的转变，比如开篇案例中欺诈事件使旅游者留下的对此景点的不良态度的转变。

一、态度转变的定义

态度的转变是指对人、事、物心理反应倾向的方向或程度的转变及对某人、事或物从肯定赞成到否定反对，或从喜欢到非常喜欢，或从无感觉到非常厌恶或非常喜欢等。态度的转变关键在于变化前后的差异的性质或量的大小，变化前与变化后的性质发生转变是属于方向性变化，而量的变化属于程度上的转变。比如某游客比较喜欢庐山的风光，游览过程中态度就更加肯定，以至于到了非常喜欢的程度，某游客不喜欢寺庙甚至有点反感，在游览寺庙的过程中却喜欢上了寺庙，并且还烧了香。

二、态度转变的理论模型

霍夫兰德（C. Hovland，1959 年）等人提出了一个态度转变的模型，如图5.3 所示。

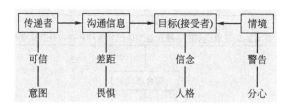

图 5.3　霍夫兰德态度转变模型

发生在接受者身上的态度转变，要涉及四个方面的要素。第一是传递者。传递者是沟通信息的提供者，也是试图以一定的方式引导人们发生态度转变的劝导者。第二是沟通信息。态度转变，是接受者意识到自己的态度与外在的信息存在差异后发生的。沟通信息是态度转变的最直接的原因。第三是接收者，也是态度转变的主体。一切说服的努力，只有为态度主体所接受，才能发挥作用。第四是情境因素。沟通和说服是在一定背景中进行的，所处的情境不同，个体的情绪状态的差异，都会影响态度转变的效果。

1. 传递者方面的影响因素

（1）传递者的威信　信息传递者的威信，传递者与接受者的相似性都会影响他发出信息的说服效果。威信越高，与接受者的相似性越大，说服的效果越好。

断 箭

不相信自己的意志，永远也做不成将军。

春秋战国时代，一位父亲和他的儿子出征打战。父亲已做了将军，儿子还只是马前卒。又一阵号角吹响，战鼓雷鸣了，父亲庄严地托起一个箭囊，其中插着一支箭。父亲郑重对儿子说："这是家传宝箭，带身边，力量无穷，但千万不可抽出来。"

那是一个极其精美的箭囊，厚牛皮打制，镶着幽幽泛光的铜边儿，再看露出的箭尾。一眼便能认定用上等的孔雀羽毛制作。儿子喜上眉梢，贪婪地推想箭杆、箭头的模样，耳旁仿佛嗖嗖地箭声掠过，敌方的主帅应声折马而毙。

果然，带宝箭的儿子英勇非凡，所向披靡。当鸣金收兵的号角吹响时，儿子再也禁不住得胜的豪气，完全背弃了父亲的叮嘱，强烈的欲望驱赶着他呼一声就拔出宝箭，试图看个究竟。骤然间他惊呆了。

一只断箭，箭囊里装着一只折断的箭。

"我一直刳着只断箭打仗呢！"儿子吓出了一身冷汗，仿佛顷刻间失去支柱的房子，轰然意志坍塌了。

结果不言自明，儿子惨死于乱军之中。

拂开蒙蒙的硝烟，父亲捡起那柄断箭，沉重地啐一口道："不相信自己的意志，永远也做不成将军。"

把胜败寄托在一支宝箭上，多么愚蠢，而当一个人把生命的核心与把柄交给别人，又多么危险！比如把希望寄托在儿女身上；把幸福寄托在丈夫身上；把生活保障寄托在单位身上……

温馨提示：自己才是一只箭，若要它坚韧，若要它锋利，若要它百步穿杨，百发百中，磨砺它，拯救它的都只能是自己。

（2）传递者的立场　传递者的立场会直接影响他们的说服效果。如果传递者站在自我服务的立场上，则他所提供的信息影响力小，因为人们会怀疑其沟通的动机。如果传递者的立场是自我牺牲的，则会造成比较大的影响。这就是为什么房地产商鼓吹房价上涨，让人反感并觉得没道理的原因。

（3）说服的意图　如接受者认为传递者刻意影响他们，则不易转变态度；但如果他们认为传递者没有操纵他们的意图，心理上没有阻抗，对信息的接受就较顺利，易于转变态度。

（4）说服者的吸引力　接受者对高吸引力的传递者有较高的认同，容易接受他们的说服。这是许多企业用明星做代言人的重要原因。

2. 沟通信息方面的影响因素

（1）信息差异　任何态度转变都是在沟通信息与接受者原有态度存在差异的情况下发生的。研究表明，这种差异越大，引发的态度转变就越大；如传递者威信低，这种差异适中，引发的态度改变也较大。

（2）畏惧　信息如果唤起人们的畏惧情绪，一般来说会有利于说服。但畏惧与态度转变的关系不是正的线性关系。在大多数情况下，畏惧的唤起能增强说服效果。但是，如果畏惧太强烈，引起接受者的心理防御以至否定畏惧本身，结果会使态度转变较少。研究发现，中等强度的畏惧信息能达到较好的说服效果。

资料 25

为生命画一片树叶

只要心存相信，总有奇迹发生，希望虽然渺茫，但它永存人世。

美国作家欧·亨利在他的小说《最后一片叶子》里讲了个故事：病房里，一个生命垂危的病人从房间里看见窗外的一棵树，在秋风中一片片地掉落下来。病人望着眼前的萧萧落叶，身体也随之每况愈下，一天不如一天。她说："当树叶全部掉光时，我也就要死了。"一位老画家得知后，用彩笔画了一片叶脉青翠的树叶挂在树枝上。

最后一片叶子始终没掉下来。只因为生命中的这片绿，病人竟奇迹般地活了下来。

温馨提示：人生可以没有很多东西，却唯独不能没有希望。希望是人类生活的一项重要的价值。有希望之处，生命就生生不息！

（3）信息倾向性　研究发现，对一般公众，单一倾向的信息说服效果较好；对文化水平高的信息接受者，提供正反两方面的信息，说服效果较好。

（4）信息的提供方式　信息提供的方式、渠道，也影响说服的效果。一般来说，口头传递比书面途径效果好，面对面的沟通比通过大众传媒沟通效果好。因为面对面交流时，除了沟通信息本身，还有一些背景的支持性信息参与了沟通过程。

3. 接受者方面的影响因素

（1）原有态度与信念的特性　已经内化了的态度作为接受者信念和态度体系的一部分，难于转变；已成为既定事实的态度，即被说服者根据直接经验形成的态度不易转变，与个体的需要密切关联的态度不易转变。

（2）人格因素　依赖性较强的接受者信服权威，比较容易接受说服；自尊水平高、自我评价较高的接受者不易转变态度。社会赞许动机的强弱也是影响态度转变的因素，高社会赞许动机的接受者易受他人及公众影响，易于接受说服。

（3）个体的心理倾向　在面临转变态度的压力时，个体的逆反心理、心理惯性、保留面子等心理倾向会使其拒绝他人的说服，从而影响态度转变。人们通常利用一些自我防卫的策略来减少说服信息对自己的影响，比如笼统拒绝，贬损来源，歪曲信息，论点辩驳等。

4. 情境

态度转变是在一定的背景下进行的，一些情境因素会影响态度转变。

（1）预先警告　预先警告有双重作用。如果接受者原有态度不够坚定，对态度对象的卷入程度低，预先警告可促使态度转变。如果态度与接受者的重要利益有关，那么预先警告往往使其抵制态度转变。

（2）分心　分心即注意分散。分心的影响也是复杂的，如果分心使接受者分散了对沟通信息的注意，将会减弱接受者对说服者的防御和阻挠，从而促进态度转变；如果分心干扰了说服过程本身，使接受者不能获得沟通信息，则会削弱说服效果。

（3）重复　沟通信息重复频率与说服效果呈倒 U 型曲线关系。中等频率的重复，效果较好。重复频率过低或过高，说服的效果均不好。

三、影响旅游者态度转变的因素

态度转变需要力量，内因是基础，外因是关键，是否转变、转变多少，与三种因素有关，一是旅游者自身心理特点，二是旅游者原有态度，三是外在相关影响因素。

1. 旅游者自身因素

旅游者自身因素：认知能力所体现的智力因素，情感方面所体现的情绪因素，意志方面所体现的把控能力，以及兴趣爱好和性格特点。比如改变旅游者对茶叶的态度：方式是介绍茶叶功用，在外部力量作用之前旅游者的态度分三类，一类是有需要，比如送礼、自己用，或为朋友代买。这样的旅游者有需要属于倾向类。另一类是中立，无需要；第三类是不需要，反对买，自己家里还有积压的茶叶。对每一类人自身的智力因素，情绪因素，意志能力和性格都影响着情境态度的转变。

（1）认知因素　认知就是对事物获得信息的过程，认知能力就是通过感知、记忆、思维、想象、注意等活动迅速把握事物本质的能力。体现在智力能力上，就是智商的高低。观察细腻，分析判断准确，把握真假信息，了解推销者意图的高智商的人，不容易受他人左右，就是态度不容易改变，而低智商的人，难以判断是非，人云亦云，容易改变态度。比如，把玻璃说成水晶的人一定会有破绽，把一般水晶说名贵水晶的人或者把银饰店开成白金首饰店的假老板，一定有不和谐的细节，这些被观察细腻的人抓到，即便是有需要，也不会改变情境态度。

（2）情绪因素　人的情绪情感具有能动性，过分喜爱某事物的人可能丧失认知能力。有些人是很情绪化的，不用头脑认知判断来决断，而是靠感情来决断，这就是冲动型决断，这样的旅游者的情境态度容易随情境而变，无论是真有需要，还是没需要，或者是一种中立态度，都可能因为情境的宣传而态度转变。

（3）意志因素　意志因素是对自己的把控能力影响态度的转变。意志薄弱者比起意志坚强者更容易改变态度，意志薄弱就是自己不能坚持自己所认可的态度，容易因为某些因素而改变，在被说教中就怀疑自己的认知。意志坚强就是自己能坚持自己所认可的态度，相信自己的认知和判断，果敢坚持不动摇。这样的意志品质的人态度不容易改变。

（4）性格因素　性格通俗来讲就是在生活中的脾气秉性，在生活中形成的习惯。比如一个认知能力强、高智商的人，自己承担事情的时候精明能干，但只要和一群人在一起的时候就从不爱动脑筋，依赖性很强。这样性格的旅游者在自己独立决断的时候，态度不容易改变，在团队中态度容易改变。从性格上讲，凡是依赖性强、暗示性高或从众心理较强的人容易改变态度。反之独立性强的人不容易改变态度。有逆反性格的人不容易按所希望的方向改变。比如一个需要茶叶但有逆反性格的人通过听促销演讲，反而不买茶叶了。

2. 旅游者态度本身特点因素

（1）态度在方向性和强度上的特点　旅游者态度的方向与强度是指赞成还是反对以及赞成与反对的程度，在一定方向上的态度越强越难改变。一般来讲，旅游者受到的刺激越强烈越深刻，态度的强度就越大，因而形成的态度就越稳定。比如出过车祸的人，丢过贵重财物的人，他们对安全的重视态度很强烈，改变他们对此类事情的态度很难，若让他们乘一条看上去比较破旧但实际却很坚固的船，无论你如何说船的安全性有多高，可能都不会改变他们的看法而接受乘坐。

（2）态度在对象性与复杂性的特点　这是指形成某一态度的对象具有多重属性。如果所形成的态度是建立在众多支持点上的，态度形成的因素越复杂，态度越难改变。态度形成的因素越简单，支持某态度的属性发生改变时，态度越容易改变。比如旅游者对某导游员迟到形成不好态度只依据一个事实，只要能够证明这个事实是纯偶然因素造成的，客人的态度就容易改变过来。

（3）态度三种成分之间的特点　构成态度的三种要素（认知成分、情感成分、意向成分）一致性越强，越不容易改变。如果三者之间出现分歧，意见不一致，则态度的稳定性较差，也就比较容易改变。

（4）原来态度与要改变态度之间的关系　态度改变的难易要看两者差距的大小而定，差距越大越难改变。差距有两种，一种是方向性的，另一种是程度上的。差距越小，相对容易改变。

3. 外在条件因素

（1）信息的作用　信息是影响旅游者态度转变的主导力量，越清晰准确越值得推敲的信息，影响就越大。与传递信息的人有关，包括身份地位、外表魅力、语言表达等。有地位有权威的人士，英俊潇洒或美丽出众的人士，语言表达流畅的人士影响大，旅游者的态度是在他们接受各种信息的基础上形成的，各种信息间的一致性越强，形成的态度越稳固。

（2）团队的影响　旅游者的态度通常是与其所属团体的要求和期望相一致的。这是因为团体的规范和习惯力量会无形中形成一种压力而影响团队成员的态度。如果个人与所属团队的大多数人意见相一致，他就会得到有力的支持；否则就会感受到来自团体的压力。比如甲很想去看看人妖表演，但团队中没有别人想看，就使他打消了这个念头。

态度的改变

一位北方学生到四川去读大学，因学校餐厅的饭菜多数都是川味（麻辣味），刚入学时饮食方面总也适应不了，天天为吃饭发愁，在一定程度上也影响了与同学间的交往。看到大家对川味饭菜谈时津津乐道，吃时又是津津有味，老师和同学们也经常劝他："川味饭菜挺好吃的"。在老师和同学们的影响下，这位同学只好也逼着自己硬着头皮经常去尝试尝试，日子一长还真的吃上点瘾来，时间过了不到一个学期，这位同学对川味饭菜的态度发生了彻底改变：从很不适应到非常喜欢，可见，态度是可以发生质的转变的。

温馨提示：一个人的饮食习惯同样也会受到团队饮食习惯的影响。

（3）旅游者之间的态度影响　态度具有相互影响的特点。旅游者之间态度的交流，不会被认为出于个人的某种利益，也不会被认为有劝说改变其态度的目的，不存在戒备心理；此外由于旅游者之间角色相同或相似性，彼此的意见也容易被接受。事实证明，当一个人认为某种意见是来自于与他自己一致的一方时，人们就乐于接受这种意见。有时甚至主动征询他人的意见，以作为自己的参考。

四、改变旅游者态度的原因

态度的转变既可能好也可能坏，但旅游者态度的转变是从不好的态度转变成好态度。旅游者对旅游活动中的吃、住、行、游、购、娱有着自己的客体态度，具体旅游中的倾向是情境态度，有必要改变旅游者的情境态度，具体原因如下。

1. 改变旅游者的不客观的情境态度是为了增强旅游者快乐感受

旅游者的情境态度是可以引导改变的。旅游者带着良好的期待态度接受旅游工作者的服务，但服务与旅游者的期望相差甚远，或服务的确有瑕疵，旅游者对旅游工作者形成不良态度，在形成不良态度时，旅游者自身的快乐降低，不高兴。改变旅游者的不客观的情境态度是为了增强旅游者快乐感受，也是提升旅游工作者工作意义，宣传旅游景点和服务的重要方面。比如，旅游就餐时饭菜迟迟不上，旅游者对服务的情境态度持消极否定，甚至要离店。具有这种行为倾向的旅游者自身也不愉快。那么改变旅游者这种消极否定态度：可以采用上茶水、上瓜子或告之稍等片刻，或把具体的可被理解的原因委婉转告等，这些增强认知面从而改变态度的方式，使旅游工作者的服务提升了。同时旅游者的快乐也提升了，但前提是提高服务避免负面态度出现。

2. 改变旅游者的情境态度是旅游产品促销的一种手段

开篇案例中是一起伪装有钱大老板，用认老乡的方式骗取信任情感，并利用人们爱占小便宜的心理误区导演的一出逼真假戏，在瞬间改变人们态度，情境态度具体指导了购买行为，这种行为是受到谴责的。在旅游商品促销中，货真价实的商品的销售是需要转变旅游者的情境态度，来产生购买行为。

3. 改变旅游者的情境态度是旅游工作者工作目标的理想

任何旅游工作者的工作都不是完美的，任何旅游工作者都希望旅游者对自己的服务给予积极肯定，当不完美的工作让旅游者有消极否定的态度时，旅游工作者的一切努力和工作就是转变旅游者的态度，使其向好的方向转化。

五、改变旅游者态度的方法

旅游者的态度不是自发转变的，需要旅游工作者的外在力量。改变旅游工作者态度采用如下策略。

1. 说服

说服就是主要运用语言并可以用其他辅助工具如幻灯、照片等的描绘来使旅游者心服、口服进而有行为上的服从，这种改变旅游者态度的方法叫有效说服法。改变就是指说服后旅游者的态度，比说服前旅游者的态度，向着说服者希望的方向改变。改变的外在指标就是行动的改变，如开始购买被推销的旅游产品。

（1）认知改变　对于认知的改变有两方面：一是认知丰富了，这一点是态度在某方向上量的改变即程度发生改变，从想买到非常想买。另一方面是产生认知失调，即方向发生改变，由原来的反感、否定转变成肯定、接受。认知失调是指当两种认知或认知与行为不协调时，人的心理上会不舒适，使人致力于缓解这种失调，用协调的因素代替失调的因素，为了保持一致，态度将发生改变。这种改变可能表现在认知上也可能表现在行动上。比如，对茶叶的介绍，旅游工作者把游客领到放映室，从介绍茶叶的采摘、挑选、炒茶的过程到对茶叶成分的分析和对身体的益处，以及品茶的文化等。通过介绍，原来对茶叶有了解的游客增加了认知，对茶叶认可的态度增强了；原来对茶叶反感的游客如认为茶色素会沉淀，使皮肤变暗，这种简单粗浅的推理认识与目前介绍的认识产生失调，他目前认为茶叶是个好东西的认知与原有观念中茶叶不是什么好东西的认知产生差异，如果不买，那就是作了不买好东西的决定，这使他心里不舒服，他本人在态度中就有用协调因素代替失调因素的倾向，即用好代替不好来使得买的行为成立。如果不能说服，那就是用不好代替好，最后则是不买。

旅游意外伤害保险

多年以来，保险公司为旅游险费尽心机，吸引注意力，却始终遭到消费者的冷眼。为什么旅游者不认可保险？据零点调查公司日前针对北京、上海、广州等三市旅游消费者进行的调查，在受访者中，七成以上的消费者表示在近两年内有过两天以上的外地旅游经历，而人们对待旅游保险的态度与其对待出门游玩的态度相比，反差甚大。人们愿意出去旅游但不愿意购买保险，在七成旅游者当中，一半以上的旅游者表示在旅游时根本不想购买旅游保险，而近两成的旅游者则说不清自己是否购买过旅游保险，购买旅游保险者仅占四成左右。据分析，目前旅游者在购买意外险方面，主要存在认识上的误区：也就是没有认识到各个险种的区别，不知道自己将受益于哪些险种：一是认为在向旅行社报名参团之后，在旅行途中所发生的一切意外都由旅行社承担，从而不注重自我保护，这个认识是错误的；二是对风险存在侥幸心理，认为旅游是寻求快乐，安全不成问题。三是现在的保险合同过于烦琐，一旦需要理赔，非常麻烦，所以认为即使投保真出了问题，索赔太烦琐就放弃了。旅游险种销售困难的重要原因，就是旅游者报团旅游时很容易将"旅行社责任险"视作"旅游意外险"，并且不少旅行社也利用这点混淆概念，从中有意无意让一些有保险意识的人投保从而增加险额，而投保的人还以为一切意外都由旅行社承担，如果知道意外险不在其内就更不投保了。其实，旅行社责任险并非"全保"。旅游保险有两种，一种是旅行社责任险，一种是旅游意外伤害险。根据国家旅游局目前的规定，正规的旅行社必须投保旅行社责任险，游客一旦参加旅行社组织的旅游活动，就可享有该项保险的权益。对于旅游意外险，旅行社只是向游客推荐或代办投保手续，并不强制购买，投保人是游客，一旦出险，保障的是游客的利益，属自愿购买险种。只有人们丰富了认知，了解了险种的区别才可能为态度改变提供了依据。

（2）情感改变　情感改变是指主要以情感向希望的方向上波动而带动改变态度。如果说认识改变是以理服人，那么情感改变就是以情动人。一般而言，说服开始时，富于情感色彩的内容容易引起兴趣，然后再用充分的材料进行说理论证，这样比较容易产生稳定和长期的说服效果。对于知识层次低，理解能力较差的游客，情感因素影响更大。通过说服也可以引发某些负向的情绪体验如恐惧、焦虑等，这对于改变某些游客自由散漫，不遵守旅游时间的无所谓态度有一定的效果，以情动人的讲解改变旅游者的态度。

用视觉刺激吸引游客眼球

在旅游过程中，旅游者见到一些新异的刺激物，如街上有人敲锣打鼓送老工人退休；农村小伙子娶新娘，壮汉抬着轿子，唢呐乐队在前面开路，十分热闹；还有农民吊在竹竿上车水灌溉；妇女摇着纺线车；从蛇肚内取出蛇胆和酒喝；有"特异功能"的人击头碎砖等等。这些都能让游客情绪激动。有一次，港台旅游团在承德游览蛤蟆石景点，景点处有一种贴金小蛤蟆工艺品，大家都没有购买的欲望，导游讲了承德蛤蟆石的神话传说……据说买这种贴金小蛤蟆可以辟邪，通过导游的讲解，顿时使游客们的情绪活跃起来，许多人购买了不少小蛤蟆工艺品，团内几位港台地区老太太也纷纷要求购买带回去辟邪。

温馨提示：说服内容的情感因素对态度的改变容易收到立竿见影的效果，旅游活动中利用情感因素往往见效。但要注意这种影响一般不能持久，而说服内容的认知理智因素则容易产生长期的说服效果。

（3）意向改变方向上的持续性增强的趋势　这就是说建立在认知和情感基础之上的一致性倾向的持续程度。如果能持续下去并成为了行为，意向就达到了显现的结果，如果没有持续下去就没有显现。

意向改变是指被改变的认知和情感在行动上的结果，因此意向改变是需要认知和情感的改变不断加强。比如系列茶叶介绍，从漂亮的服务小姐的热情接待介绍，到看幻灯片专业人士的讲解，再到参观80多岁长者的炒茶过程，再到琳琅满目的茶店购物。这一系列以说服为主的方式，就是在意向上的累积以至于达到持续的效果。如果仅仅是看幻灯片，没到茶店，只游览了一个景点就回来，那种意向没有达到持续性，就可能只是改变了一时的认知而不会产生购买行为。所以意向改变是累积的动态达到产生行为倾向的临界点。

2. 参与活动

先行为后改变态度，或在行动中改变态度，参与活动与不参与活动，或者不同的活动方式对态度改变都是不同的。在现代团体心理咨询实验中，众多的实验都是让咨询者参与到活动中，在实践活动中的感受和认知更加深刻，对态度的改变更长远。在旅游活动中有角色扮演，比如让游客扮演新郎或新娘，以及参与到调酒过程，陶瓷制作过程中，这些对于游客接受相关期待态度很有帮助。游客参与到活动中，有时是自愿的，有时是不自愿的，无论自愿与不自愿，在活动中态度会发生改变。在第二次世界大战期间，由于食品短缺，美国政府希望能说服家庭主妇们购买一些不受欢迎的动物内脏做菜，社会心理学家勒温（K. Lewim）将家庭主妇们随机编成六个小组，每组13～17人，其中的三个小组是听取口齿伶俐的人做半个小时的讲解和劝说，使她们知道这些食品美味、营养丰富，吃内脏是对国家作贡献，另外三个小组是主妇们共同讨论内脏的营养。结果发现，在前三组中，只有3％的主妇们食用动物的内脏，而在后三组中，却有32％的主妇们食用动物内脏。参与活动与说服教育不同，这也是听和做不同，在现代的许多推销技术中采用此方法。比如，安利产品的介绍让参与者自己到水池边洗苹果，洗到认为能吃时再用安利产品亲自洗，发现洗掉的水仍很混浊，证明用安利产品洗得更干净。参与者自己操作得到的结果和自己原来的认识差异很大，态度很快就会改变了。再比如旅游活动中采摘瓜果的乐趣改变了对擅自增加此活动的导游员想提回扣的态度。

资料 29

让游客参与其中——旅游创新

旅游需要参与，要增加参与性，这是市场的需要。比如到寺庙的游客可以让他加入到法事活动中，去乡村旅游的可以进入到乡村劳作中。影视与旅游合流，现在已经变成了一个世界性的趋势，目前影视旅游合流比较成功的项目第一个是好莱坞环球影城，有些参与性项目给人印象很深刻，比如你可以做一个搂抱"自由女神像"的姿势，用摄像机把这个场面拍摄下来，过一会儿就把片子放出来了，是你在自由女神像上往下滑的镜头，立竿见影，大家就觉得很兴奋。要注意参与性项目做起来不要太复杂，而且还好玩。好莱坞基本上以参观为主，但特技的东西很多，一会儿这儿山洪暴发了，吓你一跳！一会儿那儿地震了，又吓你一跳！很吸引人。从国内来看，无锡影视城、上海影视基地、涿州影视基地等，做得都还算比较成功，且各有各的主题。再比如深圳的欢乐谷也有一个影视节目，构造了一个地道战的场景，从观众里找出一些人来，你装扮日本鬼子，他装扮民兵，乱打一番，也挺热闹。这是少数人表演，多数人在旁边看，不同的是，表演的人是他的朋友、亲人，就看得很投入。虽然有些观众在行为上没有参与，但是在心理上参与了，这也是一种参与方式。现在体验是一个新的概念，差异化越大的体验过程，越有吸引力，比如影视城旅游体验，从全套体验来说，严格一点应该是来了就换装，服装一换，精神状态就不同了，马上就觉得进入了角色，使很多原来不敢干和觉得挂不住脸的事，都可以干得出来。原来的一车人现在就是一个连，然后就任命连长、排长、班长，男女老少一块来，大家很快就进入了游戏角色，心理感觉马上就变了，随之很多节目也就有了吸引力，参与的勇气也有了。这种玩法将来肯定是一个主体性的产品。

温馨提示：主体性的产品也需要一步一步地完善，尤其需要研究的就是怎么真正地提高大家的参与欲望和勇气。通过产品的差异和突出的特色，最终形成一个影视与旅游合流的双重体验，达到一个军事与影视、教育与娱乐结合的目标，以此来吸引游客。

3. 利用群体约定

研究发现，经集体成员共同讨论决定的规则、协定、对其成员有一定的约束力，使成员具有承担执行的责任。一旦某成员出现越轨或违反约定的行为，则会受到其他成员的有形或无形的压力，迫使其改变态度。在旅游团队中也有时会出现"害群之马"的个别游客，也可能会有分崩离析的小组织，"亚群体"在不能按时完成旅游计划的时候，旅游工作者可以组织大家共同制订团队公约，以迫使某些游客遵从规则。在遵从规则中改变态度，在社会中道德的约束力就是无形的群体约定。

4. 树立良好的榜样

榜样是遵从群体约定的典范。心理学家班杜拉提出的社会学习理论以及大量的实践经验都证明，社会学习是通过观察、模仿完成的，态度也可以通过观察模仿而习得。人们愿意效仿自己喜欢的人的行为并和喜欢的人保持一致，这也包含在态度上。如追星族的狂热足以说明这一点。榜样具有的特点：年龄、性别、兴趣爱好、社会背景等。榜样所采用的示范的形式、所示范行为的性质和后果都会影响到观察学习的效果，有意无意地对团队中良好游客的支持和赞许，会形成团队榜样导向，改变团队人员对遵守规则人员的推崇态度和对违反团队规定人员的反感态度。

资料 30

榜样的力量

旅游者在旅游活动中是否购买旅游产品，受榜样的影响。旅游者远离自己的居住地，来到一个陌生环境，他们往往处于兴奋甚至亢奋的状态，在这种状态下，每一种商品的出现都会激发起旅游者的购买动机。然而对于相对陌生的旅游商品，在时间紧迫的情况下旅游者会产生某种不确定的情感。所以尽管有购买的动机存在，在缺少以往购物经验的情况下，旅游者对商品的态度很难明朗，也就造成了动机受阻。此时，如果团队中有一人率先购买某商品，就容易形成模仿行为。这是因为现实生活中，消费者之间接触与交流的机会日益频繁，他们之间的相互影响使每一个人在作为一消费者之前已首先是一个名副其实的"社会人"。并且，为了降低消费风险，在从众心理的作用下，人们的消费决策也往往把别人对某些商品的态度纳入到自己的消费决策因素之中。榜样的购买影响着其他旅游者的消费，在旅游团队的购买中常常发生这种现象，引起有些旅游者盲目性地冲动消费。

对态度的改变、利用，奖励或惩罚只能算外因，外因还要通过内因起作用，因此对于说服或参与行动，以及利用群体约定的正面榜样力量或反面惩罚手段，其效果和起作用的机理侧重点不同，具体情况需要具体分析。在改变旅游者态度方面，无论是更新旅游产品还是做好旅游宣传，或者引领旅游者参与活动都是从

态度改变的方面做努力。

　　本章介绍了态度的概念、属性、结构以及态度形成的研究。态度由三种成分构成即认知成分、情感成分、意象成分。态度具有以下属性：对象性与复杂性；反应性与内隐性；方向性与强度；稳定性与可变性等。还阐述了态度与行为之间的关系：一致性与不一致性，以及随机性关系并分析了原因。分析了旅游者的态度特点和行为特点。提出了改变旅游者态度的原因和具体改变旅游者态度的方法和技巧。

 实训练习

　　做一个"拥有与丧失"的训练。
　　目的：态度探索。
　　时间：40～60分钟。
　　准备工作：事先印好的练习表。
　　操作：每人发一张练习用纸，指导者请成员想一想个人生活中什么最重要，依次写下来，并思考为什么这样写，组内交流分享，然后请成员逐一删除，每删除一项，就交流一遍，以帮助成员澄清自己的价值观，亮明自己对重要事情的态度，在丧失练习中更懂得珍惜和拥有。

拥有与丧失

你生活中最重要的五样事物及理由
1.
2.
3.
4.
5.
丧失练习（认真体验过程及感受）：
练习中所得到的启发：

　　（资料来源：樊富珉. 团体心理咨询. 北京：高等教育出版社，2005.）

思考题

　　1. 什么是态度？态度的属性有哪些？
　　2. 态度与行为的关系有哪些？态度与行为为什么会不一致？
　　3. 影响态度转变的因素有哪些？
　　4. 改变旅游者的态度有哪些方法？
　　5. 在生活中找一个与自己对某一事情态度不同的人，尝试用说服法或参与活动法改变他的态度。

第六章
旅游者人格

学习目标

- 识记人格、人格属性、旅游者人格结构，了解人格的测量方法。
- 理解人格理论、旅游者人格与旅游者行为的关系。
- 学会运用旅游者人格结构理论分析旅游者行为。

【开篇案例】

攻击型人格障碍

正在旅游的人群忽然被一阵嘈杂声惊动，原来同团的李某已经和摊主扭打起来，叫骂声不断，多人劝阻，拉也拉不开，后来直到来了警察才把二人制止住。受伤的李某被家人带走，经审理，起因仅仅是价格讨要中摊主出言不逊，在李某的追问下，摊主已经语言缓和，不敢再说什么，但还是激怒了李某，事后家人说，李某常因小事和人打闹，最重一次把人打进医院，曾花过上万元医疗费为人治病。之前曾看过心理医生，李某被诊断为有攻击型人格障碍。

攻击型人格障碍是一种以行为和情绪具有明显冲动性为主要特征的人格障碍，又称为暴发型或冲动型人格障碍，通常有以下特点：①情绪急躁易怒，存在无法自控的冲动和驱动力。②性格上常表现出向外攻击、鲁莽和盲动性。③冲动动机的形成可以是有意识的，亦可以是无意识的。④行动反复无常，可以是有计划的，亦可以是无计划的。行动之前有强烈的紧张感，行动之后体验到愉快、满足或放松感，无真正的悔恨、自责或罪恶感。⑤心理发育不健全和不成熟，经常导致心理不平衡。⑥容易产生不良行为和犯罪的倾向。上述表现是主动攻击型的表现。还有一种被动攻击型人格，其主要特征是以被动的方式表现其强烈的攻击倾向。这类人外表表现得被动和服从、百依百顺，内心却充满敌意和攻击性。例如，故意迟到，故意不接电话，故意拆台使工作无法进行；顽固，不听调动；拖延时间，暗地破坏或阻挠。他们的仇视情感与攻击倾向十分强烈，但又不敢直接表露于外，他们虽然牢骚满腹，但心里又很依赖权威。主动攻击型人格障碍与反社会型人格障碍相类似，但又有区别。一般说来，主动攻击型人格呈现较为持久的攻击言行，缺乏自控能力，以对他人攻击冲动为主要表现；反社会型人格主要表现对他人和社会的反抗言行，具有屡教不改，明知故犯，常以损人不利己的失败结局告终，不能吸取经验教训。简言之，主动攻击型人格的行为以自控能力低下为特点，而反社会型人格则以行为不符合社会规范为特征。

启示：

在旅游服务的过程中，只有了解不同个性的旅游者的心理状态、行为表现，才能够有针对性的采取相应的方法予以及时教育、疏导和帮助，特别是对存在人格缺陷的游客，要能通过一些明显的特点及时推测出行为倾向，避免一些冲动事件的发生。

第一节　人格概述

人格一词来自于拉丁语（persona），原意是戏剧中演员所戴的特殊面具，不同面具规定了剧中不同人物的角色和身份。来自于面具的人格代表了一个人区别于他人的特点。把一个人从人群中认出来，如果记住了他的脸就更容易些，因为面相是不容易变化的，尽管有各种表情。人格这一概念在社会学、文化、人类学的使用中，内涵有所变化。提到人格我们常常和人的尊严联系在一起。比如中国游客出境游权利义务须知第八条中曾说："您享有人格尊严、民族风俗习惯得到尊重的权利。旅游者的人格尊严不受损害，民族风俗习惯应当得到尊重，这是中国法律的规定。当您在出境旅游活动中，假如您的人格尊严和民族风俗习惯受到损害，您有权得到法律的救助。"本章所述人格是心理学对人格的阐述。

一、人格定义

心理学家对人格的定义并不完全一致。奥尔波特（G. ALLport）曾列举出50多种不同的定义，足见人格概念中的分歧和人格的复杂性。不同定义界定人格内涵外延不同，但众多定义有一个基本相似的看法，即认为人格是与人的行为风格或行为模式有关的概念。从以下各种定义可以看到这种共识：人格是个体由遗传和环境决定的实际的和潜在的行为模式的总和。人格是一种倾向，可借以预测一个人在给定情境中的行为，它是与个体的外显和内隐的行为联系在一起的。有人认为：人格是心理特征的整合统一体，是一个相对稳定的结构组织，在不同的时空背景下影响人的外显和内隐行为模式的心理特性。可见人格标志着一个人具有的独特性，并反映人的自然性与社会性的交织。

人格是个体内那些决定个人特有的行为与思想的心身系统的动态结构。这个定义是奥尔波特在1961年出版的《人格的模式和成长》中提出的，本书是作者关于人格心理学的代表作。奥尔波特认为人格是个人适应环境的身心动力结构，并指出人格心理学主要是研究每一个人的独特性和构造上的整体性，主要反映在个人所具有的与他人相区别的独特而稳定的思维方式和行为风格上。下面对人格的定义进行分析。

1. 人格是一种心身系统的动态结构

心身系统就是指人的心理和生理，它既是生理的也是心理的。人是在遗传基础上，参加社会实践过程中，适应社会而成长起来的心身系统。心身系统的动态结构是按照一定方式组织起来的框架。作为动态说明其结构的稳定性和变化性，稳定是目前成为结构表现的状态，动态说明它存在着变化性。提到心身动态结构我们会想到按照一定方式组织起来的变化的心身框架结构。动态结构性说明了人格的成形性与发展变化性。

2. 人格是个人特有的行为和思想的心身系统

从人格的定义中可以看出并不是所有的行为和思想对应的心身系统都是人格，而是只有那些个人特有的行为或思想对应的心身系统才是人格。所谓特有就是标志于本人特有的行为或思想，就像面具所表现的特点一样，是个人的标志性行为和思想。标志性说明只要通过此行为或思想就能推测出是其本人的概率超过60％。特有说明其有的行为或思想的特别性，也说明这种特别的行为或思想的一贯性。只有既特别又一贯的行为和思想才能成为个人的标志。

3. 人格是个体内部的心身系统

个体内部的心身系统说明人格的内在性，可以通过独特的行为或思想推测其存在，反映其特点，但不是独特思想和行为本身。因此，所看到的行为或所表现的思想只是人格的外显方式，而人格是对应个人独特思想和行为的内隐心身动态系统结构。不同的人有不同的特别行为或思想的心身系统动态结构，同一个人在不同时空背景下心身系统结构的动态表现各不相同，特别行为也有不同，但动态心身系统结构具有维护结构的相对稳定性。

资料 31

反扒能手的本领

一位记者说：有一天我去采访一位被称为反扒能手的某旅游景点派出所便衣警察老周，我跟着他来到游客较密集的人群中，没走多远他就盯住了一个人，过了一会儿，当那个人刚把手伸进了一位游客的口袋里时，老周即以迅雷不及掩耳的速度抓住了他。接着我们来到景点一个购物商场，老周在柜台前转了一圈，用眼神向我示意，我知道他又发现了目标，果然，不一会儿，他就当场擒获了一名正在作案的小偷。他笑着说，小偷有小偷的行动趋向，一贯偷窃已经养成了一种行为方式，这种行为方式与一般游客不同，一看就知道他的意图。

分析：警察老周有多年的反扒经验，对小偷的特征了如指掌。从目光、举止上就能判断出小偷的内心世界（即通过外部独特的行为或表情就能推测其个体的内部存在），因此能够快速做出反应，而一般人没有这种经验的积累，就不能凭借经验来判断。

二、人格的形成

人格是个人在适应环境的过程中所表现出来的独特行为或思想的身心系统的动态结构。它是由个人先天的因素（遗传）和后天的环境教育（成熟、学习）因素相互作用的结果。

1. 遗传素质构成了一个人心理发展的基本前提

这就像一件玉石艺术品必然要受到玉石原料材质特点所影响和制约一样，人的心理发展受个人遗传素质的影响。如个人的神经类型、感官特点、智力潜能、内分泌系统的特点，体貌特征等都构成了个人心理发展的影响因素。

2. 成熟本身就是在自然和社会环境中遗传素质的成长

人的心理发展受身体成熟度的影响，不同的成熟度与人格发展的各个阶段相对应，成熟度规定了人格发展的规律性东西。

3. 环境的影响

环境包括自然环境和社会环境，人格的形成和成长是随着人的成长而形成和成长的。社会环境如社会历史条件、文化、学校、家庭等因素，这些因素对一个人人格发展的内容、方向、水平等构成影响，同时也使遗传所提供的潜能转化为现实。学习是人的一种主动行为，在个人成长过程中，随着个体独立性的增强在自我意识的支配下，人可以主动地选择和获取来自环境的信息，并因此带来自身行为的变化，学习行为的主动性，以及它对人格形成构成的影响，使它成为影响人格发展的独立变量。

在遗传、成熟、环境和学习的作用下，个体在适应环境的过程中不断累积并形成自己独特的行为和思想。在未成年时由于不能成为社会的独立个体，往往表现不是很突出，或由于自我意识的未充分发展不被自己和他人注意，随着成长逐渐被意识和表现。过去由于社会生产力发展水平不高，人格表现的年龄较晚，如成年人的人格，小孩子似乎没有人格。但随着社会的进步和发展，展现独特人格的年龄有越来越低的趋势，不断累积的个体独特行为或思想的心身系统结构在逐渐形成，直到使自己对于不同时空背景下的刺激产生一贯性的行为反应模式，个体的人格中动态身心结构的某一特点逐步形成，并成为此独特行为的内在身心系统结构，人格就形成了。

三、人格的结构

人格是由人格心理倾向和人格心理特征组成。人格心理倾向有兴趣、爱好、世界观、人生观。人格心理特征包括：能力、气质、性格。

1. 能力

能力是指顺利有效地完成某种活动所必须具备的心理条件。能力是与完成某种活动相联系的人格心理特征，离开了具体活动或任务的抽象能力是不存在的。智力是能力的重要指标，智力是从事任何一种活动都必须具备的最基本的心理条件，智力是认识事物并运用知识解决实际问题的能力，包括观察力、记忆力、思维力、想象力等。在组成智力的各种因素中，思维力是支柱和核心，它代表着智力发展的水平。一般把智商高于140的儿童叫超常儿童，这类儿童大约占全人口的1％；智商低于70的儿童叫弱智儿童，这类儿童大约占全人口的3％。智力水平的高低并不是一个人成就大小的唯一决定因素。能力发展存在个体差异，能力的个体差异呈正态分布。能力发展水平有高低的差异；能力类型的差异（个人的特长）；能力发展早晚上的差异（早慧和大器晚成）。

自信心是能力的第一要素

能力是一种可能性，是一个人努力运用条件实现目标的可能性。

能力公式是：能力＝态度＋条件＋目标。

可见，能力的第一要素是态度，是人的倾向，是人的努力，人的主观能动性，其核心是自主选择，其实就是自信心。

自信亦称自信心，是一个人相信自己的能力的心理状态，即相信自己有能力实现自己既定目标的心理倾向。自信是建立在对自己正确认知基础上的、对自己实力的正确估计和积极肯定，是自我意识的重要成分。

有一个流传甚远的故事：

一个黑人孩子躲在公园的角落里偷偷看几个白人小孩在快乐地玩。他羡慕他们，也很想与他们一道游戏，但他不敢，因为自己是一个黑人小孩，心里很自卑。

这时，一位卖气球的老人举着一大把气球进了公园，白人孩子一窝蜂地跑了过去，每人买了一个，高高兴兴地把气球放飞到空中去。

白人小孩走了以后，他才胆怯地走到老人面前，低声请求："你可以卖一个气球给我吗？"老人慈祥地说："当然。你要一个什么颜色的？"小孩鼓起勇气说："我要一个黑色的。"老人给了他一个黑色的气球，小男孩接过气球，小手一松，黑气球慢慢地升上了天空……

老人一边眯着眼睛看着气球上升，一边用手轻轻拍着孩子的后脑勺，说："记住，气球能不能升起，不是因为颜色、形状，而是气球内充满了氢气。一个人的成败不是因为种族和出身，关键的是你的内心有没有自信。"

这个孩子就是美国著名心理学家基恩，这是他小时候亲历过一件让他终生难忘的事，正是这件事使得基恩从自卑走向了自信。

2. 气质

气质是指心理活动表现在强度、速度、稳定性和灵活性等方面动力性质的心理特征（脾气、秉性）。它既表现在人的感知觉、记忆、思维等认识活动中，也表现在人的情感和意志活动中，特别是在情感活动中表现得更为明显。

（1）气质类型学说

① 体液说。体液决定气质，人有血液、黏液、黄胆汁和黑胆汁四种体液。

② 体型说。体型决定气质，人有高、矮、胖、瘦等不同体型。

③ 血型说。血型决定气质，人的血型有 A 型、B 型、AB 型和 O 型四种。

④ 激素说。内分泌腺决定气质，人的内分泌腺有甲状腺、垂体腺、肾上腺和性腺四种。

（2）巴甫洛夫高级神经活动类型学说

① 高级神经活动过程的基本特性。高级神经活动的基本过程有两个，即兴奋和抑制；高级神经活动过程（兴奋和抑制）有 3 个基本特性：a. 强度。神经细胞能接受的刺激的强弱程度，以及神经细胞持久工作的能力；b. 平衡性。兴奋和抑制之间是否平衡；c. 灵活性。兴奋和抑制之间相互转化的灵活程度。

② 高级神经活动类型。高级神经活动类型如表 6.1 所示。

表 6.1　高级神经活动类型

神经过程的基本特性			高级神经活动类型	气质类型
强度	平衡性	灵活性		
强	平衡	灵活	活泼型	多血质
强	平衡	不灵活	安静型	黏液质
强	不平衡		兴奋型	胆汁质
强			抑制型	抑郁质

（3）气质的特性

① 感受性。感受性是人的感觉器官对外界刺激的感觉能力（敏感），它是用感觉阈限的大小来度量的。

② 耐受性。耐受性是指神经系统能够忍受外界刺激的强度和持续的时间，感受性和耐受性成反比。

③ 反应的敏捷性。反应的敏捷性是神经过程灵活性的外在表现。

④ 可塑性。可塑性是指一个人根据环境的变化改变自己行为以适应外界环境的可塑程度。

（4）神经过程灵活性的表现

① 情绪的兴奋性。情绪表现的强弱程度，神经过程平衡性的表现。

② 指向性。指向性是指人的言语、思维和情感常指向于外还是常指向于内。常指向于外者为外向，常指向于内者为内向。指向性和情绪的兴奋性联系密切，兴奋性高者外向，兴奋性低者内向，指向性也表明兴奋和抑制哪种过程占优势，兴奋占优势者外向，抑制占优势者内向。

（5）气质类型的外在表现

① 胆汁质。胆汁质的神经过程的特征是强但不平衡。和这种神经过程的特

点相适应，胆汁质的人一般是感受性低而耐受性高，他能忍受强的刺激，能坚持长时间的工作而不知疲劳，显得精力旺盛，行为外向，直爽热情，情绪兴奋性高，但心境变化剧烈，脾气暴躁，难于自我克制。

② 多血质。多血质的神经过程的特点是强、平衡且灵活。和这种神经过程的特点相适应，多血质的人感受性低而耐受性高，活泼好动，言语行动敏捷，反应速度、注意力转移的速度都比较快，行为外向；容易适应外界环境的变化，善交际，不怯生，容易接受新事物，注意力容易分散，兴趣多变，情绪不稳定。

③ 黏液质。黏液质的神经过程的特点是强、平衡但不灵活。和这种神经过程的特点相适应，黏液质的人感受性低而耐受性高，反应速度慢，情绪兴奋性低但很平稳；举止平和，行为内向；头脑清醒，做事有条不紊，踏踏实实，但容易循规蹈矩；注意力容易集中，稳定性强；不善言谈，交际适度。

④ 抑郁质。抑郁质的神经过程的特点是弱，而且兴奋过程更弱。和这种特点相适应，抑郁质的人感受性高而耐受性低；多疑多虑，内心体验极为深刻，行为极端内向；敏感机智，别人没有注意到事情他能注意得到；胆小，孤僻，情绪兴奋弱，寡欢，爱独处，不爱交往；做事认真仔细，动作迟缓，防御反应明显。

实际上大多数人是中间型或是混合型，所以不要对任何人都对号入座，应该从实际出发，认真分析，区别对待。

气质类型没有好坏之分。气质仅使人的行为带有某种动力的特征，就动力特征而言无所谓好坏；同时，每一种气质类型都有其积极的方面，也都有其消极的方面，没法比较哪一种气质类型更好。例如：胆汁质的人精力旺盛，热情豪爽，但脾气暴躁；多血质的人活泼敏捷，善于交际，但却难于全神贯注，缺乏耐心；黏液质的人做事有条不紊，认认真真，但却缺乏激情；抑郁质的人非常敏感，却容易多疑多虑。气质对一个人来说没有选择的余地，重要的是了解自己，自觉地发扬自己的气质中的积极方面，努力克服气质中的消极方面。

3. 性格

（1）性格的概念　性格是指表现在人对现实的态度和相应的行为方式中的比较稳定的、具有核心意义的个性心理特征，是一种与社会相关最密切的人格特征，在性格中包含有许多社会道德含义。性格表现了人们对现实和周围世界的态度，并表现在他的行为举止中。性格主要体现在对自己、对别人、对事物的态度和所采取的言行上。

（2）性格类型　人有72种性格类型，如表6.2所示。表中"列"的内容为18个人性，"行"的内容是人性发展的4个级别，由此可见，人共有72个性格类型。

表6.2　人的72种性格类型

18种人性，72种性格	低(0)	较低(1)	较高(2)	高(3)
1. 开放性				
2. 完美性				
3. 较真性				

18 种人性,72 种性格	低(0)	较低(1)	较高(2)	高(3)
4. 知识性			2	
5. 成就性			2	
6. 力量性			2	
7. 浪漫性			2	
8. 给予性			2	
9. 活跃性				
10. 形体性				
11. 怀疑性				
12. 忍耐性			2	
13. 传统性				
14. 自由性				
15. 智慧性			2	
16. 想象性				
17. 多面性				3
18. 机变性				3

　　判断一个人所属人格类型，可以看他这 18 项哪项得分是 3，如果得了两个或两个以上的 3，那么他的人格类型就是得分为 3 对应的人格类型组合，也就是多元人格。而更关键的是判断一个人的性格，18 个人的性质，每个有 4 个级别，这样共有 72 个性格；每个人有 18 种基本性格。15 号智慧型和 16 号超理想型比较少见，也就是它们对应的性质智慧性和幻想性常常达不到 3 的级别，而作为其他类型的辅助性质。所以常见为 16 型人格，每个有 4 个级别，这样常见有 64 个性格。尽管描述性格词语很多，但基本都是关于 72 性格的。

资料 33

曹操的人格类型

以三国中的曹操为例（对应表 6.2）：

(1) 曹操机敏。对应 18 之机变性。

(2) 曹操有才华。对应 4 之知识性。

(3) 曹操智慧。对应 4 之智慧性。

(4) 曹操重实用。对应 5 之成就性。

(5) 曹操宽容。对应 8 之给予性。

(6) 曹操重权威。对应 6 之力量性。

(7) 曹操很大气。对应 7 之浪漫性。

(8) 曹操很多面。对应 17 之多面性。

所以曹操的性格是：机敏、有才，智慧，实用，宽容，重力量，大气，矛盾（多面）。

曹操的人格是：第 18 种人格类型：机变型人格。

（3）性格结构及其特征

① 性格的态度特征。性格的态度特征是指个体在对现实生活各个方面的态度中表现出来的一般特征。

② 性格的理智特征。性格的理智特征是指个体在认知活动中表现出来的心理特征。在感知方面，能按照一定的目的、任务主动地观察，属于主动观察型，有的则明显地受环境刺激的影响，属于被动观察型；有的倾向于观察对象的细节，属于分析型，有的倾向于观察对象的整体和轮廓，属于综合型；有的倾向于快速感知，属于快速感知型，有的倾向于精确地感知，属于精确感知型。想象方面，有主动想象和被动想象之分；有广泛想象与狭隘想象之分。在记忆方面，有主动与被动之分；有善于形象记忆与善于抽象记忆之分等。在思维方面，也有主动与被动之分；有独立思考与依赖他人之分；有深刻与浮浅之分等。

③ 性格的情绪特征。性格的情绪特征是指个体在情绪表现方面的心理特征。在情绪的强度方面，有的情绪强烈，不易于控制；有的则情绪微弱，易于控制。在情绪的稳定性方面，有人情绪波动性大，情绪变化大；有人则情绪稳定，心平气和。在情绪的持久性方面，有的人情绪持续时间长，对工作学习的影响大；有的人则情绪持续时间短，对工作学习的影响小。在主导心境方面，有的人经常情绪饱满，处于愉快的情绪状态；有的人则经常郁郁寡欢。

④ 性格的意志特征。性格的意志特征是指个体在调节自己的心理活动时表现出的心理特征。自觉性、坚定性、果断性、自制力等是主要的意志特征。自觉性是指在行动之前有明确的目的，事先确定了行动的步骤、方法，并且在行动的过程中能克服困难，始终如一地执行。与之相反的是盲从或独断专行。坚定性是指能采取一定的方法克服困难，以实现自己的目标。与坚定性相反的是执拗性和动摇性，前者不会采取有效的方法，一味我行我素；后者则是轻易改变或放弃自己的计划。果断性是指善于在复杂的情境中辨别是非，迅速作出正确的决定。与果断性相反的是优柔寡断或武断、冒失。自制力是指善于控制自己的行为和情绪。与自制力相反的是任性。

性格特征的几个方面彼此关联，相互制约，有机地组成一个整体的态度特征是性格的核心。各种特征并不是一成不变的机械组合，常常是在不同的场合下会显露出不同侧面。人格是一个人整体精神面貌的表现，是一个人的能力、气质、性格及动机、兴趣、理想等多方面的综合表现。

第二节　人格理论

人格理论就是关于个体人格的结构与机能的假设性说明，它帮助我们理解人格的起源，各种相关物的作用或结果，也帮助我们在对人格了解的基础上预测行为。人格理论通常是心理学中最庞大、结构最复杂的理论。长久以来，人们对人格理论的认识众说不一。之所以会出现这种局面，主要原因是不同的研究者选择了不同的出发点，采用了不同的方法，在不同的层次上进行探索，这本身也反映了人格的复杂性。学习人格理论可以使我们丰富对旅游者不同人格的认识，了解不同旅游者人格的特点以及与行为的关系。

一、特质论

特质论是一种用多种特质解释的人格理论，由美国心理学家奥尔波特在 20 世纪 30 年代提出的理论，20 世纪 40 年代以后美国心理学家卡特尔和英国心理学家艾森克进一步发展了这种理论。特质理论概述：特质是人格中心身系统动态结构的最基本单位，是一种概括化的心身反应模式，使许多刺激在机能上具有等值的能力，具有激发和引导适应性和表现性行为一致的功能。这种人格特质理论认为，人格以特质迎接外部世界，用特质来组织经验，构成一个人完整的系统，由此而引发人的思想和行为。

1. 奥尔波特特质论

奥尔波特（1897～1967 年）是一位美国的心理学家。他有句名言："同样的火候，使黄油融化，使鸡蛋变硬。"他认为"人格是个体内部那些决定个人对其环境独特顺应方式的身心系统的动力结构"，他强调了人格的个别特点，创立了人格特质论。奥尔波特把特质分为两种：一种为个人特质，是在某个具体人身上的特质；另一种为共同特质，是群体都具有的特质。个人特质可分为三种类型：枢纽特质、核心特质、次要特质。

（1）枢纽特质　枢纽特质是一个人的一切行动都受其影响的特质，它渗透于这个人全部活动的所有方面；小说或戏剧的中心人物，往往被作者以夸张的笔法，特别突显其首要特质。如林黛玉的多愁善感。

（2）中心特质　中心特质是构成个体独特性的几个重要特质，在每个人身上大约有 5～10 个中心特质。如林黛玉的清高、聪明、孤僻、抑郁、敏感等，都属于中心特质。是一个人具有一般意义的倾向，是人格结构中的主要构成因素。

（3）次要特质　次要特质是个体不太重要的特质，往往只有在特殊情境下才表现出来。如有些人虽然喜欢高谈阔论，但在陌生人面前则沉默寡言，这是不受人注目的一致性和一般性都较少的那些人格特质，其渗透性极小，与习惯和态度有关，情境性、突发性较强。

奥尔波特认为，上述三种特质在人身上是重叠交叉的。

2. 卡特尔特质论

美国心理学家卡特尔是个性特质论的主要代表人物之一，他接受了奥尔波特的特质定义，认为特质就是使人在不同时期和情境中都保持的行为形式和一致性的心身结构。主张人格基本结构的元素是特质。他把众多的人格特质的名称用因素分析法合并成 35 个特质群，称为表面特质，并可从外部直接观察；然后又经进一步分析得出 16 个根源特质，并指出根源特质是构成人格的基本要素，代表了行为属性和功能的决定因素。人格特质分为如下两个次层。

（1）个别特质与共同特质　个别特质是指每一个人所具有的特质。共同特质是指某一社区或某集团的成员都具有的特质。但共同特质在各个成员身上的强度是不同的，即使在一个人身上，其强度在不同时间上的表现也不相同。

（2）表面特质和根源特质　表面特质是指由每个具体的行为所体现出来的人格特质，表面特质是从根源特质中派生出来的，一个根源特质影响多种有形的表面特质。根源特质是指那些相互联系而以不同表现相同原因为基础的行为特质，是外显行为的内在原因。表面特质和根源特质既可能是个别的特质，也可能是共同的特质。它们是人格层次中最重要的一层。卡特尔人格特质理论的主要贡献在于提出了根源特质。1949 年，他提出了 16 种相互独立的根源特质，并编写了《卡特尔 16 种人格因素测验》（16PF）一书。这 16 种人格特质是：乐群性、聪慧性、情绪稳定性、恃强性、兴奋性、有恒性、敢为性、敏感性、怀疑性、幻想性、世故性、忧虑性、激进性、独立性、自律性、紧张性。这 16 种人格因素是各自独立的，普遍地存在于各年龄和社会环境不同的人身上，每个人的不同行为都由这 16 种因素在各人身上的不同组合所决定，同类人在某些特质上具有相似的表现。

3. 艾森克的特质论

艾森克是出生于德国的英国心理学家，以研究个性而著称，亦是一个著名的特质论者。艾森克指出维度代表一个连续的尺度，每一个人都可以或多或少地具有某种特质，而不是非此即彼，通过测定，每一个人都可以在这个连续尺度上占有一个特定的位置。主要的维度是两个：外内向维度和情绪性维度，还采用了类型学的观点。

（1）外内向维度　艾森克对外内向维度作了广泛和深入的研究，取得了许多创造性成果。认为外向的人不容易受周围环境影响，难以形成条件反射，在个性上具有情绪冲动和难以控制、好交际、善社交、渴望刺激、冒险、粗心大意和爱发脾气等特点。外向的人从外表上看上去似乎是不大可靠的人。内向的人容易受周围环境影响，非常容易形成条件反射，在人格上具有情绪稳定、好静、不爱社交、冷淡、不喜欢刺激、深思熟虑，喜欢有秩序的生活和工作、极少发脾气等特点。内向的人从外表上看似乎是一个略带悲观色彩而可靠的人。对大脑皮层的兴奋过程和抑制过程的研究，艾森克推论内向的人在正常条件下，大脑皮层已经具有高度的兴奋水平，如果进一步提高他们的兴奋水平，那么就会降低被试的工作效果。外向的人在正常条件下，大脑皮层兴奋水平相对较低，若提高他们的兴奋水平，就会提高被试的工作效果。外向的人追求刺激，内向的人回避刺激。我们在日常生活中经常能发现这种情况，外向的人一般喜欢吃刺激性和口重的食物，他们抽烟多喝酒也多，参加冒险性的活动，他们的性行为和恋爱也多。外向的人和内向的人在审美活动方面也有显著差别，外向的人一般喜欢深色，内向的人一般喜欢淡色。

（2）情绪性维度　情绪性维度有稳定和不稳定区分。艾森克指出，情绪不稳定的人，表现出高焦虑。这种人喜怒无常，容易激动。情绪稳定的人，情绪反应缓慢而且轻微，并且很容易恢复平静。这种人稳重、温和，并且容易自我克制，不易焦虑。当外向性和情绪不稳定性同时出现在一个人身上时，很容易在不利情境中表现出强烈的焦虑。他进一步指出：情绪性与植物性神经系统特别是交感神经系统的机能相联系。他认为外内向和情绪性是两个互相垂直的维度。以外内向为纬，情绪性为经，组织起 32 种基本的特质。并且与古希腊的四种气质类型相对应，成为许多个性心理学家所赞同的个性二维模型。根据人格的两个维度，艾森克把人分成四种类型，即稳定内倾型、稳定外倾型、不稳定内倾型与不稳定外倾型。稳定内倾型表现为温和、镇定、安宁、善于克制自己，相当于黏液质的气质；稳定外倾型表现为活泼、悠闲、开朗、富于反应，相当于多血质气质；不稳定内倾型表现为严峻、慈爱、文静、易焦虑，相当于抑郁质气质；不稳定外倾型表现为好冲动、好斗、易激动等，相当于胆汁质气质。艾森克关于人格结构的理论，是以传统的气质理论为基础，它所表明的人格特点，也是以个体的心理活动和行为的外部动力特点为主要内容的。

资料 34

艾森克人格问卷

艾森克人格问卷（Eysenck Personality Questionnaire，EPQ）是英国伦敦大学心理系和精神病研究所艾森克教授编制的，他搜集了大量有关的非认知方面的特征，通过因素分析归纳出基本因素，人们在基本因素的不同倾向和不同表现程度，便构成了不同的人格特征。艾森克人格问卷是目前医学、司法、教育和心理咨询等领域应用最为广泛的问卷之一。

各量表的具体含义如下。

（1）内外向（E）　分数高表示人格外向，可能是好交际、渴望刺激和冒险，情感易于冲动。分数低表示人格内向，可能是好静，富于内省，除了亲密的朋友之外，对一般人缄默冷淡，不喜欢刺激，喜欢有秩序的生活方式，情绪比较稳定。

（2）神经质（N）　反映的是正常行为，与病症无关。分数高可能是焦虑、担心、常常郁郁不乐、忧心忡忡，有强烈的情绪反应，以至于出现不够理智的行为。

（3）精神质（P）　并非暗指精神病，它在所有人身上都存在，只是程度不同。但如果某人表现出明显程度，则容易发展成行为异常。分数高可能是孤独、不关心他人，难以适应外部环境，不近人情，感觉迟钝，与别人不友好，喜欢寻衅滋扰，喜欢干奇特的事情，并且不顾危险。

（4）掩饰性（L）　测定被试的掩饰、假托或自身隐蔽，或者测定其社会性朴实幼稚的水平。L 与其他量表的功能有联系，但它本身代表一种稳定的人格功能。

二、精神分析人格理论

弗洛伊德是精神分析学派的创始人，以无意识为基础的人格理论是弗洛伊德精神分析理论的核心。弗洛伊德人格理论的内容主要包括人格结构、人格发展动力、人格适应及人格发展阶段。弗洛伊德的人格理论是系统完整的理论体系，它包含着许多合理的成分，有些说法也存在很大争议。

弗洛伊德认为：人格由本我、自我、超我三部分组成。

（1）本我　本我即原我，是指原始的自己，包含生存所需的基本欲望、冲动和生命力。本我是一切心理能量之源，本我按快乐原则行事，它不理会社会道德、外在的行为规范，它唯一的要求是获得快乐，避免痛苦，本我的目标乃是求得个体的舒适，生存及繁殖，它是无意识的，不被个体所觉察。

（2）自我　自我介于本我与外部世界之间，是人格的心理面。其德文原意即是指"自己"，是自己可意识到的执行思考、感觉、判断或记忆的部分，自我的机能是寻求"本我"冲动得以满足，而同时保护整个机体不受伤害，它遵循的是"现实原则"，为本我服务。

（3）超我　超我是人格的社会面，是人格结构中代表理想的部分，它是个体在成长过程中通过内化道德规范，内化社会及文化环境的价值观念而形成，其机能主要在监督、批判及管束自己的行为。超我的特点是追求完美，所以它与本我一样是非现实的，超我大部分也是无意识的，超我要求自我按社会可接受的方式去满足本我，它所遵循的是"道德原则"。

本我、自我和超我之间不是静止的，而是始终处于冲突—协调的矛盾运动之中。本我在于寻求自身的生存，寻求本能欲望的满足，是必要的原动力；超我在监督、控制自我接受社会道德准则行事，以保证正常的人际关系；而自我既要反映本我的欲望，并找到途径满足本我欲望又要接受超我的监督，还有反映客观现实，分析现实的条件和自我的处境，以促使人格内部协调并保证与外界交往活动顺利进行，不平衡时则会产生心理异常。

弗洛伊德认为本我是一个原始的、与生俱来的和非组织性的结构，它是人出生时人格的唯一成分，也是建立人格的基础。本我过程是无意识的，是人格中模糊不可即的部分，我们对它知之甚少。不过，只要当一个人有冲动的行为时，我们就可以看到本我在起作用。例如，一个人出于冲动将石块扔进窗户，或惹是生非，或强奸妇女，这时，他就处于本我的奴役之中。本我是非道德的，是本能和欲望的体现者，为人的整个心理活动提供能量，强烈地要求得到发泄的机会。本我遵循着"唯乐原则"工作，即追求快乐，逃避痛苦。弗洛伊德说："我们整个的心理活动似乎都是在下决心去追求快乐而避免痛苦，而且自动地受唯乐原则的调节。"自我是意识结构部分，是通过后天的学习和对环境的接触发展起来的。弗洛伊德认为无意识结构部分的本我，不能直接地接触现实世界，为了促进个体与现实世界的交互作用，必须通过自我。个体随着年龄的增长，逐渐学会了不能凭冲动随心所欲，他们逐步考虑后果，考虑现实的作用，这就是自我。自我是遵循"现实原则"的，因此它既是从本我中发展出来，又是本我与外部世界的中介。弗洛伊德在《自我与伊底》一书中把自我与本我的关系比作骑士和马的关系，马提供能量，而骑士则指导马的能量朝着他想去游历的路途前进。这就是说，自我不能脱离本我而独立存在，然而由于自我联系现实，知觉和操纵现实，于是能参考现实来调节伊底。这样，自我按照现实原则进行操作，现实地解除个体的紧张状态以满足其欲望。因此，自我并不妨碍伊底，而是帮助伊底最终合理获得快乐的满足。假如人格中仅有本我和自我这两个结构部分，那么人就将成为快乐主义和兽欲主义的有机体，当他处于一种需要状态时，他就会从合适的环境对象中寻求对需要的直接满足。然而人格中还存在着使情况变得更加复杂的第三个结构部分，即"超我"。超我是人格中专管道德的司法部门。超我，简言之就是道德化了的自我。它是从儿童早期体验的奖赏和惩罚的内化模式中产生的，即根据父母的价值观，儿童的某些行为因受到奖赏而得到促进，而另一些行为却因被惩罚而受到阻止。这些带来奖赏和惩罚的经验逐渐被儿童内化，当自我控制取代了环境和父母的控制时，就可以说超我已得到了充分的发展。充分发展的超我有"良心"和"自我理想"两部分。良心是儿童受惩罚而内化了经验，它负责对违反道德的行为做惩罚（内疚）；自我理想是儿童获得奖赏而内化了的经验，它规定着道德的标准。超我的主要功能是控制行为，使其符合社会规范的要求。

弗洛伊德认为，本我的目的在于追求快乐，自我的目的在于追求现实，超我的目的则在于追求完美。由于超我永无止境地追求完美，所以它同本我一样是非现实的，它经常批评本我和谴责自我。自我服从超我的强制规则，它不仅必须寻找满足本我需要的事物，而且还必须考虑到所寻找的事物不能违反超我的价值观。弗洛伊德这样论述自我难扮的角色："有一句格言告诫我们，一仆不能同时服待两个主人，然而可怜的自我却处境更坏，它服待着三个严厉的主人，而且要使它们的要求和需要相互协调。这些要求总是背道而驰并似乎常常互不相容，难怪自我经常不能完成任务。它的三位专制的主人是外部世界、超我和本我。"弗洛伊德认为，在通常情况下，本我、自我和超我是处于协调和平衡状态的，从而保证了人格的正常发展，如果三者失调乃至破坏，就会产生神经病，危及人格的发展。

人格理论有很多，其中有代表性的还有行为主义的人格理论及人本主义的人格理论，每种理论都丰富了人们对于人自身行为模式内在心理机制的认识，认识了本质和规律，能够给人们处理事件、寻求解决问题的方法提供了基础，从众多理论中也使人们认识到了人的复杂性、人心理的多样性及揭示人的心理任务的艰巨性。

第三节　旅游者的人格特征与旅游行为

通过对人格的分析和人格理论的学习，使人们丰富了对人格的认识，有助于旅游工作者更好地预测和引导旅游者的行为。旅游者是一个复杂的人群，他们来自于不同的家庭，不同的成长环境和有着不同经历，旅游者行为各异。所有的人格理论都可能从不同角度揭示出旅游团队中的个体人格的某一方面，难以用一种人格概念和人格理论来分析复杂的旅游者群体。本节将应用不同学派的观点对旅游者的人格特征和旅游行为加以论述。

一、旅游者的人格特征

人格是个体内那些决定个人特有的行为与思想的心身系统的动态结构。人格特征是指个体内那些决定个人特有的行为与思想的心身系统的动态结构的标志性特点。人格是通过特有的行为和思想表现出来的，人格特征就是特有行为和思想表现出来的一贯性的特点。比如游客甲在一周的旅行中迟到次数达五次之多，而游客乙每一次都是早到。其他的旅游者在这个问题上没什么特点就是介于甲和乙之间。有的人早来，还有的人踩着钟点来的。基本没迟到的，但甲总是最后一个。他一贯迟到的行为成为甲的一个行为特征，反应在内隐的人格特征的一贯性上。而乙总第一个来到集合地点，持续多次的行为特点表现在内隐人格上的人格特征。对于旅游者人格特征的分析，可以分为两类：极端有特点的行为的人的人格特征和绝大多数旅游者其行为所表现的人格特征。前者属于个体性，有时在旅游团队中出现的多，有时出现的少，有时出现后带动一个小群体，有时只是自己的一种表现。其人格表现基本都能给旅游工作者留下深刻的印象。后者在原则上看是一类群体，这一类人虽然每一个的人格特征都具有独特性，但由于在行为上基本一致，没有给旅游工作者留下独特的特别深刻的印象。因此，理论上看作一类人，对人格特征的推测是通过对旅游者的行为的观察和分析而得出来的。

二、旅游者的行为类型与人格特征

1. 旅游者行为特征

人格使个人的行为带有独特的色彩，是一个人行为的特点，旅游者在旅游活动过程中旅游行为特征如表 6.3 所示。

表 6.3　内倾型和外倾型旅游者的旅游行为特征

内　倾　型	外　倾　型
选择熟悉的旅游目的地	选择非旅游地区
喜欢旅游目的地一般活动 喜欢晒日光浴和游乐场所，包括相当程度的无拘无束的休息	喜欢获得新鲜经历和享受新的喜悦 喜欢新奇的不同寻常的旅游场所
低活动量 喜欢驱车前往旅游目的地 喜欢正规的旅游设施，例如设备齐全的旅馆、家庭式的饭店和旅游商店	高活动量 喜欢乘飞机前往旅游目的地 旅途只要有一般或较好的旅馆和伙食，不一定要现代化的大型旅馆，不喜欢专门吸收旅游者的商点
喜欢家庭的气氛和出售零点的小摊，熟悉的娱乐活动，不喜欢外国的气氛，要准备好齐全的旅行袋全部日程都要安排妥当	愿意接触他们不熟悉的文化或外国居民，旅游的安排只包括最基本的项目（交通工具和饭店） 留有较大的余地和灵活性

人格具有相对稳定性，人格类型也具有相对稳定性，但在现实生活中，绝对的内倾和外倾是很少的，人格类型只是侧重不同，更多的旅游者介于内外倾之间。

2. 行为特点分类

在罗博特·赫力所写的《旅游团组织者手册》中谈到"问题游客"时，按照从 A 到 Z 的顺序一共列出了 26 种，我们在这里谈旅游者的人格特征不是特指问题旅游者，但是属于极端行为的旅游者，给旅游工作者带来深刻印象的旅游者也在其内。这 26 种特别行为的人，其人格特征有些是有相关联系的。他们的行为特点如下。

A. 爱骂人的人；   B. 惹人厌的人；   C. 经常抱怨的人；   D. 酒鬼；

E. 上了年纪的人；   F. 第一次旅行的人；   G. 爱讲闲话的人；   H. 疑病症患者；

I. 内向性格者；   J. 年资较低的职员；   K. 爱挑剔的人；   L. 有情人；

M. 郁郁寡欢的人；   N. 爱管闲事的人；   O. 爱出头露面的人；   P. 地道的美国人；

Q. 爱提问题的人；   R. 爱闹独立性的人；   S. 爱买东西的人；   T. 惹是生非者；

U. 举止粗野的人；   V. 样样都知道的人；   W. 到处漫游者；   X. "专家"；

Y. 不懂事的孩子；   Z. 狂热的信仰者。

具有各个特点行为的人的人格特征表现在行为上，人格特征是本质，行为特征是表现。特征行为旅游者是指有行为特点的旅游者。

（1）爱挑剔的旅游者　这类旅游者的行为或语言特点是：喜欢挑剔，挑剔成为一种习惯，该挑的挑不该挑的也挑；爱批评的，该批评的批评，不该批评的也批评。这样的旅游者在旅游活动中总是在挑毛病。吃饭、住宿、游览、看节目都能找到毛病。有的喋喋不休、毫无顾忌地表现自己的观点；有的暗地里串说，当面不说；还有的是积聚到一起，鼓动大家统一爆发，或者和服务员吵起来了，或者和卖主打起来了，这样的男人女人都有，就是好滋事端，易起矛盾的人，很多是针对旅游服务方面。引起这类行为的原因各不相同：有的是因为用过分挑剔表现自己的高贵，比如不断喊服务员拿餐巾纸擦拭刚刚才洗好的杯子、碗和筷子，也许平时并不这样，但在群体里为了表示自己很干净，或者引起别人对自己的重视。有的的确是自己难以忍受，比如所到的饭店人员混杂，自己平时很少去那样的酒店，嘈杂的程度让他心烦意乱难以忍受。还有的是发泄心中的不满，如正在和出游的爱人生气，没地方说理，恰巧服务员少了他一双筷子，他大发脾气，还弄得全团不宁。原因不同，但表现行为都是对服务的过分挑剔或对服务欠缺表现的过分反应行为。这些行为给旅游工作者留下深刻的不良印象。并不是每一个人都会用那种方式去泄愤、去引起注意、去表现自己的高贵等。但对于有此行为的个人来讲，却常用此形式，以至于成为自己的人格特征。对于爱挑剔的旅游者表现在情绪上，其人格特质就是情绪化，这样的人心情好坏在脸上挂着，情绪好时和坏时在行为上表现明显不同。如果是内向爱挑剔者，他的反映最主要是自身感受，当积攒到一定程度一次性爆发，也能引起全团轰动的效果。无论内向还是外向，具有行为反映的情绪化特点。

嫌"游客"太挑剔，旅行社不爱接"教师团"

2002年暑假刚开始，南宁市一单位下属的中专学校十几位教师准备到新马泰一游，老师们在报名填表时却感到不解——接待旅行社的工作人员反复要求他们在"职业"一栏写"干部"，不能写"教师"，因为境外的旅行社不太愿意接"教师团"。

记者就此事到南宁市多家国际、国内旅行社采访时发现，旅行社特别是境外的旅行社不太爱接"教师团"是个普遍现象，原因竟是"教师团"购物太"理智"！

某国际旅行社一位部门经理笑称：不太愿接"教师团"在国内游还不十分明显，因为境外游目前团费不算高（如双飞游香港、澳门地区和新加坡、马来西亚、泰国也就二三千元），有相当一部分收入还来自游客购物。而一些导游和旅行社认为，"教师团"相比其他旅行团，购物较理智，所以境外的地接旅行社碰到"教师团"时甚至提出加钱才接。

一位常带团往海南、云南方向的导游告诉记者：尤其在旅游市场已经十分成熟（意味着购物商店也"成熟"）的景区，旅行社对"教师团"确实有点"敬而远之"。

以她做导游的经验，"教师团"购物很"会压价"，往往压得很厉害，有少数教师在行程中碰到事情"比较挑剔"。当然也有例外，广西森林旅行社的一位导游称她喜欢带"教师团"，因为教师相比之下知识较丰富，比较有涵养，导游"投其所好"，带起来就很开心。

评析：案例中教师团的"挑剔"与上文中讲的"爱挑剔的旅游者"不完全是一回事，对一些旅行社怕接"教师团"的怪现象，一些教师在接受记者采访时表示不以为然。他们认为，在旅游购物市场缺少规范的情况下，教师出游谨慎购物恰恰说明教师是成熟的旅游者。而保证教师不"挑剔"的最好办法，是双方订立规范的合同，旅行社提供规范的服务，碰到事情双方进行充分的沟通。

（2）爱独立的旅游者　这类旅游者的行为特点是：喜欢或偏爱独自行动，常常忘记自己是旅游团队中的一员，他们经常因不按时归队而扰乱了旅游团队的集体行动或耽误了大家的行程。有的时候是因为独自游玩没有别人提醒而忘记了时间，另一方面是由于自己对时间概念的淡化和行为习惯的结果。一般的人对于纪律的约束都是有焦虑的，这种焦虑引起个体的遵从行为。但独立而又敢于违反规则的旅游者多少都具有逆反心理，只是表现形式各不相同。有时候表现为激烈的对抗，有时表现为迟到。因此，他们在行为上是独来独往，在人格特质方面呈现出有主见、爱自由、逆反心理和敢于承担责任等特征。

（3）爱喝酒闹事的旅游者　这类游客的行为特点是：不喝酒行为很好，喝点酒无论是否过量总会出现行为失态，严重的走屋串巷，打架斗殴。轻一点的表现为爱说爱闹、大哭、大笑。还有的人表现嗜睡不醒。酒对神经的作用，使得在酒后人的行为表现各异。但对于喝酒闹事者的人的人格特点是喜酒、爱热闹、好交际，对于一般刺激不容易引起兴奋。喜酒是因为对酒有好感，所以才屡次喝多。虽然喝酒的原因可能不同，也可能由于喜欢劝酒的人或者是喜欢喝酒的氛围，还有的是发泄不满麻醉自己。因为酒本身常常在饭店处饮用销售，多数是群人共饮，推杯换盏，氛围热烈，所以喜酒者必然也是喜欢氛围，无论饮酒是主角还是配角，多是外向好交际的。

三、旅游者的人格结构

以上所介绍的是旅游者的人格特征，对于人格所表现的结构是什么？人格结构理论的介绍使我们了解了不同学者对人格以及人格结构的认识。对旅游者人格结构的认识，加拿大临床心理医生埃里克·博恩博士的观点具有很强的说服力。他的观点受精神分析学派的启发，把来自于本我、自我和超我的人分为了来自于儿童自我、成人自我和家长自我的人。1964年，博恩博士在其专著《人们玩的游戏》一书中提出人格结构理论认为，人格是由三种成分构成：家长自我状态、成人自我状态和儿童自我状态。每一种状态都是思维感情和行为的单独来源，在任何状态下都受三种人格状态或其一的支配。

1. 儿童自我状态

一个人最初形成的自我状态就是儿童自我状态。儿童自我状态由自然的情感、思维和行为构成。一个人按他的儿童自我状态行动时，他会想怎么干就怎么干，这叫做自然儿童自我状态；或者按他小时候所受的训练来行动，称为顺应儿童自我状态。儿童自我状态是一个人的人格中感受挫折、不适当、无依无靠、欢乐、自由和无所顾忌的那一部分。儿童自我状态也是好奇心、创造力、想象力、自发性、冲动性和新发现引起的激动等的源泉。儿童自我状态负责人们完全不受压抑的，表面可笑的行为，天真烂漫的以及自然的言行。儿童自我状态人格中主管情感和情绪的部分。人们的欲望和需要大部分也由儿童自我状态来掌管，每当一个人感觉自己需要什么的时候，他的儿童自我状态就表达了他的愿望。比如："我还没玩够！再玩会"，"我就要靠窗子那边的座位"，"我累了就不走了"等等，可见儿童自我状态表现的多是原始的，具有动机性的需要。如果一个人的儿童自我状态疲劳了或在生活中减少了，那么这个人就缺乏活力，表现刻板。

2. 成人自我状态

成人自我状态是人格中支配理性思维和信息的客观处理的部分。成人自我状态掌管理性的、非感情用事的、较客观的行为。当一个人成人自我状态起主导作用时，他接人待物比较冷静，处事谨慎，尊重别人。这种状态支配下的人，说话办事逻辑性强，喜欢探究为什么，怎么样。成人自我状态面对现实，用成人规则处理所发生的事情，表现出在社会成长中的经验、观点、推理和判断。与一个成人自我主宰的人相处，会觉得世界很公平，很讲理，也很客观。

3. 家长自我状态

家长自我状态是人们通过模仿自己的父母或其他在其心目中具有父母一样的权威人物而获得的态度和行为方式。家长自我状态提供一个人有关观点、是非、怎么办等是非信息。家长自我状态以权威和优越感为标志，是一个"照章办事"的行为决策者，通常以居高临下的方式表现出来。家长自我状态具有两面性：一方面是慈母式的如同情、安慰，另一方面是严父式的批评、命令。家长自我状态告诉人们应该怎么样，也帮助人们分清功过是非。

在一个人身上，这三种自我状态同时存在，处在协调平衡的状态，三者都在发挥作用。一个人每天都处在不同角色之中。比如既是母亲，又是女儿，还是单位员工。既是父亲，又是领导，还是儿子，是别人的二舅或大姨夫等等。角色的不同，行为方式不同。一会儿在家里，一会儿在公众场合，一会儿在自己的自由空间。地理位置不同，行为方式不同。行为方式表现出一会儿是家长，一会儿是成人，一会儿是孩子。在不同情境中，有时是儿童自我状态起主导作用，有时是家长自我状态起主导，有时是成人自我状态起主导。如果一个人长期由一种自我状态起主导作用，我们就把他看成某一种主导状态的人格的人。比如一个主要由家长自我状态支配自己行动的人，常常把周围的人都看成孩子，这样的人待人细微、关心、对安全特别重视，喜欢帮助、指导他人，善于批评教导和教诲，无私心，口头语是好孩子、听话，常拍拍别人的头、肩膀等。当然把周围人看成孩子的人给予的感情是关心和抚慰，不会动男女私情，很公正，不偏袒等。与家长自我状态人格的人相处感觉很舒服。但当一个人喜欢上家长自我状态的人格的人时，总感觉缺少点什么。其实缺少的就是儿童自我状态的自然和浪漫。以及成人自我状态的奋斗和闯劲。常处于成人自我状态的人是个理智的人。有些人认为这样的人不可爱，因为他们的人格中，关心人的家长自我状态和天真活泼的儿童自我状态都被抑制了，与人相处冷冰冰，很僵硬总按理智行事。常定儿童自我状态的人一辈子都像个孩子，永远也长不大，这种人天真烂漫，可爱顺从，喜欢玩乐，但也难以负起应该担负的责任，与儿童自我状态主宰的人游玩是个好玩伴，但做事业与有此人格的人合作很操心。

四、旅游者的人格结构与旅游行为

旅游行为是旅游活动中的吃、住、行、游、购、娱。不同人格主宰状态在不同情境中有不同展现，旅游者的人格结构影响并主导着不同的行为。现就旅游者购买旅游商品中，旅游工作者针对旅游者的人格结构进行旅游行为即购买行为的引导（即促销）来分析。

我们知道，三个"自我"是人们内心世界三个不同的"行为决策者"。"儿童自我"是一个感情用事的决策者，"家长自我"是一个"照章办事"的决策者，而"成人自我"是一个面对现实的决策者。在需要做出购买决策时，"儿童自我"

这个感情用事的决策者是最容易被各种"新鲜玩意儿"所打动的，而"家长自我"这个照章办事的决策者却常常对这些新玩意儿抱着怀疑态度。成人自我作为一个面对现实的决策者，他要负责搜集和处理现实生活中与决策有关的各种资料，而这常常是一件很费时间又很费事的工作。所以他总是很希望这份工作最好不要让他太劳神。懂得了人们是如何做出购买决策的，我们就可以说，推销所要达到的直接目标是：让买主的"儿童自我"动心；让买主的"家长自我"放心；让买主的"成人自我"省心。

为了达到这些目标，旅游工作者应该做到三件事："引起兴趣"、"打消顾虑"、"帮助策划"。设想你正在为某一旅游胜地做推销工作，当一位潜在顾客来到你面前，你应该如何做呢？首先你可以针对他那个爱玩的"儿童自我"，用形象化的语言说明你们那个旅游胜地是如何如何的好玩，他的"儿童自我"多半儿会打动。当他考虑你们的收费很高的时候，你应该意识到，他的"家长自我"出来阻拦他的"儿童自我"了，这个时候你就应该通过轻松地交谈了解他的"家长自我"，究竟想把钱花在什么地方。当你了解到他想把钱用于孩子的"智力投资"时，你就应该设法让他明白，带孩子去旅游一趟绝不仅仅是为了玩，这是对孩子进行实践教育的一种形式，印象更加深刻，行万里路读万卷书。如果他接受了这种观点，他的"家长自我"就放心了，就不会再阻拦他的"儿童自我"了。在他的"儿童自我"和"家长自我"都投了赞成票以后，他的"成人自我"开始考虑，行、食、宿、游、购、娱等方面的具体问题了。这个时候你如果能及时递上一本写得清清楚楚、让人一目了然的小册子，并帮助他精打细算一番，生意就算做成了。实践证明当买主能够"动心"、"放心"而又"省心"的时候，他就能下购买的"决心"了。

本章小结

人格在心理学中是一个非常重要的研究范畴。本章主要介绍了人格的概念、属性、形成和结构。人格理论中重点介绍了特质论和精神分析人格理论。旅游者的人格结构特征与行为中主要列举了几例特征行为者的行为并分析了其人格特征；介绍了加拿大临床心理医生埃里克·博恩的人格结构论及其在旅游学中的应用。

 实训练习

个性发现：目的是认识他人、坦诚反馈，了解自我人格。

时间：约 50 分钟。

准备：每人一张"个性特征表"，一张白纸和一支笔。

操作：指导者给每人发一张个性特征表（如表 6.4 所示），请大家详细阅读。然后研究一下，团体内其他成员每个人的个性，把你的认识记下来，对每个人可选择一种类型或选择多种（3～5种）特征。每人都写完后，指导者按顺序找出其中一人，请其他人说出对他的分析。最后由他本人发表对别人评价的感受和自我的分析。也许非常一致，也许差别很大，为什么会有差别，深入探讨一下会有很多收获。

表 6.4　个性特征表

类型	长　处	短　处	适合职业
乐天型	热切、诚恳、乐观、抱希望、富感情、优越感、感性强	冲动、浮躁、不坚定、意志弱、易怒、易懊悔	讲解员、商人、演员
易躁型	意志坚决、坚强、敢冒险、独立、敏锐	急躁、激烈、不太会同情人、易谋私利、骄傲自大、报复心强、不太会深思	将军、自同职业者、政治家
忧郁型	思想深远、透彻、能自治、信实、可靠、有天分、才华、理想主义、完美主义、忠心	抑郁、沉闷、忧愁、痛苦、多猜疑、情绪化、好自省、过分求完美、易怒、悲观	艺术家、哲学家、教授
冷静型	平静、稳定、随意而安、温和、自足、实事求是、善分析、有效率	冷淡、缺感情、迟钝、懒惰、无动于衷、不易悔悟、自满	教师、科学家、作家

（资料来源：樊富珉主编. 团体心理咨询. 北京：高等教育出版社，2005. 改编）

 思考题

1. 什么是人格、人格属性有哪些？
2. 论述并使用艾森克人格理论分析身边的人。
3. 论述精神分析的人格结构理论并谈谈你对此理论的看法。
4. 埃里克·博恩的人格结构理论是什么？如何利用此理论分析旅游者的某些行为。

第七章
旅游者的情绪和情感

学习目标

- 了解关于情绪情感的基本概念和种类。
- 了解影响旅游者情绪的重要因素。
- 理解旅游者情绪特征的表现及形成。
- 理解旅游者情绪对其行为的影响。
- 掌握调节和消除旅游者不良情绪的方法。

【开篇案例】

视客人如亲人　情暖客人心

一家入住某饭店的外国客人，因为妻子是位残疾人，再加上旅途又很疲劳，其妻子心情很不好，不肯吃饭，孩子还总哭，丈夫一筹莫展。中餐厅一位年轻的女服务员走上前去，从那位丈夫手中接过饭碗，一边耐心地用英语鼓励、安慰客人，一边又把饭送到那位固执妻子紧闭的嘴边，客人终于张开嘴笑了，服务员代替了她的亲人，一口、两口……终于喂妻子吃完了饭。这情景使那位丈夫十分感动，他感慨地说："中国服务员真好，谢谢！"事后，有人问那位服务员为什么会这样帮助他们？这位服务小姐回答说："看到这不幸的一家，我从心理感受到他们的无奈与痛苦，心底涌起了强烈的同情之心，像有一股巨大的力量推着似的要我前去帮助他们。"

启示：

服务员将客人当做亲人和朋友给予富于情感的服务，这就是一种"强有力的力量"。有了这种将心比心的感情换位，服务就不仅仅停留在规范和标准上，而是提高到超常的情感服务的水准。旅游服务人员应该将自己的感情融入到对客人的服务中去，为旅游者营造一个亲切温暖的氛围，尊重、关心、爱护客人，最大限度地给予客人真情实意，让旅游者产生"宾至如归"的感觉，尽可能为其营造一段难忘的经历。

（资料改编自：马莹. 旅游心理学. 北京：轻工业出版社，2002.）

每一个人都有自己的情绪、情感，旅游者也同样是如此。当游客在旅游过程中遇到困难时，作为旅游工作人员，如果能及时地了解旅游者的情绪、情感，并做到"将心比心"的优质服务，那将会使旅游工作水准提高到一个更高的层次。要想做到这样，就需要学习情绪、情感的有关知识。

第一节　情绪、情感概述

一、情绪、情感的概念

现实生活中有些事物使人高兴、快乐，有些事物使人忧愁、悲伤，有些事物使人赞叹、喜爱，有些事物令人厌恶、恐惧……这些以特殊方式表现出来的主观感受与体验就是情绪、情感。那么，到底什么是情绪、情感呢？"绪"字在古汉语中是"丝端"的意思，既剪不断理还乱，以此来形容情绪的复杂性。自 19 世纪以来，心理学家对此进行了很多研究和探讨，因为情绪情感具有很大的模糊性、不确定性和复杂性，所以至今仍没有明确定论。根据目前公认的看法，可以把情绪情感定义为：情绪情感就是客观事物是否符合人的需要、愿望、观点而产生的主观体验。或者是人们主观上对客观事物的态度体验及相应的行为反应，称之为情绪情感。

从这个定义可以看出，情绪、情感既是一种主观体验，也是对客观现实的反映，它所反映的不是客观事物本身，而是具有一定需要的主体和客体之间的关系，在主客体关系中不是任何客观事物都能引起人的情绪、情感体验，只有当它与人们的需要、愿望、观点联系起来的时候，才能引起情绪、情感反映。比如旅行者遇到阴雨连绵会感到失望沮丧；看到新奇的景观会兴奋惊叹；游览了祖国的大好河山后对祖国的热爱之情会油然而生！即当天气、景观、服务等符合并能满足旅游者的需要时，旅游者就会产生积极的情绪情感体验，否则就会产生消极的内心体验。

二、情绪与情感的关系

情绪和情感既是在种族进化中发生，又是人类社会历史发展的产物，二者是既有区别又难以分割的主观体验，历史上曾统称为感情。人的感情是相当复杂的，既包括感情产生的过程，又包括由此产生的体验，因此感情很难全面准确地表达这种心理现象的全部特征。在当代心理学中，人们常常使用情绪、情感两个概念来表达不同状态下人的感情过程和体验。下面从不同的侧面对二者的区别加以分析。

首先，情绪与生理需要相联系，是人与动物所共有。生理需要是人和动物为了维持自身生存和延续种族而产生的，如吃、住、睡眠、性等，饿了可以因美餐一顿而喜，渴了可以因喝到水而乐，遇到危险会惊恐不安，这些是人和动物共有的情绪。但是人和动物又有不同，人的情绪在表现形式上虽然保留着许多原始的动物特征，但人能够很好地控制情绪的表现。情感与社会需要相联系，为人类所特有。社会需要是人在社会化过程中，在社会政治、经济、文化的影响下产生的，如在求知、求美、求善需要的基础上产生的热爱科学、热爱祖国、热爱集体的情感都属于高级的社会情感。

其次，情绪具有较大的情景性、短暂性。如欣喜若狂、暴跳如雷等，往往随情景或一时的需要而发生，也随着情景的变化和时间的延续而较快地减弱或消失。情感具有稳定性、深刻性。如一个人对祖国的热爱、对英雄的崇敬、对亲人的依恋等都属于情感反映，它一旦形成往往比较持久、稳定、深刻。

再次，情绪带有更多的冲动性和外显性，并伴随着有机体的变化。如高兴时喜笑颜开、悲伤时痛哭流涕、愤怒时虎目圆睁、发愁时唉声叹气等，这是情绪的外部表现。当情绪尤其是比较强烈的情绪发生时，人的身体内部各项生理指标也会发生变化，如人在紧张愤怒的情况下，呼吸加速而短促、心跳加快、血压升高，血糖增加，肠胃蠕动和消化腺受到抑制等。而情感比较深沉、内隐。情感从表面很难观察得到，它始终在意识支配的范围内进行。

最后，在人的成长与发展中，情绪出现在前，情感表现在后。婴儿出生后就产生了情绪反映，而情感是随着婴儿与外界社会的接触慢慢发展起来的，最早的情感应该是婴儿对母亲的依恋感，以后随着个体的发展，情感的内容变得逐渐丰富复杂。

情绪和情感存在着一些区别，但两者又是互相依赖不可分割的。情感更多的表现为内容，情绪更多表现为形式，内容要靠一定的形式来表达。人的高级情感可以用鲜明的爆发式的情绪来表现，比如在战场上战士对敌人的强烈的怒火却表达了爱国主义情感。与生理需要相联系的情绪，由于社会内容的改变而改变了它原始表现形式而上升为情感。

三、情绪的两极性

情绪的两极性主要指动力性、激动性、强度和紧张度等四个方面的特征，而这些特征变化的幅度又具有两极性，每个特征都存在两种对立的状态。

情绪的动力性有增力和减力两极。一般而言，需要得到满足时产生的肯定情绪是积极的、增力的，可提高人的活动能力；需要得不到满足时产生的否定情绪是消极的、减力的，会降低人的活动能力。

情绪的激动性有激动和平静两极。激动是一种强烈的、外显的情绪状态，如激怒、狂喜、极度恐惧等，它是由一些重要的事件引起的，如突如其来的交通事故会引起人们的极度恐惧。平静的情绪是指一种平稳安静的情绪状态，它是人们正常生活、学习和工作时的基本情绪状态，也是基本的工作条件。

情绪的强度有强、弱两极，如从愉快到狂喜，从微愠到狂怒。在情绪的强弱之间还有各种不同的强度，如在微愠到狂怒之间还有愤怒、大怒、暴怒等不同程度的怒。情绪强度的大小决定于情绪事件对于个体意义的大小。

情绪还有紧张和轻松两极。人们的情绪的紧张程度取决于面对情境的紧迫感，个人的心理准备状态以及应变能力。如果情境比较复杂，个体心理准备不足而且应变能力比较差，人们往往容易紧张，甚至不知所措。如果情境不太紧急，个体心理准备充分，个体应变能力比较强，人就不会紧张，而会觉得轻松自如。

四、情绪的外部表现——表情

情绪和情感是一种内部的主观体验，但当情绪情感发生时，不仅身体内部器官有一定变化，而且身体各部位的动作、姿态也会发生相应的变化，这种变化称为表情，即情绪情感的外部表现。人的表情极其丰富，主要表现在三个方面。

1. 面部表情

面部表情是指由面部肌肉和五官的变化所表示的情绪状态。如愉快时面颊上提、嘴角上翘、面肌横伸、面孔较短；不愉快时上下眼睑趋于闭合、嘴角下拉、面肌纵伸，面孔较长。眉也是表现面部表情的主要部位，展眉表示欢欣；皱眉表示愁苦；扬眉表示得意；竖眉表示愤怒；低眉表示慈悲。嘴也参与表情动作，哭与笑是面部表情最明显的表现，哭与笑都离不开嘴的动作。在面部表情中，最值得注意的是目光的运用。俗话说："眼睛是心灵的窗户"，所谓"眉目传情"、"暗送秋波"、"瞠目结舌"、"怒目而视"等都是说明不同的目光所表达的不同情感。

面部表情中的微笑在旅游服务中意义重大，微笑意味着友善，象征着诚意，减少了不安，化解了敌意。微笑不费分文，却能给每位客人都留下美好的印象，微笑者本身没有失去什么，而接受微笑的人却获得了许多。世界上规模最大的旅游饭店之一——希尔顿酒店集团，其成功的秘诀中重要的一条就是服务员的"微笑的影响力"，希尔顿酒店是以微笑誉满全球的。该集团的董事长康纳·希尔顿到各个分设的希尔顿饭店问各级员工最多的一句话就是："今天你对客人微笑了没有？"所以，作为旅游服务人员应该牢记康纳·希尔顿的一句比喻："如果旅馆里只有一流的设备而没有一流服务人员的美好微笑，就像花园里失去了春天的阳光与和风。"

2. 姿态表情

姿态表情是指借助全身姿态和四肢活动来表达情绪和情感。例如常常用扬头表示高傲；点头表示赞同；摇头表示反对；垂头表示丧气。从全身姿态看，高兴时手舞足蹈；愤怒时暴跳如雷；恐惧时不寒而栗；悔恨时捶胸顿足；惊慌时手足失措。有些成语如卑躬屈膝、趾高气扬、正襟危坐、呆若木鸡等，都是用来形容伴随情绪情感所产生的体态变化。

在旅游服务中，对服务人员的体态动作的要求也是比较严格的，因为客人能够从服务人员的体态动作上判断他们是否友善、是否可信、是否细心、是否灵活，适度的表现可以弥补口头言语上的不足，但过于夸张就会惹人讨厌。比如，在为客人服务时，服务人员站的要直，坐的要正，走路要挺胸抬头。而不允许跑步，不要交头接耳，不要随意摸自己的脸和头发，也不要僵着身子一动不动。总之，服务员的姿态应该给客人留下美好的印象。

3. 声调表情

声调表情是指由言语的音调、音色、节奏、速度等方面的变化所表示的情绪状态。如悲哀时语调低沉，语速缓慢，语音高低差别不大；喜悦时，语调高昂，语速较快，语音高低差别较大，音色悦耳；恐惧时，音调高尖急促，声音刺耳颤抖。根据心理学家和语言学家的研究，在许多场合，"怎么说"，也就是说话时运用怎样的语气、语调往往比"说什么"更为重要。俗话说"听话听音"，比如说"这是怎么回事"这句话，既可以表示和颜悦色的疑问，也可以表示指责和鄙视。据研究，人在说谎时的音调比说真话时要高一些。在日常生活中，我们通常会觉得说话深沉的人更诚实和稳重一些。

在旅游服务中，服务人员的声调表情更为重要，虽然"谢谢"、"非常抱歉"、"欢迎再来"、"祝您一路顺风"等文明语言不离口，但有时不恰当的语调就可能摧毁这些美好语言的魅力。比如："Hello"的最后一个音节上挑意味着欢乐与希望，而降调容易被认为"我什么都不想说"甚至"我反感你"。所以，服务人员习惯使用文明语言的同时，还要研究说话的语气、语调，一般情况下，用肯定的语气说话比用否定的语气说话会使人感到柔和些，特别是在表达否定性意见时，要尽可能采用那些"柔性"的，让客人听起来觉得"顺耳"的，而不是"刚性"的，让客人觉得"逆耳"的表达方式。

人的情绪情感要通过表情来表现，了解表情，正确判断表情与心理的关系非常重要。因为在旅游服务过程中，服务人员只有运用恰当的表情，传达恰当的情感信息，才能让旅游者满意。此外，服务人员也可以通过旅游者的表情了解他们真实的心情，明其所思，知其所想，才能提供令旅游者满意的服务，而观察旅游者的表情便是一个重要途径。通常，人在不同情绪时的面部模式如表 7.1 所示。

表 7.1　人在不同情绪时的面部模式

情　　绪	面　部　模　式
愉快	笑、嘴唇朝上朝外扩展、眼笑（环行皱纹）
惊奇	眼眉朝上、眨眼
悲痛	哭、眼眉拱起、嘴朝下、有泪有韵律的啜泣
恐惧	眼发愣、脸色苍白、脸出汗发抖、毛发竖立
愤怒	皱眉、眼睛变狭窄、咬紧牙关、面部发红
情绪——兴奋	眉眼朝下、眼睛追踪着看、倾听
羞愧——羞辱	眼朝下、头低垂
轻蔑——厌恶	冷笑、嘴唇朝上

（资料来源：彭聃龄. 普通心理学. 北京：北京师范大学出版社，2001）

五、情绪、情感的分类

1. 情绪的种类

由于情绪表现的纷繁复杂，使得情绪划分成为一件比较困难的事，至今也没有统一的定论，但人们　直在不断地探讨。如我国古代著名《礼记》中就提出了

"七情"说，七情即喜、怒、哀、惧、爱、欲、恶。东汉时期班固的《白虎通》中又提出"六情"说，即喜、怒、哀、乐、爱与恶。近年来，西方情绪心理学中的一派倾向于把情绪分为基本情绪和复合情绪。认为基本情绪是先天的、不学而能的，是人和动物共有的，复合情绪是由基本情绪派生出来的。比如兴趣—愉快、恐惧—害羞、恐惧—内疚—痛苦—愤怒等。复合情绪有上百种，有些是可以命名的，但大多数复合情绪是很难命名的，这也是人们体验着某种情绪却又难以描述和表达的原因。

通常情况下，我们对情绪的分类常常从情绪的状态来进行划分。根据情绪发生的强度和持续时间的长短，可把情绪分为心境、激情和应激三种情绪状态。

（1）心境　心境是比较微弱、平静、持续时间比较长的情绪状态。心境具有弥散性，它不是关于某一特定事物的体验，而是由一定的情境唤起后在一段时间内对各种事物态度的体验。一个人的某种心境一旦发生，常常会以同样的情绪状态看待周围的一切事物，使自己的一切活动都染上某种情绪色彩，影响着人的全部行为表现。例如在舒畅的心境下，会觉得事事顺心，处处快乐。在悲伤心境中，一切都令人烦恼。所谓"情哀则景哀，情乐则景乐"，说的就是对于同一件事，不同心境的人体验是不相同的。

心境的引起有多方面原因，有时由具有重大意义的事件引起，如活动的成败、工作的顺利与否等；有时由往事引起；有时由身体的某种状态引起；自然环境也是引起某种心境的原因，如优美的自然景色、天气的好坏、温度的高低等。除此之外，每个人还有自己独有的稳定的心境，有的人经常处于朝气蓬勃的积极心境中，属于乐天派；有的人整日愁眉苦脸，属于悲观派。

心境持续时间的长短也因人、因事而异，有很大差别。某种心境可能持续几个小时，也可能持续几周、几个月，甚至更长时间。持续时间的长短在很大程度上与引起心境的事件的性质和个人的人格特点有关。如重大成就的喜悦、失去亲人的痛苦引起的情绪反应持续时间会较长，同样一件事对心胸狭隘的人来讲影响就更大，持续时间就更长；而乐观开朗的人则相反。

心境对生活、工作、学习和健康有很大的影响。良好的心境能使人更好地发挥积极性、创造性，提高工作效率，有益于健康。不良的心境则会使人消极颓废，降低工作效率，有损于健康。因此，在日常生活中，我们应当培养积极心境，防止消极心境。

（2）激情　激情是一种强烈的、爆发式的、时间短暂的情绪状态。如暴跳如雷、欣喜若狂、悲痛欲绝等。在激情的状态下，人的内脏器官、腺体和外部表现都会发生明显的变化，暴怒时，肌肉紧张、面红耳赤、语言粗犷；绝望时，目瞪口呆、面色苍白；狂喜时，手舞足蹈、振臂欢呼；悲痛时，木然不动、涕泪交加。引起激情的原因很多。首先，对人具有重大意义的突发事件可以引起激情。如重大的喜讯、亲人的亡故等。其次，对立意向的冲突或过度的兴奋与抑制也容易引起激情，如对某种痛苦忍耐过久，抑制过度，一旦爆发出来，就会成为十分强烈的、难以控制的激情。此外，激情的发生还和一个人的修养程度有关。那种缺乏教养、不讲礼貌或患有歇斯底里症的人，可以在毫无理由的情况下引起激情的爆发。

激情对人的活动、思维、生理都有很大的影响。积极的激情常常能调动人身心的巨大潜力，成为激励人行为的强大动力。而消极的激情则会使人出现"意识狭窄"现象，即认识范围缩小，不能正确评价自己行为的意义和后果，做出一些鲁莽的行为，甚至铸成千古之恨。强度过大的激情会导致身体内部各项指标发生急剧变化，可能会出现休克或猝死现象，如周瑜气急而死、牛皋狂喜而亡。有实验研究表明，人在悲伤愤怒时呼出的气体冷却变水后是浅紫色的沉淀物，若给白鼠注射到体内，白鼠会很快死亡。由此可见，控制好激情保持好健康的心态是非常重要的。

控制激情的方法有很多。首先尽量避开引起激情的环境刺激。其次是转移注意力，干一些自己感兴趣的事。再次是合理地有节制地发泄。此外，还可以借鉴前人的经验，由发怒转为发奋。如生活中遭到挫折时，受到他人讽刺嘲笑，心中不平时，要化愤怒为力量，变压力为动力，发奋图强，做生活的强者。当然，控制激情最根本的方法还在于加强思想修养。

（3）应激　应激是在突然出现的异常情况下所产生的急速而高度紧张的适应性反应和情绪状态。在应激状态下，人可能有两种表现：一种是急中生智。此时，应激引起的身心紧张，可使个体集中自己的智慧和经验，调动全身力量迅速而及时地做出决定，解决当前的紧急问题。在这种应激状态下，人的思路清晰，反应迅速，判断准确，动作有力，能够化险为夷，做出平时做不到的事情。另一种是惊慌失措。此时应激状态会导致人的生理和行为的急剧变化，心率过速，呼吸急促，血压升高，行为紊乱，动作失调，不知所措，语无伦次，张口结舌。在心理上，由于事先没有预料造成思维混乱、知觉、记忆错误，注意的转移发生困难，有些人在应激状态下，会全身发生抑制，呆若木鸡，有的人由于身体机能失调，发生休克现象。

应激由应激源、应激认知和应激反应三个要素构成。应激源是产生应激的原因。应激认知是主体对应激源及其与自身之间关系的认识、评价与判断，它起着中间媒介作用，决定着应激反应的强弱。应激反应是在应激源的作用下，个体在生理、心理和行为上所发生的一系列的变化。20世纪30年代，加拿大生理学家汉斯·塞里（Hans Selye）提出了生理反应模式，他认为应激的生理反应包括警觉、阻抗和衰竭三个阶段。警觉阶段是指有机体在受到外界紧张刺激时，会通过自身的生理机能的变化和调节来进行适应性的预防。阻抗阶段是通过心率和呼吸加快、血压上升、血糖增加等变化，充分动员人体的潜能，以对付环境的突变。衰竭阶段是指引起紧张的刺激继续存在，阻抗继续下去，此时必需的适应能力已经用尽，机体会被自身的防御力量所损害，结果导致适应性疾病。可见，应激是在某种情况下可能导致疾病的原因之一。

在现实生活中，应激是任何人都不可避免的，要抵御应激的消极影响，就必须控制其反应程度，使其保持在适宜的水平内，因为在中等强度的应激状态下，不但不会出现上述的消极表现，还会使思路清晰、精确灵敏，比如即兴演讲，可能比精心准备的效果还好；见义勇为就表现出应激的积极作用。具体做法是：控制减少那些我们主观上可以控制的应激源；平时要进行处理突发事件的能力训练；辩证达观地看待生活事件；安排张弛适宜的生活节奏；关注他人并寻求他人支持。

2. 情感的种类

情感是与人的社会性需要相联系的体验。它包含着人类所独有的社会意义，反映着人们的社会关系和社会生活状况，并对人的社会行为起着积极的或消极的影响作用。社会情感按其内容可分为道德感、理智感和美感。

（1）道德感 道德感是关于人的举止、行为、思想、意图是否符合社会道德行为标准而产生的内心体验。它属于社会历史范畴，不同时代、不同民族、不同阶级都有自己的道德评价标准。如果自己或别人的言行符合这一标准，就产生愉悦、赞美、钦佩、热爱等肯定的体验。如对自己祖国的热爱、自豪感；对阶级敌人的仇恨等。

资料 36

　　一个外籍华人郭先生住进某宾馆，因病咯血。当天下午 3 点多钟，迎宾员小吴正准备下班，看到这一情况后，立即叫了一辆的士，陪客人去看病。从医院出来时，天色已晚，医院附近没有车，小吴又徒步走了很远，为客人雇了一辆出租车士。郭先生看小吴不怕传染，扶上扶下，万分感动，硬要塞给小吴 300 元小费。小吴回答说："我们都是骨肉同胞，你是兄长，我是小弟，难道兄长遇到困难，小弟帮了忙还要钱吗？"小吴表现令郭先生非常感动。

　　点评：作为一个迎宾员职责是有限的，但小吴的服务精神是无限的。他并不是简单的迎来送往，而是寻找机会，尽可能为客人提供更多的服务。他帮助客人看病，并将客人看成是兄弟，对客人的深厚情意，感人肺腑。小吴的这种行为是高尚道德感的充分体现，由此我们可以认识到，旅游者的满意程度主要取决于服务人员的服务质量。所以，在旅行服务机构，不仅要标准化服务，更应该大力提倡情感服务，标准化是躯壳，情感化则是灵魂。

　　（资料来源：马莹. 旅游心理学. 北京：中国轻工业出版社，2002.）

（2）理智感 理智感是人在智力活动中产生的内心体验。如人在认识事物或研究问题时，对新的还未认识的事物的好奇心、求知欲；对不能理解或不能解决的问题的惊奇和疑惑；对经过努力钻研而使问题得到解决时的兴奋和喜悦等都属于理智感的表现。在旅游过程中有许多新鲜事物都会引起旅游者的好奇心，如陕西的秦始皇兵马俑、承德的外八庙及佛教文化、东海的温泉、南国的竹楼以及各景点有关的神话故事、诗文、匾额、楹联、碑碣等等，旅游者旅游的过程，就是

学习的过程，就是满足各种求知欲的过程，古人说得好："读万卷书，行万里路"。理智感是人们在认识掌握科学文化知识的过程中产生的，是人认识和探索世界的动力，其作用的大小、感受是否深刻与一个人的知识水平、职业、认知能力、主观状态等有关。

（3）美感　美感是根据一定的审美标准去评价事物时而产生的内心体验。美感既是一种主观体验，也是由客观事物引起的，包括自然景观、人类创造物、言谈举止等。旅游是一项综合性审美活动。它集自然美、生活美、艺术美为一体，集文物、古迹、建筑、绘画、雕刻、书法、音乐、戏剧、舞蹈、风情、美食等于一炉，能够最大限度地满足人们的审美需求。如：在杭州楼外楼吃"叫花鸡"时，你就不免会想起乾隆下江南的有关轶趣；在云南吃"过桥米线"时，可能会想起那个夫妻真诚相爱的动人故事；游泰山观日出时你会体验到那种自由和谐、天人合一的境界，瞬间中见永恒的了然顿悟的明净情趣等。

资料 37

过 桥 米 线

相传云南蒙自城南有一个南湖，湖光潋滟，四周苍松翠竹，风景旖旎，有一座石砌桥延入湖心小岛。岛上茂林修竹，掩映着几间房屋，环境幽静，是读书的好地方。清代当地有一位秀才为了赶考整天在岛上八角亭内苦读诗书，他的妻子每顿送饭给他吃。一天，妻子念他读书辛苦，把家里的肥壮母鸡杀了在土罐中炖，放上米线，送去给丈夫滋补身体。当时秀才正在废寝忘食地读书，她在旁坐着等候，便睡着了。半个时辰后醒来一看饭菜未动，有点生气，要把米线拿回去重新热，当她拿土锅的时候，发现土罐还烫乎乎的。喜出望外地揭开一看，原来是鸡汤表面盖着一层黄色的鸡油，起着保温的作用。秀才吃了这种美味可口的米线，十分满意。此后，在其家到小岛的途中，人们总能看到一位温柔的女子，提篮带罐送饭的情景。因为秀才妻子到岛上送饭要通过那座桥，便将这种米线取名为过桥米线。日子一久，"过桥米线"也就由此扬名。

美感还受个体的不同审美需要、审美修养所制约。对同一客观对象，不同的人会产生不同的美感。偏好观赏自然的旅游者容易被名山的险峻雄奇、幽秀丽雅之美所感染，喜欢追求文化生活和艺术享受的旅游者更迷恋具有浓郁的民族文化特色、历史悠久的人文景观等。美感还具有社会性和民族性。一个人对美的需要总是反映了一定社会关于美的标准。不同民族由于文化、风俗习惯、传统观念、所处地理环境、气候条件等各不相同形成了具有民族特点的不同的审美意识。比如：中国人视红色为喜庆色；日本人视绿色为不祥之色；比利时人最忌讳蓝色，如遇不吉之事都用蓝色做标志。再如人体美，白人惟恐美人不白；黑人惟恐美人不黑；传统的凯尔特人惟恐美人脸上不长雀斑；波西尼亚人惟恐美人不够肥

胖等。

六、情绪的理论

随着心理学的发展，关于情绪的理论研究日益丰富，出现了许多理论并存的局面。这里介绍几种主要的情绪理论。

1. 詹姆斯—兰格的外周情绪理论

美国心理学家詹姆斯（James）和丹麦生理学家兰格（Lange）提出了观点基本相同的理论。该理论的重要贡献在于，提出了情绪与机体生理变化的直接联系，强调了外周生理活动在情绪产生中的作用。认为情绪刺激引起生理反应，而生理反应进一步导致情绪体验的产生。

詹姆斯说："我们一知觉到让我们激动的对象，立刻就引起身体上的变化；在这些变化出现之前，我们对这些变化的感觉，就是情绪。"他的名言是："因为我们哭，所以愁；因为动手打，所以生气；因为发抖，所以怕。并不是愁了才哭；生气了才打；怕了才发抖。"

兰格在情绪的发生上强调血液系统的作用。他以酒精和药物为例，认为酒精和药物之所以能够引起人的情绪变化，是因为它影响了血管系统活动的结果。

詹姆斯—兰格理论看到了情绪的独特属性与机体变化的直接关系，推动了关于情绪机制的大量研究，对当代情绪理论产生了一定的影响。但他们片面地强调了植物神经系统的作用，忽略了中枢神经系统的调节作用，因此引起很多争议。

2. 坎农—巴德的丘脑情绪理论

美国生理学家沃尔特·坎农（Walter. Cannon）首先反对詹姆斯—兰格理论，并得到了巴德的支持，提出了丘脑情绪理论。这一理论的主要内容是：情绪的中心不在外周神经系统，而在中枢神经系统的丘脑，即激发情绪的外界刺激由丘脑进行加工，再由丘脑同时向上向下输送信息，向上传至大脑，产生情绪主观体验，向下传至交感神经，引起机体的生理变化，如血压增高、心跳加快、瞳孔放大、肌肉紧张等，使个体生理进入应激准备状态。即情绪体验和生理变化是同时产生的，它们都受丘脑的控制。此理论的意义在于把詹姆斯—兰格的外周情绪理论推向了对情绪中枢机制的研究，使情绪理论更加科学、合理。

3. 阿诺德的"评定—兴奋"情绪理论

美国女心理学家阿诺德（Arnold）认为从刺激出现到情绪的产生，要经过对刺激的估量与评价，同一刺激情景，由于对它的评估不同，会产生不同的情绪反应。如果评估的结果对个体有利，就会引起肯定的情绪体验，并试图接近刺激物；如果认为评估结果与自己无关，就予以忽略。

阿诺德认为，情绪的产生是大脑皮层和皮下组织协同活动的结果，大脑皮层的兴奋是情绪行为产生的重要条件。情绪产生的理论模式是：情境刺激作用于感受器，产生神经冲动上传到丘脑，在丘脑更换神经元后再传到大脑皮层，在大脑皮层上刺激情境被评估。只要情境被评估为对有机体有足够重要的意义，皮层兴奋即下令激活丘脑系统，发生机体器官和运动系统的变化。这时外周运动反应系统变化的信息又上行通过丘脑反馈到大脑皮层，并与最初的估价相结合，产生情绪体验。阿诺德的理论首次将情绪的产生同高级认知活动联系起来，开辟了情绪研究理论的新途径。

4. 沙赫特的两因素情绪理论

美国心理学家沙赫特（Schachter）认为对于情绪来说，有两个因素是必不可少的，一个是个体必须体验到高度的生理唤醒，如心跳加快、呼吸急促、血压升高、出汗等；一个是个体必须对生理状态的变化进行认知性唤醒。

为了探讨生理唤醒与认知因素对情绪的影响，沙赫特用实验加以证明。在实验中，他把自愿参加实验的大学生被试分成三组。告诉他们实验的目的是调查一种新的维生素化合物对视力的作用，但实际上注射的是肾上腺素，一种对情绪有广泛影响的激素。主试人告诉第一组，说注射后将会出现心悸、双手颤抖、脸发烧等反应；告诉第二组，注射后将会出现全身发抖、手脚发麻，不会有其他反应；对第三组说没做任何说明。接着把注射药物后的三组各分一半，其中的一半进入事先设计好的惹人发笑的愉快环境，另一半进入事先设计好的惹人发怒的环境。根据主试人观察和被试报告发现，第一组被试者没有愉快和愤怒的情绪反应，第二组和第三组被试者在愉快环境中表现出愉快情绪，在愤怒环境中表现出愤怒情绪。如果情绪反应是由内部刺激引起的生理激活的话，那么三组注射的都是肾上腺素，反应应该是一样的；如果情绪是环境引起的，那么进入愉快环境中的被试就应该表现出愉快的情绪，进入愤怒环境的被试就应该表现出愤怒情绪。事实说明，情绪是由认知、生理状态和环境影响共同作用的结果。

沙赫特的实验和理论产生了很大的影响，对认知理论和情绪的研究起到了一定的推动作用。但由于实验复杂，很难在重复实验时得出同样的结论，所以在实验的信度和效度上受到了质疑。

第二节　旅游者的情绪、情感

人的情绪情感不仅影响调节人的生理和身体状况，还调节影响着人的行为和效果。积极的强度适中的情绪情感对行为活动起促进作用，消极的情绪情感对行为活动更多的起阻碍作用。那么旅游者具有怎样的情绪情感特征？其情绪情感特征又是怎样影响其旅游行为的呢？

一、旅游者情绪、情感的特征

1. 兴奋性

从某种意义上说，旅游是人们离开自己所居住的地方，到别处去过一段不同于日常生活的生活。因此，外出旅游就给旅游者带来了一系列的改变：环境的改变、人际关系的改变、生活习惯的改变、社会角色的改变等。这种改变在给旅游者带来新奇的同时，还给他们带来情绪上的兴奋。这种兴奋性常常表现为"解放感和紧张感两种完全相反的心理状态的同时高涨"。无论"解放感"或"紧张感"其共同特征是兴奋性增强，外在表现为兴高采烈和忐忑不安。

2. 易变性

在旅游活动中，旅游者随时都会接触到各种各样的刺激源，而人的需要又具有复杂多变的特点，因而旅游者的情绪容易处于一种不稳定的易变状态。如某旅游者在北京旅游时，气候宜人、风景如画。当他怀着满足而喜悦的心情，于当天乘坐飞机飞往有四季如春美誉的昆明继续旅游时，不巧遇到阴雨连绵的天气就会产生失望、沮丧的心情。前后两种不同的景况，使其情感体验出现对立的反差，这时必然引起旅游者的情绪变化。因此，导游工作为了尽可能地满足每个人的需要，使旅游者的情绪能保持积极的状态，就必须随时观察旅游者的情绪反应。

3. 感染性

旅游活动是一种高密度、高频率人际交往活动。在这种交往活动中，既有信息的交流和对象的相互作用，同时还伴有情绪状态的交换。旅游服务的情绪含量极高，以至被称为"情绪行业"。在旅游活动中，旅游者和旅游工作者的情绪或心境，在与他人的交往过程中，通过语言、动作、表情影响到他人，引起情绪上的共鸣，使他人也产生相同的情绪，可以说你会快乐着他的快乐、幸福着他的幸福、悲伤着他的悲伤。

（1）导游与旅游者之间的情绪感染　旅游中导游讲解时的情绪如果表现出激动、兴奋、惊奇等，旅游者就会对导游的讲解对象表现出极大的兴趣；如果导游表现得无精打采、厌烦，旅游者肯定会觉得索然无味。反过来也是一样，旅游者的情绪也会影响导游的情绪。

（2）旅游者与旅游者之间的情绪感染　旅游者积极的情绪可以协调旅游过程的社会交往和人际关系。和语言相比，情绪的感染力更强烈，情绪以十分微妙的表情动作、身体语言，传递信息，达到客我互相了解，彼此共鸣。

4. 敏感性

旅游者的情绪具有敏感特征，因为他们在旅游过程中相对处于陌生的环境，对相关的情况自己不能把握控制，处于被动局面。人出于自我保护的本能就会对周围发生的一切都表现出过分的关注，自己是否得到了应有的服务、自己是否得到了公平的待遇、自己的人身和财产是否有安全保障等。如有些旅游者看见导游对某些旅游者较关注，就会怀疑自己与他人在旅游价格上是否存在差异；有些服务员在工作期间，情绪不高，阴沉着脸，旅游者就怀疑自己不被欢迎等。旅游者的这种敏感多疑性可以说是应激状态前的紧张反应，只要旅游服务人员给予热情周到的服务并且给予清晰合理的解说就可以打消旅游者的不必要的顾虑。

二、影响旅游者情绪、情感的因素

1. 客观条件是否优越

（1）旅游资源　在进行旅游观赏时，旅游者首先是从景物观赏中产生美的情感体验，获得精神的愉悦。所以，某一景区或景点的风光是否绮丽、景色是否奇特、气候是否宜人、交通是否方便以及相关实际情况是否预先告知旅行者等，对旅游者的心情起着主要影响作用。

（2）接待设施　现代旅游饭店，不仅需要高舒适度、高效能的服务设施，而且还要求有高度审美效果的室内外环境，以满足旅游者日益增长的物质生活和精神生活的需求。

（3）社会环境　旅游者到了一个地方，必然总是要审视、观察和体验所在社会的制度、结构、人情、伦理、道德、民风与生活方式等等。这些在人情世故方面的社会风尚，通常带有伦理的色彩和崇高的意味，对升华旅游者的情感和振奋旅游者的精神具有积极的作用。

2. 旅游服务是否到位

旅游服务包含着双重服务，即功能服务和心理服务。功能服务是指帮助旅游者解决食、宿、行、游、购等方面的种种实际问题，使客人感到安全、方便和舒适的服务。心理服务是指能让旅游者获得心理上的满足，即让他们在旅游中获得轻松愉快的感受，留下可以"长期享用"的美好记忆，特别是能让他们感到更为自尊、自信、自豪的服务。旅游者作为旅游企业的客人，在与旅游服务人员的交往中更需要获得优质的心理服务。优质的心理服务的要诀是什么呢？

（1）服务人员必须在旅游者心目中树立良好的形象　服务人员必须用恭敬的态度，敏锐的观察力，恰当的有声与无声语言，在旅游者的心目中树立一个富有人情味的、和蔼可亲的形象。请看下面的两种情境。

情境1：一群客人排队等着餐位，并且不断地问服务员："我们还要等多久？"反应："太太，还需要5分钟，您的餐位我们正在准备，我为您选了一个靠窗的比较安静的座位。"

情境2：餐桌服务很忙碌，需要客人久等，客人虽然没有抱怨，但还是需要等一段时间才能就餐。反应：服务员走过来对客人说："对不起，让您久等了，我理解您的心情，但还需要稍等片刻。是否可以在您的正餐准备好之前给您来点饮料？"。

（2）服务人员要做客人的一面"好镜子"　人的自我评价与他人评价是紧密相关的，一个人经常得到他人的肯定评价，他就会感到自信与自豪，相反他就会感到自卑与自贱。所以服务人员应该能为客人恰当地"扬其长，隐其短"，而且在众人面前能保护旅游者的"脸面"，在旅游者面对窘境时能帮他"巧渡难关"，如此，才能让旅游者在你这面镜子里看到最美好的自己，旅游者心理上的满足感直接影响到他们的旅游情绪。

3. 旅游者的需要是否获得满足

（1）审美怡情的需要　旅游者的旅游需要是多方面的，但实践证明，审美需要是诸多需要中的优势需要，因为爱美是人之天性，所以，在旅游活动中，旅游者主要时间都是用来鉴赏各种美的事物，如美的自然、美的艺术、美的社会事物和社会文化等。尤其是生活节律日渐加快的现代，人们经过一番紧张的工作之后，总希望避开杂乱，到优美的环境中去获得放松。

（2）拓展知识见闻的需要　旅游者出游不仅仅是为了欣赏美景，陶冶情操，更重要的是学习，增长知识见闻，俗话说：读万卷书，行万里路。通过旅游旅游者可以了解地理、历史、宗教、民俗文化、风土人情、文学艺术等等。名城风景本身是单调的乏味的，只有通过导游员精彩的讲解才会使它们变得丰富、深沉而神秘。比如当北方人初到福州，只能感受到不同的气候、异样的自然植被等，当导游介绍了福州发达的纺织业、福州拥有三宝、三把刀等，旅游者便进一步了解了福州的人文特征，增长了见识，也会因为增长了见识而产生心理上的满足。

（3）避常求变的需要　人的本能就喜欢变化，不喜欢单调，需要丰富多彩的客观刺激。人虽然都希望有安定的生活，但又厌烦一平如水、周而复始的枯燥日子。所以人总是设法投入各种活动情境以作调节，从中得到刺激和乐趣。与其他形式消遣和娱乐活动相比较，旅游的特殊作用是使人暂时改变生活环境，改变生活节奏，带来前所未有的兴奋、愉悦。所以，在旅游过程中，除了让旅游者观赏，还应安排好的活动，让他们有东西可看，有事可做，尽可能让每个旅游者都产生独特的体验。

（4）社会交往的需要　旅游者为了探亲访友、寻根问祖、结识新朋友而进行的旅游，就是社会交往需要的体现。个人、团体以至政府间的访问、公事往来、文化技术交流活动等，也都包括这种社会交往需要的成分。有些信徒参加进香朝拜的宗教活动，其内心其实也是为了与人保持接触，寻求精神寄托。一般来说，旅游中的人际关系友好、亲切、热情并得到关心，有助于满足旅游者尚未实现的社交需要，得到群体的接纳、爱和友情，从而使旅游者在旅途中保持心情舒畅。

4. 旅游活动是否顺利

（1）游览活动　在旅行游览过程中，随时可能遇到一些计划中没有考虑到的情况，即使是由于某些不可控的原因，也会使旅游者感受到挫折而情绪波动。因此，在游览活动遭遇变故的情况下，就要求导游具有非常机动灵活的处事能力和一定的预见性。只有这样，才能取得好的导游效果，得到旅游者的认可。

（2）消费活动　虽然处于不同阶段消费观念的旅游者会有不同的需求，但追求愉悦与享受也许是每一个外出旅游的人都会有的，在绝大多数旅游者的心目中，旅游应该是惬意、富有、地位的象征，旅游者会花出他们认为非常值得花出的钱。正因如此，旅游者的消费水平一般会高出他们平时在家的消费水平。旅游者也常利用旅游异国他乡的机会，购买合意的商品。对此，导游应该向旅游者介绍当地的土特产品和名贵物品，并尽可能形成满足他们消费心理的活动氛围。

5. 旅游者的身体是否良好

旅游活动需要一定的体力和精力作保证。身体健康、精力旺盛，是产生愉快情绪的原因之一。身体健康欠佳或过度疲劳，容易产生不良情绪。因此，在旅游活动的安排上，旅游工作者应该根据旅游者的特征，将活动安排得张弛相间，松紧适度，随时注意旅游者的身心状态，使其保持积极愉悦的情绪，以保证旅游活动的正常进行。

三、情绪、情感对旅游者行为的影响

1. 对旅游动机的影响

旅游动机是激励旅游者从事旅游活动的内在动力。在旅游活动中，激发旅游者喜欢、愉快等积极情绪，对增强人们的旅游动机，促使人们产生旅游行为，有着十分重要的意义。旅游者的情绪对旅游者的旅游动机还具有强化作用。这种强化功能对旅游者行为影响具有"超前作用"。预期会体验到喜欢、愉快等情绪可以增强旅游者旅游的动机，增加做出选择决定的可能；预期会体验到消极的情绪则会削弱旅游者旅游的动机。

2. 对旅游认知的影响

旅游者的情绪能影响和调节其认知过程。在旅游过程中，旅游者的需要获得了满足，产生了积极的情绪，他们就会对旅游的各项安排表示认可，并表现为积极主动、配合；不适当的消极情绪会使旅游者的意识范围变得狭窄，认知评价能力无法正常发挥，对事件和他人的评价缺乏客观标准，对个人的评价往往以"自我"为中心，或自制力减弱，遇事好冲动，心理反应过敏，喜欢猜疑或挑剔，行为上不配合团队，对外界产生抵触，无心观赏景物等，所以不可避免地会给旅游工作带来许多麻烦。

3. 对旅游活动效率的影响

从情绪的性质来讲，积极的情绪，可以激发旅游者的能力，助长动机性行为，提高旅游活动效率；而消极的情绪，则会降低旅游者的活动能力，导致较低的活动效率。因此，作为旅游活动的组织者，应尽力保证旅游者的正常情绪，除了防止消极情绪给旅游者带来减力作用，也要注意过于亢奋的情绪给旅游活动带来负面的影响。

4. 对旅游心理气氛的影响

旅游者的情绪具有一种感染功能。如果在一群旅游者当中，总有这样一个情绪恶劣的人摆出一副让人看了就觉得不开心的表情，势必会让别人不自觉地疏远他，也会影响整个团队的游览情绪。再则由于心境的弥散性特点，在旅游活动过程中，旅游者持续的快乐的情绪会给整个旅游活动都撒上一层愉快的色彩；若是情绪低落，就会对什么都提不起兴致，整个活动也就像被蒙上了一层黯淡的色调，显得乏味、无趣了。

四、旅游者消极情绪的调节方法

作为旅游企业最高的服务目标就是尽可能满足旅游者的需要，让旅游者满意而归。但实际上任何人任何事情都很难做到尽善尽美，因此，不可避免地会给某些旅游者带来缺憾，产生消极的情绪情感——挫折感。心理学认为：当一个人因

为自己的需要未能得到满足或者遇到不顺心的事情而产生挫折感时，可以采用替代、补偿、合理化、宣泄等方式进行心理调节。所以，为旅游者提供的补救性服务可以此作为心理学依据。那么，旅游服务者该采用哪些方式来调节旅游者的消极情绪呢？

1. 替代补偿法

替代是指人们在不能以特定的对象或特定的方式来满足自己的欲望，表达自己的感情时，改用其他的对象或方式来使自己得到一种"替代的"满足或表达，用来减轻以至消除自己的挫折感的心理调节方法。补偿是指某人在生活的某一方面的需要无法获得满足而产生挫折感时，到其他方面去寻求更多的满足，使自己得到补偿的心理调节方法。俗话说："失之东隅、收之桑榆"是对补偿法的最好诠释。当旅游者由于服务的缺陷而感到不满意时，服务人员要让旅游者得到某种"替代的满足"或者得到某种应有的补偿，以此来消除旅游者的不满意。

（1）努力满足旅游者的需要　服务人员应该尽最大努力满足旅游者的需要，在不能完全满足旅游者的需要时，要征求旅游者同意，采用其他的方式去满足他们的需要。

资料 38

　　在一家餐厅门前，一位身穿游泳衣的男士一定要进餐厅吃饭，被服务员阻拦，因为到餐厅用餐不能衣冠不整，所以，服务员请客人换了衣服再来餐厅，但客人不同意，说过一会还接着游泳，换装太麻烦。这时，服务员并没有完全拒绝客人的要求，而是采用变通的方式满足了客人需要："先生，您能不能先点餐，我们过几分钟给您送到游泳池去？"

　　点评：上述处理问题的方式，既没有破坏规矩，又满足了客人需要。有时客人来了，房间还没有收拾好，可以请客人到咖啡厅小坐。或者机票未能按时买到，导游员可以增加一个景点，带客人去看看。总之应该及时给予客人一点替代的满足。

　　（资料来源：吕勤等. 旅游心理学. 广州：广东旅游出版社，2000.）

（2）对那些觉得吃了亏的客人，应该设法让他们得到补偿。

资料 39

　　一次，一个日本旅游团由于饭店预定记录出了差错，客人到达时没有吃上晚餐，日本领队大发雷霆，怒气冲天。第二天，饭店经理亲自出面宴请客人，表示了歉意。在经济上给予客人适当的补偿，让客人变不满意为满意。

（3）在功能服务有缺陷时，可以通过心理服务使客人得到补偿。

资料 40

　　有一个台湾地区来的旅游团，一路上出了许多问题，误机误餐，乘坐软卧列车，空调又坏了，旅游者怨声载道。到北京时，换了一位"十佳导游"接这个团，他看到客人一个个都怒气冲天，就想办法寻找话题，给客人一点心理上的满足。

　　他走到一位中年女士面前，和气地问道："太太，您是从台湾什么地方来的？"女士回答："小地方，说了你也不知道。""您说说看，也许我知道呢。"女士说了她家乡的名称，果然是不知名的小地方。但这位导游员知道，而且知道那儿的风俗，那儿的名产，那位女士一听导游员十分了解自己的家乡，就很兴奋地与他攀谈起来。旁边的一位先生也参与进来："那您知道我的家乡吗？"导游员说起那里的一个著名的亭子，并且背诵了上面的一副对联，背的一字不差。于是，车内气氛缓和，感情融洽了。趁着这良好的气氛，导游员不失时机地说道："女士们、先生们，我真是十分感动，各位一路上遇到了许多麻烦，却仍然毫无怨言，情绪饱满。我想，在北京一定要让大家玩好。"旅游团在京期间，这位导游尽职尽责，努力满足客人的各种需要，不仅化解了旅游者的不满，还赢得了旅游者的赞誉。

　　（资料来源：吕勤等. 旅游心理学. 广州：广东旅游出版社，2000.）

2. 合理认知法

　　合理化就是指寻找理由进行辩解。当人们遇到自己不愿意接受而又不能不接受的事情时，用一种解释，使这种无法接受的事情"合理化"，为自己找到一个借口进行辩解，以达到心理平衡。当旅游者遇到不顺心的事情时，服务人员应该引导他们往好处想，在服务有缺陷而使旅游者感到不满意时，也要让他们知道这并不是服务人员不愿意为他们提供更好的服务，事实上服务人员已经尽心尽力了。能够让旅游者觉得服务工作中的缺陷是"可以谅解"的，如此，就能减轻或消除他们的不满情绪，使他们对服务人员表现出合作而不是对立的态度。

　　（1）当旅游者遇到不顺心的事情时，努力将坏事变好事。

资料 41

　　在一次旅行中，旅游者要去尼泊尔，由于客观原因，不能按照原计划从泰国首都曼谷直接飞往印度加尔各答，而必须改飞盂加拉国首都达卡再转机。导游尽可能鼓起旅游者的情绪："这样就意味着多游一个国家，在各位的日记本和相册上，除了印度，还可以加上盂加拉国的见闻。"

　　有一次，在旅行车上，坐在前排的两位女士看到街上有一只黑猫穿过，同时大声叫道："你们看见了吗？一只黑猫，真倒霉！"导游员拿起话筒说："别担心，下午看到黑猫没关系，上午看到黑猫才有可能是不吉利的，而且看见从左向右跑的猫才不吉利，这只是从右向左跑的，因此，不必害怕。"导游员没有权利反对旅游者的迷信行为，但又不能影响旅游团体的情绪，所以，尽管自己并不清楚也不同意迷信的说法，但仍然要引导他们向好的方面想。

　　（资料来源：吕勤等. 旅游心理学. 广州：广东旅游出版社，2000.）

　　总之，任何事物都具有多面性，都可以有不同的解释，作为旅游服务工作者要善于挖掘有利于旅游者保持好心情的一面。比如晴天，可以说："今天风和日丽，正是出游的好天气。"如果遇到下雨，就说："今天的去处十分幽静，在雨中游览别有一番情趣。"游长城时，下起了大雪，就说："前几天有一个旅游团的游客就盼着看长城的雪景，各位一到，天降瑞雪，在雪中看长城，无比壮观。"等等。

　　（2）当实在无法满足旅游者的需要时，要设法取得客人的谅解。

　　在某一旅游旺季，导游员领着一个旅游团到某宾馆，有一位客人非要住单间，但实际上已经没有单间了。导游员跑前跑后，竭力交涉，恳求对方腾出一个单间，忙的满身大汗，虽然最终并未谈成，但赢得了客人的谅解。

　　导游员陪同一个外国旅游团在友谊商店购物，一位游客想买斗笠，但商店里没有卖的。回到饭店后，导游员与各个旅游商店联系，但都没有货。最后，导游员打听到旅游团行程中的一个江南小城有卖斗笠的。这样虽然不能让客人马上买到斗笠，但当客人了解到这一切后，还是十分感激这位导游员的。

　　启示： 要让旅游者知道这确实是由于客观条件的限制，而不是服务人员不愿意为他效劳。

　　（资料来源：吕勤等. 旅游心理学. 广州：广东旅游出版社，2000.）

3. 消极情绪宣泄法

　　宣泄法是将自己不能得到充分流露或发挥的情绪情感、力量加以释放、疏导，以平衡心态的调节方法。当一个人处于困境时，可以跟朋友海阔天空的神侃，会感到宇宙天地之浩荡，个人得失荣辱之渺小，从而缓解紧张、发泄怒气，使烦躁的心平静下来；一个人还可以将自己的不快、怨气直接诉说，以获精神解脱。所以，当由于旅游服务的缺陷而使旅游者不满时，服务人员应该给客人提供宣泄不满情绪的机会，让他们"出了气再说"或者"出了气再走"。因为客人表示他有气，并不等于他已经出了气，通常只有客人叙述完受挫经过后，才能将一肚子气撒出来，也只有当客人将怨气全部撒出来，其情绪才会平息，客人才会接纳补救性措施，才能切实解决旅游者的实际问题，让旅游者满意而归。

让旅游者宣泄消极情绪时应注意两点，一是不要让有气的客人当着其他客人的面"出气"，更不能让许多不满的客人在一起宣泄，要尽可能让有气的客人"分别出气"或"单独出气"。二是在客人出气时，不允许客人采取过激的行为，但要容忍他们某些过激言辞，应该相信客人出了气后，态度就会有所改变。

本章小结

旅游者的情绪情感会受到来自旅游活动中方方面面的影响，包括旅游资源、接待设施、社会环境等客观条件；旅游者的需要是否获得满足；旅游活动是否顺利；旅游者的身体是否良好等。旅游者的情绪有特殊性，表现为兴奋性、感染性、易变性和敏感性。旅游者的情绪对其行为有很大的影响，表现在对旅游者的旅游动机有增强、减弱的功能，对旅游者的认知和活动效率有促进或阻碍作用，对旅游团队的人际关系和心理气氛有很强的感染作用。调节旅游者情绪的方法主要有认知法、补偿法、宣泄法、注意法力转移法和自我安慰法等。

 **实训练习**

分析下面案例，你喜欢哪一种服务？为什么？

[例1] 一位客人入住某某房间，服务员引领到房门前，替客人打开房门，拉开窗帘，打开窗户。未满两分钟，一位面带甜美微笑的服务员端进两杯刚沏好的茶，轻轻放在茶几上，亲切地说："您一路辛苦了，请用茶。"话音未落，另一位有着同样甜美微笑的服务员亲切的说："我给您介绍一下，洗澡水24小时供应，向左边旋转是热水，向右旋转是凉水。您一定累了，请休息一下，有事请随时吩咐。"说完两位姑娘悄然而去。

[例2] 客人在前台登记后，按照服务员告诉的房间号，去了该住的楼层，走到该住的房间门口。这时，楼层值班员拉长声音问到："多少号？"她接过客人手中登记的住宿单，用审视的眼光扫了一眼之后，毫无表情地把房门打开，一言不发，转身就走了。

思考题

1. 什么是情绪情感？二者有何区别？
2. 情绪情感的种类有哪些？
3. 旅游者的情绪情感特征有哪些？了解其意义是什么？
4. 影响旅游者情绪情感的因素有哪些？
5. 情绪情感是如何影响旅游者行为的？
6. 调节旅游者消极情绪的方法主要有哪些？

第八章
旅游审美心理

💡 **学习目标**

- 熟悉审美心理学中审美、美感、旅游审美的概念。
- 了解现代审美心理学的流派观点。
- 理解并运用审美心理要素。
- 学会引导游客审美的方法。
- 了解美感产生的心理原因以及影响游客的审美过程，构筑美感旅程。

【开篇案例】

个　园

　　扬州个园以假山堆叠精巧而闻名于世，它运用不同的石头，分别表现春夏秋冬景色，号称"四季假山"。入园后，春景选用石笋插入于竹林中，竹与笋，气节与成长，着重雨后春笋映竹林，竹静笋益生，竹挡风来笋拔节的春情；使人有风来梳竹，风过而竹不留声之感，夏景于荷花池畔叠以湖石，荷叶绵延微波漾，绕过湖石起清凉，夏日的炎热，荷花池畔的微波叠起的倒影，传递了清幽，又有雁度池潭，雁过而潭不留影的静谧。过桥进洞似入炎夏浓荫；体现秋景的是坐东朝西的黄石假山，峰峦起伏，山石雄伟，登山俯瞰，顿觉秋高气爽；冬景采用雪石堆叠的雪狮图如隆冬白雪。透过冬山西墙圆形漏窗，又可窥见春晖融融的春山，体现了前呼后应的构筑匠心。个园假山有如此精巧的布局和艺术魅力，无怪人们会在这里产生游园一周，如隔一年之感。个园的四季假山，可以说是概括了所谓"春山淡冶而如笑，夏山苍翠而如滴，秋山明净而如妆，冬山惨淡而如睡"的画理。个园以"时景是命题，春山是开篇，夏山是铺展，秋山是高潮，冬山是结语。可称章法之不谬。"假山在亭台楼阁的映衬下，更显得古朴典雅，纲遒雄奇。园中的宜雨轩、抱山楼、拂去亭、住秋阁、漏风透月轩，与假山水池结合而成一体。登山环顾，飘飘然矣，山幽、花艳、竹俏。雾中看花，红红晕晕；雾中看山，朦朦胧胧；雾中看竹，影影绰绰，雾中品位仿如人间仙境，到此一游，如历仙山琼阁也。

思考：作者是如何欣赏个园的美的？

启示：

外在美的感受是需要心中的美来增添活力和生命的。

第一节 旅游审美心理概述

旅游就其本质来讲，是对自然、艺术和社会美的追求和体验。美学是一门博大精深的学问，而审美心理学是从心理学的角度和观点去剖析审美历程的科学。旅游审美心理是就旅游这一特定活动中旅游者、旅游工作者的审美心理的研究，分析其特定规律和特点，为旅游工作者的审美引导工作提供依据。

一、旅游审美心理学

旅游审美心理学是研究在旅游活动中的旅游者、旅游工作者审美心理活动规律的学科。旅游活动是有形的活动，如吃、住、行、游、购、娱。旅游审美主要是在游这个环节上，其他环节尽管也有审美和美感的产生，但其主要目的是追求实用价值。旅游者和旅游工作者在审美活动中角色不同，所起的作用也不同。审美不同于美感，前者是过程而后者是结果；审美是动态的对美的识别、接受、领悟和融化的过程，而美感是在审美过程中的内在体验。旅游审美是旅游活动中的一项隐性的旅游者购买商品，它和花钱买享受具有同样的道理，即在花钱买门票的同时所实际购买的是美景所带来的美感，但并不是每一个旅游者都能意识到，美感对于意识不到的人也有收获，但对于追求美感的人收获更大。

二、旅游审美心理的特点

旅游审美心理特点是指在旅游这一特定活动中旅游者、旅游工作者审美活动所具有的特殊性。旅游审美主体是旅游者和旅游工作者，其特点分为两方面论述。

1. 旅游者审美特点

旅游者游览过程中的审美分为自然审美历程和被动审美历程。所谓自然审美历程就是旅游者自己观赏时的审美过程。在自然审美过程中，旅游者自身的心态、知识文化和艺术倾向影响美感的产生以及产生的程度。被动审美历程是指在旅游工作者（导游员）引导下的审美历程。在被动审美过程中，旅游者的知识文化、艺术修养和联想力影响着旅游审美历程。总之，旅游者的美感的产生依赖于旅游工作者的引导和自身的审美心态。

2. 旅游工作者审美特点

旅游工作者的审美历程可分为"潜在审美经验"和"引导审美历程"。所谓潜在审美经验是指储备在旅游工作者景点介绍台词里的内在美感经历体验。潜在审美经验与旅游工作者自身的文化素质、艺术涵养和准备的景点知识有关系。对于一个没有文化的旅游工作者只是死记硬背美丽景色的台词，就好比初学钢琴的人脑子里的谱曲音符，只是符号没有情感内涵。但对于一个艺术修养高，而又博学多才的旅游工作者来说，同样的符号会蕴涵着大量的信息和情感在内。引导审美历程是指旅游工作者口头语言对实际景点描述中所蕴涵的美感过程。"引导审美历程"与旅游工作者的语言，即语音、语调、语速有关，还与选择的词汇和表达的人的整体容貌有关，也与语言所描绘的实质和景点的结合程度及旅游工作者态度的热忱程度有关。旅游工作者的审美特点是"潜在审美经验"基础上的"引导审美历程"特征所决定的语言、心态，即用语言和心态来感染游客的旅游工作者审美历程。

三、审美心理学建设的回顾

旅游审美心理是审美心理的一种。中国美学的发展自 20 世纪以来，经历了巨大的起伏和波折，形成了两次研究热潮，第一次发生在 20 世纪 20～30 年代，第二次是在 20 世纪 80～90 年代。尤其在 20 世纪 80～90 年代形成了蔚为壮观的研究局面，成为百年中取得突破性进展的一个重要方面，对我国现代美学的建设起了有力的推动作用。中国审美心理学的发展是在西方美学思想的直接影响下起步和形成的。

1. 西方美学史上对于美感起源的探索

西方美学史上对于美感起源的探索大致有如下几种观点：第一种，以柏拉图为代表，认为美感是"神赐的迷狂"；第二种，夏夫兹博里认为美感是人的"内在感官"对事物的感觉；第三种，亚里士多德的观点是，认为美感是对美的事物的模仿或反应，或来自于对客观对象的感觉，或是客观事物的美在感官中的反映（人像照镜子一样在对象上看到了自己的生活）；第四种，认为美感是人的生命力量的表现或投射。而以"移情"说、"心理距离"说等为代表的近代心理学、美学。

2. 20 世纪 20～30 年代的审美心理研究成果

20 世纪 20～30 年代的审美心理研究成果对中国现代美学的开拓作用和主要贡献，主要体现在两个方面。首先，它追随当时世界美学发展的新思潮、新趋势，引进和介绍了西方现代心理学美学的新观念、新学说、新方法，从而扩大了中国美学的研究视野和领域，促进了中国美学理论结构和观念的变化。其次，它试图把西方现代美学特别是心理学美学的观念和方法，与中国传统美学观念以及传统艺术实践经验结合起来。不论是用中国传统美学思想和艺术实践经验去说明西方美学观念和学说，还是用西方美学观念和学说来阐释中国传统美学的观念、概念和范畴，这些探索对于中国美学包括审美心理研究迈上中西结合的道路都起了开创作用。

3. 20 世纪 80 年代在中国兴起的"美学热"

20 世纪 80 年代在中国兴起的"美学热"中，除了大量翻译和评介西方当代心理学、美学思潮和流派的代表著作之外，大批研究成果接踵而至，不仅见解纷呈，呈现出学术争鸣的局面，而且新意迭出，表现出勇于探索的精神。

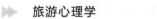

4. 20 世纪 80～90 年代的审美心理研究热潮

20 世纪 80～90 年代的审美心理研究热潮与 20 世纪 20～30 年代的审美心理研究热潮既有联系，又有区别。前者对于后者是继承中的发展、吸收中的创新、接续中的跨越。这种发展、创新和跨越，使 20 世纪 80～90 年代的审美心理学研究表现出如下的重要特点。

（1）研究范围十分广泛，视野非常开阔　美学家、文艺理论家和心理学家等从不同角度、不同层面，对审美经验的性质和特征、审美心理的结构和过程、审美心理的各个要素及其相互关系、艺术创作和审美欣赏的心理过程及各种特殊心理现象、艺术家的创造力和个性心理特征、中西审美心理学思想中的基本理论和范畴等，都做了十分有益的探讨。过去的理论禁区被一一冲破，几乎所有与审美心理和审美经验有关的领域和问题都被涉及了。国外审美心理学的最新发展及其思想成果，都迅速在我国审美心理研究成果中反映出来。

（2）研究深度不断深化，在一些重大理论问题上取得了突破性进展　纵观从20 世纪 80 年代中期到 90 年代中期已出版和发表的审美心理研究成果，不仅涉及的问题越来越广泛，而且对问题的分析和阐释也越来越深化。在充分占有资料和进行创造性思维的基础上，一些重要理论问题的探索取得新的进展，从而使我国的审美心理学研究从整体上提高到一个新的水平。如关于审美心理结构和美感形成的中介因素问题，先后有各种新说问世，大大深化了对这一问题的认识。其中关于审美心理形成的特殊机制的探讨及各种学说的提出，对于揭示审美心理的内在奥秘，无疑是一个新的贡献。

（3）广采博纳，力图兼收古今中外各种理论之长，形成自己的见解和体系如果说 20 世纪 20～30 年代出版的审美心理研究著作，主要还是从西方美学某一个或几个理论观点出发来建构自己的体系，那么 20 世纪 80～90 年代出现的大批审美心理学著作，则摆脱了这种局限。许多著作虽然注意吸收当代西方心理学美学各种流派的学说，但又不只是把自己的立论局限于某一流派的某一学说的基础上，而是立足于审美和艺术的实践经验，借助各种观察和实验资料，兼收中西美学各种理论之长，加以融会贯通，拿来为我所用，以形成自己的见解和构建自己的体系。可以说，这是中国审美心理学建设逐渐走向成熟的一种表现。

（4）研究方法日趋多样化，跨学科研究进展迅速　在审美心理研究中，除了思辨的方法和逻辑的推理之外，各种经验的方法和实证的研究也都受到重视。虽然人们对于审美心理学和普通心理学的联系与区别还有不同看法，但许多审美心理学著作仍然引入了心理学常用的各种方法，并把它们同作品分析、创作经验分析以及作家艺术家传记分析结合起来。一些研究者把系统论、控制论、信息论的某些原则和方法运用于审美心理研究，取得了良好的效果。多数研究者认为审美心理研究应发展成为跨学科研究，并且进行了成功的实践。这一切都为审美心理学的发展注入了新的活力。

审美心理区别于一般心理的特殊性质和规律，表明审美主体、审美经验研究既不能不靠心理学，又不能单靠心理学。只有运用哲学、心理学、思维科学、语言学、符号学、社会学、文化人类学、艺术理论、艺术史、艺术批评等多学科的理论和方法，对审美主体和审美经验进行全方位、多角度的考察和研究，并使之互相联系起来，才能使审美经验的研究得到拓展和深化，才能使审美心理学研究有新的突破。另外还要求更多地吸收现代科学的新成果，使审美经验研究更多地奠基于现代认知心理学、神经生理学、大脑科学以及人工智能等现代科学的最新成果之上。这样才能有助于审美经验内在发生机制的研究，促进审美心理学的创新和发展。

四、现代审美心理学的流派

旅游审美心理是旅游活动中审美历程的反应，对于美感的产生、经历、体验，不同学派分析的角度不同，观点不同，这些观点完善了人们对于审美的认识，同时也是人们对于理解旅游者、旅游工作者审美体验的理论源泉。

1. 精神分析学派观点

精神分析学派的创始人弗洛伊德对产生审美经验的根本动力做了这样的描述，认为审美经验的源泉和艺术创作的动力均存在于无意识领域中，也就是本能和欲望，这些本能和欲望主要是性本能。由于本能和欲望不被社会所接受，它不得不寻找为社会所接受和赞许的方式表现出来，这就是升华。艺术想象就是一种升华，艺术创作如乐曲、绘画等是本能和欲望的冲动，在不能得到满足时，而转化的一种力量即为想象性的创造。艺术作品让创造者满足了隐性的欲望。本能欲望的替代性满足，会在相当一段时间内使人在那种现实中追求满足的冲动减缓，起到一种净化作用。人在艺术品中得到的慰藉，由于涉及个人的深层的无意识心理，因而审美者本人并不知道自己的美感与性欲之间的关系，沉浸并交融于自己的作品之中，艺术品和其他审美对象赋予人的真正得到满足的快乐，是美之所以美的源泉，是艺术品真正艺术之所在。

弗洛伊德的学生荣格反对老师关于性本能决定艺术创造的观点，他提出"集体无意识"学说。他认为"集体无意识"是人类个体中的深层心理结构：这种结构整合了人类遗传史中沉淀的生物的、社会的、理性与感性的经验组织，存在于每一个人的脑中。荣格认为：审美经验和艺术创造取决于人类的集体无意识，美感来源于艺术幻想，幻想来源于集体无意识中的神话原型和意象，来自人类心灵深处，它们像是来自人类史前时代和原始经验，通过遗传存在于个人的无意识的最深层。当审美对象能够唤醒、触发或符合了审美主体中深藏的集体无意识的原始经验或意象时，才产生美感。因此美感是一种感应，是当前事物触发了深层次的原型而焕发出来的一种感受。这一理论阐述了旅游者和旅游工作者自然审美历程的源泉。这种源泉是一种隐形的，面对美的事物是否产生美感，美感产生的深度、不同人之间的美感的区别等似乎有了个模糊的解释。

2. 格式塔心理学派的"异质同构"说

格式塔心理学派是 20 世纪新兴起的、具有广泛影响的心理学派。关于审美体验，这个学派提出了一种独特的学说，即"异质同构"说。世界上所有的事物都具有两种属性，一种是物理性，一种是表现性。在格式塔心理学派看来，审美体验就是对象的表现性及其力的结构，与人的神经系统中相同的力的结构的同型契合。按传统的说法，所谓表现性，就是指通过人的外表和行为的某些特征，可以把握到人的内在情感、思想和动机，或者简单地说，人体的外观和行为，表现了人的内在情感生活。脸部的状貌表征，肌肉的活动节律，步态的样式特点，手势的独特意味，以及人体别的运动的张力和韵律，都具有表现性，即都能表现某个人内在的心理状态、精神气质及性格特征等。同时又认为这种表现性不限于人的躯体动作，包括人的穿戴方式、整理房间和掌握语言的方式，以及某人所喜爱的东西的花色品种，某人赋予绘画、音乐、墨迹的意味，他喜好的游戏，他对戏剧角色的独特解释等等，都能暗示出一个人的人格或临时的心境来，都具有表现性。

如果说传统的理论着重在人身与心灵的联系上来理解表现性的话，那么，格式塔心理学派的理解就远远超出了上述范围。他们特别重视无生命事物所传达的表现性，如季节、山脉、云彩、大海、小溪、枝条、花朵等等，它们在不同条件下变化出来的表象，都传达了自身的某种内在的状态，都具有表现性。如中国古诗中说："春山淡冶而如笑，夏山苍翠而如滴，秋山明净而如妆，冬山惨澹而如睡。"就是通过大自然的季节的变化给山水带来的状态与人的内在情感生活的联系，从而沟通了自然与心灵这两个不同的世界，传达出了人的情感生活的跌宕起伏的变化。格式塔心理学派却用异质同构性原理来解释此种自然与心灵相沟通的现象。他们认为，世界上万事万物的表现，都具有力的结构，"像上升和下降、统治和服从、软弱与坚强、和谐与混乱、前进与退让等等基调，实际上乃是一切存在物的基本存在形式"。他们的基本观点是，物理世界和心理世界的质料是不同的，但其力的结构可以是相同的，当物理世界与心理世界的力的结构相对应而沟通时，那么就进入到了身心和谐、物我同一的境界，人的审美体验也就由此境界而产生。譬如，春山（物理世界）与人的"笑"（心理世界）虽然是不同质的，但它们的力的结构是相同的，即都属于"上升"的类型，因此，"春山"与"笑"就是异质同构关系，它们之间的联系与沟通，产生了"春山淡冶而如笑"的美好诗句，给人以审美的快感。再如柳条下垂（物理世界）与人的悲哀（心理世界）虽然是不同质的，但其力的结构则是同型同构的（都是由高到低），这样，当下垂的柳条呈现在人的面前之际，它的力的结构就通过视觉神经系统传到大脑皮层，这就与人的神经系统中所固有的悲哀的力的结构接通，而达到了同型契合，于是内外两个世界产生了审美的共鸣。从以上的分析中，我们不难看出，格式塔心理学派的"异质同构"说力图要证明的是以下两点：第一，物理世界所具有的某种力的结构和表现性，是对象本身的客观物性，既不是人们靠"联想"赋予的，也不是凭"移情"而获得的。第二，物理世界与心理世界的力的结构是不同质的，但可以相互对应、沟通、同一，从而达到内外两个世界的同型合一，并从这种同构关系中产生诗与美。

中国古人对内在与外在两个世界的异质同构现象作了大量的描述。例如陆机在《文赋》中说："遵四时以叹逝，瞻万物而思纷。悲落叶于劲秋，喜柔条于芳春。心懔懔以怀霜，志渺渺而临云。"在这段话中，就分别把属于物理世界与心理世界的落叶与悲凉、柔条与芳心、寒霜与畏惧、云霞与亢奋，一一对应起来，是典型的异质同构。当马致远吟出《天净沙·秋思》时，他实际上已经在枯藤、老树、昏鸦、古道、西风、瘦马、夕阳和断肠人这些极不相同的事物之间找到了共同点。这些暗喻手法的运用就是以异质同构为基础的。它的作用就是要透过客观事物的外壳，将那些除了表现性和力的结构相同，而其余都不相同的事物联系、对应、沟通起来，并从中引发出诗意。尽管我们的古代诗人并不知道什么是暗喻和"异质同构"，但他们却不自觉地在他们的诗篇中充分地运用了它。例如杜甫的《野望》："清秋望不极，迢递起层阴。远水兼天净，孤城隐雾深。叶稀风更落，山迥日初沉。独鹤归何晚，昏鸦已满林。"这是一首写深秋傍晚旷野景色的律诗。诗中并未直抒肃寂凄清，但肃寂凄清之情自见。那么这种艺术效果是怎样达到的呢？拿格式塔心理学派的观点看，这就是诗人不自觉地运用了异质同构的原理。近景中的孤城、落叶、独鹤、昏鸦，远景中的远水、迥山、沉日，跟诗中暗含的肃寂凄清之情，虽然质料完全不同，但它们的表现性和力的结构却是相同的（其样式是下降、软弱），这样诗中的"物""我"同构契合，主体与客体交融统一，读者也就在这种契合、统一中获得审美的愉悦。这就不难看出，诗人天赋才能之一就是他能寻找并发现情感的同构物、对应物。他发现的同构物、对应物越多、越独特、越微妙，他就越是一个诗人，他的诗也就越能给读者提供美的享受。

启发： 旅游者置身于如上所述的诗词文化所描绘的美丽景色中，旅游资源的物理世界展现给旅游者的与旅游者在导游的引领下心灵世界所感受的同形契合，美感产生，导游的引领成为两个世界的门户。

为什么农民们一听到布谷鸟的叫声都会觉得像音乐，觉得它美妙动听，心里产生一种难以言传的愉快呢？这不能单纯地从生理的方面去解释，因为还有许多别的更动听的鸟鸣，并不能唤起他们如此强烈的愉快感。原来布谷鸟所以特别讨农民们的欢心，是因为它一年又一年地向农民宣告了春天的到来，耕耘季节的到来，宣告了漫长冬日的结束。这就是说，布谷鸟的叫声（外在世界）在长期的生活实践中已化为美好的象征符号，而农民听布谷鸟叫时的愉快感也就渗透、积淀了长期生活实践所含的意义，这样，布谷鸟叫声（物理世界）与农民的愉快感（心理世界）才相互对应、沟通，才产生了和谐的异质同构关系。旅游者自身的经历与美感的产生又何尝不是这样呢。

第二节　旅游审美心理要素

审美是指对美的事物的接受、识别、理解和体验的过程。审美的最终目的是产生了美感。美感是一种特殊的体验，是一种复杂而又单纯的伴有理性参与的感受。复杂是因为任何程度的美感的产生都与主体自身对美的理性认识有关，都是当前事物与主体真实的认可相符合。简单是因为任何美感的产生其核心的感受都是和谐快感。人们在欣赏人与事物、景色的描述中常用柔美、秀美、娇美、俊美、健美、甜美、艳美、幽美、凄美、壮美、精美、甘美、鲜美、完美、和美、遒美、肥美、粹美、华美等词汇，真是美不胜收、美轮美奂。一位导游员领着大家蹦着跳着跑向草原深处的花海，站在花边招呼着大家说："看！随我看"，她手指向天空，天空那空明澄净的蔚蓝色！看那几片薄纱似的轻云，平贴在空中。快看这一片，犹如一个女郎，穿着件绝美的蓝色夏衣，看那颈间，还围绕着一条很细很轻的白纱巾。她活泼的表情，动情的描述，恰当的比喻，配着这天高云淡，花香四溢的平丘草甸，让旅游者立刻沉浸并融入自然和谐的愉悦中。审美心理的产生是对美的事物的接受、识别、领悟和融合的过程。在这里我们用审美感知、审美想象、审美理解、审美情感四个过程来阐述。

一、审美感知

感知是产生美感的基础但有时也是产生美感的原因。感觉是人通过感觉器官对客观事物的个别属性的认识。知觉是在反映事物个别特性的感觉的基础上，对客观事物多种属性的整体的认识。客观事物自身具有多种多样的感性状貌，如各种色彩、声音、形状、硬度、温度等。知觉以感觉为基础。要知觉一朵红花，必须首先感觉到花的颜色和形状、姿态等个别特征，感觉到的客观事物的个别特征愈丰富，对该事物的知觉也就愈完整。审美感知和其他形式的认识活动一样，必须以对审美对象的感知为基础；只有通过感知，审美主体把握了审美对象的各种感性状貌，才可能引起审美感受。审美感受中其他一切更高级、更复杂的心理现象，如想象、情感、思维等，都是在通过感知所获得的感性材料的基础上产生的。在各种感官中，主要是视、听两种器官发展成为审美的官能。视觉、听觉就成为审美感受的两种主要官能，形成"感受音乐的耳朵、感受形式美的眼睛"。所以引导游客"看景"，把看不到的景色用生动的描述让游客"听景"是最主要的让游客感受美的过程。

同时人的知觉特性中：整体性、恒常性、选择性、理解性在审美感知中依然存在。如选择性：人总是有选择地以少数事物或事物的某些方面作为知觉对象，对它们知觉得格外清晰。这种选择性随着人们长期的经验和习惯固定下来，并经常处于不自觉的状态之中。在审美中，知觉经常充分停留在对象本身上面，让对象本身的现实的感性形态获得充分的注意和观察，让对象的形体外貌、形式结构、色彩线条获得充分的揭示和暴露。所以，一个画家对　棵树的审美知觉，可以充满许多为常人所忽略的精细的形象内容。画幅所以需要有画框，戏剧所以需要有舞台，审美上的原因之一，便是为了让知觉能集中在对象的某一个方面，把知觉到的对象的其他方面（如知觉到画幅不过是一块胶布，剧中人不过是扮演出来的）暂时抑制下去。对于游客来讲初到一个陌生的地方，或者导游能够主动地对很熟悉的地方突然换一个角度看景物，就会产生一种使自己觉得惊异的、新鲜的审美感受。正由于知觉的事物有所选择，使得导游对于游客的审美感知具有调节性，让其感知美而忽视不美的，构筑美好选择。知觉的整体性、理解性、恒常性在审美感知中也存在，在中国国画中，可以用单独的墨色画出万事万物：竹子、牡丹、小桥、流水、人家。对于一个沉入到审美境界中的人，在他们的眼中，画上分明是翠绿的竹林、鲜红的牡丹、清澈的流水似乎叮咚有声，还有那袅袅升烟的庄户人家。审美感知在当前感知中融进了自身的经历。

总括审美中感知觉的活动和特点，首先是它特别注意选择感知对象的形象的特征，使知觉中的感觉因素得到高度兴奋，使对象的全部感性被感官所充分感受。其次，在审美活动中，感知觉因素是受着想象的制约的，想象以各种联想方式加工和改造着感知觉材料。在审美感受的心理活动过程中，就一般情况看来，感知觉先于想象，但感知觉和想象互相作用着。或者是特定的感知觉引起特定的想象，或者是特定的想象促进了特定感知觉的强度。有些对象在被感知的时候就产生了美感，还有些是在感知的瞬间夹入想象而使感受产生。

资料 46

关于感觉在美感中所占的地位，美学家们有很大的争论。有些人比较强调感觉的苦乐因素在美感中的作用。感觉因素在审美感受中能起一定作用，这种作用与生理快感的关系比较密切。对单纯颜色可以有快或不快的不同感觉，如红色与绿色对视神经的刺激反应便很不一样，并随年龄、性别等等而有所差异。这些无疑在审美中将起一定作用。所以，应该承认审美感受的愉快与生理快感有一定的联系。对生理机构的适应满足与对社会需要的精神享受可以有内在的相互渗透和联系。日常语言中审美愉快与生理快感就经常彼此交错，混为一谈（美味、美食），也反映了这一点。所以完全否认感觉生理因素在美感中的作用，倒是一种轻视感性的唯心主义的偏见。感觉所具有的生理快感虽然和美感有一定的联系，但是不能过分夸大这一联系。感觉的生理快感因素在美感中的作用是次要的。即使同一对象（如色彩）所引起的愉快，也应慎重地区别其中的快感和美感的不同因素。在审美中，某个色调、音调的感觉所以有快与不快，某种质料（如木、石、水墨、水彩）所以具有不同的感觉特色，主要不是单纯的生理感受所造成的。

二、审美联想和审美想象

1. 审美联想

联想是在审美感受中的一种最常见的心理现象。旅游者在审美感受中的所谓见景生情，就是指曾被一定对象引起过感情反应的审美主体，在类似的或相关的条件刺激下，而回忆起过去有关的生活经验和思想感情，这是联想的一种表现形式。联想本身也具有多种形式，一般分为接近联想、类比联想和对比联想三种。它们在审美感受的想象活动中，都有着重要的作用。

（1）接近联想　接近联想是甲、乙两事物在空间或时间上的接近，在日常生活的经验中经常联系在一起，形成巩固的条件反射，于是由甲联想及乙，而引起一定的情绪反应。如果可以认为，"巴东三峡巫峡长，猿鸣三声泪沾裳"，是猿声触动了人的哀愁，而"两岸猿声啼不住"，"风急天高猿啸哀"，"寒猿暗鸟一时啼"是人对自然的情绪的对象化，那么，可见引起社会的人的情绪的变化，或表现人的特定情绪状态，接近联想是起了特定作用的。猿猴声或鸟声与人声有接近之处，这样的接近联想，如同类比联想、对比联想一样，是文艺创作的"赋比兴"的心理条件，在审美感受中有其重要作用。导游应了解游客来自于哪个城市，对于他们自身熟悉的美景借用而引起接近联想。

（2）类比联想　类比联想就是一件事物的感受引起和该事物在性质上或形态上相似的事物的联想。在一般用语中，这种联想运用得很广泛（如风在叫，太阳出来了等等）。审美感受中这种联想的特征，是它那由此及彼的推移，以感情为中介，从而具有更浓厚的情感的色调。"假如诗人看出海的啸声和人们的吼声相似，诗人从明亮眼睛中看见闪电的光辉，从树林发出的声音中听到诉泣，从美妙生动的风景画中看到微笑等等，那么，在实质上这不过是相似的联想，但这种相似不过不是由理性揭露的，而是由人的诗意情感揭露而已"，"两个表象联系着，正由于它们二者在我们心中引起相同的内心情感"。

类比联想比接近联想有着远为广阔的领域，客观事物、现象间的各种微妙的类似都可以成为这种联想的基础。例如，导游谈到的故事可以让游客有对色彩、声音、形体之间的各种联系，正是这种种联想，大大扩充了审美感受中的知觉意义，使其感觉因素随着这种种想象而具备了丰富的内容。因此，我们在对象的感性形态中就不是被动地、简单地只感到某种物质材料，如声音、形体、色彩，而是通过它们，也许可以说是间接地看到了更多的东西，感到更多的意义和价值。由于客观事物之间的这种类似常常是曲折隐蔽的，这种联想也就常常更为错综复杂，比起接近联想来，就具有更为广阔和不确定的性质，甚至是人们不一定能自觉意识得到的（例如红色的热烈激动，绿色的安详宁静；直线的坚硬感，曲线的柔和感等等，人们习以为常而不自觉）。它更多地依靠人们想象能力去感受它，去发现它。艺术家们在这方面常常表现出特殊的能力，他们能依据很平常的感性对象联想和想象出许多丰富深刻的东西来。唐人"云想衣裳花想容"这样的诗句，可以当做类似联想的例证。

（3）对比联想　　对比联想是一种由某一事物的感受引起和它相反特点的事物的联想。它是对不同对象对立关系的概括。在艺术中，形象的反衬就是对比联想的运用。我们从曹植"七步诗"中的萁豆相煎，联想到其兄曹丕对他的迫害，也联想到皖南事变中国民党对新四军的迫害。从杜甫的"朱门酒肉臭"联想"路有冻死骨"，从《红岩》中的英雄江姐联想到叛徒甫志高。这些都是从鲜明的两极对立中使人获得深刻的感受。从闹市的吵对比出景色的幽，从生活的忙碌对比出旅游的悠闲。

联想是导游员构筑旅游者美感常用的方法，深入理解联想的机理以及在美感产生的作用，对于如何更好引起联想关系重要。

2. 审美想象

人在反映客观事物时，不仅感知当时直接作用于主体的事物，而且还能在头脑中创造出新的形象，即是人在头脑里对记忆表象进行分析综合、加工改造，从而形成新的表象的心理过程。想象这种心理能力，是人类在长期的劳动实践过程中逐步发生和发展起来的。想象与记忆有密切的联系，没有记忆就没有想象，想象凭借着记忆所供给的材料进行活动。它是在人的头脑中改造记忆中的表象而创造新形象的过程，也是过去经验中已经形成的那些暂时联系进行新的结合的过程，所以，它虽然具有很大的创造的性质，但实质上仍是对现实反映的一种特殊形式。人不能想象在客观世界中没有任何客观根据的事物，不管是人首蛇身或神话世界，都只是现实世界中的事物在头脑中的特殊的组合。想象具有形象的特点，并经常与人们实践活动中的一定的需要、愿望和情感相联系。想象是一个具有广阔内容的心理范畴。但是艺术创作、艺术欣赏活动的想象，与科学的想象是有区别的。审美中的想象，包括观赏风景的各种审美活动中的想象，例如杜甫的《对雪》中的名句，"瓢弃樽无渌，炉存火似红"，瓢里没有酒且不说，分明没有火而又觉得炉中似乎有火，这种幻觉的产生，是诗人发挥想象的结果。而这种想象活动的引起，既与他的记忆相联系，也是此时此地的诗人感到孤独和贫困的情绪状态所促成的。制造火炉的设计当然也需要想象，但它恰恰不满足于构成幻象，而是紧紧和怎样才能发热的功利目的结合着。旅游活动中的所有景点的描述，导游借鉴了很多自然景色加上想象的描绘来丰富和创造游客的视听美感。

按照想象内容的独立性、新颖性和创造性的不同，前人把想象分为再造性想象和创造性想象两类。再造性想象是主体在经验记忆的基础上，根据图样、任务或描述而在头脑中再造出来的事物的形象。有一定的创造性但更多的是维持了原来的描述或图样。创造性的想象是在记忆或表象基础上或在原型启发下的创造性表象。创造想象主要成分在于创造部分。而不只是再现现成事物，而能创造出新的形象。不论是艺术创作还是艺术欣赏，一切审美活动总需要有所发现，有所增添，才能产生新鲜的愉快的感受，所以它经常总是既熟悉又不熟悉的，也就是再造性想象与创造性想象的结合和统一。人们的联想和想象活动与他的生活教养、经验密切相关。各种形式的联想和想象是建立在人类特有的高级神经活动的基础上的，而其内容则是社会生活的复杂联系的能动的反映。联想和想象是能动的，却不是纯主观性的；是自由的，却不是任意性的。联想和想象，不论自觉或不自觉，总是受着客观对象本身的要求所规定和制约。它必然地指向一定的方向，这样才能达到对于对象的审美素质的真正把握。想象在审美中具有重大作用，成为审美反映的枢纽。比如面对罗汉山讲述其由来，因为山本身就酷似罗汉，大家越看越像，鼻子眼睛的位置都很明晰，旅游审美运用了很多想象。审美所以能使人透过对某种对象形式的知觉，直接去把握它的深刻的内容，产生认识与情感相统一的观照态度，主要是凭借和通过审美中想象活动来进行和实现的。

三、审美情感

（一）情感与审美情感的关系

情感中有爱，有恨，有愤怒，有悲伤，有恐惧，有厌恶——审美情感中当然也可以有类似的情感，但是普通情感中的愤怒，悲伤，恐惧，厌恶往往是令我们不情愿获得之物，而审美情感却恰恰相反，却常常为我们所需的，所乐见的，根本上还有一种隐隐约约的快感暗含其中。以悲伤为例，普通情感中的悲伤往往对人身有害，而审美情感中的悲伤根本上是一种愉快感。欣赏一幅静态的画面，如果画面没有引起你的惊讶、或好奇、或欣喜。自然您可能并没有进入审美境界。当您闭了眼睛，默默地为它而回味、品尝，你才进入了审美境界中去。在这一过程中目的以潜在的形式而存在，用心理学的某些说法就是画的某些结构适应了审美主体的某些心理图式，用我们上文的观点来解释就是直接式产生的情感由于历史的原因转换成了间接式产生的情感，因而引起一种对情感的无意识回忆。但这无疑都是目的、记忆、想象、逻辑四者合力的结果，都是后三者促使情感的携带者——目的在情境中不断变化、自由的转移的结果。因而它更能体现出自由、流动、绵延、无伤害的特征。根据唯物主义观中物质和运动的辩证关系原理，我们不难发现自由、流动、绵延、无伤害等特征，尤其是自由的特征只有在情感的运动中才能体现出来，没有情感目的的转移、换位，而使目标僵死在一点上是体现不出自由的。情感只有在一定情境的引导下，有所依附而又顺势而行，才能把自由体现出来，使人产生出快感，体现出审美的效应。旅游审美中的景色所带来的"凄美"就是一种享受其中的美感，无论是伤感的故事所描绘的"情侣"峰还是云雾缥缈的"忘情河"都有相似的旅游审美情感特点。

（二）审美情感学说——移情说

在审美活动过程中，情感活动的方式是多样的，其中最著名的是"移情"说。移情现象在语言、神话、宗教和艺术的起源里到处可以看出。通俗地说，就是指人面对天地万物时，把自己的情感移植到外在的天地万物身上去，似乎觉得天地万物也有同样的情感。这种经验最为普通，是每一个人都有过的。当自己心花怒放之时，似乎天地万物都在欢笑，当自己苦闷悲哀之时，似乎春花秋月也在悲愁。当然，天地万物不会欢笑，春花秋月也不会悲愁，是人自己的悲欢移植到它们身上。对移情说做出最大贡献的是立普斯，他认为，所谓"移情"就是通过主体意识的活动将对象人格化为"自我"。移情所产生的快感，是对自我"内心活动"所体验到的愉快和欣喜。立普斯从古希腊神庙中用以支撑屋顶压力的道芮式石柱为例说明：当"自我"与道芮式石柱呈现的那耸立飞腾的空间意象融为一体时，是以人的动觉经验为中介的。由于石柱的空间意象能唤起主体自身处在石柱位置时对压力反抗的动觉经验，这种动觉经验会进一步引起人的相应情感感受，而最终又会把主体自身那种挺直身体，承受重压，不甘屈服和顽强反抗的情绪和气概转移到石柱身上，因而人们在欣赏石柱耸立上腾的气势时，不过是在欣赏"自我"，欣赏一个"客观化的自我"。旅游者美感的产生也是把自己情感注入景色中而体味才能更加深刻的，所以导游就是如何引导游客能够沉入所描绘之中，移情入景。

审美移情说的要点

（1）审美移情作为一种审美体验，其本质是一种对象化的自我享受　审美体验作为一种审美享受，所欣赏并为之感到愉快的不是客观的对象，而是自我的情感。在审美享受的瞬间，是你把自我的情感移入到一个与自我不同的对象（自然、社会、艺术中的事物）中去，并且在对象中玩味自我本身。例如，郑板桥的诗篇《竹石》："咬定青山不放松，立根原在破岩中。千磨万击还坚劲，任尔东西南北风。"竹石作为对象本无情，竹也不会"咬"，也并无"坚劲"的人格，当然也不会有"任尔东南西北风"的情感、意志，这种种动作、人格、情感、意志不过是郑板桥的灵魂走进竹石中，因此诗中的竹石形象是人的本质力量的对象化。这样，审美欣赏的对象不是自然的竹石，而是移入到竹石形象中的自我情感。

（2）审美移情的基本特征是主客消融、物我两忘、物我同一、物我互赠　如上所述，移情和感受是不同的。在感受活动中，主体面对客体，主体与客体是分离的，其界限是清清楚楚的。但在移情活动中，主体移入客体，客体也似乎移入主体，主客体之融合为一，它们间已不存在界限，在感受中，主体与客体各自独立；但在移情中，主体与客体实现同一，互相沉入。对主体而言，完全地沉没到对象中去，在对象中流连忘返，进入忘我境界；对客体而言，它与生命颤动的主体融合为一，实现了无情事物的有情化，无生命事物的生命化。这也就是说，在移情之际，物我两忘、物我同一，而且物我互赠、物我回还。

资料 47

清代大画家石涛也讲到自己创作时的心理状态："山川脱胎于予，予脱胎于山川"，"山川使予代山川而言也，山川与予神遇而迹化"（石涛《画语录》）。这里所说的"山川"与"予"相互"脱胎"以及"神遇而迹化"，所讲的就是审美移情中的物我互赠、物我回还的情境。戏剧家李渔也谈到自己的体会，举例说："我欲做官，则顷刻之间便臻富贵；我欲致仕，则转盼

之际又入山林：我欲做人间才子，即为杜甫、李白之后身；我欲娶绝代佳人，即作王嫱、西施之元配；我欲成仙作佛，则西天蓬岛，即在砚池笔架之前。"（李渔：《闲情偶寄》）这就是说，由于作家"梦往神游"、"设身处地"，所以能在顷刻之间使自己变成描写对象，实现主体与对象的同一。李渔在这里道出了创作中审美移情的典型心态。

启示：

诗词以及创作中的主客消融、物我两忘、物我同一、物我互赠。

（3）审美移情的原因是同情、联想　立普斯的看法是，审美移情起因于人的一种心理活动——类似联想，审美的人都具有同情心，即以自己在生活中体验到的某类情感，去类比、理解周围的看起来是同类的事物。这种同情，不但及于同类的人物，而且也及于生物、无生物。

资料 48

我们从我国古代诗句中来分析："相看两不厌，只有敬亭山。"（李白）；"癫狂柳絮随风舞，轻薄桃花逐水流。"（杜甫）；"春蚕到死丝方尽，蜡炬成灰泪始干。"（李商隐）；"野桃含笑竹篱短，溪柳自摇沙水清。"（苏轼）；"日暮北风吹雨去，数峰清瘦出云山。"（张耒）；"怨春不语，算只有殷勤，画檐蛛网，尽日惹飞絮。"（辛弃疾）；"野蔓有情萦战骨，残阳何意照空城。"（元好问）；人们要问，白云如何会拥抱幽石，绿竹如何会取媚清流，人与山如何会相互久看而不厌，蜡烛如何会流泪，柳絮何以会癫狂，桃花何以会轻薄，野桃怎么会含笑，山峰如何会清瘦，蛛网如何会对春天献殷勤，野藤怎么会对战骨有情，残阳怎么会对空城有意，显然，这都是诗人把自己在生活中体验过的情感移植到景物身上的结果，是典型的审美移情现象。但问题还在于诗人何以会把自己的情感移入这些景物中，这就在于诗人有一种可以推广到天地万物的博大的情感。在诗人的世界里，白云、石头、绿竹、山峰、柳絮、桃花等等物体，都是生气灌注的，所有的自然景物都活跃着像人一样的生命，流动着像人一样的感情，它们和人一样，也有喜怒哀乐和悲欢离合，它们与人是平等的。因此，诗人见到白云环绕着幽石，就会以母亲抱子女、情人相拥抱去类比，"白云抱幽石"的诗句也就油然而生；见到燃亮的蜡烛流下了蜡油，就会以母子别离、情人相思时流下的泪去类比，"蜡炬成灰泪始干"的诗句也就自然涌上心头。

启发：

可以这样说，诗人把自己在生活中体验过的情感移植到景物身上的结果，是典型的审美移情，对于世间一切事物的博大的同情心及类似联想，既是审美移情的成因，也是一切艺术的奥秘之所在。

（4）审美移情的功能是人的情感的自由解放　在立普斯等人看来，尽管移情不一定伴随美感，但美感则必定伴随移情。因为审美移情能给人以充分的自由。人的不自由常常来自人自身。自身是有限的，它是自由的牢笼。可是在审美移情的瞬间，自身的牢笼被打破了，"自我"可以与天地万物相往来，获得了自由伸张的机会。"自我"与天地万物的界限消失了。"自我"进入了一种"非自我"的梦往神游的境界，你可以随朝阳的光芒一同放射，随海潮的浪花一同飞溅，随雄鹰搏击长空，随游鱼翔翔深水，你是白云，是雪山，是草原，是潺潺的小溪，是奔驰的骏马，是情人眼中那一瞥柔媚的眼波，是天地相接的那一抹地平线……总之，在审美移情的瞬间，人的情感从有限扩大到无限，你把你全部的悲愁、痛苦都交给了外物，你自由了，你解脱了。总之，审美移情的体验"包含了心灵的丰富化，开阔和提高"。

审美移情有四种具体类型：一是统觉移情，即主体赋予对象以自己的生命，对象在主体的统一感受之中成为活的形象；二是经验移情，即主体把对象拟人化，把自己的感受经验投射在对象上，使难以言传的感受呈现为可感的形象；三是气氛移情，即主体将自己的一种整体气氛的感受渗透在客观景象中，从而铺展情感流动的空间；四是表现移情，即主体把自己的价值理想寄托于客观事物。四种移情现象都是把生命与世界统一，把情感与景象相连，对象的形式就表现了人的生命、思想和情感，一个美的事物形式就是一种精神内容的象征。"移情"说在西方经久不衰，是因为它在审美活动中是相当普遍的现象。旅游审美移情也正如上所述，无论诗、词还是句、章，景色，美感的产生是情感的移入。

四、审美理解

人们在审美活动中总是不假思索地让自己的感知、想象和情感循着对象的指引而自由和谐地进行着，在获得审美愉快中蕴涵着对于对象所有的社会理性内容的理解和认识。因此，这种理解是在美感诸要素的自由运动中暗地起作用，而使美感既不同于生理快感，也不同于概念认识。审美理解有以下两个特点。

1. 非概念性

审美理解表现为超感性而又不离感性，趋向概念而又无确定的概念，是理性积淀在感性之中，理解溶化在感知、想象和情感之中。也就是说审美和艺术有理解、认识的功能、成分和作用，却找不到它们的痕迹和实体，它不是通过概念而是通过形象来表达某种本质性的东西，给人以一种不脱离具体形象的感受和体会。中国绘画传说中有以"深山幽谷埋古寺"为题作画的故事，众人纷纷在寺庙上下工夫，但有个画家没画寺庙，只画一个和尚在涧边挑水，反而使人通过想象深深感受到深山幽谷处僻静古寺的意境，理解消融于丰富的想象之中。可见，只有审美理解、认识功能，才使画家和欣赏者有如此丰富的想象。

2. 无穷性

审美理解对于对象的理性内容的理解和认识，不像理论认识那样确定，它往

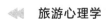

往是朦胧多义的，一时难以用概念穷尽表达。审美活动不是抽象思维，因而其指向不是既定的概念，而是生动活泼的自由联想，这不是几个概念能说得清楚和替代的，它只能"可以意会而难以言传"，即意境。但在意会中却能"微尘中有大千，刹那间见千古"。由于理解因素的渗入，对于审美而言有以下几种情况。

首先，必须有明确的观赏态度。必须把审美或艺术中的事件、情节和情感与现实生活中的事件、情节和情感区分开来。审美主体在欣赏艺术时，尽管可以被审美对象感动得痛哭流涕或义愤填膺，但不会忘记艺术世界和现实世界毕竟是两回事，不会因看《白毛女》而枪击"黄世仁"，看《奥赛罗》而枪杀"瑞高"。旅游观赏时想入非非，心理距离过近了，把景色中的幻象与现实生活等同起来，看着云海跳下去，那就是混淆了是非。演员控制不了戏演不下去，观众控制不了情感会出人命。1909年，美国演员威廉·巴文在纽约大剧院演莎士比亚名剧《奥赛罗》，扮演坏蛋瑞高，因演技高超、栩栩如生，当苔丝狄蒙娜被丈夫奥赛罗杀死时，观众席上一位年轻军官开枪打死了挑拨他们夫妻关系的"瑞高"。当年轻人清醒过来，发现自己干的傻事，也开枪自杀了。几天后人们把他们合葬在一起，碑文上写着"理想的演员和理想的观众"。实际上，理想的是演员，观众并不理想，他没有起码的观赏艺术的态度，假戏真做。旅游审美中的理解因素使得景色的美与现实既相符但又能区分。

其次，要有与审美对象相关的必要知识储备。这些知识包括对对象的象征意义、题材、典故、技法、技巧程式等项目的理解。比如：西方的宗教画中，百合花、十字架、羊都是有一定含义的，百合花象征玛丽亚的重负；十字架象征耶稣受难；迷路的羔羊象征圣教的信徒。同样是女人的画像，苏珊娜代表正义，而拔士巴象征邪恶。还有许多英雄人物，如摩西、大卫，以及画面表达的圣经故事，都是西方古典绘画艺术中的重要题材。人们形象地比喻两希（古希伯来、古希腊）文化像母亲丰满的乳房，哺育了西方文明。如果我们对两希文化一无所知，就根本无法欣赏西方古典艺术。

第三，要有较高的文化素养和丰富的生活经验积累。除了具备起码的审美态度和关于对象含义的理解外，审美主体本身的素质也是很重要的，同样欣赏一个对象，具有丰富的知识和生活阅历深广的人，会比一般人引发出更丰富的联想和想象，激发起更深沉的情感。例如对王之涣的《登鹳雀楼》诗中"欲穷千里目，更上一层楼"的理解，一般人是从日常生活中登楼的感受，理解为登高些，可以看到更多的景物。而胸怀大志的人，有政治抱负和高素养的人，是理解这是抒发一种向上进取的精神，高瞻远瞩的胸襟，道出要站得高才能纵观全局，方能看得远的哲理。德国美学家姚斯认为，文学史就是文学作品的消费史，即消费主体的历史，强调读者的能动作用、阅读的创造性，强调接受的主体性。他提出，在20世纪，创造的概念从作者转到了读者，即读者的再创造。姚斯的接受美学和接受理论给我们以启示，在审美过程中，主体本身的素质是至关重要的。旅游审美中旅游者艺术修养高的人，导游员文化层次高的人，其审美理解就深刻美感产生的更彻底更愉悦。

总而言之，美感是审美感知、想象、情感、理解等多种心理功能综合交错的矛盾统一体。它们既有自己独特的心理功能，又彼此依赖，相互渗透，密不可分，不能独立存在。如果感知没有理解和想象参与，失去了审美"判断"能力，就成为生物性的快感，动物性的信号反应。如果想象中没有情感和理解的参与，失去了动力和规范，就成为一种反理性的胡思乱想。如果情感没有理解和想象的参与，失去了规范和载体，就成为生物本能性的欲望发泄。如果理解没有想象和情感的参与，失去感性的特征和活力，就成为在抽象概念中游离的逻辑思维。由此可见，感知是美感的出发点和归宿；想象是美感的枢纽和载体；情感是美感的中介和动力；理解是美感的制导和规范。美感就是它们复杂交错的动力综合，是它合规律性的自由运动，旅游美感的产生是美感产生的一种。

第三节　旅游审美态度

旅游审美是在旅游活动中特别是在"游"这个环节中的美感经历和体验。美感的产生不仅仅要有美丽的景色或社会文化的艺术品，与人的交互作用，最关键的是人要有一种欣赏和体验美感的心态，也就是准备状态。尽管没有准备的交互作用也会产生美感，但那种美感是一种朴素的美感。比如一个心烦意乱被一个危机威胁着的生意人偶尔来到了一个旷野：那清澈的溪流、悦耳的鸟鸣和湛蓝的天空，自然也会让他美感油然而生，那是一种自然的反映，但心情的烦乱很快又牵扯了他的神经。因此，心态是审美和美感体验的前提。一个身处幽静山谷，每天忙于卖矿泉水的疲惫的人，即使眼前一片美丽景色，他也无心去欣赏这种美，因为他的心被功利所笼。

一、审美态度

审美态度是识别、接纳、领会和体验美的对象中的心理反应倾向。审美态度首先是一种态度：内隐的心理反应倾向。审美态度，是对于美的对象的准备去品评、理解和融入的一种心态。这种心态是纯净的、是排他的、是有着明显接纳和融入倾向的。心态有没有是发现美和体验美的关键。这种观点在西方最早追溯到柏拉图，在我国可追溯到庄子。庄子的名言："至乐无乐"说的就是审美态度与快乐的关系，庄子认为"无为境界"为达到快乐而提供了条件和可能性，换句话说，只有抱着无为的人生态度，才能体验到美的快乐。柏拉图在解释人怎样才能体验到美时认为，一个人如果受到尘世欲望的污染，把自己抛到淫欲里，像畜生一样纵情任欲，违背天理，既没有忌惮也不顾羞耻，就永远不会享受到窥见美的快乐。一个参与人世纷争太多的人，只能使自己美的感受迟钝。那种超脱凡俗，享受生命，无所计较，宽阔达观的人；那种尊重生命，可以与小草说话与飞蝶同舞，有着雨露花香为精神食粮的迷狂。正是对美感的体验者。那种心态也是产生美感的准备状态。

二、审美距离说

审美态度原本是审美者的自身心理倾向，而距离是审美者与美的对象的时空间距。两者是不同的，在美感产生中态度是准备，而距离可以说是促使美感的产生。因为我们常说距离产生美。但审美态度理论里所介绍的布洛的距离说，其"心理距离"所特定的含义本身包含着一种态度，即抛开事物功利的心理倾向。

1. 距离

"距离"一词的本义是对时间和空间而言的。如从此时到彼时、从此地到彼地之间隔着一个长度，人们就把这种时间、空间相隔的长度叫做距离。值得注意的是，这种时空距离有利于审美态度的产生。时间距离是美的塑造者。任何一种寻常琐屑之物，一旦年代久远就会获得美的价值，引发人的美感。同样，空间距离也具有美化事物的作用。在近处看起来平常、不快甚至丑陋的事物，将它们放在一定的距离外去观照，就可能变得奇崛、愉快甚至美丽。一般的山峦从近处看是很平常的，但你若登上高山往下俯瞰，就另是一番景象。

资料 49

> 　　三足两耳的鼎，在古代不过是煮东西用的最普通不过的器物，但在今人的眼中，就会具有古雅之美，令人神往不已。这就是因为有了时间距离，是时间将它美化了。亲人死亡是最痛苦不堪的事，但岁月的流逝竟可以将其变为深沉的诗。中国古典诗词中，咏史、怀古的题材特多，也是因为时间距离具有美化、诗化作用的缘故。"遥想公瑾当年，小乔初嫁了，雄姿英发……"一个"遥"字，给人物和事件罩上了诗的光环，唤起了我们对古人的多少热情，引起了我们多少遐想与叹息。"'从前'这两个字可以立即把我们带到诗和传奇的童话世界，甚至一桩罪恶或一件坏事也可以随着时间的流逝而逐渐不那么令人反感"。杨万里在《中元日晓登碧落堂望南北山二首》中这样写道："登山俯平野，万壑皆白云。身在白云上，不知云绕身。"你看，寻常的山峦，放到一定的距离之外，变得多么美丽而富于诗意！由此可见时空距离都可以促成观赏主体的审美态度的确立。
>
> **启示：**
> 距离产生美。

2. 心理距离

最早把"心理距离"作为一种美学原理提出来的是英国美学家、心理学家爱德华·布洛（Edward Bullough）提出了完整的"心理距离"说。布洛所规定的"心理距离"的概念，是距离的一种特殊形式，是指我们在观看事物时，在事物与我们自己实际利害关系之间插入一段距离，使我们能够换一种眼光去看世界。在布洛看来，事物有两面，一面是"正常视象"，另一面是"异常视象"。所谓

"正常视象"的一面，是指事物与人的功利欲望相关的一面；所谓"异常视象"，即事物与人的功利欲望无关的一面。在一般的情况下，事物的"正常视象"这一面是"具有最强的实际吸引力的一面"，因此我们的心总是倾向这一面，总是被事物的功利欲望所羁绊而见不到事物的美。例如我们对一条极为熟悉的街道，是很难领略它的"异常视象"（即美的形象）的一面的。我们一进入这条街道，就急匆匆走进冷饮店，转入副食店，在百货商店的货架前搜寻，在粮店里排队，走出店门，进入家门，我们既不留心那洁净的街道，也不去理会那整齐的楼房……我们总是无法超脱与我们个人的需要和目的相关的"正常视象"，因为我们无法把自己生活于其中的街道摆到一定的距离之外去观照，倒是一个从外地来观光的陌生人，他来到这条街道，并不去关心什么冷饮店、副食店、百货店、粮店，即摒弃了街道的与人的功利欲望相关的实际的一面，为它街面整齐的楼房、洁净的道路、窗台上摆的花、蓝天上飞的鸽所倾倒，一下子就发现了它的具有美的特性的"异常视象"这一面。因为这个陌生人的心不为事物的功利欲望所牵累，能够把事物摆到一定的距离之外去观照，因而能够发现事物的美。

资料 50

　　布洛举过一个"雾海航行"的例子。设想，海上起了大雾，这对正在船上的水手和乘客来讲，都是一件很糟糕的事。在茫茫雾海中，水手因判别不清方位和信号，担心船只触礁，而使精神极度紧张，感到万分焦急；乘客则除了担心船出危险而恐惧外，还会因船速放慢耽误旅行日期而心绪不宁，一切都使得这场大雾变成了不安与恐怖。但是布洛又说，假如水手和乘客暂时忘却海雾所造成的麻烦，忘却那危险性与实际的忧闷，把注意力转向"客观地"形成周围景色的种种景物，那么海上的雾也能够成为浓郁的趣味与欢乐的源泉。因为那迷茫的雾所造成的水天一色的情景像透明的薄纱，简直是一幅奇妙无比的画；那船处在雾海中所造成的远离尘世的沉寂，也能给人一种恬静、安宁、自由、快适的感觉。同一场景，却产生了完全不同的两种感受，这是怎么回事呢？布洛说："这是由于距离从中作梗而造成的。"在前一种情况下，海雾与我们的切身利害完全重叠在一起，中间不存在"距离"，我们只能用普通的眼光去看海雾，所以，只能感受到海雾给我们带来的灾难。在后一种情况下，海雾与我们的切身利害之间，插入了一段"距离"，我们能够换另一种不同寻常的眼光去看海雾，所以能够看到海雾客观上形成的美景。

　　启示：

　　由此不难看出，布洛所说的"距离"，不是实际的时空距离，而是一种比喻意义上使用的"距离"。这种距离的插入，是靠自己的心理调整而实现的，所以叫做"心理距离"。"心理距离"说的核心是强调审美体验的无关功利的性质。

3. 审美距离说的机制——审美注意

现代心理学的观点来看，布洛的"心理距离"说实际上讲的是人的一种特殊注意——审美注意。注意作为人的一种心理机制是指人的大脑皮层形成了优势兴奋中心，使人的意识集中于一定的客体或客体的特定方面，并排除其他的刺激，表现出人对一定客体或客体的特定方面的指向性和选择性。客观事物一般都具有非审美属性（如实用属性等）与审美属性这样两面。在非审美注意的情况下，是事物的非审美属性（如实用属性）引起人的大脑皮层的优势兴奋中心，因此，事物的审美属性被排除在注意之外，或仅仅成为一种"背景"，人的注意集中指向事物的实用属性等非审美方面。如在雾海航行中，人们的注意完全被眼前的危险所吸引，对周围的景色美熟视无睹。又如面对竹子，人们的注意被竹子的实用价值所吸引，对竹子的美质不予理会。在这种非审美的普通注意的情况下，也存在着"心理距离"，但这种"心理距离"是指主体心理与客体的审美属性之间隔着距离。正因此，主体只能感受客体的非审美的实用价值，而感受不到客体的审美属性。在审美注意的情况下，是事物的审美属性引起人的大脑皮层的优势兴奋中心，于是事物的非审美属性被排除在注意之外，或仅仅成为一种"背景"，处在注意"前景"的是事物的审美属性。如雾海航行中把危险性暂时排除在意识之外，专注于周围景色的美。如在对竹子的观照中，暂时忘却竹子的实用价值，而把注意力指向竹子的种种美质。在审美注意中产生的"心理距离"，是指主体心理与客体的实用属性之间隔着的距离，我们称之为"审美心理距离"。有了这种距离，主体就会对客体的实用方面视而不见、听而不闻，主体完全沉醉于客体的审美方面。由此可见，布洛的"心理距离"说所揭示的是审美注意在人的审美体验中的重要意义。

4. 艺术欣赏中一个重要谜团

这里存在着复杂的"二律背反"。一方面，艺术作品是否能感动我们，引起我们的"共鸣"，这与艺术作品所描绘的生活情景跟我们自身的独特的生活经验、体会相吻合的程度成正比。艺术作品中所描绘的生活情景与我们的个人经历愈是吻合，我们对艺术作品的领会就愈是深切入微，艺术作品就愈是能打动我们。这是一条规律。另一方面，艺术作品所描绘的生活情景与我们的生活经历愈是贴近，我们就愈容易把作品的艺术世界与自身的生活经历混为一谈，我们也就愈容易从艺术世界退回到自身经历的现实世界。这样，愉快的审美鉴赏就可能变成一种痛苦的自伤身世了。这又是一条规律。上述两条规律似乎是不相容的。第一条规律强调欣赏时距离要小，第二条规律则强调欣赏时距离要大，所以布洛称为"距离的内在矛盾"。布洛关于"距离的内在矛盾"及其解决办法的论述，深刻地揭示了审美体验的规律，给艺术创作和欣赏以很大的启示。艺术创作中经常运用的诗化原则、陌生化原则、变形原则、程式化原则，从一定意义上说，都是艺术家为了使其艺术品获得理想的审美心理距离所采取的艺术处理。

三、导游员如何引导游客的审美历程

我们通过对审美、美感的分析，对审美流派的分析对审美心理要素的学习，知道在旅游活动中，游客的审美好坏全靠导游的代动，不是游客没有审美素养，而是导游要提高审美情趣和审美热情，储备审美经验，及时提出美的互动，用语言的、行动的美和对景点的深厚的情感累积。设计引导游客的审美历程。导游员应如何引导游客的审美旅程积淀审美情感、把握审美距离、经历审美体验、驱动审美升华——调适审美心理。

1. 敏锐的审美感知

敏锐的审美感知：是指体现审美者主观特性、精神个性（为个性禀赋和社会实践所影响形成的）、审美经验的积累所产生的特殊的感知能力。有了审美敏感，才能引导游客的审美经历，尊重并重视游客，提升游客的地位，营造氛围，设计引序为传递美感做铺垫。

2. 积极的审美情感

积极的审美情感取决于对生活的热爱，对社会的关心对景点知识的感悟，积极的审美趣味点燃的情感，这种情感它能激发审美者的生命意识，点燃心灵的火焰，点燃感知力、想象力、思考力、创造力，从而释放出感情的力量、意志的力量、智慧的力量、道德的力量，释放出自我在日常生活中的压抑也只有由此才能激发出游客的审美情感，让游客在感悟中获得满足感、解放感、提升感。在被提升中抛开平日的琐碎和压力，产生无功利的审美距离——陶冶性情、开发智力、锤炼意志、构筑美好旅程。以自我的投入的陶醉的情感来感染游客：讲解的清晰和热忱，渲染的适度而真诚，以真情与美而感人。

3. 丰富的审美想象

只有通过丰富的审美想象，才能感悟美的真谛，挖掘蕴涵在景点讲解历史长河中的丰富的审美资源，获得心灵的愉悦。知觉想象与创造想象并用，调用一切可以表达的手段，营造美感的传递氛围，把创造想象中的美传情达意。

4. 合理的审美思维

审美思维表现为一种直接对审美对象的理解，这种理解是认识事物本质结果，应该与时代相协调。审美思维应该有合理的前提，这一合理因素是与审美主体的审美经验、审美修养、文化知识、审美标准和世界观等主观因素密切相关。以宽广的胸怀容纳游客的不同审美并引导其合理的审美思维使得其透过美景获得对人生、人性、人情的深刻体验和感悟，审美心理体验不断积淀并组织、内化为美感。

本章小结

本章在介绍现代中国审美心理学建设与回顾的基础上分析了审美、旅游审美

的特点以及和美感的区别。介绍了审美心理学的精神分析和格式塔学派，分析了审美心理四要素：审美感知、审美想象、审美情感和审美理解。在审美态度中介绍了布洛的审美态度说。通过介绍旅游审美阐述了导游员应如何引导游客审美的实践指导。

 实训练习

美感心理训练：时间 20 分钟。

操作：老师找到一个最美丽的图片或画卷，让每个人细细观察，然后用最美的语言进行描绘。将班级分成小组，彼此分享，选出优秀的作品，在进行组间交流。

思考题

1. 什么是审美心理学？审美有哪些过程？
2. 用精神分析观点分析某一大师的艺术作品。
3. 用格式塔心理学派审美观点分析一首你喜欢的诗。
4. 谈谈你对审美移情理论的认识，用此理论分析某一旅游审美现象。
5. 导游员应如何引导游客审美？

第九章
饭店服务心理

学习目标

- 理解客人的角色特征、需求心理。
- 帮助学生树立正确的职业意识。
- 明确客人对前厅、客房、餐饮、购物服务的心理需求，掌握相应的服务策略。

【开篇案例】

客人要什么？

　　某天，八位客人在一家酒店宴会厅刚一落座，服务员小刘便热情地奉上了迎客茶。突然，坐在主宾席上的张先生吃惊地问小刘："你怎么知道我爱喝青茶？"原来，其他七位客人的杯里都是菊花茶，只有给张先生沏的是青茶。小刘微笑着对张先生说："您是第二次来我们这里用餐了，我们知道您喜欢喝青茶。"一句话，让全桌的人几乎要沸腾了，最激动的要数张先生了，他连连赞叹："没想到我只来过一次你们就记住了，真的让我感到意外，谢谢你。"小刘说："不用谢，现在整个餐厅的人都知道您爱喝青茶。另外，我还知道您在吸烟时爱在烟灰缸里倒些水。"说着，就给张先生倒上了。张先生再一次激动不已，对这里的服务津津乐道，赞不绝口，当下表示以后一定会常来。

　　启示：

　　可见，服务对于酒店的重要性。有饭店业鼻祖之称的斯塔特勒就曾不止一次地强调：酒店出售的产品只有一种，那就是"服务"。从心理学角度出发，研究客人对饭店服务的需求，不仅可以避免冒犯客人，而且可以投其所好，起到事半功倍的效果。

第一节　饭店服务人员的基本心理要求

　　跨入 21 世纪，饭店将进入一个"专家消费"的时代，饭店面临的是消费经验日益丰富、消费行为日益精明、消费需求日益个性化、自我保护意识日益增强的消费者。日益成熟的消费者必然会对饭店从业人员的素质提出新的、更高的要求。

饭店从业人员只有"读懂"客人，充分理解客人的角色特征，掌握客人的心理特点，提供符合客人需求的服务，才能打动客人的心而赢得客人的认可。

一、客人的一般心理分析

（一）客人的角色特征

1. 客人是有优越感的人

客人是"上帝"，是给饭店带来财富的"财神"。所以，在与饭店的交往中，客人往往具有领导的某种特征，表现为居高临下，喜欢发号施令，习惯于使唤别人，从某种意义上说，客人到饭店是来过"领导瘾"的。为此，在饭店服务中，我们必须像对待领导一样对待客人。首先，必须表现出尊重，关注客人，主动向客人打招呼，主动礼让。其次，必须表现出服从，乐于被客人"使唤"。始终记住这样一个信条：再忙也不能怠慢你的客人，忽视客人，等于忽视自己的收入，忽视企业的利润。第三，必须尽力"表演"，要用心服务，注重细节，追求完美，达到最佳的效果。第四，要注重策略。领导有时也会瞎指挥和犯错，对此，聪明的下属一般都会采取委婉和含蓄的方法帮助领导自己去调整指令和改正错误，以便既能使领导不失权威，又能使自己顺利完成任务。所以，对待客人的无理要求或无端指责，我们同样要注意艺术，采取引导和感化的方法，让客人自己作出更改的决策，使他感受到正确使用权力的快乐。

2. 客人是情绪化的人

首先，饭店必须充分理解客人的心态。由于外出旅游，旅游者身处陌生的环境，行为举止不受各种职业规范制约，他会显得特别放松而比较情绪化。这时，人性的某些弱点也相对会暴露无遗。对此，饭店应意识到客人是需要帮助、关爱的朋友，应努力以自己的真诚和优良的服务去感化客人，要努力去发现客人的兴奋点，培养客人良好的情绪，帮助客人渡过难关，克服某些"缺陷"。其次，饭店必须充分理解客人的需求。客人的需求是多种多样、瞬息万变的，而且，不同的客人又有不同的需求。这就要求饭店从业人员既要掌握客人共同的需求，又要分析研究不同客人的个性和特殊需求；既要把握客人的显性需求，又要努力挖掘客人的潜在需求。只有充分预见和准确把握客人的需求，才有可能提供全面、到家的服务，才能使客人有好的情绪。最后，饭店必须充分理解客人的误会与过错。由于文化、知识等方面的差异以及身体、情绪、利益等方面的原因，客人对饭店规则或服务不甚理解而拒绝合作，或采取过激的行为，饭店应向客人做出真诚、耐心的解释。对于客人的过错，只要客人并不是有意挑衅，或损害其他客人的利益和饭店的形象，或侵犯员工的人权，侮辱员工的人格，饭店均应给予足够的宽容和谅解，做出必要的礼让与化解。

3. 客人是寻求享受的人

无论客人出于何种原因来饭店，但都有一个共同的要求，即享受。他们不管在单位和家庭如何能干，但在饭店则总会表现出生活中的"低能"，希望处处被关心、被照顾。所以，饭店服务必须环环扣紧，步步到位，保证向客人提供舒适和舒心的服务。首先，饭店必须向客人提供标准化的服务。要做到：凡是客人看到的必须是整洁美观的；凡是提供给客人使用的必须是安全有效的；凡是饭店员工对待客人必须是亲切礼貌的。其次，饭店必须向客人提供差异化的服务。在服务时，针对不同客人的多样化和多变性的需求和特点，投其所好，随机应变，提供具有个性化的服务，满足客人的个性化需求。再次，饭店要努力为客人提供超常化服务，即给客人以出乎意料或从未体验过的服务。一般情况下，客人在消费前都会根据个人需求、过去的感受和饭店的宣传广告及传闻而产生一定的期望。客人在接受服务后会形成对服务的实在感受，并与预期值加以比较，当两者相当时，表现为满意；当实在的感受值大于期望值时，产生惊喜，从而达到真正的享受。

4. 客人是爱面子的人

爱面子，喜欢听好话，这是人类的天性之一，也是大众中普遍存在的心理现象。作为饭店的客人，更是如此。几乎所有的客人喜欢表现自己，希望被特别关注，给以特殊待遇。对此，饭店必须给客人搭建一个"舞台"，给客人提供充分表现自己的机会。

首先，饭店必须给客人营造一种高雅的环境气氛和温馨的服务氛围，让他有一种"高贵之家"的感觉，彰显客人的身份和地位。为此，饭店必须努力做到设计合理、装修别致、布置高雅、店容整洁、服务亲切。

其次，饭店员工必须懂得欣赏和适度恭维客人的艺术，要善于发现客人的闪光点。具体来讲就是要做客人的一面"好镜子"服务人员在为客人提供服务时，必须考虑到自己就是客人的一面"镜子"，客人要从我们这面"镜子"中看到他们的自我形象。为了增加客人的自豪感，这面"镜子"有一种特殊功能：就是能够以恰当的方式发扬客人之长处，隐藏客人之短处，让客人在我们这面"镜子"中看到自己的美好形象。扬客人之长包括赞扬客人的长处和提供一个机会让客人表现他的长处。但要注意决不能为了扬某些人之长而使其他的客人受到伤害。隐客人之短，一方面是服务人员决不能对客人的短处感兴趣，决不能嘲笑客人的短处，决不能在客人面前显示自己的"优越"；另一方面是服务人员应该在众人面前保护客人的"脸面"，在客人可能陷入窘境时，帮助客人"巧渡难关"。如果服务人员能够恰当地为客人"扬其长，隐其短"，做客人的一面"好镜子"，就能够让客人对他自己更加满意。增加自豪感是客人所得到的心理上的最大满足。因此，服务人员应该有这样一个信条：如果你能够让客人对他自己更加满意，他就一定会对你更加满意。

再次，饭店员工对客人必须像对待自己的朋友一样关注，真正体现一种真诚的人文关怀精神，营造出一种"特别的爱给特别的你"的"高尚"境界。

（二）客人的一般需求心理

在了解客人角色的基础上，在服务中还需要揣摩客人心理。那么，在实际工

  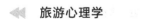

作中客人有哪些需求心理呢？

1. 方便

求方便是客人最基本、最常见的心理需求。通常人们认为地理、交通位置的便利条件是客人求方便的全部内容，实际上，随着旅游消费者的日益成熟，人们对"方便"二字有着更全面的要求，即要求饭店的设施和各个方面的服务都是"方便"的。

中国有句俗语："在家千般好，出门事事难"，说明人们外出旅行时最怕的就是不方便，因为人们在家里或外出时即使面对同等程度的不方便，但给人们造成的心理感受却不一样，对后者的感受更强烈，所造成的心理压力也更大。如果，饭店能够以顾客为中心，满足旅游者方便的心理需求，让旅客在饭店处处感到方便。这样，客人就会在心理上得到安慰，产生愉快、舒适的情绪，可消除旅途的疲劳与不安。否则，会让客人产生沮丧、不满的情绪，甚至导致客人离开饭店，而这种现象的补救成本是非常高的。

2. 安全

安全需要是客人最重要的需要之一。按照马斯洛的需要理论，安全需要是人类与生俱来的、最基本的需要。如果人的生理和安全需要得不到满足，就不会产生更高级的需要。安全需要主要指人的人身安全及财产安全需要。因此，饭店必须在安全上给予客人绝对的保证，除去在硬件设施方面提供的安全保障以外，在服务流程中的安全操作也是安全保障的重要内容。

3. 清洁卫生

客人要求生活在一个清洁的环境里，是一种普通的正常的心理状态。饭店的清洁卫生包括：内外环境的清洁、设施设备的清洁、食品的卫生、员工的个人卫生等。清洁的环境能使人产生一种安全感、舒适感，并直接影响到宾客的情绪。据美国康奈尔大学旅馆管理学院对 30 万名客人进行调查的结果显示，60％的客人将清洁卫生列为住宿饭店第一需求，这反映了客人对卫生要求的重视程度。卫生清洁不仅是对饭店服务最基本的要求，同时也反映出社会文明发达的程度。

4. 安静

经过旅途劳顿，饭店是客人休息的特选场所。如何为客人创造一个安静舒适的环境，消除客人的旅途疲劳，使为客人提供良好饭店服务的前提条件。所以，饭店应注意地址的选择、隔音设施、材料的选择。服务人员在说话、走路和操作时要坚持"说话轻"、"走路轻"、"操作轻"，由此反映出员工的素质、职业道德水准和饭店管理水平。

5. 公平

追求公平是现代社会中人们的一种普遍心理，也是社会文明发展的一种结果。客人在旅游、商务活动中存在消费档次高低之分，但求公平、求合理的心态是一致的，要求饭店在价格和服务方面都能够一视同仁。否则，客人就会感到不公平，直至产生不满和愤然，甚至进行投诉。不公平会让客人感到在人格上受到损害，这种伤害宾客感情的行为最终会损害饭店的声誉及利润。

二、饭店服务人员的职业意识

意识是存在的反映，同时意识也对客观存在产生强大的反作用。职业意识一旦形成，就会成为制约服务人员行为的一种积极力量。一般来讲，饭店从业人员应具备以下职业意识。

1. 角色意识

20 世纪初，美国著名社会学者 G·米德把戏剧中的"角色"一词引入社会心理学领域，以此来说明人的社会化行为。人是社会人，每个人在某一社会和团体中，都有一个标志自己的地位和身份的位置，即社会角色，而社会也就对占有这一位置的人抱有期望并赋予同他所占有的社会位置相适应的一套权利、义务和行为准则，并以此来评判他的角色承担情况。

在饭店服务中，客人和服务人员是不同的社会角色，他们之间服务和被服务的关系。很多人因此认为，客人和服务员之间是"不平等"的，服务员是低人一等的工作。其实，在社会生活中，人是有个性的，而角色是非个性的。社会角色非个性，是指不管充当某种角色的人是谁，不管他有什么样的个性，只要他充当了这个角色，他就必须照社会角色所赋予的角色规范去行动。作为服务员这一社会角色，他就必须恭恭敬敬地为客人服务，尊重客人，按照客人的要求为其服务，这是社会角色的要求，是合理的。所以，服务人员与客人之间的这种"不平等"是角色关系的不平等，但就人格而言，饭店服务人员与客人应该是平等的。作为饭店服务人员，既然选择了这一社会角色，就要努力去学习角色、适应角色、实现角色，就要努力使自己的个性尽量同服务人员角色的特性相融合。不考虑双方所扮演的社会角色，只强调"平等"是不恰当的。不能因为自己扮演了提供服务的角色，就认为自己是生活中的弱者，也不能为了表明自己不是弱者，就故意用傲慢的、生硬的态度去对待自己的服务对象。如果服务人员在心理上不能适应他们所充当的角色，不善于处理自己与客人的角色关系，就会带来服务质量上的问题。

资料 51

一个下雨天，两位衣着入时的青年进入某四星级酒店，大声问前台接待员："雨伞放在哪里？"前台接待员感觉客人不礼貌，就漫不经心地往身后一指。两位青年找了一圈，没有找到合适的地方，又转回来，恼怒地质问："你在耍我们吧？"前台接待员一听更不高兴，一声不吭地把他们领到拐角处伞架旁转身就走，此时还忍不住轻声嘟囔出两个字："瞎子"。两个青年听到骂声，就上前与之争吵。在一阵唇枪舌剑后，客人怒不可遏地投诉了饭店。

2. 质量意识

服务质量是指饭店向客人提供的服务，迎合和满足宾客需要的程度，是客人心中的一种感受。质量意识就是要让服务人员明白质量就是饭店的生命，质量就是效益。服务质量好，企业才能生存和发展。饭店应在日常的管理和培训中纠正服务人员在思想上的"抓质量是管理者的事"的错误认识，确立提高服务质量是饭店每位员工应尽的职责的观念，形成"全员质量管理"的观念，为提高服务质量创造良好的思想条件和物质条件。

3. 形象意识

所谓饭店形象，就是指社会公众对饭店在经营活动中的行为特征和精神面貌的总体印象，及由此产生的总体评价。在现代社会中，它直接关系到饭店的生存与发展，可以说是饭店最重要且无价的资产。任何一个旅游企业都处在一定的舆论环境之中，它的政策、行为极其产品或服务，必然给人们留下某种印象，从而产生某种评价。这些印象和评价，就构成了饭店客观的社会形象。影响一个饭店形象的因素很多，它不仅包括设施、设备、经营方针、管理效率以及店容店貌等，还包括服务人员的素质及服务行为。作为服务人员应当树立良好的形象意识，明确自己所做的工作都是企业形象的重要组成部分，从而全面提高自己的知识和技能水平。在对客服务中，注重讲求礼仪规范，做到热情友好、周到细致。在处理主客关系上，不断提高道德修养，坚持宾客至上、服务第一的原则，对客人礼让三分。可以说，服务人员的一举一动，都往往成为一个企业形象的标志。总之，服务人员只有不断完善自身形象，才有可能树立饭店的服务形象，进而塑造良好的企业形象。

4. 信誉意识

信誉是企业无形形象中的主体内容。一个信誉好的酒店，能为客人创造出一种消费信心，使客人产生一种信任感，并吸引客人主动光顾。饭店对消费者的信誉主要取决于服务人员的服务行为。要实现高标准的优质服务，饭店必须建立完善的服务规程，保证服务质量的稳定性，并做到对所有的客人一视同仁。如果平时松松散散、随心所欲，只对重要客人尽心尽力地提供服务，会给客人留下服务质量差，可信度低的印象。国际上很多的著名酒店，之所以拥有良好的信誉，与它们严格甚至苛刻的服务规范是分不开的。

5. 服务意识

服务意识是指服务人员有随时为客人提供各种服务的积极的思想准备。服务有主动服务与被动服务之分，主动服务是指在客人尚未提出问题和要求之前，就能根据客人的心理，提供客人所需的服务，它会带给客人一种信任感，获得意想不到的效果。

　　某晚，在一家餐厅内一席普通的家宴正在进行，在祥和的用餐气氛中。服务员小李看到老先生不停地用小勺翻搅着碗中的稀饭，对着鸡鸭鱼肉直摇头。这是怎么回事呢？是我们饭菜做得不合口味？不对呀，其他人不正吃得津津有味吗？小李灵机一动，到后厨为老先生端上了一碟小菜——榨菜丝。当小李将榨菜丝端上桌后，老先生眼前一亮，对着小李不停地称赞："小姑娘，你可真细心，能够看出我对咸菜感兴趣，不简单。"老先生的老伴连忙说："这里的服务跟其他地方就是不一样，我们没说到的小姑娘们都能想到、做到，以后有时间我们要经常到这里来。"

　　被动服务是指客人提出问题或要求之后，才提供相应的服务。在此情况下，服务人员的服务再好，客人只会认为这是服务人员的本职工作，是分内的事，服务稍不及时，就可能招致客人的不满和抱怨。同样是服务，方式不同，服务的效果会产生很大的差异。良好的服务意识是提供优质服务的基础，有了强烈的服务意识，即使条件不充分，也能主动地为客人提供优质服务。所以，强化服务人员的服务意识，加强对服务人员的职业教育，是服务人员提高服务质量的重要途径。

三、饭店服务人员的心理素质

　　在饭店接待服务工作中，宾客的角色及服务人员的角色特征，要求服务人员必须具有良好的心理素质，它也是饭店提供优质服务的基础条件。

1. 自信、热情

　　古人云："自知者明，自信者强"，服务人员如能充满自信的工作，往往能充分展示自己的技能和素质，遇到突发事件，也能比较镇定，妥善处理。让客人感受到安全、可靠和舒适，给客人留下良好的印象。

　　由于饭店服务工作要在酒店的有限空间日复一日从事比较单调、辛苦的工作，服务时间弹性大，容易使服务人员产生疲劳，所以，饭店服务人员还应对自己的工作充满热情。用微笑与热情来对待每一位客人，关注细节，让客人体验一种亲切和温馨的感受，贵宾的待遇，为客人营造真正的"家外之家"。热情也是一种乐观向上的精神风貌，能够使客人受到情绪感染，使客我双方交往更加积极愉快。

2. 较强的观察力

　　观察力是指能在不显著之处看到事物的特性和特征的能力。饭店从业人员所从事的工作是最普通，琐碎的日常事务，然而客人却是从每一件小事上来评价饭店形象的。饭店从业人员要善于观察客人的特点和需要，全面、迅速地把握情况，为客人提供细心周到地、人性化的服务。

3. 较强的应变能力

应变能力是指处理突发事件和技术性事故的能力。在饭店服务过程中，突发性事件是不可避免的，在处理时，服务人员要使问题的解决朝着自己的意愿发展，就必须沉着果断、善于抓住时间和空间的机遇，灵活地应对。

4. 较强的自制力

自制力是指能够完全自觉、灵活地控制自己的情绪，约束自己的行动和语言方面的品质。饭店服务工作，除了要面对本身繁忙、疲惫带来的压力，有时，还有来自客人的不理解，甚至刁难，这就需要员工克制并调节自己的行为，以大局为重，避免与客人发生冲突。

5. 有"得理让人"的气度

"客人是上帝"，"客人永远是对的"它体现了在服务工作中，客人的特殊地位。要求服务人员要充分尊重客人，维护客人的利益。当主客双方发生矛盾时，服务人员要主动把对的一面让给客人。服务人员在特定场合有时需要放下"个人尊严"，自觉地站在客人的立场上，设身处地，换位思考。客人来饭店是享受的，不是接受教育的。如果服务人员有了这种立场观点，那么即使是面对爱挑剔的客人，也能从容大度，处理得当，也就能忍受暂时的委屈，把理让给客人。

第二节　前厅服务心理

前厅服务包括为客人预订客房，办理入住、离店手续，行李运送服务，票务服务等，是饭店为入住客人提供的最基本的支持性服务。饭店宾客，来自不同的地方，在国籍、种族、性别、职业、性格、年龄、宗教信仰等方面都存在着较大的差异，对饭店服务的心理需求各不相同，但作为旅游者又有其共同的心理需求。

一、客人对前厅接待的心理需求

1. 求尊重心理

客人一进入饭店，就已经进入了主客之间的角色关系。不管客人之前的社会角色是怎样的，当他一进入饭店，与饭店服务员角色关系就成为接待与被接待、服务与被服务的关系。在内心自然期待着一种被尊重的心理。这种尊重首先通过前台服务员的接待来表现。这就要求前厅服务人员必须微笑迎客、主动问候、热情真诚、耐心细致，这是尊重客人的具体表现。

> **资料 53**
>
> ### 小"投诉" 带来大生意
>
> 一位在某家五星级商务饭店入住数日的客人，在他离店的前一天，偶

尔在电梯里碰到进店时送他入住时的行李员。两人打过招呼后，行李员问他这几天对饭店的服务是否满意，客人直率地表示，饭店各部门的服务比较好，只是对中餐厅的某道菜不太满意，觉得菜的味道不如从前。客人还说，他在几年前曾多次住过此饭店。

当晚这位客人再来中餐厅用餐时，中餐厅经理专门准备了这道菜请客人免费品尝。原来客人说的无心，但行李员听的有意，马上就用电话将客人的意见告诉了中餐厅经理。客人知道事情的原委后，非常高兴。他没有想到随便说说的事，饭店却如此重视。客人真诚地说："这件小事充分体现出贵饭店员工的素质以及对客人负责的程度。"

几天后，这位客人的秘书打来预订电话，将下半年公司的研讨会及100多间客房的生意放在该饭店。秘书还说，在饭店下榻的这位客人是他们的集团总经理，他回到公司后，高度赞扬了饭店员工的素质，并决定将研讨会及入住预订从另一家饭店更改到这家饭店。几乎是不费吹灰之力，饭店就得到了一笔可观的收入。

启示：

通过电梯中的故事可以说明，饭店是一个整体，客人的经历是由他与每一位工作人员的每一次接触构成的，只有每一个工作人员都对顾客负责，时刻想着客人，处处尊重客人，认真倾听客人的意见和建议，并积极借鉴和采纳，就会给客人留下深刻的印象，从而为饭店创造更多效益。

（资料改编自：李任芝. 旅游饭店经营管理服务案例. 北京：中华工商联合出版社，2000.）

2. 求快速心理

客人经过旅途奔波的辛劳，进入饭店后就渴望迅速安顿下来、休整一下，以便准备下一步的活动安排。因而，这是客人对时间的知觉特别敏感，不希望在前台逗留较长时间。因此，前厅服务人员要提前做好充分准备，在服务过程中必须做到灵活迅速，操作要快、准、稳。否则，客人就有可能对饭店的服务质量产生怀疑。客人离店的心理也与来店时的心理相同。因此，结账员在结账时要快捷、准确，做到"忙而不乱，快而不错"。

3. 求方便心理

当客人到达一个陌生旅游目的地时，希望饭店前台能够代办想解决的一切事情，例如预订票务、订餐、外币兑换等。另外还有饭店的交通、各种配套设施是否完善方便。客人如果在前台得到肯定的、帮助性的回答，心理上就会得到安慰，产生愉快舒适的情绪。

4. 求知心理

客人来自天涯海角、四面八方，初来乍到，迫切想知道旅游地的风土人情、交通状况、旅游景点、土特产、旅游纪念品等各种情况，以满足自己的好奇心理。因此，前厅服务员在接待客人时，一方面要介绍本饭店的房间类型、等级、价格以及饭店能提供的其他服务项目，让客人做到心中有数；另一方面，如果客人询问其他方面的问题，服务员也应热情耐心的介绍。另外，前厅服务最好和旅行社的业务结合起来，把旅行社提供的服务项目和推出的旅游产品的有关资料准备好，以供客人咨询、索取、使用。这样做的另一个好处是冲淡客人在前台办手续过程中等待的无聊感。

二、前厅服务心理策略

前厅是一家饭店的门面与窗口，是客人与饭店最先接触与最后告别的部门。人们往往会通过在前厅的感受，对饭店做出整体的评价。因此，前厅服务可以使客人产生"先入为主"的第一印象，对整个饭店的认识产生"晕轮效应"。所以，饭店应针对客人的心理需求，做好前厅的接待服务。

1. 打造优美的环境

客人进入饭店，最先感知到的就是饭店的前厅环境。饭店前厅是整个饭店的脸面，美好的前厅环境，将使客人感到愉快、舒畅。美国旅馆协会会员汤姆·赫林认为，对于饭店的环境和一切服务设施都应该考虑到：当这座旅馆出现在客人面前，他们脑子里对它总的感觉是什么？要求是什么？以及向往和渴望的又是什么？他认为客人需要的是现代化的生活方式，但同时却又受到世界上具有民族特色的迷人魅力的吸引。既需要时代感，又要领略特殊感；既要有文化又要有娱乐。在他自己设计的饭店里，有热带花卉、热带灌木丛、家庭式游泳池以及钢琴吧、中美洲木琴乐队等。

总之，饭店前厅的环境设计既要有时代感，又要有地方民族感，要以满足客人的心理需要为设计的出发点。一般情况下，光线要柔和，空间宽敞，色彩和谐高雅，景物点缀、服务设施的设立和整个环境要浑然一体，烘托出一种安定、亲切、整洁、舒适、高雅的氛围，使客人一进饭店就能产生一种宾至如归、轻松舒适、高贵典雅的感受。前厅布局要简洁合理，各种设施要有醒目、易懂、标准化的标志，使客人能一目了然。前厅内的环境和设施要高度整洁，温度适宜，这也是对前厅的最基本要求。

2. 注重员工仪表美

前厅服务员的仪表要与环境美协调起来，服务员的仪表也是客人知觉对象的一部分。仪表是人精神面貌的外在体现，是给客人良好印象的重要条件，也是为客人营造美好经历的一部分。

一般来说，前厅员工的仪表美包括举止美、形体美、服饰美、化装美。服务员的行为举止要大方、得体、优雅，在与客人打交道的过程中要热情主动、端庄有礼。另外，前厅服务员的相貌要求比较高，要身材挺拔、五官端正、面容姣好、化妆淡雅、饰物适当、服饰美观合体、讲究个人卫生。这样，服务人员既可通过自身的仪表美，反映出其文化修养和精神面貌，又能给宾客留下美观、大方、优雅的感觉，使客人获得一种信赖、亲近感，留下良好的第一印象和最终印象。

3. 培养员工语言美

语言是人际交流的重要工具之一，服务员的语言直接影响、调节着客人的情绪，而且服务的成效在很大的程度上取决于服务员语言的正确表达。语言美表现在语气诚恳、谦和，语意确切、清楚，语音悦耳动听。因此，服务员要熟练地使用各种礼貌用语，避免使用客人避讳的词语使客人感到在陌生的环境中得到了尊重和关注。另外，在接待过程中，接待人员应尽可能地多掌握几种外国语言以及我国的一些方言，方便与宾客之间的交流。

4. 提高服务技能

总台作为整个饭店服务工作的中枢，总台服务工作的内容包括：预定客房、入住登记、电话总机、行李寄存、贵重物品及现金保管、收账、结账以及建立和保管客人档案等，这些工作既重要又复杂，它们环环相扣，必须做到准确、高效、力求万无一失。只有熟练地掌握各种服务技能，做到百问不倒、百问不厌，而且动作敏捷，不出差错，才能使经过车船劳顿的客人很快办完各种手续，得到休息。没有熟练的服务技能和能力，即使环境布置再好，态度热情有加，也做不好服务工作。

现代饭店，不仅要求服务人员本身有娴熟的服务技能，而且还需要充分利用科技发展的最新成果，不断装备服务设施设备，如指纹识别系统、电传通信设备网络、防伪设备、快速结算网络系统等，来实现应接服务的高质量。

第三节　客房服务心理

客房是饭店的主体部分，是客人休息的重要场所，也是客人进行社交、商务等活动的场所。因此，旅客会期望有一个舒适的、符合自己生活习惯的住宿环境，并能受到热情、周到的服务。所以，搞好客房服务对旅游者来讲是非常重要的。做好客房服务的关键是要了解客人在住店期间的心理特点，这样才能有预见地、有针对性地采取主动和有效的服务措施，使客人感到亲切、舒适和愉快。

一、客人对客房服务的心理需求

1. 求清洁心理

对客房清洁卫生的要求是客人普遍的心理状态。客房是客人在饭店停留时间最长的地方，也是其真正拥有的空间，因而，客人会对客房的观察得特别仔细、认真，尤其在清洁卫生方面特别敏感。不好的卫生状况，会使客人感到焦虑不安，甚至产生厌恶、愤怒的情绪，可能导致客人要求立刻离店，更换一个清洁的饭店。

2. 求舒适宁静心理

刚入住饭店的旅客，经过舟车劳顿，一般都已十分疲倦，迫切需要一个舒适的休息场所来恢复体力、精神。因此，安静、舒适的客房环境就成为客人评价和选择客房的重要尺度。他们希望室内环境优雅美观，装饰布置典雅舒适，有良好的灯光氛围，温度适宜、床铺舒适；更希望客房环境是宁静的，有隔音设备，没有噪声，服务工作轻声化、安静化，以及细心、周到的服务等。

3. 求安全心理

安全感是愉快感、舒适感和满足感的基石，客人是把自己出外旅游期间的安全放在首位的。客人在住宿期间，不希望自己的人身与财产遭受威胁，不希望自己在饭店的隐秘被泄露出去。因此，客房的安全设施要齐全可靠。服务人员没有得到召唤或允许，不能擅自进入客人房间，绝对不应去干扰客人。有事或清扫服务要先敲门，在得到允许后才能进入，工作完成后即刻离开。日常清扫服务，绝对不许随意乱动客人的物品，尤其在进入房间时不可东张西望，引起客人不安。

4. 求亲切心理

客房服务是客人每天接触和享受的，当客人入住饭店以后，客房服务就成为客人感受到的最重要服务。客房服务人员亲切的服务态度，能够最大限度地消除客人的陌生感、距离感等不安的情绪，缩短客人与服务人员之间情感上的距离，增进彼此的信赖感。客人与服务人员情感接近了，会使其对饭店的服务工作采取配合、支持和谅解的态度。有利于饭店日常工作的开展，提高饭店声誉。

二、客房服务心理策略

1. 保持客房的清洁卫生和宁静

清洁、卫生是评价客房服务质量最基本的标准。因为饭店的客房是通过反复出租给客人而实现其价值的，所以保持清洁卫生是客人对客房的基本要求。客房服务人员清理客房应该严格按饭店规定进行，遵循一定的程序。一般情况下，清理客房要在客人不在时进行。如果客人有特殊要求，可以随机处理。客房服务人员在清理客房时，必须保证客房及各种设施、用具的卫生。即使是空房间，也要时刻保持清洁，准备迎接客人。客人到达客房再去清扫，会留给客人很恶劣的印象。另外，茶具、餐具、浴盆、马桶等要严格消毒，并贴上"已消毒"标志，在茶具上蒙上塑料袋等，能起到一定的心理作用，增加客人心理上的卫生感和安全感。

保持客房宁静是保证旅客休息好的重要因素。保持客房宁静也就是要防止和消除噪声，这要从两方面入手。必须做到硬件本身不产生噪声，饭店选择设备的一个标准就是它产生的噪声要小；另外，在硬件上要保证隔音性，能阻隔噪声的传入和传导。在软件上也要不产生噪声，员工须做到"三轻"——走路轻、说话轻、操作轻。"三轻"不仅能减少噪声，而且能使客人对服务人员产生文雅感和亲切感。同时，服务人员还要以自己的言行去影响那些爱大声说笑的客人，用说服、暗示等方式引导客人自我克制，放轻脚步，小声说笑。

2. 提供热情周到的服务

（1）主动热情　主动就是指服务要先于客人开口，它是客房服务意识的集中表现。主动服务包括：主动迎送，主动引路，主动打招呼，主动介绍服务项目，主动照顾老弱病残客人等。例如迎面遇到客人主动问一句："刘先生（女士），用过早餐了吗？"像对待自己的亲人一样，关心他们的生活起居、身体状况，会使客人非常高兴，认为自己格外受到关注。热情服务就是帮助客人消除陌生感、拘谨感和紧张感，使其心理上得到满足和放松。要求服务人员在服务过程中要精神饱满，面带微笑，语言亲切，态度和蔼。热情是体现服务态度的本质表现，是取悦客人的关键。

（2）文明礼貌　通过讲文明礼貌能够体现出对客人的尊重、理解和善意。如与客人讲话用礼貌用语；操作时轻盈利落，避免干扰客人；与客人相遇或相向行走，让客人先行，进入客房之前要敲门，未经允许不可贸然入内等。

（3）耐心细致　耐心就是指不厌不烦，根据各种不同类型的客人的具体要求提供优质服务。它要求服务人员即使在工作繁忙时，也应对客人有耐心，不急躁，对客人的询问要做到百问不厌，有问必答。对爱挑剔的客人不厌烦，对老弱病残的客人照顾细致周到，客人有意见时耐心听取，客人表扬时不骄傲自满。同时，要"眼观六路，耳听八方"，客房服务员要随时观察客人情况，了解客人特殊需求，并尽量给予满足，如果能进一步了解它们的现实需求和潜在需求，做到超前服务会使客人惊喜不已。细致的服务还反映在注意服务分寸、注意如何使客人放心、增强客人的信任感方面。

第四节　餐厅服务心理

　　饮食反映了一个国家或地区的特征，饮食也是一种社会文化行为。对旅游者而言，这是旅游活动的一部分。所以，客人到餐厅用餐，同时具有物质享受和精神享受两个方面的需求。餐厅服务员不仅要向客人提供优质的饭菜，而且向客人提供优质的服务，使客人不仅得到生理、心理的满足，而且精神上也获得快乐。这就需要探讨客人就餐心理，了解客人需求。抓住消费者的心理就等于赢得了顾客，赢得了餐饮市场的份额。

一、旅游者对餐厅服务的心理需求

1. 求卫生心理

　　俗话说："病从口入"，因此，客人在餐厅对卫生要求也非常强烈，这也是客人对安全需要的一种反映，同时，对客人情绪的好坏产生直接影响。良好的卫生环境会给人以安全、愉快、舒适的感觉。客人对餐厅卫生的要求体现在环境卫生、餐具卫生和食品卫生几个方面。客人总希望在餐厅吃的食物都是新鲜、卫生的，餐具都经过了严格的消毒，餐厅的环境整洁雅静，空气清新，无卫生死角。

　　同时，餐厅服务员都要严格遵守餐饮部制定的卫生工作条例，例如，服装要干净整洁，服务员不留长发和长指甲，工作时不打喷嚏，定期体检等。在客人眼里，服务人员的卫生整洁是餐厅卫生形象的重要标志。

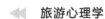

2. 求尊重心理

尊重需要作为人的一种高层次需要，贯穿于整个旅游活动当中。俗话说"宁喝顺心汤，不吃受气饭"，道出了尊重客人在餐厅服务中的重要性。尊重客人体现在客人用餐服务的各个环节，如微笑迎送客人、恰当领座、尊重客人的饮食习俗等。

3. 求快速心理

一般来说，客人到餐厅坐定点菜后，都希望餐厅能够快速上菜，不愿长时间地等待。一方面，现代生活的高节奏使人们形成了一种对时间的紧迫感，养成了快速的心理节律定势，过慢的节奏使人不舒服，也不适应。另一方面，一些客人就餐后还有很多事去做，所以，他们要求提供快速的餐饮服务。另外，心理学的研究表明，期待目标出现前的一段时间使人体验到一种无聊甚至痛苦。特别是当客人饥肠辘辘时，如果餐厅上菜时间过长，更会使客人难以忍受。当人处于饥饿时，由于血糖下降，人容易发怒。所以，餐厅应该备有一些快餐食品以备急需客人的需要，提供一些免费餐前小食品，服务员及时点菜上菜，及时结账。

4. 求知求异心理

在旅游活动中，旅游者一般都希望能品尝到异国或异地的特色风味佳肴，能了解一些有关这些特色佳肴或当地名菜名点方面的知识。甚至有些游客把能否吃到地方风味作为选择旅游目的地的条件之一。一些外国旅游者到中国旅游时，中国的粤菜、川菜都是他们品尝和了解的重要项目之一。他们特别想知道这些菜肴的来历、做法、特色以及名称，有不少游客还对富有艺术性的精美雕刻造型的菜肴拍照留念。

二、餐厅服务心理策略

1. 建立良好的视听觉环境

在餐厅清洁卫生的基础上，客人希望能够在一个优美舒适的环境中用餐，餐厅应注意环境的美化。

（1）引人注目的视觉环境。餐厅的门面要醒目，要有独特的建筑外形和醒目的标志，餐厅内部装饰与陈设布局要整齐和谐，清洁明亮，要给人以美观大方、高雅舒适的感觉。餐厅的整个设计要有一个主题思想，或高贵、或典雅、或自然、或中式、或西式、或古典、或现代。色彩也要依据餐厅设计的主题思想来选定。在选择色彩时，要了解不同的色彩所产生的心理效果。例如重庆大足的"荷花山庄"以浓烈的巴渝特色为主题，客人三三两两可以安坐在一艘花艇内观看艇外各式荷花，品尝巴渝小吃，接受穿着古朴渔家服的"渔家女"热情纯朴的服务，令宾客仿佛来到了世外桃源。

（2）使人愉悦的听觉环境。心理学研究表明，在餐厅播放节奏轻快的音乐，客人停留的时间短些，播放节奏悠扬的音乐，客人停留的时间就长些。所以，播放音乐要因地制宜，根据不同餐厅、不同营业时间来选取不同的乐曲。在一般的快餐厅，客人简单用餐，可播放节奏轻快的音乐，以增加接待客人的数量；在咖啡厅、正餐厅则可播放慢节奏音乐，延长客人逗留时间，客人在餐厅的花费自然会随之增加。此外，在餐厅里播放优美动听的音乐，不仅使客人愉悦，增加食欲，还可掩盖厨房和其他地方传来的嘈杂声。

2. 尊重客人的人格和习俗

尊重客人的人格，最基本的要做到，微笑迎送客人，领位恰当。微笑迎接常令空腹的就餐者心情平和，感到自己备受重视。如果有较多客人同时到达，服务人员不能一一应接，在展现亲切的微笑时，眼光最好能面向所有客人，使每位客人都感受到尊重，不至于顾此失彼。领位时要注意观察因人而异，如对有生理缺陷的客人，最好把他引领到不易被人触及或察觉缺憾的地方；对进入餐厅的恋人、老人、儿童在领位时要关注他们各自的需要。这样客人的自尊心就会得到满足，愿意再次光临该餐厅。

尊重客人的习俗主要指尊重客人的风俗习惯、生活习惯。餐厅客人求尊重习俗的表现特别突出，有些客人在点菜时会直接告诉服务员，不喜欢吃什么或不能吃什么；有些客人虽没有直接告诉服务员自己的喜好，但从点菜中可以观察到，比如喜欢吃素食的人，不点荤菜。作为服务员，平时要善于观察，懂得并尊重客人不同的风俗习惯和生活特点。

3. 注重食品形象

我国烹饪历史悠久，素以色、香、味、形、名、器俱佳著称于世。就餐的客人不但注重食物的内在质量，也越来越注重食品的外在形式。因此，餐厅提供的食品，既要重视内在品质，也要重视外在形式。要做到这一点，可以从以下几方面着手。

（1）诱人的色泽　在人们的生活经验中，食物的色泽与其内在的品质有着固定的联系。良好的色泽会使得客人产生质量上乘的感觉，同时，激发客人的食欲。但是，不同类型客人，由于种族、文化背景的差异，在颜色的偏好上存在着一定的差别，这就要求餐厅服务人员要了解客人的特殊要求，针对不同的服务对象，做出相应的调整，以满足不同客人的需要。

（2）优美的造型　中国菜常以名寓意，注重造型，不但有食用价值，而且还是艺术作品。利用烹饪中精湛的切、雕、摆、制、烹等技艺，在餐桌上展现造型优美的菜肴艺术美，宛如一盘立体的画，一首无声的诗，一支优美的乐曲，给人带来艺术享受。

（3）可口的风味　古人云："闻香下马，知味停车"，所以，餐厅食品不仅应该有优美的造型，更应注重带给客人味觉上的享受。味道好坏，常常是客人判断菜肴好坏的第一标准，而品味也常常是客人就餐的主要动机。因此，餐厅要根据客人的饮食习惯及求新求异的饮食特点，制作味道各异的食品，使客人在口味体验上得到最佳效果。

4. 主动介绍菜肴名称、特色与做法

服务人员在出示菜单、介绍菜谱时应言简意赅、绘声绘色地表达，满足客人求知的欲望，使客人对菜肴食品产生浓厚的兴趣。菜单的设计除了菜肴要有合适

的名称外，还可以配上主要菜肴的照片。服务员在上菜时，应该主动介绍菜品的名称及相关知识，如每道菜名称的寓意、来历、典故或传说及菜的营养价值、用料与烹制方法等，满足客人求知心理。

第五节　旅游商品服务心理

在旅游活动过程中，提供旅游商品服务是必不可少的重要组成部分。饭店是一个综合性服务行业，一般饭店都设有商品部，专门负责旅游纪念品、字画、文物复制品、日用百货等各种商品销售，许多富有民族特色的旅游商品吸引了广大旅游者的购买兴趣，但服务质量的好坏也会影响旅游者的购买欲望，因此，我们有必要了解旅游者的购物心理，做好服务工作，以满足旅游者购物的需要。

一、游客购物心理需求

1. 求纪念心理

客人购买旅游商品，一方面是为了保留一份旅游经历。很多旅游者都喜欢把在旅游地买的纪念品连同他们在旅行中拍的照片保存起来，留待日后据此回忆他们难忘的旅行生活。另一方面是为了带回去馈赠亲朋好友，增强友好的情谊。

2. 求知心理

客人通过购物获得某种知识。有些游客特别喜欢售货员和导游能介绍有关商品的特色、制作过程，字画的年代、其作者的逸闻趣事以及鉴别商品优劣的知识等。他们对当场作画或刻制的旅游商品及有关资料说明特别感兴趣。

3. 求新奇心理

在客人购物过程中，好奇心起到一种导向作用。人们在旅游地看到一些平时在家看不到的东西时，就产生好奇感和购买的欲望。如在西安旅游，人们喜欢购买秦兵马俑复制品；在杭州旅游，人们喜欢购买茶叶及丝绸制品；在新疆旅游，人们喜欢购买玉器、手工和地毯等物。

4. 求实用心理

这种心理的核心是"实用"和"实惠"。这些选购商品时，不注意商品的样式、色泽和外观，而强调经久耐用、经济实惠。他们通常以购得廉价商品为满足，因而尽量选购折价、特价、优惠价的商品。

5. 求方便心理

旅游者购买旅游商品，还会考虑其是否易于携带易于保管。前些时，家住北京的钱先生一家去上海旅游，儿子在去东方明珠电视塔玩儿时，买了一个东方明珠电视塔的模型作纪念品带回幼儿园给老师和小朋友们看，可还没等他们踏上返回北京的飞机，这件旅游纪念品就已经"缺胳膊断腿"了，弄得小孩非常不开心。据调查，旅游购物消费 52％的人指出，旅游商品包装差，不便携带、馈赠和收藏。

二、旅游商品服务的心理策略

在硬件方面，饭店商品部的环境布置除整洁、美观外，要有地方特色，能够吸引过往的客人。所备商品符合游客的购物心理需求，特别是当地名特产品及代表性纪念品更需丰富。

在软件方面，商品部服务员应掌握以下的服务技术。

1. 善于观察客人

服务员除注意自己的着装和仪容仪表外，更要善于与客人沟通。一般来说，客人刚一进店，服务人员不可过早同客人打招呼。因为过早接近客人并提出询问，就会使客人产生戒心，而过迟则往往使客人觉得服务人员缺乏主动和热情，使客人失去购买兴趣。因此，要善于观察客人，把握接触客人的最佳时机。当客人从注意的商品上抬起头来时；当客人突然止步盯着看某一商品时；当客人用手触摸商品时；当客人的眼光和自己的眼光相碰的时候等，服务人员一旦捕捉到这样的时机，应马上微笑着向客人打招呼。

商品部服务人员必须善于察言观色，通过对客人的言行、年龄、穿着、神态表情等外部现象的观察，经过思维分析、比较，做出判断，积极主动发现客人身上明显的生理特点、情绪、需要和行为特点，有针对性地为客人服务。如对于目光集中、步子轻快、迅速地直奔某个商品柜、主动提出购买要求的客人，服务人员要主动热情接待，动作要和客人"求速"的心理相呼应，否则客人容易不耐烦；又如，对于神色自若、脚步不快、无明显购买意图的客人，服务人员应让其在轻松的气氛下自由观赏。

2. 弱化客人的防御心理

旅游者在旅游地购物，处在一个陌生的环境当中，会不由自主地产生一种心理上的防御状态，以免上当受骗。服务员这时就要注意策略，弱化客人的防御心理，促进成交。

资料 54

有几位客人到某饭店的商品部，径直走到茶叶专柜，看了看标价，便议论道："这里东西贵，我们还是去外面买吧！"这时，服务员便走上前，关切地说："先生们去外面买茶叶一定要去大型商场，市场上以次充好的茶叶很多，一般是很难辨别的。"客人立即止步问道："哪家商场比较好？茶叶怎么选择呢？"于是服务小姐便告诉茶叶等级的区分，如何用看、闻、尝等几种简易区分茶叶好坏的方法，又介绍了本商场特级龙井的特点，价格虽略高于市场，但对游客来说，买得称心，买得放心是最重要的。几位客人听了服务人员的介绍，都爽快地买了几盒茶叶，做成了一笔较大的生意。

案例分析：遇到上述情况，服务员并不急于促成客人购买，而是旁敲侧击，首先争取客人的心理认同及信任，最后自然做出购买行为，并获得一种良好的心理感受。

---

3. 主动介绍商品

所谓适时介绍，就是在分析客人心理要求的基础上，有重点地说明商品，以便"投其所好"。当客人对某一商品产生喜欢情绪并对商品进行比较、评价的时候，售货员应适时地介绍商品知识，如名称、种类、价格、特性、产地、厂牌、原料、式样、颜色、大小、使用方法、流行性等。事实表明，服务人员积极热情、详细生动的介绍，可以满足客人的求知心理，激发客人的购买欲望，做成生意。有时，客人不一定要买什么，但由于服务人员的主动热情，多方介绍，使客人对商品有了更多的认识，或者因盛情难却，最终达成了交易。反之，服务人员若漫不经心，不主动介绍商品，就可能失去做成交易的机会。

资料 55

有一位外国客人到商店买东西，他看见一件雕刻品，很喜欢，便问服务人员这是什么原料雕成的。服务人员随口答道："石头。"这位客人听后，放下雕刻品就走了。到了另一个商店，他又看到同类雕刻品，服务人员不等客人发问，就主动介绍说，这是由青田石为原料雕成的。青田石是浙江特产，具有玉石的特点，是制印章或雕刻的上品。客人一听，非常高兴，当即购买了一件青石雕刻工艺品。

启示：
同样的商品，两位服务员以不同的方式介绍，导致的结果却恰恰相反。

4. 善于抓住时机

服务人员在介绍商品的特点后，有时客人仍会犹豫不决，就要抓住时机，打消客人的顾虑，促进成交。其关键在于了解客人心理，掌握客人的喜好。

资料 56

有位客人到商店想选购一个旅行提包，他选了一只，问道："这好像不是真皮的吧？"服务人员答道："这是仿皮的，价钱便宜一半，而且轻便。"客人又问："还有没有颜色浅些的？"服务人员解释道："浅色不经脏，这种颜色今年很流行。"于是，客人立即付款买下了这个提包。

总之，服务人员在介绍商品时，要根据客人的年龄、性别、国籍、职业、语气和购买需要等不同情况，采取不同的方式，语言要详略得当。客人无论是否购物、离柜或离店时，服务人员均应热情告别，欢迎再来。那种听任客人离店的做法，是不会给商场树立起好的形象的。

本章小结

1. 在饭店服务中，从客人的角色特征和心理需求入手，探讨了饭店服务人员应具备良的职业意识和心理素质。

2. 在服务的过程中，客人对饭店的住宿、餐饮、前厅及购物部门的服务有其不同心理需求，针对客人的不同需求，探讨了饭店应怎样为客人提供最优质的服务。

 实训练习

请学生现场模拟客人、服务员，对饭店餐厅服务中特定的意外事件进行处理。

 思考题

1. 如何看待饭店服务人员的角色意识？

2. 通常客人有哪些角色特征？

3. 客人在前台的心理需求有哪些？怎样才能提供优质的前台服务？

4. 做好客房服务工作应该注意哪些问题？

5. 如何理解客人在餐厅就餐时的求快速心理？

6. 旅游者在购物时有哪些心理需求？

第十章
导游服务心理

学习目标

- 了解导游在旅游服务中的独特地位和作用。
- 掌握导游服务中不同阶段游客的需求心理并有针对性地做好导游服务工作。
- 明确导游员应具备的基本素质并注重自身职业心理素质的养成。
- 理解游客投诉心理，学会预防和处理投诉的技巧。

【开篇案例】

导游的作用

　　某旅游团参加中国香港地区、泰国、新加坡之旅，第一站便是被称之为"购物天堂"的香港地区，一位导游小姐接待了这一团队。刚见到这些游客，导游小姐就向该团领队索要小费。领队告诉她，等最后一天给她小费，因为按照日程，该团要在香港地区停留 5 天时间。于是导游小姐很不高兴，脸色十分难看。第二天，导游小姐带着游客到几个珠宝店参观，又要求每位游客都要购买商品。在第三天时，导游小姐甚至把客人扔在宾馆，半天没有过问。第二站到达泰国曼谷，遇到了一位姓林的导游。林非常热情，说自己是第三代华人，又让游客们叫他"屁林"，"屁"在泰语中是"大哥"的意思。林的热情和一口标准的普通话，让游客感到分外亲切、踏实。林又告诉游客们，在国外，要防着别人。在泰国，有的本土人中文说得很好，不要和这些人接触，不要听信这些人，以免上当。游客们信以为真，都庆幸遇到了一位好导游。在返回住处的车上，林又非常热心的给每位游客按照 1∶4.3 的比率换了泰铢。后来，游客们了解到人民币对泰铢是 1∶5。更可气的是，在巴提雅，林又逼着每个人必须观看三个自费节目，威胁大家，如果不看就另请高明。最后，游客们怀着一种难以名状的心情来到新加坡。在飞机场的出口处，导游吴小姐早已在等待接团。吴小姐面带微笑十分热情，因为有香港地区和泰国的经历，游客们不免想"谁知道会不会又是一个温柔的陷阱"。因此，都对吴十分的冷漠，可吴小姐依旧微笑着为每一位游客服务。更让大家没想到的是，在不到十分钟的时间内，她记住了旅游团内每位游客的名字，并且一一能对上号。这样，游客们被吴小姐的诚意感动了，渐渐的放松下来。接下来，吴小姐向游客介绍新加坡的风土人情，带大家参观圣淘沙公园、花芭山等风景名胜。吴小姐带游客到珠宝店和商店，她没有要求购买东西，只是建议游客到香港之后要买什么东西，到泰国之后要买什么东西，到新加坡之后不要买什么东西。等吴小姐和游客说再见时，每个人都心存感激地挥手告别。香港地区的导游习钻，泰国的导游滑头，新加坡的导游聪明，这是这些游客对所接触的导游的评价。"香港地区的印象最差，泰国最乱，新加坡最美好。"这又是他们从内心发出的感叹。

启示：

这是这些游客在香港地区、新加坡、泰国旅游，与这几个导游打交道，产生的感受。可见，在旅游活动中的主体不是旅游资源，而是人。即使这个地区有丰富的人文、自然景观，如果人的行为不良，就会使旅客大倒胃口。对于旅客来说，到了某个国家和地区旅游，首先接触的是导游，导游素质的高低、服务质量的好坏，不但影响着旅客的情绪，也影响着对这个地方的印象。而要提供优质的导游服务，了解旅游者需求心理，进行有针对性的服务，就显得尤为重要。

第一节　导游在旅游活动中的作用

旅行社、旅游饭店和旅游交通是现代旅游业的三大支柱，处于核心地位的是旅行社。而在旅行社的服务中，由于导游直接与游客接触，并且接触时间最长，导游服务质量就成为衡量旅行社整体服务质量的重要和主要标志。因此，日本旅游专家北岛克已先生将"导游"列为旅游接待服务的四要素之一，而且是最重要的要素。美国《旅游英语》一书的编者也同样认为："在整个旅游工作中，最具特色、最困难的工作大概就是导游员了。"这些都揭示了导游在旅游接待工作中的特殊地位及其主导作用。

导游在旅游活动中的独特作用主要表现在以下几个方面。

一、导游服务是旅游服务质量的标志

导游人员是旅行社接待工作的主体，导游工作也是旅游接待工作的关键。一个国家（或地区）导游素质的好坏、工作质量的高低，直接影响到这个国家（或地区）旅游业的发展。因为，在旅游过程中，旅游酒店、旅游交通、旅游景点等这些旅游接待部门提供的旅游服务，对旅游者来说往往是短暂的；而导游员却是始终伴随旅游者，与旅游者朝夕相处，给他们作导游讲解，使他们能领略到异地优美的自然风光和文化，为他们沟通语言，并提供生活等各方面的服务，保卫他们的生命财产安全，维护他们的正当权益。一位好的导游，带给旅游者的是一次精神上的享受，让游客回味无穷。

二、导游是旅游地的宣传者

导游讲解、导游词对旅游地的形象宣传，发挥着最直接的作用。导游的讲解、解说是观景的拓展、深入和延伸。一个旅游目的地的内涵是靠一代又一代人的不断认识、挖掘、创造和积累而来的。作为游客，仅从外表难以了解其内涵，有的即便有文字说明，也不一定来得及看或看得不甚明白。通过导游讲解，"静景"就成了"活景"了，既调动了游客的兴趣，又使旅游地在游客心目中留下深刻而美好的形象。

资料 57

例如，在介绍西安的小雁塔时，导游员可突出讲解这座古塔在明代成化年间（1487 年），陕西关中地震时，垂直纵裂"自顶至足，中裂尺许"，但到正德年间（1521 年）再次地震后，这座古塔又"一夕如故"这一神秘的奇迹。

启示：

通过导游讲解，这座古塔之奇就会使旅游者思绪万千，浮想联翩，回味无穷。相反，一个蹩脚的导游员，会使旅游者大失所望，再好的景点也会使旅游者的游兴索然，对所参观的景点不得要领，留下不好的印象，有损旅游地形象。

另外，很多统计数字表明，卓有成效的导游服务不仅可以使旅游者满意而归，而且还能起到一个宣传作用。因为引起旅游者到异地旅游的原因，除了来自报刊、杂志、广告等的宣传外，许多是来自有亲身体验的亲朋好友的举荐。低质量的导游服务不仅使旅游者的回头率大大地降低，而且还带来负面的影响，使没有到过此地的旅游者望而却步。所以说，导游服务工作直接影响着人们对旅游地的印象，进而影响着旅游业的发展。

三、导游是游客行程的"总导演"

旅游活动包括食、住、行、游、购、娱六个基本要素，其中最重要的是"游"，而游览的"导演"则是导游。导游提供的语言服务沟通了不同文化，促进了不同国家、民族之间的交流；导游的讲解技能帮助旅游者增长知识，加深阅历、获得美的感受；导游为旅游者提供的食、住、等生活上的服务使旅游者能够毫无后顾之忧地、身心愉快地投入浏览活动之中，去求新、求异、求乐。导游在旅游者的旅游活动中起着极其重要的作用，是旅游活动中最重要的因素。

四、导游是国家利益的维护者

发展海外来华旅游是中国旅游业的长期方针，也是一项战略任务。自中国改革开放以来，随着经济的迅速发展，人民生活水平的不断提高，我国公民出境旅游发展势头也很强劲。到 2001 年末，我国国际旅行社的总数已达到 1310 家，它们从事着海外旅游者入境和中国旅游者出国的组织和接待工作。对于前一种旅游，导游人员是为海外游客提供导游服务；而对于后一种旅游，导游人员为中国公民提供出境陪同服务，两者都具有明显的涉外性。因此，可以说导游的一言一行、一举一动都代表着国家的形象。如果导游把自己对祖国大好河山的热爱，通过语言传递给游客，能唤起国外游客对中国的友好向往，使不同国家和民族，有着不同文化背景，具有不同肤色、不同语言、不同宗教信仰，特别是具有不同价值观念的人们之间，构筑起相互理解、相互尊重和促进友谊的桥梁。因此，作为一个国家的导游人员，与国外旅游者相处时，一定要想到自己代表的是国家而不是个人；对不同国家的旅游者不管是来自贫国、富国，也不管是何种肤色、何种民族都要一律平等；当旅游者的利益和国家利益发生冲突时，首先想到的应是国家的利益，时刻都要维护国家的尊严。

综上所述，导游在旅游活动中占有非常重要的地位，在旅游服务中起着关键的作用，导游工作质量的优劣不仅关系到旅行社、地区、国家、旅游业的声誉，而且还关系到旅行社、地区、国家旅游业的发展。因此在旅游业竞争越来越激烈的时代，发展旅游业的软件设施，重视导游在旅游活动中的地位，培养高素质的导游人员是非常重要。

第二节　旅游者的游览心理需求

一、刚到异地旅游者的心理需求

旅游者带着美好的憧憬踏上旅途，一方面，他们感到陌生、新奇。异国他乡的景物、独具特色的风俗人情，对他们具有强烈的诱惑力和吸引力，在他们眼中一切都是那么陌生、奇特、有趣、新鲜，这一切使他们产生了马上了解的愿望。另一方面，他们又紧张、不安。一想到就要进入一个陌生的世界，人生地疏、语言不通，又不免有些紧张，对于此行是不是一切都会非常顺利，似乎又多少有些怀疑。他们甚至担心自己会不会迷路，会不会遇到小偷等。此时的旅游者首先要解决的是消除这种茫然、不安甚至恐惧的心理。旅游者一到旅游地首先接触的是导游，因此，导游对刚到异地的旅游者的心理有很大的影响。如果旅游者到达异地时接触到的是热情洋溢的导游，他所提供的真挚、友好、热情、周到的服务，营造的宾至如归的气氛，会使旅游者产生好像见到了久别的朋友的感觉，十分亲切。例如，当旅游者一下飞机，导游的"见到你们很高兴"、"欢迎你们"、"您好"、"旅途愉快"等的寒暄话，加上简短的欢迎词，会消除旅游者初到异地的陌生感，会增进旅游者和导游之间的友好关系，给旅游者留下美好的第一印象。然后，导游把游客接上车以后，在车上要把旅游地的周边环境及旅程安排作简要的介绍，让游客感到心中有数，这将会大大减轻游客刚到异地的紧张感。

二、行程中旅游者的心理需求

（一）好奇心理

旅游者外出旅游之前，通过媒介宣传或朋友介绍等途径对旅游目的地产生了种种美好的憧憬和想象。当旅游者到达旅游目的地时，种种新鲜刺激物，都会让旅游者产生强烈的好奇感，形成一种无比兴奋的心情。旅游者面对各种见所未见、闻所未闻的壮观而优美的自然景观，古老的文物古迹，豪华壮观的现代建筑，当地的民族、风俗、语言、民情，甚至街上有人敲锣打鼓送老工人退休；农村小伙子娶新娘，壮汉抬着轿子，一队唢呐乐队在前面开路的热闹景象；妇女摇着纺线车；从蛇肚内取出蛇胆和酒喝等，都能使游客产生好奇心理。

资料 58

　　一次，一港台地区的旅游团在广西桂林旅游，中午山区小饭店供应乌黑的墨米饭，吃惯了白米饭的游客，见此米饭既好奇又胆怯，不知此为何物？热情的导游说："大家吃吧，这叫墨米，是广西河池地区东兰县的特产，为什么呈黑色呢？据民间传说，有一年大旱，东兰附近的红水河也断流了，方圆数百里田地龟裂，禾苗枯死，有一位老汉的地里侥幸剩下一棵禾苗活着。为救活这棵禾苗，老汉爬了九重山，走过十六个村庄，还是不见水的踪影，没办法，只好忍痛割开自己的手指，用鲜血浇灌禾苗。说来也奇怪，禾苗得了血的滋润，居然长得很茁壮，结出一串颗粒饱满的稻穗，老汉因流血过多而死去。乡亲们把这唯一的稻穗保存下来，翌年春天用它播种，得到的稻米颜色竟然是墨黑色，用墨米煮成的饭，香气扑鼻。常吃墨米，可治疗慢性肝炎、胃炎、贫血，故有'药米'之称。"通过导游介绍了墨米的神话故事，顿时使游客情绪活跃起来，团内几位港台地区的老太太纷纷要求购买带回去，让家人共享口福。

启示：

　　由上述故事可见，导游在游览过程中应适时、主动提供旅游服务，满足旅游者的好奇心理。

另外，由于旅游者的个性、爱好、动机等不同，旅游者的好奇心理也不同，如：教师对旅游地的学校及其教育情况会产生一定的好奇心理；医生对旅游地的医院及其发展情况会产生好奇心理；历史、考古学者会对旅游地的历史发展及文物古迹具有一种好奇心理；一般人对旅游地的自然景观会产生好奇心理。因此，对于导游来说，针对不同的旅游者的好奇心理做的导游服务也不一样。

（二）审美心理

爱美、追求美是人类特有的本能。现代社会竞争越来越激烈，导致人们产生焦虑、苦闷、失望、冷漠等不良情绪和心态，旅游者进行旅游的目的是想摆脱现实生活的紧张、苦闷，去追求精神上的享受，寻找、发现自然界和人类环境中美好的东西。在游览过程中，不同的旅游者的审美意识有一定的差异性。导游人员应注意照顾其共同的审美情趣，了解旅游者在游览过程中的审美心理及其规律性，利用旅游者的审美意识提供优质的导游服务。旅游者在游览过程中审美心理涉及面很广，这里主要从审美动机上来看，有自然审美和人文审美。

1. 自然审美

尽管人们旅游的动机不尽相同，但绝大部分旅游者都是为了追求美好的东西，这种寻找、发现、欣赏、享受美的审美实践的对象首先就是包罗万象的大自然景观。自然世界奇妙无比，自然景观丰富多样，奔流不息的江河，荡漾的湖水、蔚蓝的大海、气势雄伟的山、奔腾的瀑布、涓涓的泉水、瞬息万变的云、佛光、海市蜃楼等更增添了自然景观的变幻美和神秘美……看了都会让人感到心情轻松、愉快。旅游者在旅游活动中，对自然的审美贯穿于旅游活动的整个过程，是旅游者的一种最普遍的现象。如果再加上导游精彩、深入的讲解，可以引发旅游者丰富的想象，使旅游者的审美心理得到充分的满足和心情的愉悦。如当游览扬子江时，导游将苏轼的"乱石穿空，惊涛拍岸，卷起千堆雪"讲给游客不仅使旅游者看到了扬子江的浪涛，而且使他们联想到扬子江掀起的惊涛骇浪，像"千堆雪"一样的壮观，从而领略到自然界所呈现的一种壮美。总之，导游可通过自己的精彩讲解把自然界的美景传递给旅游者，以增强旅游者的自然审美心理。

同时，旅游者是审美的主体，他们不同的个性以及情绪变化等因素，使得审美对象通过人的心灵反射之后获得不同的美感。而旅游者常常把自己的喜、怒、哀、乐预报于自然景观之中，这就是移情效应。

2. 人文审美

人文审美主要包括人工审美、文化艺术审美和饮食审美。

人工审美是指人们对自然界中的建筑物、道路、桥梁等人工景观的美的感受，也是构成风景不可缺少的一部分，它们同自然景物形成一个统一的整体，构成绚丽多姿的风景美。自然美侧重于形式，而人工美侧重于内容。一座庙宇、一座寺院、一座古房屋的建筑风格，如若不了解它的历史和神话传说等典故，就很难感受其深层的美。

资料 59

　　如河北秦皇岛的孟姜女庙，关于"望夫石"的传说。相传当年孟姜女寻夫来到这簇山石所在地，由于天色已晚，城门已经关闭，孟姜女无法过关，只好站在这块石头上往远处望，希望能够看到自己的丈夫。可是，夜色茫茫，她什么也看不见，于是她焦急地站在石头上来回的走来走去，没想到一夜之间，她的脚印都深深的印到了石头里，大家看这些石窝窝，相传就是孟姜女当年留下的脚印。后人为了纪念孟姜女的真情，便给这块石头起名"望夫石"，上面这三个大字由顺治年间山海关通判所题。一块平凡的石头，赋予美丽的神话传说成了忠贞爱情的象征，让人回味无穷。

文化艺术审美是指人们对历史和文化艺术产生的美感。自然美注重于形式，人工美注重于内容，而文化艺术则讲究内容和形式的完美统一。中国有着悠久的历史和灿烂的文化，旅游者漫步于中国历史文化的长河，对其常常惊叹不已。如中国石窟艺术，把佛教的艺术风格和中国传统的艺术风格融为一体。1974年在陕西临潼发现的秦始皇兵马俑，犹如一支浩浩荡荡、气势宏伟的地下大军，是我国及世界雕塑艺术的珍品，被国际友人誉为"20世纪最壮观的考古发现"、"世界八大奇迹"。这些都向旅游者展示了中国古代雕塑艺术的辉煌成就。又如，中国的绘画、园林、书法、戏剧艺术以及民间的工艺美术、刺绣、蜡染、剪纸、竹编等工艺品，都能激发旅游者的艺术审美。而这种类型的美，是需要媒介的。比如导游，他们引导旅游者尤其是外国旅游者了解中国艺术美、中国传统的审美观，如果不了解这些，他们就很难感受得到中国的文化艺术美。例如中国画，讲究的是意境，正所谓"景愈藏、境遇大"，只是寥寥数笔，就表现出作者想要表现的主题。含蓄的意境是中国旅游文化艺术品审美的重要尺度，反映了中华民族文化的背景特征。如艺术大师齐白石的画上只有几只虾，便令人感到满幅溢水，好像下在清溪中游戏，表现了因虚得实、虚实相生、超于像外的艺术效果，若没有导游人员的讲解服务，大部分旅游者难以体会到其中的精髓。

饮食审美是指人们对美食的追求心理。我国的八大菜系，风格各异，都讲究色、香、味、形、名、意等综合美的和谐，令国内外游客大饱口福，流连忘返，构成了中国饮食文化旅游的魅力。旅游者不仅从中获得生理上的满足，而且得到精神和心理上的审美愉悦。

三、将要离开旅游地旅游者的心理需求

旅游者完成了自己的游程，满足了自己的旅游目的，将要离开时，一方面为自己的享受到的美和旅游服务感到满足、不舍，另一方面又非常希望尽早回家与亲人、朋友团聚。作为一位成功的导游员，一定要把握好旅游者此时的心理，让旅游者对导游服务留下一个完整而又美好的回忆。首先，从仪表上要注意仪表美，旅游者临行时要有送别词，如果说"欢迎词"给游客留下美好的第一印象是重要的，那么，在送别时致好"欢送词"，给游客留下的最后的印象将是深刻的、持久的、终生难忘的！如表示惜别，感谢合作，小结旅游，征求意见，期盼重逢，代问亲人好等。如我国的一位从事近40年导游的英文导游，在同游客告别时，为体现"期盼重逢"，他说："中国有句古语，叫做'两山不能相遇，两人总能相逢'，我期盼着不久的将来，我们还会在中国，也可能在贵国相会，我期盼着，再见，各位！"也许这位老导游的话和他的热诚太感人了，时至今日，每年

圣诞节、新年，贺年卡从世界各地向他飞来，有不少贺年卡，甚至是他一二十年前接待的客人的贺年卡，上面工工整整地写着"Greetings From Another Mountain"（来自另一座山的问候）。

还有一点要特别注意，那就是有经验的导游在话别游客之后，他们都会等"飞机上天，轮船离岸，火车出站，挥手告别"，才离现场，"仓促挥手，扭头就走"，会给游客留下"是职业导游，不是有感情的导游"，是"人一走，茶就凉"的导游。

第三节　导游应具备的基本素质

导游是一项综合性很强的工作，工作范围广，责任重大，不仅要引导旅游者参观浏览，担任食、住、行、游、购、娱等各方面的服务，而且以沟通思想为主要工作方式，肩负着传播知识促进民间交往、增进国际间友谊的重任；为旅游者提供生活、交通的方便；进行语言的交流；做好购物的参谋；满足旅游者在旅游活动中的各种生理和心理要求。因此，导游是旅游业的灵魂，往往影响着旅游地的形象。日本导游专家大道寺正子认为："优秀的导游最重要的是他的人品和人格"。其人品和人格正是其心理素质的体现。对导游从业人员的基本心理要求应从以下几方面加以培养。

一、广泛的兴趣爱好

每一位旅游者在外出旅游的过程中，都具有非常强烈的好奇心，总喜欢对沿途的风光、风土人情等很多方面提出这样那样的问题。因此，要成为一名优秀的导游人员在精通导游业务的基础上，必须具备丰富的知识，而广泛的兴趣爱好则是获得丰富知识的先导条件。否则，对于旅游者各式各样的问题就难以应付，就无法满足游客的好奇心理。

另外，导游服务的对象来自不同的国家、不同的地区、不同的民族、不同的社会阶层、其性格、身份、年龄、爱好、兴趣、生活习惯等都有很大的差异。因此，对于同一景点、同一事物的感知、注重的重点也是千差万别的。因此，无论是中外的历史、地理、旅游资源，园林、建筑、宗教、文化、艺术、民俗，还是政治、经济、美学、法律、医药卫生等，凡是旅游者想知道的，导游都应有所了解，做到有问必答，言之有物，以满足旅游者在旅游过程中求知的需求。

二、开朗、乐观的性格

性格是指一个人在先天生理素质的基础上，在不同环境熏陶下和实践活动中逐渐形成的比较稳定的心理特征。如热情、开朗、活泼、刚强或淡漠、沉默、懦弱、温柔等。有心理学研究表明，人际交往中短时间相遇所留下的印象，大多数是外现性格特征起主要作用，长期相处则是内在的性格特点居于主导作用。一般来说，导游与游客之间的人际交往都是短时间的、暂时的接触。因此，在游览过程中，开朗、乐观的导游比较容易获得游客的认可，同时也可以使导游人员始终保持最佳服务状态，使旅客感受到被尊重，使主客关系变得融洽；对导游个人而言，良好的性格特征也可使其从客人满意中，获得个人心理的满足。服务工作所要求的热情服务应内化为导游员性格特征的自然流露而不是表面上的逢场作戏。导游员一般应该具备下列性格特征：独立、外向、热情、富有同情心、乐群、幽默、乐观、富于理性。时时保持灿烂的笑容，用真诚和热情赢得游客的信任，用坚忍和耐心化解游客的不满。

从另外一方面来讲，导游员要及时地对自己的情绪状态进行调整，时刻保持一种良好的情绪状态。

人的情绪状态的变化，主要是在七种不同的状态之间变来变去，心理学家曾用七种不同的颜色来代表这七种不同的情绪状态，排列起来就成了下面这样一个"情绪谱"：

"红色"情绪——非常兴奋；

"橙色"情绪——快乐；

"黄色"情绪——明快、愉快；

"绿色"情绪——安静、沉着；

"蓝色"情绪——忧郁、悲伤；

"紫色"情绪——焦虑、不满；

"黑色"情绪——沮丧、颓废。

如果导游员能把这个七色"情绪谱"牢记在心，并经常用来"对照检查"，看自己是处于"情绪谱"上的哪一种情绪状态，久而久之，你就会养成一种"敏感性"，能够及时地觉察自己情绪状态发生了什么样的变化。有了这种"敏感性"，你才有可能对自己的情绪状态作及时的调整。

七色"情绪谱"除了能帮助我们养成一种"敏感性"之外，还有一个用处，就是我们可以根据它来思考：当我们在工作岗位上的时候，应该处于什么样的情绪状态。一般来说，导游员在与游客接触时，应该以"情绪谱"上的"黄色"情绪作为自己情绪状态的"基调"。这样就能给游客一个精神饱满、工作熟练、态度和善的良好印象。情绪变化的幅度不能太大，向上不能超过"橙色"，向下不能超过"绿色"。

要掌握"情绪谱"上的"黄色"情绪与"橙色"情绪的区别，先以"黄色"情绪为"基调"，在需要让游客看到你非常高兴的时候，再从"黄色"变为"橙色"。

在遇到问题和麻烦的时候，则应使自己处于"绿色"情绪状态，避免忙中出错，或因急躁而冲撞了游客。

"蓝色"、"紫色"和"黑色"，显然都是在工作中不应有的、消极的情绪状态；而"红色"情绪容易使人失去控制，所以，也是工作中不应有的情绪状态。

三、敏锐的感知力和观察力

在游览过程中，旅游者的情绪随时会产生变化。当旅游者的需要得到满足时，就会表现出愉快、高兴等积极肯定的情绪；当需要得不到满足时，则会表现出烦恼、不悦、不满甚至愤怒等消极、否定的情绪。如果导游不能及时感受游客的情绪变化，提供有针对性的导游服务，就无法达到应有的效果，满足不了游客的需求，影响导游服务的质量。因此，优秀的导游人员必须具备敏锐的感知和观察能力，通过游客的言谈、举止、表情等的变化，判断游客的爱好、需求和意图，做出恰当的反应。

导游人员可以通过训练来提高自己从游客的面部表情来洞察其内心感情的能力。比如，在看电视时，把电视机的音量调到零，集中注意力仔细观察画面上的人物表情，体会他们的内心感情，然后再调出声音，加以对照。这样反复多次，学会准确地洞察人们的情绪变化，锻炼敏锐的感知力和观察力。

四、良好的语言表达能力

语言是导游人员与游客沟通的媒介。没有较强的语言表达能力，导游人员就无法有效地与游客沟通交流信息。导游良好的语言表达能力有助于创造和谐的旅游气氛，促进旅游者的消费行为，满足旅游者的心理要求。导游的语言表达要力求准确、严谨、生动、通俗易懂。

1. 准确

导游人员要特别注重口头表达能力的培养，要能在任何情况下，用简洁、准确的语言表达自己的意向，说出应该说的话。准确的语言不仅可以生动、有效地表达出自己的想法、意见，而且可以防止产生歧义，语言不准确往往会使游客产生误会。外语导游一定要按规范的语法结构、用词来讲解，否则，会让人感觉导游人员语言能力差，进而对其讲解的内容的水平和真实性产生怀疑。中文导游则要注意避免出现错别字，任何的错别字都会让游客怀疑你的知识水平，导致对你讲解内容、服务层次低的评价。

2. 严谨

导游讲解的语言一定要严谨，既不能夸张也不能随意，否则就可能出现严重的后果。一次，一位导游在带领游客游览的过程，导游告诉游客山上有很多野果子，这些野果子能食用，可以随便摘着吃，结果导致一位游客中毒，使自己和旅行社都处于非常被动的境地。

3. 生动

富有感情色彩、生动形象的语言能使旅游者产生亲切感并获得美的享受。同时，幽默风趣、灵活多变的语言能激发旅游者的兴趣，博得游客的好感。当然，导游要使自己的语言生动、幽默，就必须借用适当的修辞手法，如比喻、拟人、排比等。另外，生动的导游语言还可以较为婉转地对团队旅游过程中那些不尽如人意的方面进行疏导，从而取得游客的谅解，化解消极和不满情绪。

 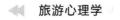

阳光明媚的旅游季节，某导游高兴地带领着一批游客在上海豫园进行观光游览，一路下来大家都被豫园的美景所折服，十分高兴。谁知，当游览快结束时，一位年轻的女游客一不小心衣服被树枝刮破了，偏偏这件衣服又是她非常心爱的，一时竟伤心起来，旅游团的同伴谁劝也没用。只见导游走上前去，笑着说："我们豫园真是一位多情的白马王子，他舍不得您这么漂亮的小姐离开，所以在挽留您呢！"只一句话，这位游客便破涕为笑。

启示：

本例中导游以拟人比喻的修辞手法，把事与物人格化，从而形成有血有肉的人物形象，产生了较好的幽默感和艺术效果，改变了游客的不良情绪。

五、坚强的意志

我们说导游工作是一项综合性很强的工作。导游在为游客提供各种服务时，要和各种各样的人打交道。在大多数的旅游活动过程中，都只有导游一人陪同游客，导游的个体因素和旅游者的群体因素常常引起导游心理上的冲突。要正确地解决各种心理上的矛盾冲突，服从导游服务的目标，有赖于导游坚强的意志品质。在游览的过程中，旅游者随时都可能出现一些无法预料的突发事件，如由于天气原因、交通失常、游客在爬山时受伤等，都需要导游及时地去解决。在突发事件发生时，如果导游胆小怕事，不敢承担责任或处理不当都会引起游客的恐慌，导致局面失控，后果将变得无法收拾。相反，如果导游能够临危不惧、沉着、冷静、果断、及时地进行处理，就会比较容易控制住局面，稳定客人的情绪。

六、灵活机动，有一定的预见能力

导游应善于从各种现象或得到的各种信息中预见可能会出现的困难或是危险，以平静的心态，审时度势，并且灵活机动地采取相关措施以避免和消除可能发生的意外事故。

第四节　导游服务心理策略

为了满足旅游者在旅游中多方面的心理需求，导游除具备一定的心理素质外，还应注意把握旅游者的心理规律，利用恰当的心理策略来完善导游服务。

一、树立良好的第一印象

塑造美好的第一印象，导游人员在第一次亮相时需要重视：出面、出手、出口。"出面"指导游员要显示出自己良好的仪容仪表、神态风度；"出手"指导游员表现在动作、姿态等诸方面的形象美；"出口"指导游员所使用的语言、语音、语调和语词的丰富性和正确性。

树立起良好形象的导游员就有可能将旅游者团结在自己周围，旅游者会相信你，会以相互间更融洽的关系来报答你，会协助他们信得过的导游员解决困难，会正确对待旅游活动中可能出现的问题和存在的不足之处，并会提供帮助，为大家旅游顺利，使整个旅游活动高高兴兴、充满愉快做出努力。反之，导游员定会遇到不少麻烦，而且有些麻烦可能是旅游者故意制造的。导游员怎样才能在旅游者心目中树立起良好形象？那就是重视"第一印象"。第一印象常常关联着旅游者的信任，它会在陌生者心目中留下影子，成为对你最终评价的参考。导游员若不注重第一次交往的效应，往往容易造成误会，如果事后又不懂如何弥补，就会给人留下"此人不可信"的印象。而印象一旦固定，要改变它就得作很大的努力，花很多的精力。所以，导游员要重视树立良好的第一印象，要特别重视第一次"亮相"。第一次亮相，至关重要的在于"出面"、"出手"和"出口"。

所谓"出面"，就是导游员要显示出自己良好的仪容、仪表、神态、风度。亚里士多德曾经说过：美丽比一封介绍信更有推荐力。当然外表美不仅指长相，还应包括衣着、风度等多种因素。

有几个研究曾比较过异性约会中外貌、性格、兴趣等各种因素吸引力的不同，发觉对方外表吸引力与第二次约会的相关系数高达 69%～89%。这种情况不仅限于异性之间。在另一个研究中，心理学家让被试扮演法官，需要宣判的案例都附有"罪犯"的照片。结果这些被试对罪行相同的罪犯判决却不同，外表好的平均被判刑 2.8 年，面貌不漂亮的平均被判刑 5.2 年。可见外表对人际吸引是毋庸置疑的。

外貌吸引产生的原因一般认为有两个方面：第一，爱美是人的本质力量的一种表现，审美需要是人的一种高层次的、重要心理需要；第二，较佳的外表会导致别人以为此人还具有其他一系列良好品质，这就是人际知觉中"晕轮效应"带来的人际吸引力。导游员、特别是地方导游员，与旅游者的接触是短暂的，旅游者虽然会全方位地品评导游员，然而短暂的接触留给旅游者的印象往往是形象（仪表）起主导作用。因此，导游员的衣着要整洁、得体，化妆和发型要适合个人的身体特征和身份。穿着打扮得体比浓妆艳抹更能表现出一个人高雅的趣味和含蓄的风度。总之，一名服务人员要时刻注意自己的身份，衣着打扮不能太光艳，以免夺取被服务者的风采，引起他人的不快；也不要因自己的衣着影响工作，导致旅游者的不满；要尽量避免让人用"太"字来评价自己的服饰打扮，如果导游员太注重修饰自己，旅游者可能会想："光顾修饰自己的人怎么会想着别人、照顾别人？"但是，导游员也不能衣冠不整，否则旅游者又可能会想："连自己都照料不好的人义怎能照顾好客人?"神态风度在第一次亮相中也起着十分重要的作用。一个精神饱满、乐观自信、端庄诚恳、风度潇洒的导游员必定会给第一次见面的旅游者留下深刻印象。"出手",表现在动作、姿态诸方面。待人自然大方,办事果断利索,站、坐、行有度,与人相处直率而不鲁莽、活泼而不轻佻,自尊而不狂傲,工作紧张而不失措,服务热情而不巴结,礼让三分但不低三下四,这样的导游员比较容易获得旅游者的信任。"出口",即指导游员使用的语言、讲话时的声调和音色。初次见到旅游者时,导游员谈吐高雅脱俗、优美动听、幽默风趣、快慢相宜、亲切自然,很容易获得旅游者的好感。总之,初次亮相,"出面"、"出手"、"出口"诸方面表现不凡的导游员容易给旅游者留下好印象,从而容易在旅游团中树立领导地位。

二、运用眼神的魅力,进行微笑服务

眼睛是心灵的窗户,能如实反映人的内心思想感情和思维活动。眼神接触是一种有效的沟通方式,导游服务中应充分运用眼神的魅力。导游的目光应该是真诚的,对人表示关切的,从中能看出宽容和诚意,流露出愿意理解对方的愿望。如果导游在接团时将和蔼的目光扫向每一位游客,客人感受到你的目光,就会感受到尊重,情不自禁地对导游产生好感。

微笑则是自信的象征,是友谊的表示,是和睦相处、合作愉快的反映。微笑是人所拥有的一种高雅气质,微笑是一种重要的交际手段,"微笑是永恒的介绍信","微笑是醉人的美酒"。真诚的笑、善意的笑、愉快的笑能产生感染力,刺激对方的感官,产生报答效应,引起共鸣,从而缩短人们之间的距离,架起和谐交往的桥梁。发自内心的笑才是美的笑,而只有美的笑才能产生魅力;不过,最令人难忘的笑是"眼笑"。"眼笑"让人感到你的心灵在笑,眼能笑,微笑也就显得很自然了,加上亲切、真诚和谦和的态度,文质彬彬的问候,热情周到的服务,可使旅游者感到温暖可亲、宾至如归。微笑的作用不可等闲视之。微笑是一种无声的语言,有助于强化有声语言、沟通思想的功能,有助于增强交际效果。德国旅游专家哈拉尔德·巴特尔在《合格导游》一书中指出:"在最困难的局面中,一种有分寸的微笑,再配上镇静和适度的举止,对于贯彻自己的主张,争取他人合作会起到不可估量的作用。"导游员若想向旅游者提供成功的心理服务,就得向他们提供微笑服务,要笑口常开,要"笑迎天下客"。只要养成逢人就亲切微笑的好习惯,你就会广结良缘,事事顺利成功。不会笑的人不可能成为好的导游员。

三、灵活组织导游活动

导游员是旅游活动的组织领导者,在整个游览活动过程中,不仅要当好讲解员,而且要关心游客的各方面需要。在旅行过程中,随时会遇到一些计划中没有考虑到的情况,在这种情况下,就要求导游具有非常机动灵活的处事能力。只有这样,才能取得好的导游效果,得到客人的认同。

1. 游览活动张弛结合

导游员对景点景区的考虑应首先遵循"旅速游缓"的原则，这符合游客的心理，游客往往一上车就急于想到达目的地，途中的时间大都认为是多余的。导游员带团到达景区后，对景点的选择也同样采取"先一般后精彩、渐入佳境"的方法，高潮要放在最后。这好比观看电影一样，精彩的结果给人以满足舒服的感觉。比如，导游员带领游客参观南京时，先游玩中华门、雨花台、玄武湖等景点，然后再安排东郊三个景点，即中山陵、明孝陵和灵谷寺。在游览景点时，导游员应顺最佳路线行走，避免走重复路线和回头路线，角角落落不一定都要跑遍，当然有价值和非去不可的地方，另当别论。总之，导游员要看时间和需要等情况而定，不要一概而论。

同时，导游员也要兼顾"先远后近"和"先高后低"的原则。所谓先远后近是指在游览活动中，先到离游客住宿点最远的一个景点游玩，然后逐渐地向游客住宿点靠近，这样做的目的是给游客有一个安全感，等到一天游览结束，旅游团也离住宿近了。所谓"先高后低"是指导游员可以先安排登山项目，这是因为游客在游玩第一个景点时，其精神状态以及体力最为充沛。反之，一天游玩结束前再安排登山活动，也许相当一部分游客因体力关系，只能望山却步了。

2. 依据时间和地点不同，灵活组织导游

旅游活动常常受到时间因素的影响、干扰和限制，如果不能掌握好讲解的最佳时间，再好的景观和导游技巧也会逊色，甚至会引起游客的反感。

资料 61

> 一个炎热的夏天，某导游在上海带领着一群兴致勃勃的游客参观游览龙华古寺，在宝塔下他滔滔不绝地讲解着。开始时，游客们津津有味地听着，10 分钟后，游客走掉三分之一，15 分钟后，游客又走掉一半，当他讲解 20 分钟后，身旁的游客寥寥无几。这时，有几位游客在一旁的遮阳处大声叫喊起来：导游，差不多了，有人要中暑了。显而易见，那位导游的目的是希望通过自己丰富又全面的讲解，让游客获得更多的知识，但由于不顾天气炎热，让游客在太阳下直晒，再加上滔滔不绝地讲个没完，结果事与愿违，这群游客原来是兴致勃勃的，后来纷纷离去，不但没有听完介绍，反而在一边的遮阳处大声劝阻导游停止讲解。

另外，在整个旅游过程中，导游员还应该在不同的地点，灵活掌握应该给游客着重交待、讲解些什么。比如，导游员时常会碰到旅游景点游人非常拥挤的局面。这种情况的出现，导游员讲解不但自己很累，而且游客也容易产生焦虑情绪和分散注意力，有个别游客还可能有走散的情况。此刻，环境需要导游员在尽可能短的时间内把内容介绍完，避免出现以上情况。

有位刚踏上导游工作岗位的导游员，原准备一套非常美妙动听的导游词，曾打算在上海豫园门口露一手，谁知带团到了豫园门口一看，真是人山人海，热闹非凡，于是导游员放开嗓门讲了几句话："刚才我介绍上海的豫园是如何的美，可有人还存有怀疑，现在的场面，豫园的美我就不提啦。"

在场的游客听他这么一说，再亲身体验眼前的情景都说导游员虽没漂亮好听的导游词，可这是他们听到最动人、最精彩的导游词。

3. 依据游客兴趣，灵活组织导游

在导游员正按照自己的思路津津有味、滔滔不绝地讲解，而游客对别的事情的兴趣大大超过听导游员讲解内容的兴趣时，导游员也应随机应变，改变原有的思路，干净利落地转到游客所感兴趣的问题上来。

有这样一个事例，导游员正在豫园九曲桥旁向游客介绍湖心亭的建筑特点和中国民间风俗，忽然，一边传来了悠扬动听的唢呐声，只见6位穿着民族服装的抬轿人，随着唢呐声吆喝着，翩翩起舞，轿内那位游客笑个不停。这位导游员深知游客的兴趣已转移到花轿上，自己的讲解时间越长其效果就越差，倒不如顺水推舟，想到这儿，导游干脆领着游客来到花轿旁说："各位来宾，这就是中国古代的'的士'，世界上第一辆汽车诞生时远远不如它那么漂亮。"说完，他走到花轿旁，学着那抬轿夫的姿势边跳舞边吆喝着，游客如梦醒，拍着手哈哈大笑起来。事后游客都拍着导游员的肩膀说："了不起，短短一席话使我们了解了中国民间风俗的一个侧面。"

启示：

导游这番简单介绍只有几十个字，用了不到10秒钟，给游客留下了深刻的印象，取得了较好的效果。

四、提供超常服务

"超常服务"，一般是指导游向旅游者提供的特殊服务，又称细微服务，最重要的是理解人、体贴人、尊重人，就是要求导游员心中想着旅游者，时时、处处关心他们，在提供的一般性和例行性之外，给予每个旅游者"特别关照"，满足他们的特殊需求，从而使旅游者感觉受到了优待，产生自豪感，自尊心获得满

足。提供超常服务，又可与导游之间就有可能产生感情上的交流，从而使旅游者感到导游与游客之间不仅仅存在被服务者和服务者之间的金钱关系，还存在人与人之间正常的友情关系，从而使两者关系更融洽，旅游活动更富情感，导游服务更具人情味。在现实的导游工作中，提供超常服务的机会很多，导游员的一句话、一个行动、帮助旅游者做一件小事往往会产生预想不到的效果。但是，一些不起眼的"小事"做起来却并不那么容易，因此，多提供超常服务的关键还在于导游员心中是否有旅游者，眼中是否有"活儿"，是否能主动服务。一名合格的导游员善于了解旅游者的心情、他的好恶、他的困难、他的要求和期望，然后根据可能的客观条件，主动提供服务，尽力满足他的合理要求，解决他的困难，避其所恶，投其所好，以不知疲倦的服务换取旅游者的愉快和满意。

第五节　客人投诉心理

　　尽管旅游企业通过各方面的努力，提高服务质量，以达到优质服务的目的。但是，在旅游服务过程中影响服务质量的因素较多，在服务工作中难免会出现一些偏差，从而引起旅游者的不满或投诉。旅游者的投诉是我们搞好旅游工作、弥补工作的漏洞，提高管理和服务水平的一个重要促进因素。同时，通过解决旅游投诉消除投诉者的不良情绪，可以达到为旅游者构造美好经历的目的。因此分析旅游者的投诉心理，学会恰当地处理旅游者投诉，是非常重要的。

一、引起旅游者投诉的原因

　　客人的投诉是指客人主观上认为由于旅游服务工作上的差错，损害了他们的利益，而向有关人员和部门进行反映或要求予以处理。引起投诉的原因多种多样，我们只从服务接待中的主观和客观方面来分析。

（一）主观原因

1. 服务态度

　　服务人员不尊重客人。服务人员的服务态度是引起客人投诉的重要原因。客人如果受到服务人员的轻慢就会反感、恼火，并可能直接导致投诉。如待客不主动、不热情，看见客人就像没看见一样眼睛飘忽而过或低头而过，说话没有修养、粗俗、冲撞客人甚至羞辱客人，无根据乱怀疑客人拿了饭店的物品，不尊重客人的风俗习惯。所有这些都会使旅游者的自尊心受到伤害，引起客人反感，从而导致客人投诉。

2. 服务行为

　　不良的服务行为表现在各个方面。饭店服务人员未经客人同意，擅自闯入客人的房间；常常忘记客人交代的事情，例如，应该"叫早"而没有按时叫，打扰了客人的预定计划；给客人递房间钥匙或其他物品时，不是双手递送，而是扔给客人；损坏或遗失客人物品。有些导游偷懒，不愿意多讲解，带客人游而不导，让客人自己去看，自己却在车上睡觉或办私事；有的导游只是干巴巴地背导游词；有的导游擅自更改游览计划，这些都会引起游客投诉。

（二）客观原因

1. 设施设备

设施损坏后未能及时修理。电梯、空调出故障；水箱漏水、马桶不抽水；电视不能正常观看；桌椅、餐具破损、房间电源使用不便；洗澡间地面太滑容易使人摔倒；服务条件与收费不符；或结账时发现与实际消费不符等。

2. 异常事件

因无法买到车、船票，或因天气原因飞机不能起飞，或饭店客房已经订完，旅行社被迫降低住宿标准等引起的投诉，都属于异常事件的投诉。旅游企业很难控制此类投诉，但客人希望旅游企业能够提供有效的帮助。服务人员应尽量在力所能及的范围内帮助解决。如实在无能为力，应尽早向客人解释清楚。

二、旅游者投诉的心理分析

1. 求尊重的心理

客人求尊重的心理每时每刻都是存在的。当客人受到怠慢时就可能引起投诉，投诉的目的就是为了找回尊严。客人在采取了投诉行动之后，都希望有关人员在情感上能够理解自己，尊重自己，并希望有关人员、有关部门高度重视他们的意见，向他们表示歉意，并立即采取相应的处理措施。

2. 求平衡的心理

客人在碰到令他们感到烦恼的事之后，感到心理不平衡，觉得窝火，认为自己受了不公正的待遇。因此，他们可能就会找到有关部门，希望主管人员能够对相关人员做出相应处理，把心里的怨气发泄出来，以求得心理上的平衡。俗话说："水不平则流，人不平则语"，这是正常人寻求心理平衡、保持心理健康的正常方式。而客人之所以投诉，还源于客人对人的主体性和社会角色的认知。旅游者花钱是为了寻求愉快美好的经历，如果他得到的是不平、是烦恼，这种现实与认知上的差距会让客人产生极度的不平衡心理，最终促使客人选择投诉来找回自己作为旅游者的尊严与权利。

3. 求补偿心理

如果由于旅游工作者的职务性行为或旅游企业未能履行合同，给旅游者造成物质上的损失或精神上的伤害它们就可能利用投诉的方式来要求有关部门给予物质上的补偿，这也是一种正常的、普遍的心理现象。

三、处理旅游者投诉的原则

（一）正确认识投诉的作用

旅游者的投诉并非都是坏事，旅游者的表扬，可以体现企业的优秀之处和客人的满足，但旅游者的投诉，却可以让企业发现自身难以发现的、不完善的地方和不足之处。因此，旅游企业不能只盼望得到表扬而惧怕投诉，而应该感谢客人的投诉，感谢客人帮助企业发现问题，改正问题，提高服务质量。美国专家科夫曼在《酒店业推销技巧》一书中，这样说过："在贵店预定是一种惬意的感受还是恼人的体验，你真的知道吗？你觉得你处理得很好，但这真的是经验之谈吗？你说：'我从未接到过投诉。'你当然接不到。很多客人，出于某种原因，一去不复返。他们没有时间来向你解释，就默默地离去了。你永远都不明白这到底是什么原因，甚至连他们的走，你都不知道。"所以，旅游企业应该认识到，没有投诉并不意味着企业的服务质量令客人满意，或许客人没有时间，或许他失望的连投诉的心情都没有了，他也不可能再次光临了，作为企业可能永远也不会知道客人不再光临的原因了。因此，旅游企业应该正确认识投诉的意义，认真对待游客投诉，游客的投诉没准儿还可能带来新的商机呢？

资料 64

重视投诉，促进工作

那是几年前的一个暑热炎炎的"五一黄金周"。游客们说："东山好地方，好消夏好避暑。"从五一开始，一拨拨的游客就络绎不绝地向东山岛上那一方靠海靠滩靠林的金銮湾涌去。可是，这一拨拨的游客，再也不是往年一拉拉的"散客"。从大车小车下来的大多是清一色的"一家子"。金銮湾是岛上酒店业的后起之秀，"一家子"们却对双人标房的"分居"方式表示失望。有一天下午，来自广州的陈先生带着太太找到了方志明总经理，他首先对酒店服务质量进行了肯定，随后，则对"标房"接待"家庭型"旅游消费群体的"别无选择"进行了否定和遗憾。陈太太说，你们酒店环境秀丽，可是入住后，我们一家人开了 3 个房间，觉得美中不足，总觉得酒店"温馨之家"的"家味"不浓。她说，要是在围墙外林带边建海滨别墅，那就是一道"人在画中"的好风景呀！

国庆黄金周期间，又有不少游客询问总台小姐："有别墅房吗？我们一家人想住在一起！"面对家庭型旅游消费群体的涌现，酒店的决策者意识到，这是旅游业消费的一个新潮流。应该抓住这一机遇……第二年春天，"别墅楼区"获准立项，投资 600 万元，建筑面积 3000 平方米，共有 6 幢"楼上楼"不同风格的别墅竣工……——"家味不浓"这个"投诉"，造就了一个项目的成功运作。自别墅开业之后，再加上高质量的服务，确实有不少慕名而来的客人纷纷而至，效益当然也就不言而喻了。

（二）热情接待

无论是电话投诉，还是上门投诉，被投诉单位都应该热情接待。特别是上门投诉，投诉接待人应该请他坐下，或者陪伴客人到宁静、舒适和相对隔离的地方去，以避免顾客投诉的激烈情绪在公共场合传播。为使顾客有被重视、平等、亲切的感觉，应该为客人倒一杯水，并与客人一起坐在沙发上，彼此之间不要有写字台的隔间，以创造促膝谈心的气氛。经验表明，旅游投诉接待是否热情，是否重视，是能否妥善处理旅游投诉的基础。

（三）耐心倾听，弄清真相

旅游投诉者投诉时心情大多比较激愤，所以，说话可能颠三倒四、言语可能粗鲁、行为可能无礼。对此，旅游接待人员应予以理解，耐心倾听，不能轻易打断对方，更不能无视客人情绪与客人针锋相对或给予辩解甚至反驳，即使是不合理的投诉，也应该有理、有礼、有节，既要尊重投诉人的面子，又要弄清事实，做出恰如其分的处理。

（四）针对不同情况，采取恰当的方式处理

弄清投诉的真相后，分清责任，采用恰当、合理的方式进行处理。如果问题比较复杂，一时弄不清真相，不要急于表达处理意见，可先在感情上给客人以同情、安慰，记录一下客人的情况，告知客人解决的程序和日期，而且一定要履行承诺、及时处理。

本章小结

导游服务是旅游活动中一项基本的内容，在旅游服务中具有非常独特的作用。导游服务是旅游服务质量的标志、导游是旅游地的宣传者、导游是游客行程的"总导演"、导游是国家利益的维护者。

游客在不同的游览阶段，有其不同的心理需求。刚到异地的旅游者既兴奋又紧张，需要导游的热情接待和服务；行程中的旅游者好奇心非常强烈，审美意识浓厚；将要结束行程的旅游者不舍与兴奋。

从导游工作的角度出发，分析了导游应该具备的心理素质，探讨了在实际的导游服务过程中，导游可采用的心理对策，如树立良好的第一印象、运用眼神的魅力，进行微笑服务、灵活组织导游活动、提供超常服务等，以保证游客顺利而满意地完成整个旅游活动。

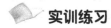 **实训练习**

自己联系一家旅游企业，参与一次旅游投诉的处理。

思考题

1. 结合实际谈谈导游在旅游服务中的作用。
2. 做一名优秀的导游应具备哪些心理素质？
3. 导游员如何给客人留下美好的第一印象？
4. 举例说明，如何使游客在你的导游服务中获得心理上的满足？
5. 旅游者投诉的原因有哪些？怎样才能圆满解决客人的投诉？

第十一章
旅游企业的人际关系及领导者心理

- 了解人际关系的基本含义、功能及特点。
- 掌握人际关系的影响因素及建立良好人际关系的技巧。
- 理解旅游企业领导者应具备的心理品质。
- 掌握旅游企业领导者的领导风格与艺术。

【开篇案例】

小杨的烦恼

小杨是一名刚刚毕业的酒店管理专业的大学生，经过 4 年的学习，他不但掌握了饭店管理的专业知识，而且具备了一定的人际沟通技能，因此对自己的期望很高。他选择了一家新建的四星级饭店，该饭店规模适中，发展速度很快，最重要的是该公司的管理工作还处于尝试阶段，他认为自己发展空间很大。当进入饭店实习后，小杨发现饭店中关键职位都由老板的亲属担任，充满裙带关系，而他的上司王经理就是老板的大儿子，主要负责销售工作。王经理不懂管理，更没有人力资源管理概念，在他眼里只有销售量最重要，公司只要能赚钱其他的一切都无所谓。一个星期后小杨走进了上司王经理办公室，对经理说，我来饭店一个星期了，据本人对饭店的调查了解，我认为饭店主要的问题在于职责界定不清，雇员的自主权力太小，致使员工觉得饭店对他们缺乏信任，员工薪酬结构和标准随意性较强，缺乏科学合理的基础。经理说："小杨你说的这些问题我们公司确实存在，但有个事实那就是我们公司在赢利，这就说明我们公司目前实行的体制有它的合理性。"小杨和经理的对话就这样结束了。

小杨此时真切地感受到了不被认可的失落，他似乎已经预测到了自己第一次提建议的结局。果然，他的建议石沉大海，王经理好像完全不记得建议的事。小杨陷入了困惑之中，他不知道自己是应该继续和上级沟通，还是干脆放弃这份工作，另找一个发展空间。

启示：

本案例是一个典型的由于饭店管理者缺乏新员工导入机制理念而导致上下级沟通失败，最终使新员工的积极性受挫的案例。小杨满腔热情想把自己的所学应用到实践中去，从而获得成就感。但是在与上级沟通时忽视了一些原则而导致沟通失败。

旅游企业人际关系和领导心理是旅游心理学的重要组成部分。旅游行业是通过与人打交道来完成其生产过程的，由于这一特殊性，在旅游企业中人际关系的好坏直接影响其生产和经营。而在现代旅游企业中，领导者居于特殊的地位，发挥着独特的作用。从组织目标达成的角度来看待领导，他们往往成为影响旅游企业经营成败的重要因素；从员工利益的角度来看，领导者则是其满意度的重要影响者。因此，如何培养合格的领导人才，如何提高领导者的素质，就成为旅游企业管理中一个非常重要的课题。

第一节　旅游企业的人际关系

在人类生产活动中，人们逐渐形成了各种社会群体。在特定的群体中，人们进行直接或间接的交往，必然要结成特定的人际关系。

一、人际关系概述

1. 人际关系的概念

人际关系是在群体活动和交往中，人与人之间形成的以情感状态为主要指标的心理关系。简而言之，是人与人之间由于交往而结成的情感关系，在此特指人与人心理上的距离。

群体人际关系状况取决于人们需要的满足程度，交往活动中，如果双方的心理需要都能获得满足，人们相互间将会发生或保持一种亲近的关系。如果相互交往时，一方表示出不友好、不同意，将使对方心理不安、不满，当双方均无法满足交往的需要，这就会导致较疏远的关系，甚至出现敌对关系。因此可以说，人际关系是在一定的群体背景中，在交往的基础上形成的，由个体的个性进行调节，并伴随着情感上的满意或不满意状态的人与人之间较稳定的心理关系。

2. 人际关系的功能

人际关系是指人与人之间心理上的关系、心理上的距离。一般可分为积极的、消极的和中性的关系。人际关系是人类生存和发展所必需，其功能表现在以下几个方面。

（1）信息沟通功能　文字、大众传播媒介、通信技术的发展，使人际间的信息沟通功能有减弱的趋势，但不会消失。如网络迷、打字投稿等。

（2）心理保健功能　此功能有强化趋势，正日益成为人际关系中的主要功能。

（3）相互作用功能　人际间行为的相互影响，这种链式的关系是有序的，呈现出一定的规律性。即"种瓜得瓜，种豆得豆"。例如：一方的友好行为，会导致另一方同等的友好行为；一方的支配性行为，会导致另一方的顺从行为，但当一方的支配性行为表现出过分时，也会导致另一方的反抗性行为；一方的顺从性行为，常会导致另一方的友好行为，当一方表现出过分顺从性行为时，容易导致另一方的支配性行为；一方的攻击性行为，会导致另一方的反抗性行为或自卑反应。

二、人际风格的分类及特征

1. 人际风格的分类

（1）严谨型　有的人在决策的过程中果断性非常弱，感情流露也非常少，说话很啰唆，问了许多细节仍然不做决定，这样的人属于严谨型的人。

（2）主动型　这类人的感情流露很多，喜怒哀乐都会流露出来，这样的人叫主动型的人，他总是微笑着去看着对方，但是他说话很慢。

（3）开放型　这类人感情外露，做事很果断、直接、热情、有幽默感、活跃、动作非常多，而且非常夸张，他在说话过程中，往往会借助一些动作来表达他的意思，这样的人是开放型的人。

（4）领导型　这类人感情不外露，但是做事非常果断，总喜欢指挥人、命令人，这类人称为领导型的人。

我们只有很好地了解这四种类型人的特征，并且采用与他相似的沟通方法，与他沟通的时候我们就可以得到一个更好的结果。

2. 旅游企业中员工间的人际关系

旅游企业员工之间的人际关系状况对员工的行为及旅游工作的影响是很大的。在企业中，内部人际关系的好坏直接影响这个企业生产经营的好坏，影响员工自我心理满足的状况。从消费者的角度看，旅游服务是把"为人们创造美好经历"作为产品的，这个过程是在员工的直接参与下，与客人一起共同完成的。由于旅游服务业的这种特殊性，员工的情感状态、自我感觉、人际关系状况、彼此的合作、支持帮助等，对完成"美好经历"的构造过程就显得更加重要。换句话说，好的员工才能创造出"美好的经历"，才能创造出好的旅游产品。

资料 65

人际交往类型的测定

以下是 4 对 8 种交往类型，请你根据自己的实际情况进行判断，选择"是"得 3 分，选择"不确定"得 2 分，选择"不是"得 1 分。

1. 主动型—被动型

（1）在路上碰到熟人你主动打招呼吗？

（2）你常主动写信和外地亲友联系吗？

(3) 在课堂上、会议上你主动发言吗？

(4) 当你有困难时，你会毫不犹豫地请求别人帮助吗？

(5) 在车船上你会主动和别人交谈吗？

(6) 在人们各行其是的环境中生活，你感到不自在吗？

(7) 你喜欢串门吗？

(8) 有朋友拜访你，你非常热情和高兴吗？

2. 领导型—随从型

(1) 你喜欢在大庭广众之下侃侃而谈吗？

(2) 在集体中你常坚持己见吗？

(3) 别人批评你时，你很难接受吗？

(4) 你喜欢考虑影响全局的宏观问题胜于喜欢考虑具体的微观问题吗？

(5) 在别人意见分歧时，你愿意当仲裁吗？

(6) 你很同情弱者吗？

(7) 当与你有关的人做错事时，你是否感到自己也有责任？

(8) 在有几个人在场的情况下，有人提出问题你会率先回答吗？

3. 严谨型—随便型

(1) 和老朋友渐渐疏远了，你感到心里不安吗？

(2) 在旅途中你会结交一些朋友吗？

(3) 集体旅行，有人替你垫了公共汽车票、门票钱，事后你一定如数归还吗？

(4) 与人约会，因意外情况迟到了，你会再三解释吗？

(5) 你很少与异性交往吗？

(6) 在集体活动中，你会爽声大笑吗？

(7) 你从来没有忘记过自己的诺言吗？

(8) 根据情况取消既定计划，你会很不自在吗？

4. 开放型—闭锁型

(1) 在信中你经常谈论自己吗？

(2) 心中有事，你总是憋不住要找人倾吐吗？

(3) 与志趣不同、性格相异的人交往，感觉愉快吗？

(4) 别人愿意找你交流不同的见解吗？

(5) 在集体中你会发现没有完全成熟的意见吗？

(6) 你喜欢不断结交新朋友吗？

(7) 你喜欢不断接受新思想、新观念、新信息吗？

(8) 经常有亲友拜访你吗？

三、影响人际关系的因素

影响人际交往的因素很多，"以貌取人"说的就是长相和穿着打扮对人际交往的影响。漂亮作为一种个人特质，也是影响人际关系的一个重要因素，漂亮就招人喜欢，为什么呢？

1. 影响人际吸引的因素

（1）个性心理特征　人的性格、气质和能力往往影响人际交往的数量和质量。在群体中，一个态度和善，性情宽厚，富有同情心，能体谅他人的人，易于受到其他成员的欢迎，因而也易于同他人建立良好的人际关系。反之，一个性格孤僻、固执，既不愿了解他人，又不愿被他人理解，与他人格格不入的人，难以形成融洽的人际关系。一个谦和、虚心的人，能够获得别人的好感，而一个自高自大、目空一切的人则令人厌恶。

就气质而言，一个爱好社交、活泼好动、热情奔放的人，往往容易建立起良好的人际关系，一个感情丰富的人，容易体验他人的感情，与他人产生心理共鸣，结成良好的人际关系。反之，如果一个人感情贫乏、麻木不仁，则难以形成良好的人际关系。

就能力而言，从一般人的正常心理来说，都比较喜欢聪明能干的人，觉得与能力强的人结交是一种幸福。一方面人们往往因有能力强的朋友而感到自豪，得到心理上的满足；另一方面，人们也相信能力强的人对自己更有帮助。

能力因素也是相对而言的，对于自尊心极强或极弱的人来说，他们更喜欢完美无缺的人。因此，自尊心极强的人，认为只有"完人"才值得自己尊敬和爱慕；而自尊心极弱的人常常盲目崇拜"伟人"，而一旦有缺点就不成其为心目中的"伟人"了。

心理学研究表明，人们一般并不喜欢结交能力太强、十全十美的朋友。对一个有能力的人来说，偶尔的小过失并不会使他失去吸引力，反而因他更像一个凡人，使人更觉得可接近而受人喜欢。相反，有些人越是要显示自己一贯正确，就越会减少自己的吸引力，甚至会成为人们"敬而远之"的偶像。

（2）相似因素　能否建立良好的人际关系，还取决于相互交往中的相似因素。相似因素包括文化背景、民族、年龄、学历、修养、社会地位、职业、思想成熟水平、兴趣、态度、理想、信念、观点、世界观、价值观等各个方面。

交往中的相似因素对人际关系的建立极为重要。人们往往倾向于喜欢在某一方面，或更多方面与自己相似的人。俗话说"物以类聚，人以群分"。这就是指相似因素的作用。比如，人与人之间有共同的理想、信念，有一致的世界观、价值观，那么，就容易产生感情上的心理共鸣，形成良好的人际关系。兴趣相投、爱好一致的人聚在一起，有共同的语言，易于建立良好的人际关系。反之，兴趣相异，会影响相互间交往的频率。不过，相似态度的发现是在相互交往中逐步进行的，其中有一个重新认识的过程。一旦双方都意识到彼此的共同点，那么，人际关系就会日趋密切、稳定地发展起来。

（3）相补因素　在人际交往中，虽然人们喜欢与各方面相似的人相处，但有时人们却觉得过于相似会使人际关系显得单调而缺少变化，因而在人际交往上又产生对不一致性的心理需要。比如，学工科的人有时希望同学文科的人交朋友；搞体育的有时希望同从事文艺工作的人来往。因此，从心理需要上来看，人们还常常重视与自己不同的人成为相补的朋友，使自己的不足由别人的长处来补偿，自己的长处又能弥补对方的缺陷，这就是需要的相补因素。

在心理学上，可按照人的性格倾向性把人际关系的适应模式分为主动型和被动型两类，每种类型各有三大特征，这样就可以形成表 11.1 中的 6 种人际适应模式。

表 11.1　人际关系适应模式

类型　　　　特征	主　动　型	被　动　型
包　容	主动与他人交往	期待别人来接纳
控　制	支配他人	愿受他人支配
感　情	对他人表示亲善	希望得到他人的亲善

这里，主动型和被动型的人，在三个特征上分别形成三对互补关系，就比较容易协调。而如果属于同一种类型的，有时反而难于相处。

需要的相补也是形成良好人际关系的重要条件。在现实生活中，需要的相补可以发展成密切的友谊。脾气暴躁的人和脾气随和的人往往能友好相处；独断专横者与优柔寡断者会成为好朋友；活泼好动的人与沉默寡言的人相得益彰。这就表明，在相互交往中，成员之间通过互取其长，互补其短，可以结成亲密友好的人际关系。

（4）相悦因素　所谓相悦，主要是指人与人之间情感上的相互接纳和肯定。在日常生活中不难发现，在人们谈话时，期待能得到说话者喜欢和赞赏的人，往往与对方靠得较近。如果是在一个群体之中，那些靠说话者最近的人往往就是期望对方对自己最有好感的人。同样，说话者也能够觉察到，那些靠自己最近的人，正是喜欢自己的人，人们的相悦就会在举止言谈中不知不觉地表现出来，彼此都感到对方能接纳自己和喜欢自己时，就会产生最大的相互吸引力，极易建立良好的人际关系。

人们常常很敏感地根据他人的评价和态度来体会是否被他人接纳和肯定。希望得到他人的良好评价和称赞，应该说是一种正常的心理现象。人们往往从别人良好的评价中了解自己在群体中或在别人心目中的地位，树立自己的自尊，产生一种被承认和被接纳的满足感。于是人们能从对方的友好态度中感到愉快，相互之间产生了建立良好的人际关系的基础。在许多情况下，人们也能心悦诚服地接受他人善意而合理的批评，这也同样出于别人接纳和喜欢自己的内心。

就一般心理活动而言，人们并非总是喜欢别人的称赞。首先，人们需要的是恰如其分的称赞，从中可以了解到自己哪些是该保持的优点，正如人们也需要恰如其分的批评一样，从中可以了解到自己应注意克服的缺点。其次，人们也并非受到别人的称赞越多就越喜欢对方，这里存在着一种"得失效应"，老生常谈的赞扬话不能使其增值就显得贬值了。所以，当一个人处境不利，缺乏自信，或不为他人所接纳和称赞时，他最需要的是得到肯定性的评价和支持。这时，你的恰当的"鼓励和称赞"就恰如"雪中送炭"，而当一个人得到众口交誉时，多一个人的"锦上添花"未必能使他感到喜欢，如果他是个明智的人，就会更欢迎中肯的批评。因此，人际交往的相悦因素，不是基于相互间的捧场，而应该是基于相互间能互相帮助，共同提高。

（5）环境因素 人际关系除了受到交往主体各种相互作用因素影响之外，还受到客观环境的制约。首先，人们在空间距离上愈接近，彼此接触的机会愈多，相互依赖、相互帮助的时候愈多，就愈容易形成良好的人际关系。因此在一个班组工作的员工之间极易结成良好的人际关系。当然，空间距离对于人际关系没有决定作用，但是在其他条件相同的情况下，空间上的优势可成为人们相互交往的一个有利条件。国外管理者很重视这一外部因素的作用，他们对员工的工作场所进行设计和安排时，常常将人际交往的因素也考虑进去，这样，既便于员工之间相互交往，有利于形成协调一致的关系，又可防止因空间上的距离而产生的与整体利益不一致的小圈子。其次，人与人之间的交往频率也影响人际关系的建立。在群体中，成员之间接触越多，了解时间越长，便越容易形成良好的人际关系。

此外，群体的社会地位与社会影响也是建立良好的人际关系的一个客观条件。一个群体的成就高，在社会上影响大，就容易使成员在相互交往时产生心理相容和感情共鸣，结成良好的人际关系。反之，一个失败的群体，在社会上声名狼藉，常常不能使成员友好共事，容易导致摩擦，难以建立良好的人际关系。

2. 建立人际关系的技巧

（1）社会交往中适宜的交际策略

① 交往之初，首先要积极地倾听，并做出恰当的反应。任何人均希望表现自己或宣泄某种感情。真诚倾听，适时地做出反应，能赢得别人的好感，同时也显示了你的教养和礼貌。切记在倾听过程中不要打断对方的谈话。

② 交谈过程中要察言观色，分析对方未道出的真情。中国人爱面子的心理，导致有些话碍于脸面，不好意思直说，因此我们应"揣其所欲，投其所好"，做好心理服务工作。

③ 积极主动地交流意见，以便解决问题。主动交往，一旦交往过程中出现分歧，则一方面可以征询顾客的意见，另一方面可以提出自己的想法，列出几个解决问题的方案，供顾客参考。比如在餐厅，顾客对所上的菜肴不满意，我们可以首先，找出双方的共同点，说明双方共同利益所在，即双方共同点均是希望顾客在餐厅消费满意，进而提出建议。其次，说出自己的权力范围，委婉地道出自己的难处所在，乞求顾客的谅解，如要道歉或重新加工可以，而要索赔，则超出了自己的权力范围。最后，主动征求解决问题的方法，以示尊重。

④ 优化个人形象。在现实生活中，我们往往会发现同样的言行出自不同的

 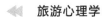

人，人们往往会有不同的反应。这是因为人们对一个人的反应往往与这个人的"整体形象"有关，而不仅仅针对他的一言一行。因此要想建立良好的人际关系必须注意塑造自己的形象。

a. 令人信赖的外在形象。说话要求语意要自觉服从环境的约束，言谈话语必须符合交际者的身份，语音、语速、语调要适中，语言表达要讲究表达技巧，具有幽默感；行为要沉着稳重、不轻浮；服装款式要求大方、简洁、朴实、干练、富有朝气，总之以线条简明流畅、清新素雅为标准，切忌奇装异服。

b. 充满魅力。充满魅力即"招人喜欢"和"有吸引力"的意思。被誉为"推销之神"的日本人原一平的话讲得好："什么叫魅力？它是指一个人具有的声望与影响力而言的。它不是一朝一夕形成的，而是一个人长期努力的结晶。妙就妙在它会首先显露于一个人的容貌上"。注意，这里的"容貌"和"长相"是两码事，长相是父母所给，是天生的，无法改变的；而容貌是可以改变的，如"春风满面、笑容可掬"，或者是"一脸怒气、望而生畏"，可见，容貌是可以通过控制情绪来改变的。

总之，优雅的个体形象是指得体的举止、适度的言谈、大方友好的态度，而要达到这一境界，关键在于丰富自己的知识，提高文化素质修养。

⑤ 尊重别人，坚持从我做起。尊重即"瞧得起"，就是承认他"行"。人际交往中人们之所以觉得关系难以相处，主要是因为有许多人总是强调"坏的行为"是从"你"开始的，你无情我才无义的，进而形成人际交往的"恶性循环"；而人际交往中之所以难以形成"良性循环"，就是因为人们常常不愿意从"我"做起。人际交往的"良性循环"过程和"恶性循环"过程可以由图11.1和图11.2来模拟表示。

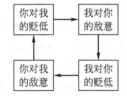
图 11.1 "贬低"与"敌意"
的循环示意图

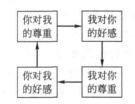
图 11.2 "尊重"与"好感"
的循环示意图

⑥ 尊重别人进而赢得别人的尊重。尊重是相互的，要想得到别人的尊重，首先要尊重别人。在人际交往过程中，我们不难发现难以相处的人主要有以下三类。

a. 不知道尊重别人的人，清高、骄傲惯了的人。

b. 狂傲之人，以"狂"来掩盖内心的虚弱，怕承认"不行"后得不到尊重。

c. 不稀罕别人尊重的人，这类人长期以来总被人瞧不起，索性不在乎别人怎么做。

对于上述这三类人，我相信"精诚所至，金石为开"，只要我们对他人尊重，长期以后总会有所回报的。

⑦ 有效地沟通。与人沟通一定要有同理心，即沟通的双方要站在同一个立场上，用同一个道理去考虑问题。饭店的工作人员就是要站在客人的立场上来看问题，来感受客人的情绪体验，同时要附带加上几分赞美。从表面上看赞美似乎跟拍马屁很接近，但严格来讲，赞美不显山露水，让客人在不知不觉中感到愉悦舒适，而拍马屁则属于过火行为，露骨谄媚奉承，乃是沟通不到家的表现。在人际交往中语言沟通有六个要点：具体、清楚、简单、明了、正确和幽默感，六项缺一不可。

（2）如何与别人尽快建立友好关系

① 常常面带微笑。一个人面带微笑让人觉得和蔼可亲；服务员面带微笑让顾客感到亲切、温暖、幸福，能够在他们的心中留下美好的记忆，且会让顾客因你的微笑的感染而感到心情舒畅。

② 主动打招呼，表示友好态度。世界零售之王——沃尔玛的创始人山姆·沃尔顿先生为员工提出的服务准则，首先就是三米原则，即"三米微笑原则"。这是山姆·沃尔顿先生使得他的服务业经营成功的一个重要原则，即主动和客户打招呼。

资料 66

三米原则

沃尔顿经常对店员说："我希望你向我保证，无论什么时候，当客户与你的距离在三米之内时，你就会注视着他的眼睛，问他是否需要你的帮助。"这就是现在店员们都牢记在心的三米态度。事实上，沃尔顿的父亲萨姆从年轻时就这样做了。在密苏里大学上学时，萨姆决定竞选大学学生会主席。用他的话说就是："我很早就学到了成为校园领袖的秘诀，那就是主动上前与人行道上的人说话。我总是注视着向我走来的人，并主动和他说话。如果我认识他，我就会叫着他的名字，即使我不认识他，我仍会和他说话。所以，我在大学里认识的学生比任何人都多。他们也认识我，并把我看成是他们的朋友。"不仅如此，他还把这一处世哲学思想带到了百货业，沃尔顿在沃尔玛连锁店里继续贯彻这一商业理念。

③ 发现别人的优点和长处，投其所好地有所夸奖。根据心理学研究发现，每个人在日常生活中都希望得到别人的夸奖，都希望自己的优点和长处得到别人的赏识。因此，细心观察别人，主动发现别人的长处和优点，并用恰到好处的语言表达出来，同时表现出自己相当欣赏，这样容易使人感到亲切，进而容易和大家融合在一起。

④ 用自然流露的真情去交往，交往的诚意发自内心。根据马斯洛的需要层次理论，社交需要在每个人的潜意识中都有，希望被别人结识，进而被社会认可

是每个人的心理需要。因此，抱着一颗真诚的心去和别人交往，一定会得到别人的回应。

⑤ 提高交往信心，发挥个人魅力。要想在别人面前显得落落大方，首先要有自信心。人天生都是平等的，相信别人能做到的自己一定也能做到，并且只要自己付出努力，一定能比别人干得出色。人在结交新朋友时，利益是放在第一位的，你能否为我提供帮助，是一般人在选择朋友的第一个条件，如果你处处都显得很弱，处处都需要别人帮助你，那么试想谁愿意结交一个包袱做朋友？因此充分发挥自己的个人魅力，一定能得到别人的友谊。

资料 67

人际关系的自我测量与诊断

下面共有 28 个问题，请根据自己的实际情况，逐一对每个问题做"是"或"否"的回答，为了保证测验的准确性，请你认真作答。

1. 关于自己的烦恼有口难开
2. 和生人见面感觉不自然
3. 过分地羡慕和忌妒别人
4. 与异性交往太少
5. 对连续不断的会谈感到困难
6. 在社交场合，感到紧张
7. 时常伤害别人
8. 与异性来往感觉不自然
9. 与一大群朋友在一起，常感到孤寂或失落
10. 极易受窘
11. 与别人不能和睦相处
12. 不知道与异性如何适可而止
13. 当不熟悉的人对自己倾诉他的生平遭遇以求同情时，自己常感到不自在
14. 担心别人对自己有什么坏印象
15. 总是尽力使别人赏识自己
16. 暗自思慕异性
17. 时常避免表达自己的感受
18. 对自己的仪表（容貌）缺乏信心
19. 讨厌某人或被某人所讨厌
20. 瞧不起异性
21. 不能专注地倾听
22. 自己的烦恼无人可申诉

23. 受别人排斥，感到冷漠

24. 被异性瞧不起

25. 不能广泛地听取各种意见和看法

26. 自己常因受伤害而暗自伤心

27. 常被别人谈论、愚弄

28. 与异性交往不知如何更好地相处

计分标准：选择"是"的加1分，选择"否"的给0分。

结果解释：

如果你的总分在0～8分之间，那么说明你在与朋友相处上的困扰较少。你善于交谈，性格比较开朗，主动，关心别人。你对周围的朋友都比较好，愿意和他们在一起，他们也都喜欢你，你们相处得不错。而且你能从与朋友的相处中，得到许多乐趣。

如果你的总分在9～14分之间，那么，你与朋友相处存在一定程度的困扰。你的人缘一般，换句话说，你和朋友的关系并不牢固，时好时坏，经常处在一种起伏之中。

如果你的总分在15～28分之间，那就表明你同朋友相处的行为困扰比较严重，分数超过20分，则表明你的人际关系行为困扰程度很严重，而且在心理上出现较为明显的障碍。你可能不善于交谈，也可能是一个性格孤僻的人，不开朗，或者有明显的自高自大，讨人嫌的行为。

注：测验的结果仅供参考

四、旅游工作中人际交往的特征

旅游活动中的人际交往包括：企业内员工之间的交往，企业对外的客我交往和企业与公众的公关关系，以及客人与客人之间的交往。其中客我交往是最主要的人际交往，其主要特征如下。

1. 短暂性

交通和经济的发达，客人在一个目的地逗留的时间变短。

2. 公务性

工作限于客人需要的时间和地点，超出公务以外的、打扰客人的犯规行为就是不可取的。

3. 不对等性

只有客人对服务员下指令提要求，反过来则不行。服务员必须服从和满足客人意愿（传统观念产生的自卑和逆反心理）。

4. 个体与群体的兼顾性

一般是个体消费者特征为主提供服务，有时会存在同质旅游团，就要兼顾个体与群体。

 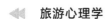

五、旅游企业良好人际关系的建立

在旅游企业管理中，建立良好的人际关系极为重要。管理者必须创造各种有利条件，建立融洽的人际关系，以充分发挥群体的作用，提高工作效率，达成组织目标。

1. 管理者作风正派，办事公正

在群体中，管理者的思想作风和个性品质对群体人际关系有很大影响。

2. 营造有利的群体环境和交往气氛

人际关系是在相互往来的过程中逐步建立和发展的，人们交往的数量与质量对人际关系有重要的影响。因此，管理者要有意识地利用组织力量，营造适宜的群体气氛，促进成员的相互交往。这具体表现在，一方面，要让每个成员都了解组织目标，鼓励大家分工协作，共同完成组织任务，营造出一种团结的气氛；另一方面，要加强成员之间的意见交流，加深相互了解，减少误会。此外，还要组织必要的文体活动，增加成员相互了解的机会，为建立良好的人际关系创造条件。

3. 建立合理的组织结构，制订必要的处理人际关系的组织措施

组织结构是否合理，同样影响人际关系。如果组织机构重叠，人浮于事，相互扯皮，就会影响群体的人际关系。反之，如果组织结构合理，成员在各自的岗位上能发挥特长，便有助于建立良好的人际关系。此外，还要制订必要的组织措施，对有意破坏成员关系、无事生非、挑拨离间的人要加以处理。

在旅游企业中，想要把客人当做"上帝"对待，作为企业领导者先要把员工放在第一位。只有无微不至地关怀员工，使企业拥有充满活力的、愉快的、健康的员工，企业才能提供高质量的服务。另外，合格的领导者，科学合理的领导方式也是旅游企业经营成功所必需的。

第二节 旅游企业领导者的心理

一、旅游企业领导者的心理品质

旅游企业领导者的心理品质直接关系到事业的兴衰或成败，当然，旅游企业领导者的心理品质可以从多个维度进行分析。

1. 能力方面的心理品质

（1）决策能力 旅游企业领导者的决策能力很大程度上表现为善于抓总体、抓重点、抓中心，而不是不分轻重缓急的眉毛胡子一把抓。

（2）组织能力 旅游企业领导者要善于调动每位下属的积极性，知人善任，扬长避短。既要严格要求，又要让他们主动大胆地工作。善于把人、财、物组织起来，精于运用组织的力量，形成配合默契、步调一致人集体行动。

（3）创新能力　旅游企业领导者要善于捕捉新事物的萌芽，提出新的设想、新的方案，创造性地进行工作。创新是领导者活动的根本属性，勇于开拓创新是旅游企业领导者的基本特征。

（4）协调能力　旅游企业领导者要善于同下属和广大企业员工平等相处，具有关心他人、理解他人的思想意识和本领。

（5）筹划能力　旅游企业领导者要能够对复杂的社会现象进行科学分析、综合概括和判断，能够从全局出发，正确认识本部门、本地区、本单位在全局中所处的层次和地位。在把决断付诸实际行动时，既能够找出带动整个链条的重要环节，又不会丢掉其他非重点环节。

（6）表达能力　旅游企业领导者要沟通各方面的关系，科学的思维能力、较好的文字表达能力和较强的语言表达能力是不可缺少的。良好的表达能力是沟通和合作的基础。

2. 非能力方面的心理品质

（1）情绪稳定　作为旅游企业的领导者，无论工作顺利与否，应始终沉着应对，情绪饱满，持之以恒；不能在工作顺利时就喜形于色，而工作不顺利时就垂头丧气，甚至"撂挑子"。

（2）性格宜人　性格宜人的领导者，似有一种无形的力量吸引被领导者，从而产生一种凝聚力。作为一名领导者应做到性情随和，善解人意、善于沟通。

（3）乐观自信　这是领导者必须具备的基本心态，并以此影响其所领导的群体。一个旅游企业的领导者若精神萎靡不振，则该单位肯定也不会有很好的精神状态。

（4）意志坚定　旅游企业领导者的意志不但影响其个人的行为，而且会影响他人及工作的全局。领导者应具有临危不惧、临阵不乱的坚定意志，在危机来临等关键时刻，要起到作为群众主心骨的作用。

（5）心胸开阔　俗话说"宰相肚里能撑船"。领导者应具有博大胸怀，能容人、容事。尤其是"一把手"，更应心胸开阔。作为一名合格的领导者，就要有足够的心理准备，要耐得住一切烦扰，无论事情多么繁杂，总持一颗安静之心应之。

资料 68

乔治·波特——希尔顿饭店首任总经理

一个风雨交加的夜晚，一对老夫妇走进一间旅馆的大厅，想要住宿一晚。饭店的夜班服务生说："十分抱歉，今天的房间已经被早上来开会的团体订满了。若是在平常当旅馆没有空房时，我会把二位送到别的旅馆去，可是我无法想象你们要再一次的置身于风雨中，你们何不待在我的房间呢？它虽然不是豪华的套房，但是还是蛮干净的，因为我必须值班，我可以待在办公室休息。"

老夫妇大方地接受了他的建议，并对造成服务生的不便致歉。

隔天雨过天晴，老先生要去结账时，柜台仍是昨晚的这位服务生，这位服务生依然亲切地表示："昨天您住的房间并不是饭店的客房，所以我们不会收您的钱，也希望您与夫人昨晚睡得安稳！"

老先生点头称赞："你是每个旅馆老板梦寐以求的员工，或许改天我可以帮你盖栋旅馆。"

几年后，他收到一位先生寄来的挂号信，信中说了那个风雨夜晚所发生的事，另外还附一张邀请函和一张美国纽约的往返机票，邀请他到纽约一游。并请他经营纽约最知名的 Waldorf 华尔道夫饭店，这家饭店在 1931 年启用，是纽约极致尊荣的地位象征，也是各国的高层政要造访纽约下榻的首选。

当时接下这份工作的服务生就是乔治·波特（GeorgeBoldt），一位奠定华尔道夫世纪地位的推手。后来华尔道夫饭店被希尔顿饭店吞并，希尔顿饭店旗下有多个大品牌店，老板聘请乔治·波特担任希尔顿饭店总经理。

解读：

经营人脉的"脉客"们苦心经营的无非是能在关键时候帮助我们的"贵人"，其实，"贵人"无处不在，人间充满着许许多多的因缘，每一个因缘都可能将自己推向另一个高峰，不要轻忽任何一个人，也不要疏忽任何一个可以助人的机会，学习对每一个人都热情相待，学习把每一件事都做到完善，学习对每一个机会都充满感激，我相信，我们就是自己最重要的贵人。

二、旅游企业领导者的影响力

领导者能否成功地实施领导，影响力是一个非常重要的因素。所谓影响力，是指一个人与他人交往中，影响和改变他人心理和行为的能力。

1. 旅游企业领导者的权力性影响力

企业领导者的权力性影响力即强制性影响力，这种影响力主要是由于领导者所处的职位，以合理、合法的权力为基础的。它以服从为前提，具有明显的强制性。

（1）决策权　从某种意义上说，领导过程就是制定决策和实施决策的过程，决策正确与否是领导者成功的关键因素之一。

（2）组织权　它是旅游企业领导者在其领导活动中根据工作开展的需要，对机构设置、权力分配、岗位分工和人员使用等作出安排的权力。

（3）人事权　这是指旅游企业领导者在有关企业员工的录用、培养、调配、任免等事宜上的决定权。这种权力把下属的工作和前途与领导者直接联系起来，领导者因而形成一种重要的影响力。

（4）奖惩权　这是旅游企业领导者根据下属的功过表现进行奖励或惩罚的权力。

（5）指挥权　指挥权是旅游企业的有关领导者，向其下属部门或员工下达命令或指示等，为实现决策、规划中所规定的目标和任务而进行各项活动的权力。指挥权是领导者实施领导决策或规划、计划等的必要保障。

2. 旅游企业领导者非权力性的影响力

企业领导者非权力性的影响力也称自然影响力，这是旅游企业领导者自身素质和行为为基础的。这种影响力不是强制性的，而是使被领导者由衷的、自觉的、心甘情愿地主动服从。

（1）品格　品格是本质性因素。旅游企业领导者的品格主要包括道德、品行、性格、作风等，它主要表现在领导者一切言行之中。

（2）才能　才能是实践性因素。即旅游企业领导者的聪明才智和工作能力、专业能力。这是构成旅游企业领导非权力性的影响力的又一重要因素。它是旅游企业领导者是否胜任领导职务与是否能完成领导工作的重要心理条件之一。

（3）学识　学识是科学性因素。如果一位旅游企业的领导具有渊博的专业知识和丰富的经验，不仅精通管理学、经济学知识，而且还具有数理化、文史哲等多种学科的基本理论知识，又掌握心理学科学知识，就很容易使企业员工对他产生一种依赖感，并且自觉地接受他的影响。

（4）情感　情感是精神性因素。旅游企业领导者在实施领导行为的过程中，会同部下产生一定的感情关系，或亲密切，或疏远等。感情因素在非权力性的影响力中起的作用是很大的。旅游企业领导者要重视与部下的这一因素。

第三节　旅游企业领导者的领导风格

一、旅游企业领导风格的类型

1. 强制型领导风格

权力集中于领导者个人手中，职工没有参与管理的机会，只能服从领导，即使有想法也不愿说出来，人们不能按自己的意愿行事，责任感会逐渐失去，有些人会变得愤愤不平并采取不合作的态度；受到挫折时相互推诿责任；由于屈服于权力的压力，职工能保持相当的工作效率，但领导者不在场时效率较低。由于员工普遍感到没有受到重视，满足感低。这种风格会削弱组织的目的性和员工对组织的承诺，最终使员工偏离他们所从事的工作，并认为这是无关大局的。虽然说这种风格有很多缺点，但当企业处于转型期时，这种风格往往可以起到意想不到的作用。

2. 权威型领导风格

确切地说，权威型领导是一个理想主义者，他通过让员工们了解自己的工作是整个组织宏伟蓝图的一部分来激励他们。员工了解自己的作用以及为什么起作用。同时，权威型领导还能通过在一个宏伟的蓝图中构筑个人的任务，围绕蓝图明确定义各种标准，并根据员工的业绩是否有助于蓝图的实现，对其绩效情况进行反馈，使每个员工了解成功及报酬的标准，从而实现员工对组织的目标和战略的认同达到最大化。而且权威型领导在确定目标时往往会给员工留下足够的空间保留自己的想法，并给予员工创新、体验和冒一定风险的自由，从而使得企业能保持一定的灵活性。由于它对企业工作氛围的积极影响，这种风格在大多数状况下都能取得较好的效果。而当企业处于不确定状态下时，这种风格尤其有效。

3. 合作型领导风格

合作型领导努力使员工，心情舒畅，并在员工之间创造和谐的气氛。同时合作型领导不会对员工完成自己工作的方式进行不必要的责难，能给予员工以最合适的方式会工作的自由，这都有助于灵活组织风格的形成。合作型领导风格具有的积极作用使得它几乎可以用于任何情形，而当领导在努力建立团队内部的和谐、提高士气、改善沟通或修复受损的信任时使用这种风格会更有效。虽然合作型领导风格非常有用，但它不应该单独使用，因为它比较强调表扬。

4. 民主型领导风格

民主型风格的领导通过花费时间听取员工的意见和建议从而建立起信任、尊敬和忠诚，通过让员工在影响自己的个人目标及工作方式的决策中发表意见，从而提升组织的灵活性和责任感。通过倾听员工所关心的问题，从而能够了解如何保持高昂的士气。员工处于一个民主的系统中，他们在决定自己的目标及衡量成功的标准方面享有发言权，并能清楚地了解什么是可以实现的，什么是不可以实现的。

5. 方向制定型领导风格

在此种风格下，领导制定相当高的绩效标准，并以身作则，他希望能把事情做得又快又好，对周围其他人的要求也一样。如果他们不能很好地完成工作，他会用其他人代替他们，因此这种风格常常会破坏工作氛围。许多员工不能容忍方向制定者的过高业绩要求，员工士气会下降。但方向制定型风格并不总是起到负面的作用，这种方法在所有员工自我激励、高度竞争及需要较少指导或协助的情况下能起到良好的作用。而且如果需要领导的是一个非常有能力的小组，这种风格能保证工作按时甚至提前完成。

6. 教练型领导风格

这种风格在改善工作氛围及企业绩效方面有显著的正面作用。教练型风格的领导能帮助员工发现自己的能力和自身的弱点，并能将它们与员工个人的职业发展联系在一起。教练型领导鼓励员工建立长期发展目标，并帮助他们制定实现目标的计划。他们在员工应扮演的角色及实现目标的方法方面与员工达成一致，并给予大量的指导和反馈。他们擅长指派工作任务，能给员工安排有挑战性的任务，即使这项任务不能很快完成。如果失败能对今后有利并能促进长期的学习，领导也愿意承受短期的失败。这种风格需要大量的对话，而对话能促进工作氛围各个方面的改善。当一个员工知道他的领导在关注着他并一直关心他所作所为时，他会放心大胆地工作，因为他知道他能得到及时的指导和反馈。如果员工不愿意学习或不愿意改变自己的工作方式，则这种风格没有任何意义。如果领导缺少帮助员工的经验，这种方法也会失败。

研究表明，领导者的领导风格没有最好与最坏之分，只有最适宜与最不适宜之别。

二、确定领导风格的理论依据

1. 管理方格图理论

它是由美国布莱克和莫顿提出的。该理论认为，领导风格表现为相互联系、相互影响的"关心生产"和"关心人"两个方面。这两个方面在每个领导者身上表现的程度是因人而异的。由此设立作标，表示两者关系。横坐标表示管理者对生产的关心程度，纵坐标表示管理者对人的关心程度。纵横坐标均分九个格，作为标尺，整个方格图共有 81 个小方格，每个小方格表示"关心生产"和"关心人"这两个含有管理作风和方式因素相结合的一个领导风格。

2. 权变理论

（1）菲德勒模式　菲德勒的随机制宜领导理论强调领导无固定模式，领导效果因领导者、被领导者和工作环境的不同而不同。菲德勒认为对领导效果起重大影响作用的环境因素有三条：第一，领导者和被领导者之间的关系；第二，工作任务的结构，任务越明确，领导者的影响力就越大；第三，领导人所处职位的固有权力。

以上三种因素不同的结合方式形成不同特点的领导环境，菲德勒认为，评价一种领导方式，要看它能否在其适合的、特定的环境下发挥作用。菲德勒提出了通过改造环境来适应不同风格领导方式的观点。

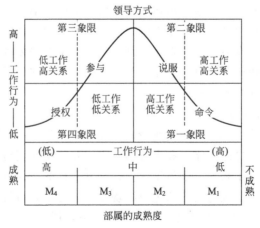

图 11.3　领导生命周期理论图解

（2）生命周期理论　这是一个比较新的理论，它由科曼提出的。该理论认为，领导者的行为与被领导者的成熟度相匹配，有效的领导行为应该是随着部下成熟度的不断提高，发生相应变化的动态过程。图 11.3 所示，所谓部下的成熟度是指被领导者对于特定目标把握自己行为的能力（工作成熟度）和意识（心理成熟度）。一个员工的心理和行为相对于工作任务和工作环境有一个随着逐步发展成熟的过程：由不成熟→初步成熟→比较成熟→成熟。领导者的行为体现在任务行为和关系行为两个维度上。由此，根据部下的成熟阶段，从而产生了以下四种具体的领导方式：命令式（高工作低关系），说服式（高工作高关系），参与式（低工作高关系），授权型（低工作低关系）。

第四节　旅游企业领导者的领导艺术

一、旅游企业领导艺术的基本内容

1. 领导决策的艺术

（1）获取、加工和利用信息的艺术　决策的艺术性和各种方案的可行性，在很大程度上取决于信息是否及时、准确和完整。因此，是否善于获取、加工和利用信息，需要有高超的艺术。

（2）对不同的决策问题采取不同决策方法的艺术　针对不同的决策问题采取不同的决策方法，本身就需要良好的艺术和技巧。正如管理学家杜拉克所说的："决策的一条基本原则是在有不同意见的情况下作出决策。如果人人赞同，你就根本不用讲清楚决策的是什么，也许完全没必要决策了。所以要获取不同意见。"

（3）尽量实现经营决策的程序化　决策是按照事物发展的客观要求分阶段进行的，有科学的程序。根据我国旅游企业的实践，经营决策的程序一般也是按提出问题，确定决策目标，设计决策方案，优选一个方案，方案的实施与反馈这样的步骤顺序进行的。

2. 合理用人的艺术

（1）科学用人的艺术　领导者要科学的用人，需要先识人，即发现人所具有的潜在能力。首先，要知人善任。其次，要量才适用。第三，要用人不疑。

（2）有效激励人的艺术　激励是现代旅游企业管理的一项重要职能，激励理论是现代管理理论的基础理论之一。一个人的工作成绩、能力和动机激发程度三者间的关系是：工作成绩＝能力×动机激发程度。这一公式表明，对员工的激发程度越高，他的工作成绩就越大。

（3）适度治人的艺术　治人的艺术从某种意义来说，也应当包括科学用人和有效激励人。除此之外，还包括批评人、帮助人克服错误行为，做好人的思想发动工作。表扬奖励员工是管理人的艺术，批评人也同样需要良好的技巧。

3. 正确处理人际关系的艺术

讲究调适人际关系的艺术，是强化管理和激发员工积极性的重要内容。基于人际关系的复杂性和微妙性，其调适的方法也应当是多种多样的，没有一套能适用于不同素质的员工和不同环境的通用方法，而应当随机制宜、随人而异。

（1）经营目标调适法　企业每位员工都是为了实现具体的目标而组合起来的，如何用企业发展的总目标把所有的员工组织起来，是一种很重要的技巧。目标既是员工共同奋斗的方向，也是有效协调人际关系的出发点。

（2）制度规则调适法　主要是建立健全旅游企业内部各种服务标准、流程和经营管理制度，使领导和员工、员工和员工之间都能依照规章制度进行自我约束、自我调整，减少摩擦和冲突。

（3）心理冲突调适法　尽管目标、制度对调适员工之间的关系有重要的作用，但员工之间的心理冲突对人际关系的影响往往是看不见、摸不着的，潜在性强，又不容易很快消除，因此，必须注意员工心理的调适艺术。

（4）随机处事技巧法　作为企业领导者，如果处理事情既积极又稳妥，就会有利于正确调适领导者与员工之间的关系。这些技巧也很多，诸如，转移法、不为法、换位法、缓冲法、糊涂法和模糊法，都是比较好的处事方法。

资料 69

　　苏·雷诺兹（Sue Reynolds）今年 22 岁，即将获得哈佛大学人力资源管理的本科学位。在过去的两年里，她每年暑假都在康涅狄格互助保险公司打工，填补去度假的员工的工作空缺，因此她在这里做过许多不同类型的工作。目前，她已接受该公司的邀请，毕业之后将加入互助保险公司成为保险单更换部的主管。

　　康涅狄格互助保险公司是一家大型保险公司，仅苏·雷诺兹所在的总部就有 5000 多名员工。公司奉行员工的个人开发，这已成为公司的经营哲学，公司自上而下都对所有员工十分值任。

　　苏·雷诺兹将要承担的工作要求她直接负责 25 名职员。他们的工作不需要什么培训而且具有高度的程序化，但员工的责任感十分重要，因为更换通知要先送到原保险单所在处，要列表显示保险费用与标准表格中的任何变化；如果某份保险单因无更换通知的答复而将被取消，还需要通知销售部。苏·雷诺兹工作的群体成员全部为女性，年龄跨度从 19～62 岁，平均年龄为 25 岁。其中大部分人是高中学历，以前没有过工作经验，她们的薪金水平为每月 1420～2070 美元。苏·雷诺兹将接替梅贝尔·芬彻的职位。梅贝尔为互助保险公司工作了 37 年，并在保险单更换部做了 17 年的主管工作，现在她退休了。苏·雷诺兹去年夏天曾在梅贝尔的群体里工作过几周，因此比较熟悉她的工作风格。并认识大多数群体成员。她预计除了丽莲·兰兹之外，其他将成为她下属的成员都不合有什么问题。丽莲今年 50 多岁，在保险单更换都工作了 10 多年。而且，作为一个"老太太"，她在员工群体中很有分量。苏·雷诺兹断定，如果她的工作得不到丽莲·兰兹的支持，将会十分困难。苏决心以正确的步调开始她的职业生涯。因此，她一直在认真思考一名有效的领导者应具备什么样的素质。

苏·雷诺兹的特点是：有较好的专业背景，有一定的工作经验，但缺乏担任领导的经验。因而在委任为主管以后，其关键是如何积累领导经验，干出成果，树立威信。丽莲明显有非正式组织领袖的特征，因此，苏在工作初期应尊重丽莲，主动地与之搞好关系。然后，可考虑用处理非正式组织的方法处理此事。

4. 科学利用时间的艺术

（1）科学分配时间的艺术　对于旅游领导者来说，科学分配时间的艺术，就是要根据企业经营的任务，按制度时间的规定，科学合理地给各个部门单位分配定额，并要求他们在执行中严格按计划进行，做到按期、按质、按量完成。

① 重点管理法。就是领导者必须从众多的任务中抓住重要的事情，集中时间和精力把它做好，把有限的时间分配给最重要的工作。

② 最佳时间法。就是领导者应该把最重要的工作安排在一天中效率最高的时间段去完成，而把次要的或零碎的工作放在精力较差的时间段去完成。

③ 可控措施法。就是领导者如何把自己不可控的时间转化为可控时间，以提高管理效率。

（2）合理节约时间的艺术

① 时间记录分析法。从领导艺术来看，一个旅游业的领导为了获得使用管理效用的反馈，详细记录自己每周、每月或每季度这个时间段的使用情况，再加以综合分析，作出判断，从而了解哪些时间内的工作是必要的和有用的，哪些是不必要的和浪费的。依此加以改进，就可以提高时间的管理和使用效率。

② 科学召开会议法。就是旅游领导者必须科学地召开会议，计算会议成本，提高会议效率。

二、旅游企业领导艺术的影响因素

1. 知识水平

综合起来说，旅游企业领导者领导者应了解一般的社会科学和自然科学方面的知识；精通管理科学各方面的知识；熟悉社会生活方面的实际知识。

2. 影响力

这里所指的影响力主要是指个人影响力，包括领导者的品德、知识、才能、情感、人际关系、资历、社会地位等。个人影响力发挥得越好，威信就越高，行政效率也就越高；反之，如果单靠法定的权力，而缺乏一种个人影响力，就会失去威信，就会影响领导艺术的有效发挥。

3. 应变能力

机会是为有准备者提供的，快速应变能力往往并不表现为一时的灵感，对于客观环境和市场形势可能出现的变化，旅游企业的领导管理者必须提前作出预测，并备有应付各种变化的预案（不管成文还是不成文的）。可以说，善于分析、快速应变能力是在竞争日益积累、变化日益迅速的今天有效领导艺术的必要条件。

4. 领导效能

（1）领导能力　这是领导者的行为能力。它以领导者的身体、心理、知识、经验等综合素质为基础，是领导者行使领导权力、承担领导责任、胜任领导工作、完成领导任务所必备的基本条件。

（2）领导目标　这是取得领导效能的前提，它和取得领导效能的途径——领导效率结合起来决定领导效能的大小。领导目标是领导效能的中心线，实现领导目标的程度是衡量领导效能的尺子。

（3）领导效率　一般是指领导者从事领导工作的产出同所消耗的人力、物力、财力等要素之间的比率关系。领导效率主要受领导者的能力、工作态度、领导环境以及下属的素质与能力等条件的影响。

（4）领导效果　这是领导活动对象化的直接反映，是通过领导效率所取得的直接结果，是领导效率向领导效益转化的中介体，领导效益要通过领导效果这个中介才能实现。

（5）领导效益　领导效益是指领导活动的最终效果，带有社会性、公益性与长远性，主要表现为政治效益、经济效益、文化效益、人才效益与社会效益等，是一个综合性的指标体系。

三、提高领导艺术的途径

1. 提高领导者的综合素质

首先，提高思想水平是提高领导艺术的必由之路。一个领导者要有强烈的事业心，高屋建瓴的思想境界，辩证思维的头脑，就会在领导活动中有灵活机动的战略战术和运用自如的技巧。领导者在领导艺术中表现出来的智慧，往往是他思想水平的闪光。

其次，掌握客观规律是提高领导艺术的一条基本线索。不掌握客观事物的发展规律和领导活动的规律，是驾驭不了扬帆远航的领导之舟的，是导演不出有声有色的领导话剧的。提高领导艺术，就要在认识事物客观规律的基础上，充分发挥主观能动作用，使领导活动按照客观规律办事，取得最佳的领导效果。

再次，加强领导者的素质修养是提高领导艺术的条件。领导艺术是知识、智慧和才能的结晶，只有具备一定文化知识素质和修养的领导者，才会表现出一定的领导艺术。领导者运用领导艺术的过程，也是综合表现领导个人知识水平和发挥才能的过程。一个有聪明才智、知识渊博、经验丰富、风格高尚和素质优良的领导者，在领导工作中就会显示非凡的领导艺术。

最后，不断总结经验是提高领导艺术的基础。领导艺术不是人们生来就有的，而是从经验中得来的。因此，领导者要提高领导艺术水平，就要不断总结自己的经验，特别是学习别人的领导经验时，要消化运用，以求达到一个新的艺术境界。

2. 培养社会实践能力

社会实践能力不仅是对旅游企业领导者的素质的基本要求，也是培养领导者的创新能力的重要条件，因为人的创新能力不能仅仅依靠书本知识获得，更需要通过实践学习和获得。

3. 增强团队意识

所谓团体意识就是通过人际沟通、群体活动、参与管理和智力开发等多种形式和手段，为员工创造良好的工作氛围，使群体产生巨大的凝聚力、向心力进而激发出无限创造力。对企业领导者来说，具有善于培养团队意识的能力十分重要。首先，要确立一个目标。这既是企业对员工的一种利益吸引，也是对大家行为方向的一种界定。其次，领导是组织的核心。一个富有魅力和威望的领导，会自然成为团队的核心与灵魂，全体成员会自觉不自觉地团结在其周围。反之，则会人心涣散，团队意识更是无从谈起，所有成功的团队，无一不是有一个领导核心。要看其领导者的素质状况如何，看其有什么样的品格和思想作风。一个合格的领导必须是：第一，有较高的业务水平。第二，民主的工作作风。第三，无私的人格魅力。

本章小结

旅游企业人际关系和领导者心理是旅游心理学的重要内容，本章介绍了旅游企业人际关系的概念、功能和类型、影响人际关系的因素及如何建立良好的人际关系。还阐述了旅游企业领导者心理品质、领导风格和领导艺术，提出了提高旅游企业领导者领导艺术的途径。

 实训练习

对自己的人际关系进行测试，找出自己的不足，在与同学的交往中提高自己人际交往的能力。

? 思考题

1. 什么是人际关系？
2. 影响人际关系的因素有哪些？请举例说明。
3. 旅游企业中应如何建立良好的人际关系？
4. 旅游企业领导应具备的心理品质有哪些？
5. 领导的影响力包括哪些方面？
6. 旅游企业领导艺术的影响因素有哪些？

第十二章
旅游企业员工的心理保健

学习目标

- 明确什么是真正的健康。
- 了解心理健康的概念和心理健康的标准。
- 了解心理保健的内容和意义。
- 熟悉员工常见的心理障碍种类。
- 初步掌握心理保健的基本方法。

【开篇案例】

导游员的自卑心理

美国一位社会人类学家曾经说过："90％的人都为自卑感到苦恼。"可见，有自卑感的人几乎比比皆是，随处可见。然而，在众多的自卑者中，产生自卑感的原因却是多种多样的，有面貌、身材、生长环境、能力、体力等不同原因。自卑是一种性格上的缺陷，表现为自我评价偏低、自愧无能而丧失自信，并伴有自怨自艾、悲观失望等情绪体验的消极心理倾向。在旅游行业中，使人产生自卑感的因素是多种多样的，并不是时时处处都会产生，通常产生于失败的体验之后，比如，导游员小张经常说："只要有××导游员在，我永远别想有出头之日。"又比如："像这种旅游团，我是没法带。"，"都是学者型的游客，恐怕我不行。"等等。导游员产生自卑感，对他（她）带团是极为不利的，至少说导游员已经丧失与人竞争的信心。终于有一天，小张在带团过程中因"自卑"而情绪低落，使得很多游客不满意而遭到了投诉，最终她还是放弃了旅游行业。

启示：

导游员产生自卑感，是从心理上对自己的不承认，这对带团是极为不利的。面对自卑，导游员无非有两种选择，一是认命，二是自我挑战。历史上无数事实也证明一个道理，认命者自甘懦弱，逐渐成为畏首畏尾的懦夫，而意志坚强勇于挑战者，一定会走向成功。面对现实，导游员不应将自卑表现在游客面前而造成不良影响，或者因自卑影响自己的职业选择。解决自卑心理的办法是：努力提高自己的文化素养和心理素质，培养坚强的性格。在同行面前要有竞争的勇气，面对游客更要有"初生牛犊不怕虎"的精神，只有这样才能克服自卑，走向成功。

健康是人类的基本需求之一，是每个人都渴望的。特别是旅游业的从业人员，不论是工作在宾馆、旅行社还是其他旅游部门，保持良好的身心状态都是非常重要的，可以想象一个心理不健康的员工会为客人做出什么样的服务。然而，传统的健康观是"无病即健康"，其实这种认识是片面的。世界卫生组织认为"健康是指一个人在身体、心理和社会等方面都处于良好的状态。"对于旅游企业而言，除了要求员工身体必须健康外，还必须开展和加强员工的心理保健工作，维护和提高员工的心理健康水平，避免和控制各种心理疾病的发生。本章将主要讨论心理健康的概念及标准、常见心理障碍的种类及产生心理障碍的原因，最后给出保持心理健康的方法。

第一节　心理健康概述

一、心理健康的概念

旅游业的工作是一项综合性很强的工作，不仅工作范围广，而且责任重大，作为"民间大使"，往往代表了旅游地的形象。旅游业人员应该具备良好的综合素质（高尚的品质、健康的生理素质和心理素质，要博学多才、善于运用语言、有较强的组织协调能力），当游客赞扬时不自我陶醉；当受到某些误解时，能承受住委曲，甚至打击。

要想成为一名被游客所喜爱、被自己所折服的优秀导游员，首先必须是一个身心健康的人。随着现代疾病诊治和医疗手段的高级化，医疗界诊治身体疾病的办法越来越多，也越来越有效，而心理不适应和心理疾病却越来越成为人们健康的威胁。健康包括生理健康和心理健康两个方面，生理健康具有明确的衡量标准，能通过医学检查确定是否有器质上的病变；而心理健康标准的确立以及心理健康水平的测量却是一项比较复杂的工作，历来都有多角度的观点和立场，但有一点是统一的，那就是心理健康是建立在生理健康的基础上的，二者是相互影响和不能截然分开的。

对于心理健康标准的描述，并没有一个固定模式，对于不同的人，心理健康问题可能有不同的表现方式。即使是对于同一个人，在不同的时期中，心理健康所反映出的特点也可能是不同的。世界卫生组织把健康定义为："不但没有身体的缺陷和疾病，还要有生理、心理和社会适应能力的完美状态。"由此可知，健康不仅仅是指躯体健康，还包括心理、社会适应、道德品质之间的相互依存。当人体在这几个方面同时健全时，才算得上是真正的健康。

著名心理学家马斯洛和密特尔曼曾提出人的心理是否健康的十条标准：

① 是否有充分的安全感；

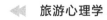

② 是否对自己有充分的了解，并能恰当的评价自己的能力；

③ 自己的生活理想和生活目标是不是切合实际；

④ 能否与周围环境保持良好的接触；

⑤ 能否保持自身人格的完整与和谐；

⑥ 能否具备从经验中学习的能力；

⑦ 能否保持适当和良好的人际关系；

⑧ 能否适度地表达和控制自己的情绪；

⑨ 能否在集体允许的前提下，有限度地发挥自己的个性；

⑩ 能否在社会规范的范围内，适度地满足个人的基本需要。

我国学者把"心理健康"的定义，又做了一个概括：

① 有幸福感和安定感；

② 身心的各种机能健康；

③ 符合社会生活的规范，自我的行为和情绪适应；

④ 具有自我实现的理想和能力；

⑤ 人格统一和调和；

⑥ 对环境能积极地适应，具有现实志向；

⑦ 有处理、调节人际关系的能力；

⑧ 具有应变、应急及从疾病或危机中恢复的能力。

世界卫生组织对健康的定义细则：

① 有足够充沛的精力，能从容不迫地应付日常生活和工作的压力而不感到过分紧张；

② 处事乐观，态度积极，乐于承担责任，事无巨细不挑剔；

③ 善于休息，睡眠良好；

④ 应变能力强，能适应外界环境的各种变化；

⑤ 能够抵抗一般性感冒和传染病；

⑥ 体重得当，身材均匀，站立时头、肩、臂的位置协调；

⑦ 眼睛明亮，反应敏锐，眼睑不易发炎；

⑧ 牙齿清洁，无空洞，无痛感，齿龈颜色正常，无出血现象；

⑨ 头发有光泽、无头屑；

⑩ 肌肉、皮肤有弹性。

上述前四条为心理健康的内容，后六条则为生理方面的内容。这十条标准，具体地阐述了健康的定义，体现了健康所包含的体格、心理和社会三个方面的内容。同时，世界卫生组织于 1999 年提出了身心健康的新标准，即"五快三良好"。"五快"（即躯体的健康标准）是指：①吃得快。即食欲好、不挑食、不厌食、不偏食、不狼吞虎咽，代表有良好的消化功能。②睡得快。即上床后入睡快，睡得深，醒后精神饱满，头脑清醒。这说明神经系统的"兴奋-抑制"过程协调得好。③便得快。即排泄轻松自如，这说明有良好的吸收功能。④说得快。即说话流利，思维敏捷，反应迅速，这说明心脏功能正常。⑤走得快。即走起路来步履轻盈，行走自如，这说明运动功能及神经协调机能良好。"三良好"（即心理的健康标准）是指：①良好的个性人格。即情绪稳定，性格温和，意志坚强，感情丰富，胸怀坦荡，豁达乐观。②良好的处世能力。即观察问题客观现实，具有较好的自控能力，能适应复杂的社会环境。③良好的人际关系。即助人为乐，与人为善，对人际关系充满热情。

当然，随着国际、国内社会的飞速发展，人类对身体和心理健康的概念定义会不断地修正和完善。总之，心理健康概念是指：个体的心理活动处于正常状态下，即认知正常、情感协调、意志健全、个性完整和适应良好的状态下，能够充分发挥自身的最大潜能，以适应生活、学习、工作和社会环境的发展与变化的需要。

二、心理保健的意义

心理保健与心理卫生的概念基本相同，它是关于保护与增强人的心理健康的心理学原则与方法。心理保健的主要任务是预防心理疾病，保护和增进心理健康。健康不仅指的是身体健康，而且还包括心理健康。长期以来，人们普遍更关注身体健康，而忽视心理健康。其实，现在人们的心理健康水平正面临着危机。

资料 70

中国人力资源开发网联合国内众多知名媒体启动了"2005 年中国员工心理健康"调查。调查结果表明，在所有参加调查的人中，有 25.04% 的被调查者存在一定程度的心理健康问题。同时发现，2.24% 的被调查者存在着严重的心理健康问题，有 22.81% 的被调查者存在比较严重的心理健康问题。进一步的数据分析显示，被调查者中经常出现的心理健康问题有：精神上有压力；感觉不开心和郁闷；觉得自己在事情中不能担当有用的角色。分析还发现，女性比男性更容易感觉不开心、郁闷或觉得生活无趣，觉得自己在很多事情中不能担当有用的角色。此外，女性更不能勇敢地面对问题，处理事情时也往往比男性更容易拿不定主意。

启示：

从以上数据可以看出，心理保健再也不是可有可无的"奢侈品"了，它已经成为我们现代必须要考虑的"生活的必需品"。

据流行病学家调查表明，现代人约有 50% 处于"亚健康"状态，这些人常感叹自己活得很"累"，并常常伴有食欲不振、头痛、失眠、心绪不宁、精神萎靡、注意力不集中、疲劳、健忘等现象，到医院检查却没有器质性病变。长期处于这种状态，会使身体状况走入低谷，致使某些疾病陆续发生。

什么是亚健康呢？世界卫生组织将机体无器质性病变，但却有一些功能改变的状态称之为"第三状态"，我国则称其为"亚健康状态"。即"亚健康"是介于健康与疾病之间的一种生理机能低下的临界状态，也称为"第三状态"。从"亚健康"状态既可以通过适当的休息和身心调理向好的方向转化而恢复到健康状态；也可以向坏的方向转化而进一步发展成各种疾病，这是一种从量变到质变的准备阶段。

"亚健康"状态的表现是多种多样的，且不太固定，有的也表现为某个器官的症状，比如：①心血管症状。上下楼或多走动就会感到心慌、气短、胸闷、憋气。②消化系统症状。见到饭菜没胃口，虽然觉得饿，但不想吃。③骨关节症状。经常感到腰酸背痛，活动脖子时"格格"作响。④神经系统症状。经常头痛，记忆力差，全身无力，容易疲劳。⑤泌尿系统症状。尿频尿急，夜里尿多，性功能低下，没有性要求。⑥精神心理症状。莫名其妙心烦意乱，遇小事易生气，易紧张、恐惧，遇事容易往坏处想。⑦睡眠症状。入睡困难，凌晨早醒，噩梦频频，往往吓醒。

"亚健康"不但会给人们的身心带来痛苦，也会给人们的正常生活带来不快，因此，心理保健是非常重要的。为了维护人的健康，要注意人们的心理保健，心理保健对旅游业员工的具体意义体现在如下几个方面。

1. 心理保健是旅游业员工身体和心理发展的需要

大家都知道，健康包括身体健康和心理健康，人的心理活动和生理活动是密切相关、相互依存的。生理健康是心理健康的基础，而心理健康反过来又能促进生理健康的好转。有关研究表明，良好的情绪是一种最能促进身体健康的有效力量。如果善于调节情绪，经常保持心情愉快，可以达到未雨绸缪，防病除病的效果。长寿学者胡里夫说过："一切对人不利的影响中，最能使人短命和夭亡的是不良的情绪和恶劣的心境。"心理对生理疾病的影响，早在我国古代医书中就有精辟的论述，《内经》中指出"悲伤心"、"怒伤肝"、"忧伤肺"、"思伤脾"、"恐伤肾"等。研究还表明情绪能主宰健康，强烈而持久的不良情绪，如：烦躁、忧愁、焦虑、多疑、愤懑、冷漠、恐惧、失望等，最终会导致生理疾病。据统计，在一些大城市的医院门诊就医的病例中，有一半以上属于由心理疾病或由心理因素而导致的，比如高血压、冠心病、糖尿病、溃疡病和癌症等。在医院中，医生经常会用心理疗法来治疗病人的生理疾病，这正说明了心理健康也能促进身体的康复。当然，反过来，心理障碍、心理疾病也会影响人们身体的生理变化，对其身体健康造成危害而导致身体的疾病。人们都有这样的经历：当面临某种压力（如考试）紧张焦虑时则会食而无味，胃口大减，头痛，失眠。对于一名旅游业员工而言，要想保证其身心健康发展，就必须重视心理保健。

2. 心理健康是旅游业员工完成工作任务和全面发展的保证

古希腊哲学家赫拉克里特曾指出："如果没有健康，智慧就难以表现、文化无从施展，力量不能战斗、财富变成废物、知识也无法利用"。而阿拉伯国家内也有谚语："有了健康就有了希望，有了希望就有了一切。"加拿大华裔谢华真教授在《健商》一书说，"健康高于财富"。有人把健康比为1，其他的诸如事业、家庭、荣誉、地位、金钱、权力、爱情、财富……，统统为1后面的0，失去了健康1，那么其后面的0，便会黯然无色，没有任何价值。由此可以说明健康是人生的第一财富。对于旅游业的员工来说，心理健康更是学业有成、事业成功、生活快乐的基础。心理健康的人能对学习和工作的目的、意义、作用有明确的认识，更加懂得只有经过努力学习才能掌握前人积累的知识和工作经验，以保证少走弯路和减少工作和生活中的失误，从而有所创新和取得成就。对于工作，心理健康的人知道那不只是要求与责任，不只是劳动和疲劳，它更是丰富多彩的生活内容之一，而且是体现自己能力、实现自我价值、获得成就感的渠道。有了这样的认识，才能真正投身于学习和工作之中并取得较高的效率。恰当的目标不仅为人的活动指引航向，而且是激励人努力学习和工作的主要因素。心理健康者对自己的素质，能力水平和自己所拥有的客观条件有正确的认识，他能够清醒地将自己的奋斗目标确定为"跳一跳，才能够得着"的高度，在这样的目标激励下，通过刻苦学习和努力工作而实现目标后，会有一种很强的成就感，由此进一步激发其学习和工作的兴趣，从而实现人生的全面发展。

3. 心理健康是减少心理障碍的保证

旅游业人员作为社会上比较活跃和有知识的人群，在与人交往过程中对他们的生理和心理有着特殊的要求，即只有生理和心理都非常健康的旅游工作人员，才能与旅游者很好的交往。旅游业员工在现实工作生活中，面临着竞争和社会责任等各方面的压力，比如，既有同行的竞争，也有产品的竞争，既要为旅游公司负责，也要为旅游者负责。随着社会的发展，出现了很多新的社会矛盾和冲突，人际关系也变得越来越复杂，人们所承受的心理负荷也会相应加重，这些都会对旅游服务人员个体构成新的心理压力。如果个体不能很好地做出适应性反应，就可能引起心理均衡失调，引起一系列负性情绪表现。如：迷茫、烦躁、失望、忧虑、悲伤、恐惧、愤怒，以及失望等。这种状况持续下去，很可能会导致心理障碍或行为异常。心理健康对旅游业人员有效的抗御心理疾病，提高工作效率，完成工作任务，提高人际交往水平和生活质量，有着重要的作用。现实生活中每个人都应关心自己的心理健康，积极主动地通过各种途径提高自己的心理健康水平，减少心理障碍的概率。

4. 心理健康是旅游业员工社会适应能力发展的需要

每一位生活在纷繁复杂、变化多端的大千世界里的人，一生中都会遇到多种环境以及预料不到的变化。因此，一个人应当具有良好的适应能力，无论现实环境如何变化，都能够很快适应。如果既能随环境变化而改变自己，又能在一定程度上改变周围，那将是一种很高的境界。俗话说，入乡随俗，说的就是心理健康者的适应能力。现代人需要培养自己的社会适应能力，在不同的环境中要学会不同的生活方式，不能与周围的人格格不入，否则烦恼会接踵而来。当今，社会许多人都在叫累，那是一种说不出滋味的累。以往人们从事体力劳动时，身体累了休息一会儿很快就能恢复，即便是累极了，睡一觉也会很快缓过劲儿来。而现代

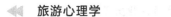

人的累却是心理上的累，说不清道不明，很难再恢复往日轻松悠闲的快活。为什么会这样呢？这就是不能及时适应当今社会变化而导致的心理不健康的表现。在过去物质生活不富裕的时候，人们如果能吃饱，穿暖，有房住，有书读，就很满足了。而到了物质生活比较丰富的今天，人们转而追求更多的精神享受，如情爱、尊严、成功、舒适等等，所以就有了更大的应激压力。同时，社会人口增多、生态环境恶化、社会竞争激烈残酷、知识更新速度加快、各种信息过多使人应接不暇等诸多现代问题的出现，使人们要考虑的事情超过了自身的承受能力，心理健康问题才变得如此突出和重要起来。现在，从事旅游行业的员工多数是年轻人，他们是下一代社会的建设者，作为社会中的人，他们不仅要有为社会作贡献的真才实学，更要有良好的社会适应能力，这不仅是现代健康的标志之一，也是对所有社会成员的要求。所以社会、企业和心理医生都应该关心员工的社会适应能力的培养与完善。

总之，旅游从业人员的心理保健工作应该是旅游行业工作的重要组成部分，它制约着企业形象和其他很多方面的工作。可以说，没有心理健康教育的教育不是完整的教育，没有心理保健工作的企业是有欠缺的企业。这一点将为社会的发展所证明。因此，开展心理健康教育，加强心理保健，对旅游业的发展和社会的进步有着十分重要的意义。

第二节　旅游企业员工的心理障碍

作为旅游从业人员，由于服务的特殊性，其人际交往和情绪控制很重要，在客我交往中经常会感觉到压力或遇到各种挫折。在工作中容易产生压力的原因，一是某些工作特有的压力源，如工作任务过重所引起的压力或任务太少感到无所事事而产生的压力，或是工作不稳定和条件太差而引起的压力；二是由组织中的角色所带来的压力，比如感觉角色太重要而压力过重、利益冲突、感觉地位低下等；三是职业生涯和发展中的压力，如考核、晋级、提升、淘汰等带来的压力；四是由组织内人际关系带来的压力，良好的人际关系可以使个体身心愉悦从而干工作和有劲头，而人际关系紧张会给个体带来较大的压力。对于上述这些工作中的压力，不同的员工可能会出现不同的反应。有人能正确处理或自我调节，而有的员工就会出现心理异常即产生心理障碍。

心理障碍是心理活动中出现的轻度创伤，是在特定情境和特定时段由不良刺激引起的心理异常现象，属于正常心理活动中暂时性的局部异常状态。例如，当人们遭遇重大挫折或面临重大抉择时会表现出情绪焦虑、恐惧或者抑郁，有的表现沮丧、退缩、自暴自弃，或者表现愤怒甚至冲动报复，过度应用防卫机制来自我保护，且表现出一系列适应不良的行为等。如果长期持续的心理障碍得不到适当的调节或从中解脱出来就容易导致精神疾病的产生。

下面，我们针对旅游业员工经常出现的心理障碍进行分析。

一、常见情绪问题所造成的心理困扰

总体而言，旅游业员工的工作是紧张的，因为员工随时随地都在与旅游从业人员或旅游者打交道、相接触，又由于自我期望值高，心理压力大，竞争激烈，而接触的人又是形形色色，所以员工的情绪经常会处于紧张状态。有些情景性的情绪反应是正常的，也是自我保护所必需的，比如，在导游员导游过程中到达陌生的环境，遇到了突发事件所引起的情绪恐惧，这是每个人都会有的正常反应，此时适当的恐惧能使自己处于警觉状态达到自我保护和保护游客的安全之目的。

这里所说的情绪问题是指旅游从业人员在工作中经常出现的影响工作正常进行的负性情绪和情绪障碍。员工在工作时的情绪可以分为积极的、正向的情绪和消极的、负向的情绪，员工处于积极正向的情绪状态时，通过声音、表情传递给客户的不仅仅是积极的生动的声音和表情，更是对自身服务的信心和自豪，正向的情绪带给旅游者的将是愉悦的体验和满意的服务；而消极的、负向的情绪将传递给员工疲惫、压力甚至是烦躁和不满，旅游者感受到的则是推诿、不耐烦或不屑一顾等不良服务，负向的情绪不仅降低了旅游者的满意度有时会引起投诉，同时对员工本身的心理健康也造成威胁。负向情绪可能导致大脑功能的紊乱，使员工认知范围缩小、思维狭隘、自制力降低、工作效率下降、不能正确评价自我，甚至会做出某些失去理智的行为进而转化为心理疾病。另一方面，情绪问题会降低员工的免疫功能，导致其正常生理平衡失调，引起各种疾病。如果员工不能很好地处理工作和生活中的各种问题，极容易产生不同程度的情绪问题，从而影响身心的健康和发展。常见的情绪问题有焦虑、愤怒、嫉妒等。

1. 焦虑

焦虑是一种情绪状态。在心理学中，一般把有明确对象的不安、担心和忧虑称为恐惧，而没有明确对象的恐惧成为焦虑。如果一个人久陷焦虑情绪而不能自拔，内心便常常会被不安、恐惧、烦恼等体验所累，行为上就会出现退避、消沉、冷漠等情况。而且由于愿望的受阻，常常会懊悔、自我谴责，久而久之，便会导致精神变态，这便是焦虑症，或称焦虑性神经症。焦虑是恐惧的一种类别，即焦虑是一种缺乏明显客观原因的内心不安或无根据的恐惧。当一个人预期即将面临不良处境的情绪状态时，表现为持续性神经紧张（紧张、担忧、不安全感）或发作性惊恐状态（运动性不安、小动作增多、坐卧不安），常伴有自主神经功能失调即表现为口干、胸闷、心悸、出冷汗、双手震颤、厌食、便秘等。

作为旅游业员工出现焦虑的情况有很多种。在2005年中国员工心理调查中，发现工作年限在5年之内的被调查者中出现心理健康问题的人数比例较高，由于旅游业是一种季节性比较强、流动性比较大的行业，旅游淡季往往会有很多员工面临下岗，所以旅游行业员工工作年限一般都比较短，因为工作的不稳定性很容易导致焦虑，影响到员工的心理健康。经常感觉到不开心、郁闷，缺乏工作信心，对将来也比较茫然。

除了上面的因素，带来焦虑的原因还有陌生的环境，因为陌生意味着不可知

和不可控，从而导致焦虑。大家都是生活在一定范围内的社会人，在生活的范围内有一定的规律可以遵循，接触的人也是较熟悉的，所以不用花更多的时间和精力去了解环境和人，对该范围的可控性比较大，此时体验到的是安全感。而旅游业的一大特点就是，员工每天所接触的是不确定的服务对象，他们来自四面八方和各行各业，员工对服务对象的熟悉程度很低，可控性因素也少，很难预测到下一刻会发生什么事情，因此，很容易体验到焦虑。

2. 愤怒

愤怒是由于客观事物与人的主观愿望相违背或当自己的愿望受阻时，人们内心产生的一种强烈的情绪反应。因程度上的不同，可分为不满、气愤、愤怒、暴怒、狂怒等。愤怒对员工的身心健康极其不利，当愤怒发生时，人体内的肾上腺素和肾上腺皮质激素增加，导致人体心跳加快，心律失常，血管收缩血压升高，呼吸加速，胃肠蠕动减慢等。愤怒不但破坏了生理的健康还能破坏的心理平衡，使思维受阻、能力降低，自我控制力下降，容易做出不可挽回其损失的事情。

从事旅游行业的员工，每时每刻都进行着服务人员与客人之间的"交往"。既然是交往，就会遇到各种各样的人际交往的问题。如今，我们正生活在一个英雄辈出的年代，越来越多的人决心要"干一番"事业，你所干的这一行，越是大有作为，越是前途远大，你的竞争对手就越多，竞争也就越是激烈。旅游者出游是为了获得享受，而他们做出旅游决策的因素也是旅游服务人员竞争的因素。应该承认，随着竞争意识的增强，人们竞争所应用的手段也在增多，所以带给人们的不安全感也在加剧。也就是人们所使用的手段有些加入了非法竞争或者是诡计，不是竞争促使了事业的发展，而是有的把竞争变成了人与人之间的钩心斗角。因此，竞争所带来的不安全感，是引起某种程度上的焦虑和担心的一方面原因。人的心理也由这件事"我能不能办得到"，转变成更担心"我这个人能不能混得下去"。

我们都希望自己所遇到的人都是好人，可是事实上，如今已经越来越多的人在担心我所接触的这个人是"君子"还是"小人"。一个人不可能总是带着强烈的不安全感来生活，总是以怀疑的眼光去看别人。久而久之的这种情绪会成为焦虑，当与别人发生矛盾的时候经常是不从自己分析原因，而是认为别人是"不讲理的"甚至是"故意找茬的"。从这个话题又引出一个长期以来争论不休的问题，那就是，"客人永远是对的吗？"，假如客人此时是错误的，惹得你很是生气，达到愤怒的程度，面对这样的情况，你怎么办，是发泄还是控制？这就是经常困扰员工情绪的原因。

3. 嫉妒

嫉妒是指人们为竞争一定的权益，对相应的幸运者或潜在的幸运者怀有的一种冷漠、贬低、排斥，甚至是敌视的心理状态。处于嫉妒情景的人不能容忍别人的才能、学识、荣誉甚至是别人挣的工资比自己多，还有容不了别人的相貌、姿色超过自己，害怕别人抢了自己的荣誉、抢了自己的利益。

嫉妒对于人的心理健康造成很大的不利，不但破坏人际关系的和谐，而且造成个人的内心痛苦。巴尔扎克有句话说的是"嫉妒者比任何不幸的人更为痛苦，因为别人的幸福和他人的不幸都将使他痛苦万分"。有过此种心理障碍的人常常由于长期精神负担的压抑而胸中郁闷，整日忧心忡忡，时间长了可使食欲减退，夜不能寝，烦躁易怒，由此可能使人的防御机制的免疫力降低，导致一系列的生理疾病。如《三国演义》中，周瑜因嫉贤妒能，五次欲杀诸葛孔明而未能成功，最后反被诸葛亮三气而死，周瑜临死前仰天长叹曰："既生瑜，何生亮!"。

资料 71

宁可自己痛苦，　不许别人幸福

在东南亚地区一带流传的故事：从前有一个人遇见了上帝。上帝说：现在我可以满足你任何的一个愿望，但前提就是当你的愿望实现的时候，你的邻居会得到双份同样的报酬。那个人高兴不已，但他又细心一想：如果我得到一份田产，我邻居就会得到两份田产；如果我要一箱金子，那我邻居就会得到两箱金子；更要命就是如果我要一个绝色美女，那么那个眼看着就要打一辈子光棍的家伙就同时会得到两个绝色美女……他想来想去总不知道提出什么要求才好，他实在不甘心被邻居白占了便宜。最后，他一咬牙：哎，你挖我一只眼珠吧"。

启示：

由上例看出，怀有强烈嫉妒心的人，有时甚至"宁可自己痛苦，也不许别人幸福。"由此可见，嫉妒心，既害人，又害己。

员工嫉妒的主要表现：看到别人的表现超过自己、别人出色地完成某项任务、别人的能力得到称赞、别人的服务受到客人表扬时自己所表现出的不幸、愤愤不平，或者以袒露或者谈论别人的缺点为快乐，在背后议论他所嫉妒的人，有的还故意公开别人的隐私或者说别人的成功是通过使用不正当手段得来的等。其实，具有嫉妒心理的人常常是心理上承认自己比别人弱，但在面子上又表现出不服输或无所谓，不愿意向别人学习的现象。

二、人际交往方面的困扰

人际交往是指个体与周围人之间的一种心理与行为的沟通过程。人是群居性动物，人作为社会关系的总和，必须要在与周围人的交往中才能生存，不管愿意与否，都要与他人发生千丝万缕的联系。能否与他人建立良好的人际关系是衡量一个人心理是否健康的重要标准，人际关系不良和人际关系障碍会引发许多心理问题。

人际关系是指人与人之间心理上的关系和心理上的距离。人际关系问题表现在人际冲突和交往厌烦两个方面。人际冲突几乎存在于人与人之间的所有关系之中，最主要的起因是沟通不足或沟通不当，人际冲突往往会使企业的人际关系紧张、员工之间互不信任、相互猜疑、不愿协作、缺少沟通，造成企业工作效率低下、凝聚力下降等。

人际交往对很多员工来说都是很重要的，同时人们对它的需要又是有限度的。调查发现，一些做客户服务的员工由于白天接触客户太多，晚上回到家里就不愿和家人交流，时间久了就会影响家庭和谐，甚至其人格特征都会发生变化。和谐的人际关系可带来愉快的情绪，产生安全感、舒适感和满足感，可以减少孤独感、恐惧感等心理上的痛苦，并能舒缓不快情绪，从而减少心理压力。相反，人际关系紧张常造成抑郁、烦躁、焦虑、孤独、憎恨及愤怒等不愉快的情绪，强烈而持久的不良情绪反应会导致自主神经功能失调、内分泌功能紊乱、免疫功能降低，不利于身心健康。

旅游业的特点之一，就在于它是一个"高接触"的行业。无论你是谁，也无论你是服务员还是管理者，只要你进入了旅游这一行业，你就不可避免地要频繁地与他人接触，不可避免地要同各种各样的人打交道，因此，也就不可避免地会遇到大量的属于人际交往方面的问题。

就工作而言，人际关系处理得好，能促进旅游服务质量和管理水平的提高；就个人而言，每天都能从人与人的交往中，获得心理上的满足，旅游业中的人际关系，最重要的是宾客关系、员工关系。

从心理学角度看，人际关系是有三个方面的要素构成的。其一是认知成分，反映人们对人际关系状况的认知和理解，包括对自己的认知、对他人的认知和对人际交往的认知。其二是情感成分，是对人际交往的评价态度，包含着积极的或消极的情绪状态和体验，是关系双方在情感上满意的程度和亲疏关系。如你对自身人际关系的评价良好、一般、不好等。其三是行为成分，是交往双方的外在表现，包括举止、语言、表情、手势等。

一般来讲，人们对人际关系的认识往往带有浓厚的情绪倾向，积极的情绪情感容易形成良好的人际关系，消极的情绪情感阻碍良好的人际关系的形成，因此，人际关系中的认知与情绪决定交往的行为，人际交往障碍或困扰也正是由此产生的。下面将具体介绍一些偏见。

1. 首因效应产生的认知偏见

首因效应，是人与人第一次交往中给人留下的印象，在对方的头脑中形成并占据着主导地位的效应。如见到一个人就去猜测他的智力、年龄、社会背景、性格等，尽管人们都是意识到这种判断不一定可靠，但他们仍然愿意这么做。认知上的首因效应往往会产生偏差，因为员工与宾客之间的交往是短暂的，很难有更深入了解的机会，所以他们彼此之间往往通过首因效应来判断交往的方向，而这种先入为主就缺乏深入了解和认识，常常会产生认识上的偏差从而陷入人际交往的误区。

以貌取人，错失奇才

"路遥知马力，日久见人心"，仅凭第一印象就妄加判断，"以貌取人"，往往会带来不可弥补的错误！《三国演义》中"凤雏"庞统当初准备效力东吴，于是去面见孙权。孙权见到庞统相貌丑陋，心中先有几分不喜，又见他傲慢不羁，更觉不快。最后，这位广招人才的孙仲谋竟把与诸葛亮比肩齐名的奇才庞统拒于门外，尽管鲁肃苦言相劝，也无济于事。众所周知，礼节、相貌与才华决无必然联系，但是礼贤下士的孙权尚不能避免这种偏见，可见第一印象的影响之大！

2. 近因效应产生的认知偏见

近因效应是指在交往中获得的最新信息对人们的认知所具有的影响。通常情况下与第一次交往的人，首因效应比较明显，而相对熟悉和久违的人来说近因效应起的作用更大一些。近因效应用对员工人际交往的影响也是普遍存在的，如有的员工与人相处时对宾客顾此失彼、容易冲动和激动，常常因为一点小矛盾不团结甚至反目成仇，不考虑平时的交往。有的员工平时一贯表现很好，可一旦做了一件错事或犯了一点错误，就容易给别的员工或领导留下很深的坏印象。近因效应具有很大的局限性，员工要学会用动态、全面的眼光看待他人，不要以偏概全，同时在与员工或与客人交往时即要重视好的开始，也要重视好的过程，更要重视好的结尾，虎头蛇尾往往会导致前功尽弃的结果。

心理学者洛钦斯做了这样的实验：分别向两组被试者介绍一个人的性格特点。对甲组先介绍这个人的外倾特点，然后介绍内倾特点；对乙组则相反，先介绍内倾特点，后介绍外倾特点。最后考察这两组被试者留下的印象。结果与首因效应相同。洛钦斯把上述实验方式加以改变，在向两组被试者介绍完第一部分后，插入一些其他的作业，如做一些数字演算、听历史故事之类不相干的事，之后再介绍第二部分。实验结果表明，两个组的被试者，都是第二部分的材料留下的印象深刻，近因效应明显。

启示：

最近、最后的印象，往往是最强烈的，可以冲淡在此之前产生的各种因素，这就是近因效应。

3. 光环效应产生认知偏见

光环效应也称为晕轮效应，指当认知者对一个人的某种特征形成好或坏的印象后，他还倾向于据此推论该人其他方面的特征。人们往往根据少量的信息将人分为好人或坏人两种。如果认为某人是"好"的，则被一种好的光环所笼罩，赋予其一切好的品质；如果认为某人"坏"就被一种坏的光环所笼罩，认为这个人所有的品质都很坏，后者是消极品质的晕轮效应，也是扫帚星效应。

资料 74

作家犯错

俄国著名的大文豪普希金曾因晕轮效应的作用吃了大苦头。他狂热地爱上了被称为"莫斯科第一美人"的娜坦丽，并且和她结了婚。娜坦丽容貌惊人，但与普希金志不同道不合。当普希金每次把写好的诗读给她听时，她总是捂着耳朵说："不要听！不要听!"相反，她总是要普希金陪她游乐，出席一些豪华的晚会、舞会，普希金为此丢下创作，弄得债台高筑，最后还为她决斗而死，使一颗文学巨星过早地陨落。在普希金看来，一个漂亮的女人也必然有非凡的智慧和高贵的品格，然而事实并非如此，这就是典型的"以貌取人"的晕轮效应。

在旅游业中所接触的人很多，又形形色色，所以人们有时为了节省认识别人的时间，就会形成以偏概全，以点代面的认知偏差，在交往中影响对认识对象的正确判断。

4. 投射效应产生的认知偏见

所谓投射效应是指以己度人，认为自己具有某种特性，他人也一定会有与自己相同的特性，把自己的感情、意志、特性投射到他人身上并强加于人的一种认知障碍。即在人际认知过程中，人们常常假设他人与自己具有相同的属性、爱好或倾向等，常常认为别人理所当然地知道自己心中的想法。比如，一个心地善良的人会以为别人都是善良的；一个经常算计别人的人就会觉得别人也在算计他等。自己喜欢的，别人也一定喜欢；自己讨厌的，别人也一定讨厌。在员工工作中，经常会发现，有的员工对别人有成见，却总以为别人对自己怀有敌意，甚至觉得对方的一举一动都带有挑衅色彩。

5. 刻板效应产生的认知偏见

刻板效应，又称定型化效应，是指人们用刻印在自己头脑中的关于某人、某一类人的固定印象，以此固定印象作为判断和评价人依据的心理现象。刻板印象常常是一种偏见，而且这种偏见一旦形成很难改变。由于人们所处地理、政治、经济、文化及职业的不同，经常会表现出许多相似性，人们在交往中，就会把这些相似点加以归纳形成一种固定看法，并用这种固定的看法去判断、评价具体的每一个人。有时还会根据一些不是十分真实的间接资料对未接触过的人产生刻板印象，例如：老年人爱守旧，年轻人爱冲动；北方人是豪爽的；南方人聪明，善于经商；英国人是保守的，美国人是热情的等。

资料 75

一位公安局长在路边同一位老人聊天，这时跑过来一位小孩，急匆匆地对公安局长说："你爸爸和我爸爸吵起来了!"老人问："这孩子是你什么人?"公安局长说："是我儿子。"你知道这两个吵架的人和公安局长是什么关系吗？曾对 100 个人测试过这个问题，但是 100 人中只有两人答对了，并且这两个人都是孩子。请问：你知道答案吗？

启示：

为什么成年人对如此简单的问题回答不正确，而孩子却很快就答对了呢？因为按照成人的惯性思维经验，公安局长应该是男的，从男局长这条线索去推想，无法找到正确答案；而孩子没有成人那么多的经验，也就没有心理定势的定型化，因而很快能找到正确答案："公安局长是女的。"

资料 76

某小学正在办理新生入学手续，有两个小男孩同时来到招生老师面前。他俩长相一样，父母的姓名也一样，而且是同一天生日。招生老师不禁问道："你们是双胞胎吗?"他们异口同声地回答："不是。"老师大吃一惊，不是双胞胎怎么会有这么多相同的地方？两个学生说："我们是三胞胎中的两个。"这就是定型化效应的一种表现方式。

启示：

在心理学上，定型化效应被称为心理定势。为什么老师一见到两个酷似的小孩，就马上想到他们是双胞胎，而没有想到是三胞胎中的两个呢？原因就在于他习惯了一种常规型思维，因为常规型思维方式会让人的思维产生一种惯性，这种惯性还会不自觉地、无意识地影响人的活动，这就是心理定势。

三、情绪与交往方面的困扰

人际交往是一种人与人之间的心理沟通和情感行为上的相互影响，强调的是人与人之间的情感关系及心理距离的远近。作为一个合格的旅游从业人员，情绪应该是积极向上的，因为导游人员是美的传递者，应该把好的，积极、健康的思想情绪传递给游客，避免一些消极的情绪和思想。情绪情感成分是人际交往中的主要部分，因此人际交往中的情绪情感障碍很常见。自卑和自负是人际交往障碍中最为常见的情绪因素。

1. 自负

自负也称自傲心理，是指过高地评价自我。人的自我意识主要包括三个方面，自我认知，自我意志，自我情感体验。人评价自己，要靠自我认知，有的人过高地评价自己，就表现为自负；有的人过低地评价自己，就表现为自卑。自负往往以语言、行动等方式表现出来，在交往中总是喜好出头露面。不管在何种场合，都能无视一切，与人争辩，表现出盛气凌人、自命不凡、自视清高等造成人际关系不良。

造成自负的原因有很多种，其中自我期望值太低，由于自己对自己期望值太低，常常不用付出很大的努力，就达到预定目标，长期下去就逐渐形成了自我能力很强的错误心理感觉，强化了自负心理。另一原因是自我估计过高，在各种活动中，因为觉得自己很优秀所以主动找领导找同事表明自己的想法，总是给人一争强好胜的印象，从而影响人际关系。有自负心理的人常常还会因此而铸成大错，比如《三国演义》中的"诸葛亮挥泪斩马谡"，就是因为马谡过于自负，违反了诸葛亮事先制定的作战部署，又不听副将王平的劝解，结果才痛失街亭。

2. 自卑

自卑是一种因过多地自我否定而产生的自惭形秽的情绪体验，是一种觉得自己不如他人并因此而苦恼的感受。有的心理学家认为自卑感受是人类在其成长过程中不可缺少的东西，因为任何人的能力都会有所不足，因而易产生自卑。为了克服自卑，便会努力奋斗，但一般来说，有自卑心理的人性格多为内向，感情脆弱，常常自惭形秽，感到什么都不如别人，总感到别人瞧不起自己。这种人在公共场合，一般不积极主动参与而是消极被动，过于警觉极易受挫。

资料 77

自卑造成失败

20 世纪 60～70 年代，中国乒坛上有过一颗新星，叫×××。她刻苦训练，曾获得过"打不垮的铜墙铁壁"的盛誉。她曾两度逼近世界冠军的巅峰，又两次垮了下来。第一次，因比赛前过于紧张临阵脱逃，用小刀刺破自己的手，却谎称有袭击破坏。第二次则在她已经领先两局的情况下，仅仅因为对手追上几分，心慌手软，败下阵来，她越怕越输，越输越怕，终于又抑制不住，谎称阑尾炎，腹部剧痛，想躲过比赛。这两件事在当时的国际乒坛赛事中给我国的乒赛荣誉留下了永久的遗憾。

---

3. 虚荣心

虚荣心就是以不适当的虚假方式保护自己自尊心的一种心理状态。心理学上认为虚荣心是自尊心的过分表现，是为了取得荣誉和引起普遍注意而表现出来的一种不正常的社会情感。虚荣心是人类一种普通的心理状态，无论古今中外，无论男女老少，穷者有之，富贵者亦有之只不过表现得程度不同而已。虚荣心较强的人表现在行为上，主要是盲目攀比，好大喜功，过分看重别人的评价，自我表现欲太强，有强烈的嫉妒心等。

四、社会适应方面造成的困扰

1. 压力

压力，是指在工作中当环境条件提出的要求超出一个人的能力和资源范围时，人们会感到紧张，这是一种由于对潜在危险（身体上或精神上）的意识及如何消除危险而产生的精神和生理状况。现代生活中每个人都有所体验，心理压力总的来说有社会、生活和竞争三个压力源。压力过大、过多会损害身体健康。现代医学证明，心理压力会削弱人体免疫系统，从而使外界致病因素引起肌体患病（如冠心病、高血压、肠胃溃疡等疾病，以及手脚麻木、肌肉酸痛、偏头痛），使人体免疫力将随之下降。由于压力的困扰，造成缺勤率、离职率、事故率增高以及体力衰竭、精神恍惚、抑郁症等一系列心理和病理后果，并最终影响企业的绩效。随着当代旅游业科学技术的飞速发展，信息量的快速增加，人们的工作节奏相应加快，市场竞争机制的建立使人们的心理压力加重，随之而来的时间观念，工作效率和生活内容也在发生变化。这些都容易使人产生紧迫感、压力感和焦虑感，引起一系列的心理不适。下面分析给旅游业员工带来心理压力的因素。

（1）就业压力　因为旅游业的季节性很强，所以有一些员工在旅游淡季时会面临重新找工作的就业压力，也许随便找一份工作不难，但要找一份与自己的专业兴趣、爱好相符且比较满意的工作就难了。有的甚至将这种失业再就业的心理压力提前到了旅游淡季来临之前，说句好听的叫"未雨绸缪"，说句不好听的就是时时都处在可能下岗的心理危机当中。这种压力有时会损害员工的个体形象，影响到工作效果，进而可能会破坏企业组织的健康，最终会影响到企业的业绩以及个人的发展。

权威部门数据显示，2010年全国大学毕业生人数为630万，2011年将到660万，再创历史新高。如果再加上往届没有实现就业的毕业生，其就业形势可想而知。不少毕业生对自己的就业前景感到不乐观，他们对能够找到适合自己的工作而缺乏自信。大学生现在面临的压力过大，在心理上造成较大落差，这种落差有以下几个方面的原因，首先是就业方面的问题，由于近年来大学招生规模的逐年扩大，使得一些学生从大一就对毕业后的就业问题产生焦虑。另外，学生自己或者家庭给学生前途所定的目标过高，有的学生有一种为家长读书的想法，想的是只是如何让家长高兴，有的是给自己定的目标不切合实际，这些都可能在最终结果上产生很大的心理落差。这需要学生找准自己的位置，要正确评价和认识自己，不要好高骛远，要脚踏实地一步一步走好自己的路。

（2）经济压力　有些旅游业中的行业，比如饭店，服务员的工资标准一般都比较低；近年来导游人员越来越多，而且又出现了众多倾向于游客自助游的方式

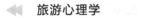

旅游，这就给导游员带来很大的竞争压力，所以，造成了导游人员的工资收入很不稳定（比如不少旅行社给导游员规定的每月底薪只有几百元，带团时每天再补贴二三十元，若天天带团每月最多补贴也就百八十元，总共加起来也没多少，况且也不可能天天带团，另外，每年就几个月的旅游旺季，淡季可怎么办？所以，很多导游员必须多学一些技能，旺季时就得提前为淡季做准备）。由此可见，残酷的竞争形势给旅游业工作人员带来了巨大的经济压力。

（3）交往压力　在旅游行业中，员工的交往范围比较大，不同的生活习惯、不同的个人爱好、不同的性格等使人际关系变得更为重要而复杂，容易在心理上因不善沟通而产生压力。

一个合格的导游人员应该具备一定的心理承受能力，关键是不能把个人情绪带到工作中去，比如说，在带团过程中与游客发生了不愉快，导游人员即使受了多大的委屈，也不能影响带团时的激情和导游质量。这就要求导游人员要有一定的心理承受能力，把委屈吞进肚里，千万不能写到脸上。

（4）学习压力　现在的社会是信息的时代，是靠知识来竞争的时代，而作为旅游服务人员一定要意识到，必须具备广泛的知识，流利的语言表达能力，良好的与人沟通的能力和较强的随机应变能力，才能保证服务质量，从而达到游客的满意，如果只是一知半解或一问三不知，那就无法做好服务工作。知识贫乏必然会有压力，要将压力变成动力，这就要求员工不断地学习，随时都要摄取新知识、新信息，考取必要的专业等级证书也是必要的，但要根据自己的实力而定，不要盲目地追求。

资料 78

变"压力"为"营养"

俗话说有压力才有动力，正确地对待压力，常常会把压力转化成动力。例如现代企业对于员工的工作往往是高标准、严要求。如果企业正确地运用，也会使这种压力变成激励员工把工作做得更好的动力。因为人体的各个系统只有得到锻炼，才能强壮。如为了适应气候要自觉接受冷热的锻炼，为了增强人体的消化吸收功能就吃些五谷杂粮。为此，人们提出一种"吃苦"养生法。饥饿是一种有效的健身方法。我国民间早已流传有"养生八分饱"的秘诀。《红楼梦》中说道，每逢公子、小姐得了疾病之后，贾母便经常使用两种方法，一是饥饿，二是吃粥。这样便可以减轻胃肠的负担，使植物神经、内分泌和免疫系统得到良性的冲击，从而消除疾病。

紧张在日常生活中经常存在。一个人如果一点压力也没有的话，必然是既荒废精神又荒废身体。有的人称压力为"营养素"，没有一个懒人是长寿的。曾经有一位外国学者断言："人彻底摆脱了压力就是死亡。"他还认为，人经常保持紧张的生活和工作，可以促进体内分泌更多有益的激素，增强免疫力。而且适当的紧张能够有利于潜能的超长发挥以及工作效率的提高。

一个人一生难免会受到伤害，从锻炼的角度来看，伤害也不一定是件坏事。如果一个人偶尔有点小毛病小灾难，在大病大灾来临时，便不至于临阵怯场。就像是打预防针一样，提前已经积攒了跟病毒抵抗的经验。再有大病毒来临时也就临危不惧了，而且受了小伤害之后，可以得到教训，能够避免更大的灾祸。曾经有人做过调查，长期不患感冒的壮汉，得癌症的几率会比经常患感冒的人要高出 3 倍。只有经过吃苦锻炼的人，才是最坚强的人，不仅可以战胜疾病与困难，还可以把其变成一种很好的营养素。

2. 挫折

挫折是一个人从事有目的的活动时，由于遇到障碍和干扰，其需要得不到满足时所产生的一种消极的心理状态。常常会表现为失望、痛苦、沮丧、不安等。这里遇到障碍和干扰一方面来自外部的，也就是确实存在的因外界事物造成阻隔个体不能达到目标而产生的挫折。外界事物可分为自然条件的原因（如在旅途中，遭遇恶劣天气或者出现车祸等引起的人际关系不良）、社会生活中宗教、政治、经济以及就业形势严峻等情感纠葛。另一方面挫折来自于内部，也就是自认为是遇到了障碍或干扰，也就是认知上的主观因素，包括生理和心理上的认知。生理上，比如有些女员工嫌自己长得不漂亮或不够苗条，男员工嫌自己个子不够高大、不强壮导致某些目标不能实现；心理上引起的挫折是指因智力、能力、需要、气质、性格等心理因素的不足或冲突，导致活动失败或目标无法实现。

在旅游企业中，常常会见到一些员工用攻击的方式去对待挫折，即受到挫折、愤怒的情绪直接指向或发泄到与造成挫折有关的或相近的人和物上。例如，有的员工被领导扣了奖金，就对领导破口大骂；有的员工在与客人服务过程中，针对客人的不满而反唇相讥；还有的人遇到挫折后却变得对自己缺乏信心而自卑、悲观，由此转向攻击，也有转向攻击至次要的人或物体上去的，比如回到家跟家人发脾气，或捶胸顿足摔东西等。事实上挫折对于不同的人可能会出现两种完全不同的结果，意志薄弱者遇到挫折会消极、妥协；意志坚强者遇到挫折则会从中接受教训，在逆境中奋起。我们应该做后者，从挫折中接受教训，在逆境中奋起。中国卓越的政论家邹韬奋曾经说过："我认为挫折、磨难是锻炼意志、增强能力的好机会。"欧洲伟大的诗人歌德则把"挫折"比做"通向真理的桥梁。"

第三节　心理保健方法

健康是一切之根本，人们为了确保自己的健康，不但要讲究个人卫生、环境卫生、生理卫生来预防身体疾病，同时还必须注意心理卫生以预防精神疾病、神经病、变态人格、心身疾病和行为适应不良等。因为，心理保健是现代人所必须注重的一种心理教育内容，也是预防心理异常最常见的方法。

一、心理防御机制

在介绍心理保健方法之前，首先介绍心理防御机制。心理防御机制是指个体面临挫折或冲突的紧张情境时，在其内部心理活动中具有的自觉或不自觉地解脱烦恼，减轻内心不安，以恢复心理平衡与稳定的一种适应性倾向。这种心理防御机制大都是在潜意识中（即人们常说的自觉不自觉的）进行的。如果由心理防御而表现的想法或行为属于破坏性的，无意的、怪异的、或超出社会规范的就可视为心理疾病的病状，但如果能恰当地运用心理防御机制，也是一种正常的心理保健方法。

心理防御的种类很多，下面介绍几种常见的心理防御机制。

1. 消极的心理防御

（1）否认作用　所谓"否定作用"，是一种否定存在或已发生的事实的潜意识心理防卫术。否认作用是最原始最简单的心理防御机制，它将已发生而令人不快或痛苦的事情完全否定，以减轻心理上的痛苦。这种心理防御机制能使个体从难以忍受的思想中逃避，也同样可借此逃避个体难以忍受的愿望、行动、事故，以及由此引发的内心焦虑。我们曾注意到，年幼的儿童不慎将花瓶或杯子摔破后，知道闯了大祸后会用双手把眼睛遮盖起来，不敢再看已被自己打破的东西。其情形如同沙漠里的鸵鸟，当被杀敌追赶而难以逃脱时，它们就把头埋进沙里，因为危险在眼前，情感上难以承受，所以把眼睛遮盖起来，抹杀已发生的事实，以免除心理上的负罪或痛苦。还有"眼不见为净"和"掩耳盗铃"也属于这一类的防御之术，即为"否定作用"的表现。还有的人不承认亲人已经死去，认为只是远行还没回来，还有些人在亲人逝世以后就不再回到曾经一起生活过的家，认为亲人正在家等着自己，当然这种"掩耳盗铃"或者"眼不见为净"都是他们在不知不觉中启用的，其实是"当局者迷，旁观者清"。比如有的女孩，当她的男朋友跟别的女孩好了，心里很痛苦，这个时候别人来劝她："哎，失恋了一定很痛苦。""没有，我没事儿！早就不想跟他了，走了更好！"等等。

事实上，否认不是一种良好的心理品质，因为这样很难争取到周围人和社会的支持。这些否认作用虽然保卫了自己的感受，但是却不能去适应和解决问题，更不能使真正否定已经存在的事实，只是分散对这些问题存在的注意力而已。不过，有时否定的心理防御机制可以是一种在心理压力中保卫自己的感受的方式，或给人多一点时间去考虑与作决定的过程。然而，不可忽略的是否认作用在一般的行为表现上，足以妨碍人们对问题的适应，因为它的机理是躲避问题而不是面对问题。

（2）歪曲作用　所谓"歪曲作用"，是把外界事实加以曲解、变化以符合内心的需要。歪曲作用无视外界事实，与否定作用有相同的性质，属于精神病性的心理防卫机制。它包括：不现实的夸大想法、幻觉、满足欲望的妄想和持久的妄想性优越感，包括对自己行为责任的持久否认，也包括那些不现实的强迫思维或强迫行为。在歪曲时，可以有一种令人愉快的、与另一个人混合或融合的感受，此时，不愉快的感情被它们的对立方所替代，但是与妄想性投射相反，后者因为感情的责任放在别的方面，从而减轻了自己的痛苦。因歪曲作用而表现的精神病现象，以妄想、幻觉最为常见，比如在农村，有些人突然说自己是神仙附在自己的身上或者是自己能通灵等。还有的人相信有人要危害他，或认为配偶对他不贞，《请不要跟陌生人说话》电视剧中的男主角就会经常表现出此类歪曲现象。

资料 79

赚钱心切引发心病——歪曲作用

某女与丈夫都曾是一家工厂的工人。工厂这几年不太景气，某女每月只挣 200 多元钱，经过反复考虑，她决定辞去公职，自己开一个小卖店。随着她做买卖的经验越来越丰富，收入开始有所上升，当她筹划着更大发展时，对面又开了一家规模比她大得多的百货商店。骤然间，她的营业额急转直下，某女犹如热锅上的蚂蚁，开始心情烦躁。长时间的精神紧张和严重的睡眠不足，终于使她发起高烧。病好后，家人发现她变得神神叨叨的。为了不让她去店铺再受刺激，她的女儿在家看着妈妈，但她还是溜了出去，等女儿赶到店铺时，正看到妈妈站在店铺门口，手在空中乱比划着喊道："快来买呀，快来瞧，本店要什么有什么。有巴黎香水，有喀秋莎狐皮领子，还有——"她一把抓过女儿接着喊道："还有标致漂亮的服务员小姐……"

分析：

某女的心理出现了心理学称之为"歪曲作用"的障碍。

启示：

某女开店以来所经历的一切都对她的思想产生刺激和影响，而导致她后来产生虚幻的原因则是对面百货商店的所作所为，使她在心理上受到了极大挫伤。她赚钱心切，而现实又使她赚不了钱，在这种心理刺激和打击下，她的精神彻底崩溃了。因此，她把外界所看到的、听到的事实加以曲解、变化以符合内心的需求，用夸大的想法来保持其受挫的自尊心。

（3）固着作用　又称固执，是指在个体受到挫折后，不去分析原因、总结经验教训，而是盲目的重复无功无效的，一成不变的动作或停留在原有的发展阶段的一种心理防御机制。比如有人向所爱的人求婚被拒绝了，他很执著，但是他每次都用原来的方式去做，反而使那人越来越反感，自己也不成功，就是衣带渐宽终不悔，为伊消得人憔悴。也有些员工，在使用某种服务方式时被领导批评或处分了却心里不服，他们可能在再次出现类似的情况时仍然那么做，甚至是违纪行为越来越多越来越严重，这就表明可能出现了固着。

（4）反向作用　所谓反向作用是指采取一种与原意愿相反的态度或行为的一种心理防御机制。通常人们的行为方向和动机方向是一致的，人有许多原始冲动或欲望可能是与自己或社会不相符或不为他人所接受或所容忍的动机，为了维护自尊或避免造成更大的挫折，故常将其压抑到潜意识中去，但并不代表消失，会以一种截然相反的态度行为表现出来，此现象即反向作用。比如"此地无银三百两""欲盖弥彰"等行为就是反向作用的典型表现。

反向作用经常会被人们所应用，有人明明想严格管教子女，但又想到自己曾经被父母那样打骂过心理不好受，所以就从来不打骂孩子，即使有时孩子犯错误，也不会去打骂，有时反而表现过分溺爱放纵。比如做继母的大多不会像亲生母亲一样疼爱子女，当孩子做错事，惹麻烦时难免会产生一种厌恶之感，其实，即使亲生父母有时也会产生这种感觉，否则就不会听到有父母打骂孩子的事情了，但是亲生父母打骂孩子似乎是天经地义的，可以公开表现其心境，而继母则不然，她怕打骂孩子会引起别人非议，所以即使孩子行为确实需要管教，也不敢，有时反而过分溺爱放纵，以表示自己并非不爱他，这样一来，做继母的不但需要消耗很多的精力来抑制自己的怒气和不快，而且耗费更多的精力去刻意表现自己喜爱孩子，这种矫枉过正的结果，对孩子不但无益反而有害，孩子娇生惯养，有一天会变成问题儿童，更严重的是，小孩子会体会到继母的内心是如何的恨他，而一点都不感谢她的爱。这种反向作用，在心理疾病患者中也常可见到。再比如还有人明明很在意对方，但是却表现出不屑一顾的样子；还有的人明明恨某个人，但为了掩盖自己的真实思想，却加倍表现出对某人的喜欢和关心；还有的明明很自卑却总要用傲慢、自吹自擂的形式装扮自己，比如，乙明明不喜欢甲，但在见到甲时却非常热情，那是因为乙无法接受对甲的反感，为降低焦虑而在无意识层中调动起反向作用。

资料 80

有一个 2 岁多的小女孩，喜欢吮大拇指，每当被妈妈发现时，就会遭责骂，甚至挨打，这个小女孩很快知道吮手指头是不被妈妈所接受的，如被发现就会受处罚，以后她每次见到妈妈，就把两手放在背后，抢先向妈妈声明，"妈妈，我没有吮手指头。"其实。她没有吮手指头，手放下来就可以了，为什么非要藏在背后去呢？这表明她内心有很强的吮手指头的冲动，唯恐手太接近嘴边，控制不住而将手指头放进嘴里去吮就糟了。为了对抗这种冲动，只好把手放得离嘴越远越好。这种表现就是为反向作用的典型例子。

反向作用运用了压抑机制，如果长期使用会从根本扭曲真实的自我意识，造成心理异常，大大降低自己的社会适应能力。

（5）**转移作用**　所谓转移作用是指情感、欲望或行为从原来的目标转移到其他危险性较小的事物上的一种心理防御机制。比如有的员工在领导那里受了批评，回到工作岗位上对旅游者大发脾气，或回到家对孩子或爱人生气。还比如有的孩子对父母不满但却不敢或不愿意表达，于是把怒气发泄到杯子上或玩具身上。当然，有些人故意摔杯子砸碗、用力关门等行为也是转移作用的表现。

转移作用，虽然当时是使自己的情绪得到了发泄，但是经常这样会使自己的情绪得不到恰当的表达和控制。

（6）合理化作用　合理化作用又叫文饰作用，是指个人遭受挫折或无法达到所要追求的目标、行为表现不符合社会规范时，以隐瞒自己的真实动机和愿望，从而为自己的真实动机开脱和找借口或对失败进行可接受的解释的一种心理防御机制。阿Q的"精神胜利法"就是一种典型表现，还有《伊索寓言》中狐狸因为吃不到葡萄便说葡萄太酸，容貌平凡的女人特别相信"红颜薄命"等也是合理化作用。此外，甜柠檬心理也是合理化，也就是不说自己得不到的东西不好，却百般强调凡是自己所拥有的东西都是好的，以减少内心的失望和痛苦。曾经《超级女声》中有的人因为没唱两句就被评委轰出来，在门口指责评委"没有水准"也是在通过"合理化"这种自我防御机制在掩盖自己的焦虑。比如因没有好好学习考试没考好，却编造瞎话说因为昨晚失眠没睡好觉，或者说感冒了头痛限制了水平的发挥等。

合理化作用如果是通过一个符合社会伦理道德的、合理的方式来进行排解，也未尝不可，但是，这种文饰的方式一定不能违背伦理道德和法律规范。有时候，经常使用合理化的人就会成为撒谎成性的人或者在遇到挫折时是不从自己寻找原因却百般找借口的人。

（7）压抑作用　压抑作用是指当一个人的欲望或本能无法得到满足或表现时，有意识地去压抑、控制、设法延期以满足其需要的一种心理防御机制。压抑作用是"自我"机能发展到一定程度之后，才能执行的一种心理机能。

资料 81

敢想不敢做

　　一个儿童看到食品店门口摆着香喷喷的食品时，他非常想吃，但又没钱去买只好咽下口水，不会硬要或偷拿，心想：这是商店里的东西，自己不能拿来吃，回家向妈妈要钱又不可能给，在强制的压抑作用下，他打消或推迟了这种念头。

应该说，我们之所以能保持正常的人际关系、社会秩序，很大程度上是依靠每个人的压抑作用来约束自己的行为的。但是，有时在心理治疗过程中，常常看到一些病人因过分使用压抑作用，把自己本来无可非议、正常的欲望或本能都拼命地去压抑，以致无法自由行动，形成一种病态的反应。一般说来，过分谨慎、严肃、呆板的强迫性人格异常者，就属于这种例子。所以，如何适当地应用压抑来调节原始的欲望，使自己能恰如其分地应付现实环境，并符合社会价值规范，是人格完善与成熟的基本内容。

在弗洛伊德人格理论中有一种现象，表面上看起来是显得莫明其妙的天真行为、口误、笔误，或者不能承认某一感官所输入的信息压抑所造成的"遗忘"是很特别的，那不是真正的口误或者笔误或者遗忘，而是内心压抑的想法，是那人本来的意愿。比如，有一个人的欲望很高，一心想办成某一件事情，结果几经努力没有成功，内心感到很"郁闷"，就一个人坐在那儿，不愿与他人说话，情感低落，甚至还蔫蔫地掉眼泪，这是一种很常见的自我压抑的心理防御机制。若从是否有利于身心健康的角度来评价压抑的好坏，它应属于中性的、可变的，应根据压抑的程度决定是否有利于身心健康。自我压抑程度大，不利于身心健康；压抑程度小，可能就有利于身心健康。

此外，心理防卫机制还有退行、投射、幻想等，这些一般都不是对付消极情绪的理想手段，虽然一段时间内可以达到心理健康，但是从长远来看，不要经常使用，因为它们大多采用掩盖或否认现实，因此会阻碍心理发展。

2. 积极的心理防御

心理防御也有一些积极的作用，比如升华、补偿、幽默。

（1）升华作用　升华作用是指将那些因受种种因素制约而无法实现的目标或不能为社会所接受的行为目标加以改变，用另外一种更高尚的，富于创造性和社会价值的目标取而代之，从而减轻因挫折带来的精神痛苦的一种心理防御机制。比如，通过艺术创作的方式予以取代升华。歌德在失意中得到灵感与激情，创作了世界文学名著《少年维特之烦恼》、《红楼梦》应该说是作者挫折体验的升华。平时坐在一块儿，谁也看不出谁有什么本事，一旦遇到特殊问题了，个人的能力就会显示出来了，遇到挫折时最能反映出人的科学精神和人文精神，它往往体现为升华，做到了这一点，那就是非常理想的状态。通常所说的化悲痛为力量就是一种升华。

（2）补偿作用　补偿作用是指个体企图用种种方法来弥补其因过错或某种缺陷而产生的不适感，以找回失去的东西或自尊的一种心理防御机制。其方式可分为直接、间接、过度三方面。直接补偿是指个体愈来愈希望在失败或不足的部分重新获得成功（以赌徒为例子是最明显的）；间接补偿是指个体希望通过某个领域的成功，来补偿其他领域的失败；过度补偿是为弥补身体或心理的不正常或缺陷而进行的过度努力。

所谓失之东隅，收之桑榆就是补偿作用，补偿作用多数是一个人用另一方面的特长来补偿某一方面的缺陷。比如，聋哑人能用敏锐的视觉代替听觉的缺陷，用手势代替语言来传达思想感情；盲人能用听觉、触觉等能力来识别各种物体和了解人的心情。有些人觉得自己的身体素质欠佳，不能在运动场上骁勇称霸，于是学习上拼命用功，在考场上夺冠摘桂，有的人功课不好，便在社交场所大出风头。当然补偿作用运用得当，就会对自身形象和维护健康有利，相反则产生负性效应。比如有的缺陷是自以为是的，也许实际上并不存在。有些人总说自己左右眼不一般大，很严重，可是别人并没有注意，只是自己承受痛苦罢了。

有一位 17 岁的男孩子，近来突然拼命运动，外出必须戴上宽边太阳镜，叼上一只大号的雪茄，一开口便说有了多少女孩子在追求他，以各种方式想表现他是一个很了不起的男人。经了解，发现他生长在一个充满女性化的家庭，有 6 个姐姐，他是唯一的男孩。平时他就很担心敌不过那些娘子军，最近在学校里又被女生嘲笑，扭扭捏捏，像个姑娘。经过这些刺激后，他突然心血来潮来了一个 180 度大转弯，企图用行为来向他人证明自己是一个很富有阳刚之气的男人，于是出现了这种过分补偿现象。可见，补偿作用可形成一种强有力的成就动机和有效能力的力量，以适应人们改正自己的缺陷，补偿作用还可以增进安全感，提高自尊心以及维护心理健康水平，但是过分的补偿则会害多益少，不利于心理健康。

（3）幽默作用　幽默作用是指以幽默的语言或行为来应付紧张的情境或表达潜意识的欲望的一种心理防御机制。幽默有如下多方面的作用：①它是一种个性的表现，能反映出你的开朗、自信和你的智慧，从某种意义上讲幽默是你个人竞争优势的一种手段，如吸引异性，得到更好的工作等。②幽默是你化解痛苦的一种方法，当你有痛苦的时候，用幽默的方式去理解痛苦，你会得到更多正面的解释，更容易了解痛苦的合理性，从而降低痛苦对你的负面影响。在心理防御机制中，幽默化是一种高级的防御方式。③幽默有利于你的身心健康，相声中有云：笑，可以让人清气上升，浊气下降，食归大肠，水归膀胱。笑不仅让人心情舒畅，它还可以增强人的免疫力。幽默不仅让别人发笑，同时也会给自己带来很大快感。④幽默对人际交往大有好处，幽默很容易缩短你与周围人的距离，而且能够帮助你有效地寻求社会支持，即使你这次没做好，别人也能接纳你。幽默会使你显得更容易接触，和你接触很快乐，别人可以平视你而非仰视。通俗一点就是和你接触不累。同时幽默可以化解人际矛盾。⑤幽默可以让你更理性地处理问题，烦恼、痛苦、忧虑、紧张会影响你的思维，让你不能全面的分析问题，而幽默恰恰可以化解这些负性因素。当一个人处境困难时或陷于尴尬境地时有时可使用幽默来化险为夷，渡过难关，或者通过幽默来间接表达潜意识的意图，在无伤大雅的情况中表达意念，处理问题。

从某种意义上说，幽默是化解人类矛盾的调和剂，是活跃和丰富人类生活的兴奋剂，是一种高雅的精神活动和绝美的行为方式。学会幽默将对人的一生有重大意义。幽默虽说是一种良好的心理防御机制，但一定要注意，说自己时可以使用幽默，但不要随便对别人太幽默，要学会自嘲。一个人要是会自嘲了，那他的心理就成熟了。

以上所讲的是需要提醒大家在心理保健中应注意最好少用的心理防御机制和三种可以适当运用的积极的心理防御机制。下面介绍一些科学有效的心理保健方法。

 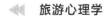

二、员工心理保健的科学方法

1. 保持良好的自我意识

自我意识是人对自己身心状态及对自己同客观世界的关系的意识。自我意识包括三个层次：①个体对自身生理状态的认识和评价。主要包括个体对自己的体重、身高、容貌等体态和性别方面的认识，以及对身体的痛苦、饥饿、疲倦等的感受。②个体对自身心理状态的认识和评价。主要包括对自己的能力、知识、情绪、气质、性格、理想、信念、兴趣、爱好等方面的认识和评价。③个体对自己与周围关系的认识和评价。主要包括对自己在一定社会关系中的地位作用，以及对自己与他人关系的认识和评价。

自我意识在个体发展中有十分重要的作用。首先，自我意识是认识外界客观事物的条件。如果一个人如果还不知道自己，也无法把自己与周围相区别时，他就不可能认识外界客观事物。其次，自我意识是人的自觉性、自控力的前提，对自我教育有推动作用。人只有意识到自己是谁，应该做什么的时候，才会自觉自律地去行动。一个人意识到自己的长处和不足，就有助于他发扬优点，克服缺点，取得自我教育积极的效果。再次，自我意识是改造自身主观因素的途径，它使人能不断地自我监督、自我修养、自我完善。可见，自我意识影响着人的道德判断和个性的形成，尤其对个性倾向性的形成更为重要。

所谓良好的自我意识就是对以上三个方面有个很好的认识与评价，即一个人能了解自己，又能很好地接纳自己，不会对自己提出过高甚至是过于苛刻的不切实际的自己达不到的期望与要求。这并不是说可以没目标，而是说根据自己的实际情况来设置适当的目标，通过自己的一定努力能实现，所以即能发挥自己的潜能使自己心理达至健康水平，又使自己无法弥补的缺陷或面对自己确实达不到的事情也能安然处之，而不至于使自己处在自责、自怨、自卑的情绪中。也就是在生活工作中，从不随意说"我不行"也不无根据地说"不在话下"或"我行，你不行"之类的话。总之就是做到自知和自爱，正确认识自我并接纳自己。

2. 具有良好的人际关系

人不是孤立存在的，在与社会的联结中，必然要建立各种各样的关系，包括亲属关系、朋友关系、学友（同学）关系、师生关系、雇佣关系、战友关系、同事及领导与被领导关系等。在这些关系交往过程中，人们借助思想、情感以及行为来进行与他人的互动和交流，这些关系因对象不同，也会指向不同的发展方向。一位哲人说过："人生的美好是人情的美好，人生的丰富是人际交往的丰富。"可见良好的人际关系是多么的重要。关于与人交往和与他人建立良好的人际关系是心理健康的必备条件。著名心理学家马斯洛的需要层次理论中就有归属与爱的需要，在人际交往中通过交流情感可以缓解心理压力，在与他人的交流中提高认识能力，促进自我完善。

人际交往与心理健康之间有着重要的联系，良好的人际关系来源于健康的心理状态，自信、乐观、从容、友爱、助人、谦虚、宽容等，这些良好的行为品质都可以在人际交往中起到很好的促进作用，同时，健康的人际关系也可以使人舒缓压力、平复情绪，对人们的个人发展、身心健康也起到了积极的作用。另一方面，那些在人际关系中出现问题的人，也会多多少少存在着一些心理问题，甚至是人际交往的心理障碍，在人与人的交往中，他们更多地表现出自负、自卑、干涉他人、多疑、敏感、嫉妒等消极心理，从而导致了人际交往的一次次挫败。处理好人际关系的黄金法则是："像我们希望别人对我那样去对待别人"而不是反黄金法则即"我对你怎样是希望你对我怎样。"在交往中人际关系是复杂的，但遇事"退一步海阔天空"是永远不变的真理。有些人在交际中对待别人怎样就要求别人必须怎样对待自己，如果别人不那么做，就觉得自己的付出没有回报，自己处在一种被辜负或者可怜人的地位上，久而久之就常常体验到一种不满、不公平的情绪，使自己达到心理不健康状态。其实，人际交往应该是先看自己做了什么，体会自己在付出过程中所获得的快乐和满足，多体会郑板桥"吃亏是福""难得糊涂"的宽大胸怀。在人际关系中还应恰当地认同他人，能认可别人的存在和重要性，即能认同他人或他人的优点。能体验到自己在许多方面与别人是相同的而且能与别人分享爱与恨、乐与忧以及对未来有美好憧憬，并且不会因此而失去自我。

3. 面对现实、适应环境

能否面对现实是心理正常与否的一个客观标准。心理健康者总是能与现实保持良好联系，一则他们能发挥自己最大的能力去改造环境，以求外界现实符合自己的主观愿望，另则在力不能及的情况下，他们又能另则目标或重选方法以适应现实环境，心理异常或者最大的特点就是脱离现实或逃避现实，他们可能有美好的理想，但却不能正确估计自己的能力，又置客观规律而不顾，因而理想成了空中楼阁，于是怨天尤人或自怨自艾，逃避现实。

资料 83

皮鞋的来历

有一个故事是关于皮鞋来历的：曾经有个国王看到自己的国民光脚走路非常的疼，就下令把全国的牛都杀了，用牛皮来把全国的路都铺上牛皮。可发现即使把全国的牛全杀了，也铺不完那么多的路。然后有个大臣建议与其那样不如给每个国民脚上都裹上牛皮那样不但达到了使每个人的脚底免受皮肉之苦的效果，而且还节约了牛皮。渐渐的皮鞋就诞生了。

启示：

从这则故事中可得出，我们要发挥自己最大的能力去改造环境，来使外界现实符合我们的愿望，但是，如果我们没有能力来改变环境的话，我们就要设法改变自己来适应现实的环境。这样才不至于使自己怨天尤人或自怨自艾，而是积极地面对现实，与环境融合。

---

4. 积极参与社会活动和劳动实践

凡是心理失常者，都与别人失去和谐的关系，因而在行为上多表现为退缩，甚至对人表现仇视、怀疑、畏惧、憎恨等态度。因此，从预防的观点看，主动参与社会活动，并与人建立良好的人际关系，是维护心理健康的最好方法之一。首先，要能够进行正常的个人间的私人交往。其次，要参加职业性或学术性的活动。参加这类社会活动，一方面扩大了交往的范围，同时也可以使自己在工作或学术上得到发展和提高。另外积极参加劳动实践，不管是体力劳动还是脑力劳动，都能促进个体的发展，使自身保持与现实的联系，认识自己存在的价值。工作的最大意义不只是从中获得物质上的报酬，从心理角度看，劳动对个体还具有能表现出个人的价值，获得心理上的满足的作用。对于旅游从业人员来说，在为客人提供服务的过程中，客人对他们的微笑、称赞都是他们存在的价值体现。无论是长期的工作还是日常生活中所做的一件平常琐事。比如在家修理好了自己的家用电器，在自己家院子里种了一片菜园，或是做出了一道全家都认为香甜可口的菜肴等，这都能获得一种成就感。劳动还带来一定的消遣作用，现在随着社会生活节奏加快，工作随之忙碌而紧张，而很多的人不善于调剂，这也是造成心理不健康的一个原因。现如今很多电视台在周末的时候放映两天的电视剧，有些员工就会在家看两天电视或者睡两天觉，这样是不益于健康的。而此时能适当的参加劳动即能放松，又能陶冶情操。

5. 积极的生活态度

生活在社会的人不可能一生都一帆风顺。人生必然会遇到这样或那样的挫折和磨难，也会有心灰意冷、悲观失望、心情不好的时候。但是心理健康者在大多数时候会保持积极乐观的态度。首先要面对现实并设法解决问题；另一方面要摆正心态，认识到社会上那么多人都可能遇到困难，为什么我就不能呢？人一生要遇到很多的事，不可能都是顺心的，换一个角度想，挫折和磨难才让我们一步一步走向成熟。总之，要树立积极的生活态度，让自己快乐地应对生活中的每一件事。

以上介绍了一些维护心理健康的方法，而心理健康最有效的维护主要依靠自己。心理疾病的治疗有心理医生的指导，也要依靠自己的恒心和毅力。如果在生活和工作中，认识到心理健康的重要性和掌握心理保健的方法，我们不仅能随时维护自己的心理健康，还可随时修正自己的行为，使自己达到心理健康的状态。

在大学的校园生活中，人总会有失意的时候。当你在学习、生活或者感情方面遭受挫折的时候，怎样才能重新建立自信心呢？英国心理学家克列尔·拉依涅尔提出了10条帮助你增强自信的规则。

① 每天照三遍镜子。清晨出门前，对着镜子修饰仪表，整理着装，使自己的外表处于最佳状态。午饭后，再照一遍镜子，使自己保持整洁。晚上就寝前洗脸并照镜子，这样就可以消除对自己的仪表的不必要的担心，更有利于你一心一

意地将注意力集中到工作、学习上。

② 不要总想着自己的身体缺陷。其实每个人都有各自的身体缺陷，完美无缺的人是不存在的，你对缺陷想得越少，自我感觉就会越好。

③ 不要让人觉察到你的窘态。你感觉明显的事情，其他人不一定注意得到，当你在众人面前讲话感到面红耳赤的时候，听众可能只看到你两腮红润，令人愉快而已。

④ 不要过多地指责别人。如果你常在心理指责别人，这种毛病就可能成为习惯。应逐渐地克服这种缺点，总爱批评别人的人是缺乏自信的表现。

⑤ 别人讲话时，你不必急于用机智幽默的插话来博得别人对你的好感。你只要认真地倾听别人的讲话，他们就一定会喜欢你。

⑥ 为人坦诚，不要不懂装懂。对不懂的东西坦白地承认，这不仅不会损害你的形象，还会给人以诚实可信的感觉；对别人的魅力和取得的成就要勇于承认，并致以钦佩和赞赏，不能故作冷漠。

⑦ 在自己的身边找一个患难相助、荣辱与共的朋友。这样在任何情况下你都不会感到孤独。

⑧ 不要试图用高声大叫或酒精来壮胆或提神。如果你害羞腼腆，那么就是喝干了酒瓶也无济于事。只要你潇洒大方，即使滴酒不喝也会受到大家的欢迎。

⑨ 拘谨可能使某些人对你含有敌意。如果某人不爱理你，则不要总觉得自己有错。对于有敌意的人，不讲话虽不是最好的方法，但却是唯一的方法。

⑩ 要避免使自己处于一种不利的环境中。当你处于这种不利情况时，虽然人们会对你表示同情，但他们同时也会感到比你地位优越而在心理轻视你，所以，你一定要设法从不利的环境中解脱出来。

本章小结

心理健康是作为旅游行业人员首先应具有的心理状态，在旅游服务中占有非常重要的地位。健康包括身体健康和心理健康，心理健康是身体健康的重要保障，身心健康不仅仅是指没有疾病，还指要克服并超越"亚健康"。世界卫生组织将人身心健康细化为八大标准"五快"、"三良好"，"亚健康"是介于健康与疾病之间的一种生理机能低下的临界状态，也称为"第三状态"。

心理健康经常会受到不同形式的威胁，即心理障碍。本章介绍了心理障碍的种类以及不同心理障碍症状的表现，以期使同学们认识到心理疾病的危害，提高鉴别心理问题的能力，增强维护心理健康的自觉性和预见性。心理保健的方式有很多，但是人们会在不自觉的状态下启用几种不正确的心理防御机制，虽然当时感觉会好一些，但会毁坏长期的心理健康。本章在最后介绍了几种心理保健的方法，以供学习者参考选用。

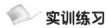 **实训练习**

1. 寻人启事

心理健康者能正确地认识自己，那么如何正确地认识自己呢？首先，全班学生每人拿出一张纸，来写"寻人启事"。所寻之人不是别人而是自己。即用正确的语言描述自己，越详细越好，不写名字，然后交给老师，老师要把交上来的纸打乱了顺序，然后再发给学生，这样学生手里每人一张描述别人的片断，请根据描述来判断这是班里的哪个人。如果别人能很快地根据描述认出是你，那就说明你有很好的自我认识能力。

2. 游戏

让我们一起面向压力开战：

（1）首先，请每位同学写出自己当前面临最大的压力，不必署名并交给老师；

（2）老师将其中带有共性的压力问题挑选出来；

（3）请同学们讨论其中一种心理压力产生的原因；

（4）请对这种压力处理较好的同学自荐上台与大家分享自我调节的妙招；

（5）接下来在用类似的方法讨论其他方面的压力，一个接着一个地进行，直到时间结束为止。

思考题

1. 世界卫生组织对身心健康下的定义中"五快"、"三良好"分别指的是什么？

2. 什么是"亚健康状态"？并列举生活中的实例来说明它的危害。

3. 列举心理障碍的种类，并说出它的症状表现。

4. 人们经常会在无意识状态下启动哪些心理防御机制，哪些是积极的？哪些是消极的？

5. 列举心理保健的方法以及生活中遇到困难时你是如何应对的？

6. 英国心理学家克列尔·拉依涅尔提出的帮助你增强自信心的 10 条规则是什么？

参 考 文 献

［1］ 孙喜林，荣晓华编著. 旅游心理学. 大连：东北财经大学出版社，2002.

［2］ 吴正平，阎纲编著. 旅游心理学. 北京：旅游教育出版社，2003.

［3］ 陈筱主编. 旅游心理学. 武昌：武汉大学出版社，2003.

［4］ 田戈主编. 改变世界的 100 个营销故事. 北京：朝华出版社，2004.

［5］ 孙庆群，王铁主编. 旅游市场营销学. 北京：化学工业出版社，2005.

［6］ 马建敏主编. 旅游心理学. 北京：中国商业出版社，2003.

［7］ 刘纯主编. 旅游心理学. 第 2 版. 北京：高等教育出版社，2004.

［8］ 梁宁建主编. 心理学导论. 上海：上海教育出版社，2006.

［9］ 温孝卿，史有春主编. 消费心理学. 天津：天津大学出版社，2004.

［10］ 刘纯主编. 旅游心理学. 北京：高等教育出版社，2004.

［11］ 单凤儒主编. 商业心理学. 北京：中国商业出版社，1998.

［12］ 邱扶东主编. 旅游心理学. 上海：立信会计出版社，2003.

［13］ 吕勤，郝春东编著. 旅游心理学. 广州：广东旅游出版社，2000.

［14］ 唐殿强主编. 创新能力教程. 石家庄：河北科学技术出版社，2006.

［15］ 张先云主编. 市场营销学. 北京：机械工业出版社，2003.

［16］ 宋献春主编. 旅游职场规划. 北京：旅游教育出版社，2004.

［17］ 蒋一骥主编. 酒店营销 180 例. 上海：东方出版中心，1998.

［18］ 秦明主编. 旅游心理学. 北京：北京大学出版社，2005.

［19］ 王玲，刘学兰等主编. 心理咨询. 广州：暨南大学出版社. 2004.

［20］ 马欣川主编. 现代心理学理论学派. 上海：华东师范大学出版社，2003.

［21］ 李昕，李晴主编. 旅游心理学基础. 北京：清华大学出版社，2006.

［22］ 张彦云等主编. 心理学教程. 保定：河北大学出版社. 2004.

［23］ 张梅主编. 旅游心理学. 天津：南开大学出版社，2005.

［24］ 薛群慧主编. 现代旅游心理学，北京：科学出版社，2005.

［25］ 胡林主编. 旅游心理学. 广州：华南理工大学出版社，2005.

［26］ 李祝舜主编. 旅游心理学. 北京：机械工业出版社，2005.

［27］ 马莹主编. 旅游心理学. 北京：中国轻工业出版社，2002.

［28］ 章志光主编. 社会心理学. 北京：人民教育出版社，2003.

［29］ 阎纲主编. 导游实操多维心理分析案例 100. 广州：广东旅游出版社，2003.

［30］ 李任芷主编. 旅游饭店经营管理服务案例. 北京：中华工商联合出版社，2000.